21 最新青林法律相談

特許・実用新案の法律相談 I

SEIRIN LEGAL COUNSELING

小松陽一郎
伊原友己 [編]

青林書院

は し が き

　本書は，平成14年12月に初版が発行され，平成21年1月に第3版まで重ねた旧法律相談シリーズ（村林隆一＝小松陽一郎編・新・青林法律相談①）を装いも新たにして最新情報を提供するものです。旧シリーズの第3版が刊行されてから，早や10年が経過し，その間，動きの早い特許法・実用新案法の分野においても，さまざまな展開がありました。

　平成20年以降の主な特許法，実用新案法の改正項目をピックアップすると，

平成20年改正：仮専用実施権・仮通常実施権制度の導入・拒絶査定不服審判
　　　　　　　請求期間の見直し等

平成23年改正：通常実施権の当然対抗制の導入，冒認特許の移転請求制度等
　　　　　　　の導入，審判と審決取消訴訟とのキャッチボールの改善（審
　　　　　　　決予告の導入等），再審制限，一事不再理効の制限，新規性喪
　　　　　　　失の例外の拡大等

平成26年改正：付与後異議の復活等

平成27年改正：職務発明制度における法人帰属制の導入等

平成31年改正〈令和元年改正〉（平成31年4月1日現在，同年1月召集の第198回通常国会に改正法案が提出されている状況です）：提訴後査察制度と称されていた「査証制度」の創設，損害賠償額の算定についての規定の改正等

となっています。

　また，ここ数年の最高裁判決についてだけみても，最判平成27年6月5日（プロダクト・バイ・プロセスクレームについてのプラバスタチン事件），最判平成27年11月17日（特許の存続期間の延長登録要件に関するアバスチン事件），最判平成28年3月24日（均等論に関するマキサカルシトール事件）等の重要な判決が次々に出されています。

　このように，重要な法改正が続き，また最高裁判決や知財高裁大合議判決等も含めて重要な判例も積み重なっておりましたところ，読者の皆様から最新版

i

はしがき

の刊行が強く要望されておりました。そこで，上記のとおり平成最後で，かつ令和最初の大きな制度改正作業となっている31年改正法案＝令和元年法案の全貌が見えてきたこのタイミングで，本書を刊行することにしました。同法案の審議の成り行きについては，読者各位のフォローをお願いすることになりますが，最新の情報をご提供したいという思いから，同改正法案についても言及していただきたいと執筆者にお願いしたものです。

　本書の刊行に際しては，設問内容をアップデートし，かつグローバルなものとしたため，設問も相当数増えてしまいました。また，できるだけ具体例を想定した設問としました。

　さらに，執筆陣につきましても，より質の高い解説を提供すべく知的財産高等裁判所の歴代所長や世界知的所有権機関（WIPO）在籍者を含め，その分野の実務に詳しい実力派の学者，弁護士，弁理士にお願いしました。

　ご多忙中にもかかわらずにご執筆いただいた学者・実務家の方々に深く感謝申し上げます。

　編者といたしましては，好評を博した旧シリーズと同様，知的財産に関わる皆様方にご愛読頂ければと願っております。

　最後に，旧シリーズから新シリーズの一書をなす本書の出版に際しましても，たいへんご負担をお掛けし，お世話になりました青林書院の宮根茂樹編集長をはじめとする関係者の皆様にも厚く御礼申し上げます。

　　　令和元年5月1日

　　　　　　　　　　　　　　　　　　　　　　　編集者

　　　　　　　　　　　　　　　　　　　小　松　陽一郎

　　　　　　　　　　　　　　　　　　　伊　原　友　己

凡　　例

(1)　各設問の冒頭に**Q**として問題文を掲げ，それに対する回答の要旨を**A**でまとめました。具体的な説明は　■解　説■　以下に詳細に行っています。

(2)　判例，裁判例を引用する場合には，本文中に「☆1，☆2……」と注番号を振り，各設問の末尾に　■判　例■　として，注番号と対応させて「☆1　最判平22・3・25民集64巻2号562頁」というように列記しました。なお，判例等の表記については，後掲の「判例・文献関係略語」を用いました。

(3)　文献を引用する場合，及び解説に補足をする場合には，本文中に「＊1，＊2……」と注番号を振り，設問の末尾に　■注　記■　として，注番号と対応させて，文献や補足を列記しました。文献は，原則としてフルネームで次のように表記をし，一部の主要な文献については後掲の「判例・文献関係略語」を用いました。

　　〔例〕　著者名『書名』頁数
　　　　　　編者名編『書名』頁数〔執筆者名〕
　　　　　　執筆者名「論文タイトル」編者名編『書名』頁数
　　　　　　執筆者名「論文タイトル」掲載誌○○号／○○巻○○号○○頁
　　　　　　執筆者名・掲載誌○○号／○○巻○○号○○頁

(4)　法令の引用
　(a)　各法令の条文番号は，横組みとしたため，原則として算用数字を用いた。
　(b)　法令名は，原則として，①地の文では正式名称で，②カッコ内の引用では後掲の「法令略語」を用いて表しました。
　(c)　カッコ内において複数の法令条項を引用する際，同一法令の条文番号は「・」で，異なる法令の条文番号は「,」で併記した。それぞれ条・項・号を付し，原則として「第」の文字は省いた。
　(d)　本書に引用した法令の条項は，原則として，平成31年4月1日現在において，未施行のものを含めて成立したものによっています。ただし，特許法は，同年同月同日現在，国会審議中の「特許法等の一部を改正する法律案」（第198回閣法第32号）について関連する改正条文がある場合にはそれに言及することとしています。

(5)　本文中に引用した判例，裁判例は，巻末の「判例索引」に掲載しました。

(6)　各設問の　☑キーワード　に掲載した重要用語は，巻末の「キーワード索引」に掲載しました。

iii

凡　　例

■判例・文献関係略語

大	大審院	無体集	無体財産権関係民事・行政裁判例集
控	控訴院	取消集	審決取消訴訟判決集
最	最高裁判所	速報	工業所有権関係判決速報／知的所有権判決速報／知的財産権判決速報
最〔大〕	最高裁判所大法廷		
最〔1小〕	最高裁判所第一小法廷		
高	高等裁判所		
知財高	知的財産高等裁判所	L&T	Law & Technology
地	地方裁判所	学会年報	日本工業所有権法学会年報
支	支部		
判	判決	最判解説	最高裁判所判例解説
決	決定	ジュリ	ジュリスト
		新聞	法律新聞
民集	最高裁判所（または大審院）民事判例集	曹時	法曹時報
		知管	知財管理
裁判集民事	最高裁判所裁判集民事	特管	特許管理
下民集	下級裁判所民事裁判例集	特研	特許研究
下刑集	下級裁判所刑事裁判例集	パテ	パテント
行集	行政事件裁判例集	判時	判例時報
知財集	知的財産権関係民事・行政裁判例集	判タ	判例タイムズ

審査基準　　特許庁編『特許・実用新案審査基準』（特許庁ホームページで公開中）

審査ハンドブック　特許庁編『特許・実用新案審査ハンドブック』（特許庁ホームページで公開中）

逐条解説　特許庁編『工業所有権法（産業財産権法）逐条解説』（発明推進協会，〔第19版〕平24／〔第20版〕平29）

凡　　例

■法令略語

意	意匠法	特施令	特許法施行令
会	会社法	特登令	特許登録令
家手	家事事件手続法	独禁	私的独占の禁止及び公正
関税	関税法		取引の確保に関する法律
関税令	関税法施行令	TRIPS協定	知的所有権の貿易関連
行審	行政不服審査法		の側面に関する協定
行訴	行政事件訴訟法	破	破産法
刑訴	刑事訴訟法	パリ条約	工業所有権の保護に関す
憲	憲法		るパリ条約
公証	公証人法	半導体	半導体集積回路の回路配
裁	裁判所法		置に関する法律
産活	産業活力再生特別措置法	PCT	特許協力条約
産技	産業技術力強化法	不競	不正競争防止法
下請	下請代金支払遅延等防止	民	民法
	法	改正民	［平成29年改正（平29年法
実	実用新案法		律第44号）後の）］民法
実施規	実用新案法施行規則	民執	民事執行法
種苗	種苗法	民執規	民事執行規則
商	商法	民訴	民事訴訟法
商標	商標法	民訴規	民事訴訟規則
人訴	人事訴訟法	民訴費	民事訴訟費用等に関する
信託	信託法		法律
著	著作権法	民調	民事調停法
TLO	大学等における技術に関	民保	民事保全法
	する研究成果の民間事業	薬機法	医薬品，医療機器等の品
	者への移転の促進に関す		質，有効性及び安全性の
	る法律		確保等に関する法律
特	特許法	労基	労働基準法
特施規	特許法施行規則		

編集者・執筆者一覧（第Ⅰ巻）

編　集　者

小松陽一郎（弁護士・弁理士）
伊原　友己（弁護士・弁理士）

執　筆　者（執筆順）

島並　　良（神戸大学大学院法学研究科教授）　**Q 1**，**Q10**
松本　　司（弁護士・弁理士）　**Q 2**，**Q 3**，**Q37**
諏訪野　大（近畿大学法学部教授）　**Q 4**
城山　康文（弁護士）　**Q 5**
茶園　成樹（大阪大学大学院高等司法研究科教授）　**Q 6**
三山　峻司（弁護士・弁理士）　**Q 7**，**Q61**
生沼　寿彦（弁護士・弁理士・米国ニューヨーク州弁護士）　**Q 8**，**Q38**
小松　邦光（弁理士）　**Q 9**，**Q14**
古谷　栄男（弁理士）　**Q11**，**Q45**
伊藤　　真（弁護士・弁理士）　**Q12**
平井　佑希（弁護士・弁理士）　**Q12**
辻　　淳子（弁護士・弁理士）　**Q13**，**Q42**
中野　睦子（弁理士）　**Q15**，**Q28**，**Q41**
神谷惠理子（弁理士）　**Q16**，**Q19**，**Q31**
重冨　貴光（弁護士・弁理士）　**Q17**
村田　真一（弁護士）　**Q18**
荒井　俊行（弁護士・米国ニューヨーク州弁護士）　**Q20**
熊谷　健一（明治大学大学院グローバル・ビジネス研究科教授）　**Q21**，**Q22**
辻村　和彦（弁護士・弁理士）　**Q23**
福田あやこ（弁護士）　**Q24**
谷口　由記（弁護士・弁理士・吉備国際大学大学院（通信制）知的財産学研究科
　　　　　　教授）　**Q25**
田上　洋平（弁護士・弁理士）　**Q26**，**Q52**
梶崎　弘一（弁理士）　**Q27**，**Q44**

編集者・執筆者一覧

藤野　睦子（弁護士）　**Q29**，**Q39**

青木　　潤（弁理士）　**Q30**

近藤　惠嗣（弁護士）　**Q32**

服部　　誠（弁護士）　**Q33**，**Q40**

加藤　幸江（弁護士）　**Q34**

小松陽一郎（上　掲）　**Q35**

松村　信夫（弁護士・弁理士）　**Q36**

田中　幹人（弁理士）　**Q43**

藤井　　淳（弁理士）　**Q46**，**Q47**

外村　玲子（弁護士・弁理士）　**Q48**

森本　　純（弁護士・弁理士）　**Q49**

松本　好史（弁護士・弁理士）　**Q50**

岩坪　　哲（弁護士・弁理士・名古屋大学講師）　**Q51**，**Q54**

平野　和宏（弁護士・弁理士）　**Q53**，**Q67**

井上　裕史（弁護士・弁理士）　**Q55**，**Q57**

小池　眞一（弁護士）　**Q56**，**Q58**

三村　量一（弁護士）　**Q59**

平野　惠稔（弁護士）　**Q60**，**Q62**

辻居　幸一（弁護士）　**Q63**

久世　勝之（弁護士）　**Q64**，**Q69**

飯村　敏明（弁護士）　**Q65**，**Q71**

星埜　正和（弁護士）　**Q65**，**Q71**

末吉　　亙（弁護士）　**Q66**

林　いづみ（弁護士）　**Q68**

池下　利男（弁護士・弁理士）　**Q70**

『特許・実用新案の法律相談Ⅱ』執筆者一覧

三村　量一（弁護士）　**Q72，Q87**

設樂　隆一（弁護士・弁理士）　**Q73**

清水　　節（弁護士・弁理士）　**Q74**

荒井　俊行（弁護士・米国ニューヨーク州弁護士）　**Q75，Q95**

辻　　淳子（弁護士・弁理士）　**Q76**

末吉　　亙（弁護士）　**Q77**

村田　真一（弁護士）　**Q78，Q82**

谷口　由記（弁護士・弁理士・吉備国際大学大学院（通信制）知的財産学研究科教授）　**Q79**

辻居　幸一（弁護士）　**Q80**

近藤　惠嗣（弁護士）　**Q81，Q102**

林　いづみ（弁護士）　**Q83**

中務　尚子（弁護士・米国ニューヨーク州弁護士）　**Q84，Q85，Q121，Q136**

藤川　義人（弁護士）　**Q86，Q103，Q139**

増山　　健（弁護士）　**Q86**

大野　聖二（弁護士・弁理士・米国ニューヨーク州弁護士）　**Q88**

福田あやこ（弁護士）　**Q89**

平野　惠稔（弁護士）　**Q90**

岡田健太郎（弁護士）　**Q91**

牧野　知彦（弁護士）　**Q91，Q114，Q133**

岩坪　　哲（弁護士・弁理士・名古屋大学講師）　**Q92**

久世　勝之（弁護士）　**Q93**

井上　裕史（弁護士・弁理士）　**Q94**

小松陽一郎（弁護士・弁理士）　**Q96**

松本　好史（弁護士・弁理士）　**Q97**

松村　信夫（弁護士・弁理士）　**Q98，Q108**

外村　玲子（弁護士・弁理士）　**Q99**

田上　洋平（弁護士・弁理士）　**Q100，Q143**

加藤　幸江（弁護士）　**Q101**

大林　良寛（弁護士）　**Q103**

岩谷　敏昭（弁護士・弁理士）　**Q104，Q113**

田中　成志（弁護士・弁理士）　**Q105，Q106**

編集者・執筆者一覧

苗村　博子（弁護士・米国ニューヨーク州弁護士）　**Q107，Q137**

森本　　純（弁護士・弁理士）　**Q109**

速見　禎祥（弁護士・弁理士）　**Q110，Q116**

伊原　友己（弁護士・弁理士）　**Q111**

野間　自子（弁護士）　**Q112，Q117**

飯村　敏明（弁護士）　**Q115**

星埜　正和（弁護士）　**Q115**

平野　和宏（弁護士・弁理士）　**Q118**

毛利　峰子（世界知的所有権機関（WIPO）法務官／元弁護士（登録抹消中）・米国
　　　　　ニューヨーク州弁護士）　**Q119，Q120，Q127**

相良由里子（弁護士・弁理士・米国ニューヨーク州弁護士）　**Q122**

南　　かおり（弁護士・英国イングランド＆ウェールズ事務弁護士・米国カリフォル
　　　　　ニア州弁護士）　**Q123**

小野寺良文（弁護士）　**Q124，Q125，Q126**

清水　　亘（弁護士）　**Q128，Q129**

熊谷　健一（明治大学大学院グローバル・ビジネス研究科教授）　**Q130**

青木　　潤（弁理士）　**Q131，Q134**

城山　康文（弁護士）　**Q132**

大住　　洋（弁護士・関西大学法科大学院特別任用准教授）　**Q135，Q142**

星　　大介（弁護士・米国ニューヨーク州弁護士）　**Q138，Q144**

野中　啓孝（弁護士）　**Q139**

重冨　貴光（弁護士・弁理士）　**Q140**

山崎　道雄（弁護士）　**Q141，Q146**

辻村　和彦（弁護士・弁理士）　**Q145**

諏訪野　大（近畿大学法学部教授）　**Q147**

目　　次

目　　次（第Ⅰ巻）

第 1 章　特許制度総説 ——————————————————— *1*

Q 1 ■ 特許法とは⑴ ··〔島並　　良〕／ *3*
　⑴　特許法とはどのような目的の法律で，基本的な保護の枠組みはどうなっている
　　のですか。
　⑵　それは，日本だけのことですか，それとも外国でも同じような枠組みなのです
　　か。日本で特許をとれば，世界各国でも保護してもらえるものなのですか。

Q 2 ■ 特許法とは⑵ ··〔松本　　司〕／ *8*
　⑴　日本において，特許制度の運用に関する国家機関や公的機関としては，どのよ
　　うなところがあって，それらはそれぞれ，どういった役割を担っているのでしょ
　　うか。
　⑵　かつては，無効審判，訂正審判，審決取消訴訟，侵害訴訟の各手続がバラバラ
　　で紛争解決に随分と年月を要したようですが，これらと比較して，現在の手続は
　　どのように変わっていますか。

Q 3 ■ 特許法とは⑶ ··〔松本　　司〕／ *14*
　⑴　裁判所についてですが，特許関係事件を受け持つのは，具体的にはどういった
　　事件について，どこの裁判所が担当するのでしょうか。
　⑵　共同開発契約や特許ライセンス契約で，裁判の合意管轄に関する条文が，わが
　　社の「本店所在地を管轄する裁判所」と記載されています。わが社の本店所在地
　　は広島市なのですが，その規定の効力はどのように考えればよいのでしょうか。
　⑶　特許関係事件を受け持つ裁判所では，技術的なことも審理の対象になってくる
　　と思うのですが，技術専門的な事柄に対応できるような事件処理体制が整ってい
　　るのでしょうか。

Q 4 ■ 特許法とは⑷ ··〔諏訪野　大〕／ *19*
　⑴　特許法の平成20年以降の改正の概要を教えてください。
　⑵　特許権の保護に関する議論のうち，特許法に明文の規定がないものにはどのよ
　　うなものがありますか。

Q 5 ■ 特許法とは⑸ ··〔城山　康文〕／ *28*

xi

目　次

(1)　特許出願件数は以前より少なくなってきているという話を耳にしたのですが，どのような状況でしょうか。もし，出願件数が減っていたら，それは日本の産業競争力にとって，どういう意味をもつのでしょうか。

(2)　特許庁の審査・審判体制，審決取消訴訟や特許権侵害訴訟の件数の動向等教えてください。

(3)　主要な国，地域だけでもかまいませんので，上記の事柄について，諸外国の様子もわかれば教えてください。

Q6 ■ 知的財産権法における位置付け(1) …………………………………〔茶園　成樹〕／35

(1)　特許法・実用新案法と他の知的財産権法（意匠法，商標法，著作権法，半導体集積回路の回路配置に関する法律，種苗法）との関係を教えてください。

(2)　知的財産基本法という法律がありますが，これは特許法等とは異なる位置付けになるのでしょうか。

Q7 ■ 知的財産権法における位置付け(2) …………………………………〔三山　峻司〕／42

(1)　特許法で保護される発明が同時に他の法律でも保護されることがあるのでしょうか。具体例を示して説明してください。

(2)　同じ態様の行為に対し，特許法では侵害行為として保護されるが，他の法律（例えば商標法）では侵害行為と認定されず保護されない場合はあるでしょうか。

Q8 ■ 外国の特許法との関係 ………………………………………………〔生沼　寿彦〕／49

(1)　日本の特許法は，他の国の特許法との関係ではどのような位置付けにありますか。

(2)　日本の特許権に基づいて他の国に訴えることができるでしょうか。逆に，他の国の特許権に基づいて日本の会社が訴えられることがあるのでしょうか。

Q9 ■ 外国出願 ……………………………………………………………………〔小松　邦光〕／60

(1)　外国でも特許をとるにはどのような方法がありますか。パリ条約による優先権やPCTによる国際出願の制度についても教えてください。

(2)　PPH（Patent Prosecution Highway）とはどのような制度で，そのメリットはどのようなものでしょうか。

(3)　IPハブ構想とはどのようなものでしょうか。

第2章　特許要件 ——————————————————————— 71

第1節　発　明　性

Q10 ■ 発明性(1)――発明の意義 ………………………………………………〔島並　良〕／73

(1)　特許法における発明の定義について，一般的な考え方を教えてください。

(2)　特許法で保護されない発明はあるのでしょうか。

Q11 ▧ 発明性(2)──ソフトウェア特許権 ………………………〔古谷　栄男〕／79

　(1)　コンピュータソフトウェアに関するアイディアが発明として認められるための
　　　注意点について教えてください。
　(2)　コンピュータソフトウェア関連発明の審査基準はどのようになっているでしょ
　　　うか。
　(3)　コンピュータソフトウェア関連発明に関する主な裁判例をいくつか紹介してく
　　　ださい。

Q12 ▧ 発明性(3)──ソフトウェア特許／プログラム著作権
　　　　　………………………………………………〔伊藤　　真＝平井　佑希〕／90

　(1)　ソフトウェア特許というものと，コンピュータのプログラム著作権と呼ばれる
　　　ものの関係が，今ひとつよくわかりません。何がどう違うのでしょうか。
　(2)　プログラムを創作し商品として販売している当社において，会社とプログラミ
　　　ングを担当する社員等との関係で，誰がそのプログラム等の商品について知的財
　　　産権をもつことになるのかを整理しておきたいのですが，基本的な考え方をお教
　　　えください。

Q13 ▧ 発明性(4)──ビジネス方法 ……………………………………〔辻　　淳子〕／98

　(1)　以前，「ビジネスモデル特許」という言葉をよく耳にしていたのですが，最近
　　　はあまり聞きません。どういうことなのでしょうか。また，結局，商売上のアイ
　　　ディアや取引の仕組みは特許の対象となるのでしょうか。特許になるということ
　　　であれば，どのような点がポイントになるのでしょうか。
　(2)　米国の特許にはいろいろとバラエティがあるようなのですが，わが国の特許要
　　　件と米国の特許要件とは違うものなのでしょうか。簡単でかまいませんので，そ
　　　の辺りの違いを教えてもらえませんでしょうか。

Q14 ▧ 発明性(5)──生物特許 ……………………………………〔小松　邦光〕／106

　動物や植物も特許になるのでしょうか。再生医療に使われる生きた心筋細胞シート
のようなものも含まれるのでしょうか。
　動物や植物に関する特許出願について，機械等の分野の発明と異なる留意点等はあ
るのでしょうか。

Q15 ▧ 発明性(6)──微生物特許 …………………………………〔中野　睦子〕／114

　(1)　微生物も特許になるでしょうか。
　(2)　特許出願に際して微生物を寄託する必要があると耳にしたのですが，寄託制度
　　　とはどのような制度なのでしょうか。最初に寄託した微生物が特許権の存続期間
　　　満了まで生きている保証はないと思うのですが，どうなっているのでしょうか。

Q16 ▧ 発明性(7)──発明と発見 ………………………………〔神谷惠理子〕／122

　(1)　新規化合物や新種の動植物を発見したり，作った場合，その用途が不明でも特

目　　次

許をとれますか。

(2)　人間のある核酸の配列について，病気との関係が判明したが具体的な治療方法
は不明という場合に，具体的配列を特定した核酸に特許が与えられるでしょうか。

Q17 ■ 用途発明 ………………………………………………………〔重冨　貴光〕／ 130

(1)　「用途発明」という用語はよく聞くのですが，正確にはどのような発明のこと
を指すのでしょうか。

(2)　○○用バナナや○○用バナナジュースなどの食品の用途発明についても一定の
範囲で特許が認められるでしょうか。教えてください。

(3)　用途特許の差止請求はどの範囲で認められるのでしょうか。

(4)　請求項1を「塩基性蛋白質を有効成分とする血圧降下剤」とし，請求項2を
「塩基性蛋白質を配合した血圧降下飲食品」とした特許出願を平成25年4月1日
付けにて行っていたところ，当時は食品の用途発明が認められていなかったため
請求項2を削除して特許をとりました。その後その削除した用途発明が認められ
ることとなったので，請求項1で食品についても権利行使したいと思いますが，
認められるでしょうか。

Q18 ■ 数値限定発明等 …………………………………………………〔村田　真一〕／ 138

(1)　数値限定発明とはどのようなものでしょうか。パラメータ特許との関係はどう
なりますか。具体例を示して教えてください。

(2)　pH3 ～ pH8という数値で限定して特許出願をしたところ，審査官からpH7
以上を示す公知文献があるとして拒絶理由通知を受けました。この場合，数値範
囲をさらに限定して特許を取得することは可能でしょうか。特許がとれた場合の
特許権の効力についても教えてください。

Q19 ■ 発明未完成 ………………………………………………………〔神谷惠理子〕／ 145

(1)　発明が完成しているか否かの判断基準はどこにありますか。技術分野によって
異なりますか。

(2)　特許出願について，発明未完成であるとして拒絶理由通知を受けることがあり
ますか。発明の完成，未完成が，特許出願の審査以外で問題となる場合があるの
でしょうか。

Q20 ■ 発明のカテゴリー ………………………………………………〔荒井　俊行〕／ 153

(1)　特許法には物の発明と方法の発明と物の生産方法の発明が定義されていると聞
きましたが，違いはどこにありますか。

(2)　「物質特許」という用語も聞いたことがあるのですが，物の発明の特許とは違
う意味なのでしょうか。

(3)　方法の発明と物を生産する方法の発明とでは，特許権の効力は異なるのでしょ
うか。

目　次

第2節　産業上の利用可能性

Q21 ■ 産業上の利用可能性(1)──広範な発明の保護 ················〔熊谷　健一〕／158

(1)　個人的に利用するにすぎないゲームの方法でも特許を取得することが可能ですか。有利な効果と不利な効果が併存するものの場合はどうですか。

(2)　「米糠の粉末に，水分を加え粒子状に加工する第一の工程と，該粒子状にした米糠に蒸気をあて蒸す第二の工程とからなる米糠を基質とした麹培養方法」という発明は特許を取得することができますか。

Q22 ■ 産業上の利用可能性(2)──医療的発明 ·····························〔熊谷　健一〕／163

(1)　手術や治療の方法などは特許の対象となりますか。リハビリの方法や介護の方法も同じですか。

(2)　現代では，様々な医療関連発明があるようですが，どのようなタイプのものがあるのでしょうか。

第3節　新　規　性

Q23 ■ 新規性(1)──公知 ···〔辻村　和彦〕／171

(1)　特許法では公然知られた発明は特許されないそうですが，「公然」とはどういう意味ですか。また，「知られた」とは現に誰かが知っている必要がありますか。それとも知られ得る状態であればよいのですか。

(2)　庭に設置された特許製品で塀から覗くとその外形がわかる場合や，完成品の内部の特許製品を見ようとしても分解すれば破壊されてしまうような場合，あるいは特殊な技術を用いなければ発明の内容がわからない工夫をしている場合でも「公然知られた」ということになりますか。

Q24 ■ 新規性(2)──公用 ···〔福田あやこ〕／177

(1)　出願前に販売された発明は特許されないという話を以前聞いたのですが，今でもそうですか。

(2)　出願前に販売はしていなかったものの展示会へ出品していた場合や，量販店に販売してもらうために営業活動で量販店の社員に新商品の社員を見せていた場合でも特許される可能性がありますか。

(3)　出願前に展示会に出品していた製品が複雑な構造の場合，どの範囲で公然実施が認定されるでしょうか。

Q25 ■ 新規性(3)──刊行物記載・電子的技術情報 ···················〔谷口　由記〕／184

(1)　刊行物とはどのようなものですか。「頒布された」とは現実に誰かが刊行物を見た事実を必要とするのでしょうか。

(2)　インターネットで公表された技術情報はどのように取り扱われるのでしょうか。

(3)　先行文献等の技術情報に文字としては明記されていなくても，先行技術として

目　次

認定されることがあるでしょうか。

Q26 ■ **新規性喪失の例外** ……………………………………〔田上　洋平〕／ *191*

 (1) 自社の開発段階の製品についての発明を退職社員が勝手に持ち出して，その社員が経営する会社から先に実施品を売り出されてしまいました。その実施品をみれば発明の内容も業界の人間であればわかってしまうようなものですが，このようなケースでも当社としては，もはや特許を取得できないのでしょうか。

 (2) 特許出願前に，A社の従業員が代表者の了解を得ないで，展示会に出展していたような場合でも，特許を取得することができますか。

‖ 第4節　進　歩　性 ‖

Q27 ■ **進歩性(1)——判断基準** …………………………………〔梶崎　弘一〕／ *198*

 (1) 進歩性の判断基準の一般的な考え方について教えてください。

 (2) 近年，特許庁や裁判所で進歩性が認められるハードルが低くなったのではないかと聞きますが，どのような傾向でしょうか。

 (3) 先行文献の調査をするのにJ-PlatPatが有用だと聞きましたが，どのようなデータをどのように調査できるのでしょうか。

Q28 ■ **進歩性(2)——選択発明，数値限定発明** ……………〔中野　睦子〕／ *205*

 (1) 先行特許文献の明細書の中に，ある化学物質の上位概念とその具体的な化学物質が多数例示されていました。そのうち上位概念に含まれる化学物質について特許出願した場合，特許が認められることがあるでしょうか。

 (2) 選択発明とはどういうものですか。選択発明の1つとして数値限定発明があると聞きましたが，両発明の進歩性の判断方法について教えてください。

 (3) 選択発明について，明細書の書き方等で留意するところはあるでしょうか。

Q29 ■ **進歩性(3)——後出し実験** ……………………………〔藤野　睦子〕／ *213*

 (1) 特許出願したところ，審査官から作用効果が不明であり進歩性がないとの拒絶理由通知が届いたため，実験を追加して提出したいと思いますが，認められるでしょうか。

 (2) サポート要件違反や実施可能要件違反が問題となった場合でも，審査段階，あるいは拒絶査定不服審判段階で，作用効果を裏付けるために実験をして提出することが許されるでしょうか。

Q30 ■ **進歩性(4)——商業的成功** ……………………………〔青木　　潤〕／ *221*

 出願後，出願発明の実施製品を販売したところ，その発明の仕組みが好評で大ヒット商品になり，他社から追随品が出始めています。早く特許にして，追随品を排除したいのですが，審査官は進歩性の点で熟慮しているようです。これほど商品需要に結び付いた発明は，十分に価値があると思っているのですが，そうした事情は特許審査では考慮されないものでしょうか。

目　次

第5節　先願・冒認

Q31 ■ 先　　願 ·· 〔神谷惠理子〕／ 229

　先願がある場合には特許されないと聞きましたが，当社自身の先願でも同じことで
しょうか。先願が取り下げられた場合でも特許をとれませんか。

Q32 ■ 冒　　認 ·· 〔近藤　惠嗣〕／ 236

　⑴　特許出願をしていたところ，出願人名義が無断で第三者に変更されてしまいま
　　したが，出願人の名義を元に戻す方法はありませんか。
　⑵　第三者を特許権者とする特許権が登録されてしまった場合はどうでしょうか。
　⑶　また，発明者でない無権利者が特許出願した場合も同様でしょうか。
　⑷　共同出願違反があった場合，その特許にどのような影響が生じますか。共有者
　　が同意してくれた場合でも，どうしようもないでしょうか。

第3章　職務発明 ———————————————————— 243

Q33 ■ 職務発明⑴──改正の経緯 ································ 〔服部　　誠〕／ 245

　⑴　最近，職務発明制度がいろいろ変わったように新聞報道がなされていたのです
　　が，何がどう変わったのか，概要を教えてください。
　⑵　職務発明規程を改正しようと思いますが，注意すべき点を教えてください。附
　　則でこの改正規程を遡及させることは認められるでしょうか。

Q34 ■ 職務発明⑵──成立要件 ···································· 〔加藤　幸江〕／ 253

　⑴　会社から命じられた業務として発明をした場合，私が出願人になって特許を取
　　得することは可能ですか。
　⑵　会社での担当業務を離れた後，会社の了解を得ずに終業後に会社の施設を使っ
　　て前の業務に関する発明をした場合はどうですか。
　⑶　A社で研究した成果を利用して，転職先のB社で発明を完成させた場合，その
　　発明は誰に帰属しますか。

Q35 ■ 職務発明⑶──職務発明規程 ··························· 〔小松陽一郎〕／ 260

　⑴　従業員がした発明を勤務規則等でどのように取り扱えばよいか思案していま
　　す。当面は当社の従前の取扱いを維持して従業員の発明を会社に移転させようと
　　思いますが，注意点について教えてください。
　⑵　平成27年改正特許法では法人帰属にすることもできるようなのですが，その場
　　合は，勤務規則や職務発明規程をどのような規定にすればよいのでしょうか。
　⑶　A社には出向者や派遣社員が多数勤務していますが，彼らが発明した場合，常
　　にA社の職務発明となりますか。

xvii

目　次

Q36 ■ 相当な利益(1) ···〔松村　信夫〕／ 269

 (1)　かつては従業員がした職務発明を会社（使用者等）に帰属させた場合，給料以
  外に対価として金銭などを支払う必要があると聞いておりましたが，どのような
  金額の決め方がありますか。

 (2)　新しい法律では，従業員に交付するものは金銭以外のものでもかまわないと規
  定されたようですが，何でもよいのでしょうか。昇進させるとか海外へ留学させ
  るなどの優遇措置でよいのでしょうか。

 (3)　職務発明規程を改訂しようと思います。付則で改訂以前の発明や出願にも改訂
  後の規程を適用するように定めたいと思いますが，可能でしょうか。

Q37 ■ 相当な利益(2) ···〔松本　　司〕／ 284

 (1)　職務発明の相当な利益はどのように算定されるのでしょうか。裁判例の傾向を
  教えてください。

 (2)　私の会社では，職務発明規程で，従来の裁判例の傾向と異なる相当の対価の算
  定方法を定めていますが，それは有効でしょうか。

Q38 ■ 外国の特許を受ける権利 ·······························〔生沼　寿彦〕／ 290

 わが社はグローバルに展開しているメーカーなので，職務発明について日本だけで
なくマーケットの大きい諸外国でも特許をとっています。幸い世界各地でそれなりに
利益があがっているのですが，そのような場合，特許法35条所定の「相当の利益」
は，日本の売上に基づく利益だけで計算しておけば足りるのでしょうか。

Q39 ■ ノウハウ等と相当の利益 ·······························〔藤野　睦子〕／ 297

 従業員がした職務発明がノウハウとして特許出願されていない場合，特許出願中の
場合，又は無効理由がある場合でも，特許法35条所定の「相当の利益」を支払わなけ
ればならないでしょうか。

Q40 ■ 消滅時効 ···〔服部　　誠〕／ 305

 特許法35条所定の「相当の利益」の消滅時効はどうなるのでしょうか。平成27年改
正では，これまでのように，対価として一定の金銭を給付するということではなく
なったとお聞きしていますが，消滅時効の起算点については，これまでと同様に考え
ておけば足りるでしょうか。

第4章　特許出願・審査 ——————————————— 311

Q41 ■ 出　願(1)——出願書類 ·······························〔中野　睦子〕／ 313

 (1)　特許出願をしようと考えていますが，どういった書類を作成し提出すればよい
  ですか。また，各書類にはどのようなことを書けばよいでしょうか。書類作成上
  の注意点も含めて教えてください。

目　次

(2) 「ジェプソンタイプ・クレーム」,「マーカッシュ・クレーム」,「スイスタイプ・クレーム」といった言葉を聞いたことがありますが,どういうことでしょうか。

Q42 ■ 出　願⑵──サポート要件など ………………………………〔辻　淳子〕／*326*

(1) サポート要件や実施可能要件とはどのような内容でしょうか。具体例を示して教えてください。

(2) サポート要件違反や実施要件違反の指摘があった場合,補正で対応することは可能でしょうか。

Q43 ■ 出　願⑶──明確性要件 ……………………………………〔田中　幹人〕／*334*

(1) 明確性要件とはどのような内容でしょうか。どのようなクレームが不明確で駄目だとされるのでしょうか,お教えください。

(2) 「約」,「略」,「程度」,「付近」等の用語をクレームに書いても問題はないでしょうか。

Q44 ■ 出　願⑷──審査手続 ……………………………………〔梶崎　弘一〕／*344*

(1) 特許出願の審査手続の流れについて教えてください。

(2) 早期審査や優先審査もあると聞きましたが,どのような制度ですか。公開特許公報の発行時期よりも先に登録されてしまったら,公報類の発行はどうなるのでしょうか。

Q45 ■ 出　願⑸──補正 ……………………………………………〔古谷　栄男〕／*351*

(1) 出願後,明細書の記載に誤記を発見しましたが,どのように対処すればよいですか。その誤記が元の中国特許出願の誤訳だった場合はどうでしょうか。

(2) 当社の出願書類を見てライバル会社がクレームの一部を変更した製品を製造したという場合,補正によって対処することは可能でしょうか。

Q46 ■ シフト補正等 ………………………………………………〔藤井　淳〕／*359*

(1) シフト補正とはどのようなことでしょうか,教えてください。

(2) 特許出願をしたところ,拒絶理由通知を受けたので,特許請求の範囲を「……(ただし,……を除く。)」という,いわゆる「除くクレーム」に補正した場合,それは認められますか。

Q47 ■ 特殊な出願 …………………………………………………〔藤井　淳〕／*370*

(1) 分割出願あるいは出願変更の手続と効力について教えてください。明細書作成上の注意点は補正の場合と違いがありますか。

(2) 分割出願違反を認めた裁判例を紹介してください。

第5章　審判・判定 ─────────────── *381*

Q48 ■ 異　議 ………………………………………………………〔外村　玲子〕／*383*

xix

目　　次

- (1) 異議の制度が復活したと聞きましたが，どういうことでしょうか。無効審判とどこが異なるのでしょうか。異議手続のメリットは何でしょうか。
- (2) 異議手続の結果についての不服申立ての手続は，どうなるのでしょうか。

Q49 ■ 審　判(1)──概要 ……………………………………〔森本　　純〕／391

- (1) 審判請求の種類と手続について教えてください。
- (2) 無効審判請求後に新たな無効理由を発見しましたが，どのように対処したらよいですか。
- (3) 訂正請求において，特許請求の範囲はそのままで，明細書の発明の詳細な説明を一部削除した場合，特許権の効力に何か影響が及びますか。

Q50 ■ 審　判(2)──複数の審判請求人の一部による審決取消訴訟
……………………………………………………〔松本　好史〕／398

　物の発明に係る請求項が1つのY特許について，甲・乙・丙がそれぞれA，B刊行物を引用して特許無効の審判を請求して，それぞれ請求不成立の審決がなされました。これを不服として，甲のみ審決取消訴訟を提起しましたが，乙・丙は審決取消訴訟を提起しませんでした。甲と乙・丙の間にどのような影響がありますか。

Q51 ■ 無効審判と訂正審判・訂正請求 ………………………〔岩坪　　哲〕／403

- (1) 特許無効審判と訂正審判の関係について説明してください。
- (2) 無効審判手続中に訂正できる機会について説明してください。
- (3) 審決の予告とはどういうことですか。
- (4) 特許無効審決が確定すると係属していた訂正審判手続はどうなりますか。

Q52 ■ 一部訂正審決 ……………………………………………〔田上　洋平〕／410

　一部訂正審決はできますか。

Q53 ■ 一事不再理 ………………………………………………〔平野　和宏〕／416

　前に請求した無効審判では，進歩性欠如の立証が弱く，特許は無効にならなかったのですが，今回は，主引例はそのままで，副引例を別の刊行物に入れ替えて無効理由を構成して無効審判請求をしようと思っていますが，一事不再理を理由に門前払いされないでしょうか。

Q54 ■ 判　定 ……………………………………………………〔岩坪　　哲〕／424

- (1) 判定請求の手続について説明してください。判定請求の後に同じ特許権について無効審判手続が係属した場合には，判定の手続はどうなりますか。
- (2) 侵害対象者を特定しないで判定請求をすることはできますか。
- (3) 医薬や農薬についての特許権の存続期間が延長された場合，その延長された特許権の効力について判定を求めることはできるでしょうか。
- (4) 判定請求の手続で均等論についても判断を求めることはできますか。また，相手方は特許無効の主張ができるでしょうか。
- (5) 判定の結果について法的な拘束力はありますか。不服申立てはできますか。

目　次

第6章　審決取消訴訟 ——————————————————— 431

Q55 ■ 審決取消訴訟の概要 ……………………………………〔井上　裕史〕／ 433
　(1)　審決取消訴訟とは，どういう訴訟なのでしょうか　どこの裁判所に誰を相手に
　　　訴えて，どのように審理が進んでいくのでしょうか。
　(2)　拒絶査定不服審判の審決取消訴訟と，無効審判の審決取消訴訟とでは，何か訴
　　　訟手続上の違いや留意点はあるのでしょうか。
　(3)　特許権侵害訴訟と違う点として，何か留意しておく必要があるでしょうか。

Q56 ■ 取消理由(1) ……………………………………………〔小池　眞一〕／ 441
　(1)　審決取消理由には，どのようなものが考えられるのでしょうか。
　(2)　審決の進歩性判断において，本願発明と主引例との一致点や相違点の認定の誤
　　　りがあった場合，取消理由として，それらを個別に指摘するパターンと，進歩性
　　　判断の誤りにまとめるパターンとが考えられると思いますが，いかがでしょうか。

Q57 ■ 取消理由(2) ……………………………………………〔井上　裕史〕／ 454
　無効審判を請求していたところ，被請求人の主張への弁駁の機会が与えられないま
　まに不利な審決がなされました。このような場合，手続違背として審決を取り消して
　もらえますか。

Q58 ■ 共有者の一部による審決取消訴訟の可否 ………………〔小池　眞一〕／ 459
　特許を受ける権利の共有者が単独で審決取消訴訟を提起することができますか。

Q59 ■ 発明の要旨認定 …………………………………………〔三村　量一〕／ 469
　「発明の要旨」という用語は，特許法に出てこないのですが，どういう概念と理解
　すればよいのでしょうか。特許権侵害訴訟における技術的範囲の確定と同様に考えれ
　ばよいのですか。それとも，違うところがあるのでしょうか。
　また，それはどのようにして決めるものでしょうか。

Q60 ■ 審決取消訴訟と引用例 …………………………………〔平野　惠稔〕／ 476
　(1)　審決取消訴訟で，無効審判手続では提出していなかった新たな証拠を提出する
　　　ことは許されますか。商標権に関する場合も同じですか。
　(2)　進歩性の有無が問題となっている無効審判では主引用例（刊行物A）と副引例
　　　（刊行物B）の組み合わせで無効理由を構成していたのですが，審決取消訴訟に
　　　なって，主引例を刊行物Bにして，副引例を刊行物Aにする構成に入れ替えて進
　　　歩性欠如の理由を主張することは許されるのでしょうか。

Q61 ■ 訂正審判と審決取消訴訟 ………………………………〔三山　峻司〕／ 482
　(1)　訂正審判及び審決取消訴訟はどのような関係になりますか。
　(2)　無効審判を請求された特許権者は，どのタイミングで訂正ができるのでしょう

xxi

目　　次

か，教えてください。

Q62 ■ 新たな審決の取消理由（審判理由の追加）……………………〔平野　惠稔〕／ 490

(1) 拒絶査定不服審判で，特許庁が当該発明は平成5年11月10日に東京都千代田区○○○において公然実施されていたとする拒絶査定が維持されました。これに対して，出願人は審決取消しの訴えを提起し，この審決の事実認定に対して反証を挙げたので，特許庁は実は同日頃大阪市北区○○○において公然実施していたと主張することができますか。

(2) また，無効審判で，請求人が同じく東京都千代田区○○○において，公然実施されていたと主張し，無効審決がなされました。これに対する審決取消訴訟で，同じく大阪市北区○○○において公然実施していたと主張を追加又は変更することができますか。

(3) (2)の無効審判で，請求人主張の無効理由が採用されず，無効不成立審決がなされました。これに対する審決取消訴訟において，原告（請求人）は，東京都千代田区での公然実施がなされていなかったとされたことを争うとともに，大阪市北区○○○において公然実施をしていたことも明らかだとして，審決の取消しを求めることができますか。

Q63 ■ 再度の審決に対する取消訴訟……………………………………〔辻居　幸一〕／ 499

(1) 引用例Aに基づいて当業者が当該発明を容易に想到することができたことを理由とする無効審決に対し，そうとはいえないとの理由で特許無効審判の取消判決がなされたので，特許庁は，引用例Aに基づいて容易に発明できたとはいえないとして，無効審判請求を不成立とする再度の審決を行いました。この場合，再度の審決に対する取消訴訟において，同一引用例Aに基づき容易に発明することができたことを主張立証することが許されますか。

(2) 進歩性欠如を理由とする無効審決に対する取消訴訟において進歩性欠如の判断に違法があるとして審決が取り消され，それを受けた再度の審決が進歩性ありとしたところ，それに対する審決取消訴訟において進歩性欠如の主引例はそのままにして，出願時の技術水準を立証するために新たな公知文献を提出することは許されるでしょうか。

Q64 ■ 多項制と審決取消訴訟…………………………………………………〔久世　勝之〕／ 508

無効審判請求の対象となった複数請求項のうち無効とされた一部の請求項について審決取消訴訟を提起した場合，取消訴訟の対象としなかった他の請求項はどのように取り扱われるのでしょうか。

Q65 ■ 審決取消訴訟と対象特許の存続期間の満了
………………………………………………………〔飯村　敏明＝星埜　正和〕／ 514

特許無効審判の無効不成立審決の取消訴訟が知的財産高等裁判所に係属している最中に，対象となっている特許権の存続期間が満了してしまいましたが，原告（無効審判請求人）側は，そのことで審決取消訴訟の訴えの利益を失ってしまうのでしょうか。

目　次

第7章　特許権の効力 ——————————— 521

Q66 ■ 特許権の効力 ··〔末吉　　亙〕／ 523

　特許権はどのような権利なのですか。補償金請求権とか仮保護の権利という用語も
聞いたことがあるのですが，それぞれどう違うのでしょうか。

Q67 ■ 特許権の存続期間 ··〔平野　和宏〕／ 530

　(1)　特許権の存続期間は，普通は何年ですか。それを延長することはできないので
　　すか。
　(2)　医薬特許の存続期間の延長と特許権の効力の問題がよくわからないのですが，
　　どう考えたらよいでしょうか。

第8章　特許権侵害 ——————————————— 539

第1節　特許権侵害総説

Q68 ■ 特許権侵害(1) ··〔林　いづみ〕／ 541

　(1)　どういうことが特許権侵害に当たるのでしょうか。
　(2)　特許権侵害とされたら，どのような責任を負わされるのでしょうか。
　(3)　特許請求の範囲が，複数主体の行為により構成されている場合でも，特許権の
　　侵害となることがあるでしょうか。

Q69 ■ 特許権侵害(2) ··〔久世　勝之〕／ 549

　ライバル企業の製品パンフレットを見ると特許番号が書いてあり，何か特許をもっ
ているようです。そのため，迂闊に似た製品を製造販売することはできないように思
えます。わが社の製品を開発するに当たり，ライバル企業がもっている特許がどのよ
うなものであるかを知る必要があると思うのですが，どういう資料を見ればそれがわ
かるのでしょうか。
　また，その資料は，ウェブサイトなどで簡単に入手することができるのでしょうか。

Q70 ■ 特許権の効力が及ばない場合 ··························〔池下　利男〕／ 558

　特許権の効力が及ばない場合もあると聞きましたが，どのような場合でしょうか。

Q71 ■ クレーム解釈 ···················〔飯村　敏明＝星埜　正和〕／ 568

　(1)　特許権侵害訴訟におけるクレーム解釈とはどのようなものでしょうか。お教え
　　ください。

xxiii

目　　次

(2)　均等論という用語を聞いたことがあるのですが，大雑把にいうとどういうことでしょうか。

キーワード索引（第Ⅰ巻）……………………………………………………… 575
判例索引（第Ⅰ巻）（日本のみ）……………………………………………… 581

『特許・実用新案の法律相談Ⅱ』の目次

第8章　特許権侵害

第2節　種々のクレームと侵害

Q72 ▓ 多項クレームと侵害／3
Q73 ▓ プロダクト・バイ・プロセス・クレーム／12
Q74 ▓ 機能的クレーム／24
Q75 ▓ サブコンビネーション・クレーム／31
Q76 ▓ クレームの用語／36

第3節　抗　　弁

Q77 ▓ 権利行使制限の抗弁／43
Q78 ▓ 先使用権の抗弁／50
Q79 ▓ 独自開発の抗弁／57
Q80 ▓ 作用効果不奏功の抗弁／64
Q81 ▓ 消尽理論(1)／72
Q82 ▓ 消尽理論(2)／81
Q83 ▓ 消尽理論(3)／88
Q84 ▓ 消尽理論(4)／95
Q85 ▓ 消尽理論(5)／102
Q86 ▓ 禁反言（通常の場合，均等排除の場合）・意識的限定／108

第4節　均等論，利用

Q87 ▓ 均等論・不完全利用論／113
Q88 ▓ 均等成立第5要件／122
Q89 ▓ 利用発明／131

第5節　差止請求

Q90 ▓ 差止請求(1)―― 一般論／138
Q91 ▓ 差止請求(2)―― 強制執行／145
Q92 ▓ 差止請求(3)／152
Q93 ▓ 差止請求(4)／160
Q94 ▓ 被告物件の特定／168
Q95 ▓ 生産方法の推定／175
Q96 ▓ 間接侵害／179

目　　次

第6節　損害賠償請求

Q97 ■ 損害賠償請求(1)── 特許法102条／186
Q98 ■ 損害賠償請求(2)── 侵害者利益／193
Q99 ■ 損害賠償請求(3)── 法定賠償等／208
Q100 ■ 損害賠償請求(4)── 実施料相当額・寄与率／216
Q101 ■ 損害賠償請求(5)── 特許法102条1項・2項と3項の併用／224
Q102 ■ 損害賠償請求(6)── 侵害品流通各社に対する損害賠償請求／231
Q103 ■ 過失の推定／240
Q104 ■ 消滅時効／246
Q105 ■ 通常実施権者による請求／253
Q106 ■ 共有持分権者による請求／260

第7節　訴訟手続

Q107 ■ 証拠収集手続／267
Q108 ■ 仮　処　分／276
Q109 ■ 管　　轄(1)／290
Q110 ■ 管　　轄(2)／297
Q111 ■ 侵害訴訟の審理(1)／306
Q112 ■ 侵害訴訟の審理(2)── 計算鑑定／318
Q113 ■ 侵害訴訟の審理(3)── テレビ会議システム等の活用／326
Q114 ■ 秘密保持手段／333
Q115 ■ 知的財産高等裁判所／341
Q116 ■ 訴訟費用／348

第8節　裁判外手続

Q117 ■ 仲裁・調停手続／354

第9節　紛争処理後の特許無効

Q118 ■ 再　　審／363

第9章　国際知財

Q119 ■ 国際機関／375
Q120 ■ 国際仲裁手続／382
Q121 ■ 米国知財訴訟制度── ディスカバリー／391
Q122 ■ 米国判例の動向／399
Q123 ■ 欧州の特許制度の動向／407
Q124 ■ 中国の動向(1)──法改正の動き／418
Q125 ■ 中国の動向(2)──中国知財司法制度の概要／426

目　次

Q126 ▓ 中国の動向(3)── 中国重要判例／*439*
Q127 ▓ ASEAN諸国の知的財産制度(1)──欧州特許庁からみたASEAN戦略
　　　／*445*
Q128 ▓ ASEAN諸国の知的財産制度(2)──メコン地域の最近の動向／*452*
Q129 ▓ ASEAN諸国の知的財産制度(3)──島嶼地域の最近の動向／*460*
Q130 ▓ ASEAN諸国の知的財産制度(4)──ミャンマーの新しい知財制度／
　　　469

第10章　ライセンス

Q131 ▓ 実施契約／*477*
Q132 ▓ 標準必須特許／*487*
Q133 ▓ 独占禁止法との関係／*493*
Q134 ▓ クロスライセンス契約／*501*
Q135 ▓ 実施契約における実施不能／*509*
Q136 ▓ 実施契約と特許無効／*516*
Q137 ▓ 実施契約と下請け／*521*
Q138 ▓ 特許ライセンス契約と登録／*529*

第11章　実用新案制度

Q139 ▓ 特許と実用新案の異同／*537*
Q140 ▓ 方法と実用新案／*543*
Q141 ▓ 登録実用新案の技術的範囲の確定／*549*
Q142 ▓ 新・旧実用新案制度／*555*
Q143 ▓ 実用新案技術評価書／*562*

第12章　関連制度

Q144 ▓ 公正証書の利用／*569*
Q145 ▓ 刑事責任／*575*
Q146 ▓ 関　税　法／*584*
Q147 ▓ 産学連携／*595*

第 1 章

特許制度総説

特許法とは(1)

(1) 特許法とはどのような目的の法律で，基本的な保護の枠組みはどうなっているのですか。
(2) それは，日本だけのことですか，それとも外国でも同じような枠組みなのですか。日本で特許をとれば，世界各国でも保護してもらえるものなのですか。

(1) 特許法は，発明を奨励し，産業の発達を図るための法律です（特1条）。特許法は，この政策目的を実現するために，発明者に対して特許権という発明の実施独占権を付与し，研究開発活動を誘引しています。
(2) 特許権は，各国特許法の下，各国特許庁における手続を経て，国ごとに成立します。そして，成立した特許権の効力は，当該国内のみに及びます。したがって，日本で特許を取得しても，それだけでは外国で特許権を得ることはできず，外国での保護を受けることはできません。

☑キーワード
(1) 発明奨励，産業発達，特許権
(2) 特許独立の原則，属地主義，パリ条約，TRIPS協定

第1章◇特許制度総説

解　説

1　設問⑴について

　⑴　特許法の目的

　特許法は，その冒頭で，「この法律は，発明の保護及び利用を図ることにより，発明を奨励し，もつて産業の発達に寄与することを目的とする。」（特1条）と規定しています。このとおり，特許法の究極の目的は産業発達であり，その政策目標を達成するための手段として，同法は発明の保護と利用を図り研究開発活動を奨励しています。

　産業革命（18世紀後半）における蒸気機関の発明から，現代のIT，バイオ技術の開発に至るまで，技術的な革新（イノベーション）が産業発達にとって決定的な役割を担っていることが知られています。新たな技術は，工業のみならず農業や商業・サービス業を含む広範な産業を活性化し，ひいては消費者の生活を豊かにします。公害や交通事故といった，技術がもち得る負の側面を克服するのもまた，技術の力にほかなりません。

　ところが，自然状態では，技術革新は起こらないか，又は起こるとしてもそのスピードは遅くなります。そこで，技術革新を加速するためには，国家が人為的な誘因（インセンティブ）を特別に設定し，研究開発（R&D）を促すことが求められます。特に，多額の研究開発費用を要することも少なくない現代の発明は，そのほとんどが個人発明家ではなく営利企業によって担われるため，研究開発投資を促すためには何らかの経済的誘因が必要です。

　研究開発に対する誘因としては，事前の資金助成（政府から大学に交付される科学研究費など）から，事後の報奨（ノーベル賞など）に至るまで，様々な仕組みがあります。これに対して特許法は，発明の実施に関する法的な「独占権」を誘因として設定しています。一般に，研究開発のコストよりも模倣のコストのほうが安価なため，仮に他者の技術を模倣することが完全に自由であるなら，誰も研究開発投資を行いません。そこで，投資を回収するに十分な期間，発明の

4

実施を独占する権利を国家が発明者に保証し，安心して研究開発に取り組む環境を整備することで，技術革新を通じた産業発達を目指したのが特許法だといえます。

(2) 特許法の基本枠組み

特許法の枠組みとして，まず押さえておかなければならない基本は，①特許権が独占権であること，②ただし独占できるのは一定の期間内だけであること，③独占にふさわしい技術かどうかを特許庁が事前審査すること，④特許庁に出願された技術内容は必ず公開されること，の４点です。

第１に，特許権は，特許発明を事業の一環として独占的に実施する権利です。つまり，特許権が取得された発明（特許発明）を，特許権者以外の事業者が無断で実施することは，原則として特許権の侵害に当たります。そして，特許権侵害に当たると，その実施行為を将来に向けて停止すること（差止め）と，過去の実施によって特許権者が被った損害を賠償することが必要となります。

第２に，特許権は，出願から20年間のみ存続する期間限定の独占権です。所有権は永久に存続する権利ですし（物が譲渡されて所有権者が変更したとしても，物が滅失しない限り誰かが所有権をもつことになります），また，商標（ブランド）を保護する商標権は，権利者が望めば10年ごとに更新することができます。これに対して特許権は，出願から20年を経ると存続期間が満了し，更新することができません（唯一の例外として，医薬と農薬の発明については，５年間を限度に特許権を延長することが認められています）。これは，一般に独占には社会的な弊害があるため，研究開発の誘因として足る期間を保護すれば十分であるからです。

第３に，特許権の発生には，特許庁の審査を経る必要があります。例えば，新規性を欠く陳腐な技術に対して特許権を付与することは，優れた発明を誘引するという特許付与の根拠に照らして正当化できませんし，当該技術の実施を望む他人にとって弊害を及ぼします。そこで，特許付与に先立ち，独占に値する優れた技術であるか，つまり特許要件を満たした発明であるかどうかを，技術の専門官庁である特許庁が事前チェックする仕組み（審査主義）がとられているのです。この点で，音楽や美術などの表現を保護する著作権法において，創作さえすれば何らの手続を経ることなく著作権が発生することや，特許法と同じく技術保護制度である実用新案法において，無審査主義が採用されている

第1章◇特許制度総説

（官庁による事前チェックなしで権利が発生する）こととは，異なるわけです。

　第4に，特許出願に際して特許庁に提出した情報はすべて，出願から1年半が経つと公開特許公報に掲載され，世界に向けて強制的に公開されます。特許が発明公開への代償であると呼ばれるゆえんであり，社会への公開を通じて，発明の有効活用と更なる研究開発への礎を提供しているのです。もっとも，特許法は発明者に対して，出願自体を強制しているわけでありません。発明を社内で秘密として管理する戦略をとるか，出願をして公開と引換えに特許権取得を目指す戦略を選ぶかは，発明者に委ねられているのです。前者の戦略をとっても，うまく管理すれば営業秘密として不正競争防止法上の保護は与えられ，結果として20年間を超えて技術を独占できる可能性もあります。しかし，例えば製品解析（リバース・エンジニアリング）によって容易に模倣できる発明であれば，むしろ積極的に技術を公開しつつ，（短期ではあっても）より強力な特許権を取得する後者の戦略のほうが有利になります。

　以上をまとめると，特許権とは，産業発達という政策を実現するために，研究開発の誘因として国が発明者に付与する期間限定の独占権であり，その発生に際しては特許庁での公開と審査を経る仕組みがとられています。このような特許制度の基本的な枠組みは，実は，近代特許法制度が英米で誕生した最初期から採用されていたものでもあります。

2　設問(2)について

　現在のところ，世界全体で効力をもつ単一の「世界特許権」は存在しません。そのため，同一の発明について，例えば日本特許権，中国特許権，アメリカ特許権が並行して成立し得るのが現状です。

　ここで，たとえ同一の発明についてであっても，ある国で出願した特許は，別の国で取得した特許から独立であり，その権利の発生，変動，消滅などに関して，相互に影響を与えることはありません。これを「特許独立の原則」といい，特許を含む産業財産権に関する国際条約であるパリ条約（4条の2）に定められています。例えば，米国の特許権が米国で無効と判断されたからといって，これに対応する日本の特許権が自動的に無効となるわけではありません。

日本の特許権が無効とされるためには，あくまで日本の特許法が定める要件（無効理由）を満たしていることを，同じく日本の特許法が定める手続（無効審判）において明らかにすることが必要なわけです。

　また，ある国で成立した特許権の効力は，当該国の法律によって定められ，当該国の領域内においてのみ認められます。これを「属地主義」といい，古くから一般原則として承認されてきた原則です。例えば，日本国内で行使できる特許権は日本特許庁で登録された日本特許権だけであり，他方，米国で特許権侵害を主張する場合には，米国特許権を取得している必要がある（日本特許権の効力は米国内には及ばない）わけです。

　もっとも，技術そのものに国境はなく，日本の優れた技術は外国でも役立つものですし，それゆえに外国においても模倣されます。そこで，例えば日本企業がその発明を製品化して米国でも販売するなら，日本特許権だけでなく米国特許権も取得しておいたほうが望ましいわけです。ところが，日本人が米国特許権を取得・行使する場合に，米国法が要求する要件・効果が日本法の定めるものとまったく異なるのでは不便ですし，また日本と米国で完全に別の出願・審査手続をとるのは二度手間です。そこで，各国の特許法について保護の要件と効果を調和させたり，各国特許庁が手続の協力を図ったりするための条約（パリ条約，TRIPS協定，特許協力条約など）が結ばれています。これらの条約のおかげで，上述した特許法の基本的な枠組みは，各国である程度共通しています。

　とはいえ，こうした条約は各国特許法制度のごく部分的な調和と協力を図るものにすぎません。したがって，日本で特許を取得しても，それだけでは外国での保護を当然に受けることはできず，それを求める場合には，あくまで当該国で特許権を得る必要があるのです。

〔島並　　良〕

第1章◇特許制度総説

 2 特許法とは(2)

(1) 日本において，特許制度の運用に関する国家機関や公的機関としては，どのようなところがあって，それらはそれぞれ，どういった役割を担っているのでしょうか。
(2) かつては，無効審判，訂正審判，審決取消訴訟，侵害訴訟の各手続がバラバラで紛争解決に随分と年月を要したようですが，これらと比較して，現在の手続はどのように変わっていますか。

(1) 特許権の付与，無効を審理等をする特許庁，特許権に基づく侵害訴訟の第一審専属裁判所である東京地裁，大阪地裁及びそれらの控訴と特許庁のなした審決の適否を審理する知財高裁があります。特許侵害品の輸出入の取締り（水際措置）は税関が担当しています。そのほか，知的財産権分野での紛争のADRとして日本知的財産仲裁センター，特許情報の提供サービスを行っている独立行政法人工業所有権総合情報館があります。
(2) 現在の手続は，数次の法改正により，迅速な紛争解決が可能になりました。すなわち，無効審判に訂正審判と同じ機能をもつ訂正請求の制度を導入したこと，特許権者の無効審判の確定まで訂正審判の請求を禁止すること（特許権者の訂正の機会は訂正の予告制度導入で対処）により，いわゆるキャッチボール現象による審理遅延が解消されました。また，特許庁の無効審判のほか侵害訴訟を担当する裁判所でも，特許の無効判断ができるというダブルトラック制が採用されたことで，特許庁の無効審決の結果を待たずに迅速に侵害事件の判断ができるようになり，特許の有効性を含む充実した審理が行えるようになったといえます。

Q2◆特許法とは(2)

☑キーワード

知的財産，知的財産権，産業財産権法，創作法，標識法

解 説

1 設 問 (1)

特許制度の運用に関する国家機関や公的機関としては，次の機関があります。

(1) 特 許 庁

出願発明につき特許権を付与するか否かを審査し，また審判手続により特許権に無効事由があるか否かを判断する権限を有するほか，特許法等の改正，企画立案等を行う産業財産権法の運用につき，中心的な役割を行う行政官庁です。

(2) 知財高裁，東京地裁，大阪地裁

特許権侵害訴訟の第一審は東京地裁及び大阪地裁が専属管轄裁判所となっています（民訴6条1項）。また，両地裁の控訴審及び特許庁のなした審決，取消決定の適否の審理を担当する裁判所として知財高裁が専属管轄裁判所となっています。これらの裁判所は技術専門的な事柄に対応できる人的な体制（裁判所調査官，専門委員）が整えられているからです。

(3) 税 関

麻薬・拳銃・偽造紙幣等違法物品のほか，特許等の知的財産権侵害物品の輸出入の差止め等の取締りを行っています。侵害物品は輸入されて国内に広く流通してしまうと，生産拠点が海外にあるため事実上，その探知が困難になりますので，関税法による行政処分としての措置（水際措置）が必要となります。

(4) 日本知的財産仲裁センター（JIPAC）

日本弁護士連合会と日本弁理士会が，昭和63年3月に知的財産権分野での紛

9

第1章◇特許制度総説

争処理を目的として設立したADR（裁判外紛争解決機関）で，全国8箇所で，相談，調停，仲裁，判定，ドメイン名紛争裁定などの業務を行っています。

(5) 独立行政法人工業所有権総合情報館（INPIT）

工業所有権の保護に関するパリ条約12条において加盟国に設置が義務付けられている公報等の閲覧を行う中央資料館で，公報等の閲覧業務のほか，工業所有権相談業務，情報流通業務，対外情報サービス業務（特許情報プラットフォーム：J-PlatPat）等を行っています。

2 設 問 (2)

(1) 無効審判と訂正審判，訂正請求について

平成5年改正法前は，無効審判と訂正審判とは別個独立の制度とされていました。ある特許権に対し無効審判の請求がなされた場合，特許権者は，別途，訂正審判を請求し特許を訂正することによって特許権が無効になることを回避していましたが，同じ特許権につき，無効審判と訂正審判が同時期に請求された場合，無効審判の対象である特許請求の範囲や明細書の記載が訂正審判の審決により遡及的に変更されることもあることから，訂正審判の審決が確定するまで無効審判の審理を中止することで対処していましたが，この中止により事件全体の解決が遅延するという弊害がありました。このため，平成5年改正法では，無効審判係属中に訂正審判を請求することを禁止するとともに，無効審判手続中において，訂正審判と同じ内容の訂正を認める訂正請求の制度を導入しました。つまり，訂正の可否についても無効審判の審理とあわせて審理することで審理遅延を回避することを図ったのです。しかし，同改正では，無効審判が特許庁に係属していない時期に，訂正審判の請求をすることを禁止していませんでした。そのため，無効審判において無効審決を受けた特許権者は，該審決に対する審決取消訴訟を提起するとともに，訂正審判の請求をするようになりました。特許権者がこのような対応をしたのは，平成11年の最高裁判決☆1が，無効審決に対する審決取消訴訟の係属中に特許請求の範囲の減縮を目的とする訂正審決が確定した場合は，審決取消訴訟を審理する裁判所は，当該無効審決を取り消さなければならない（結果的に発明の認定を誤ったことになるか

らです）と判示したことが影響しています。この最判以降，無効審判の審決取消訴訟の係属中に特許請求の範囲を減縮する訂正認容審決が確定すると，審決の違法性について実体判断を経由せずに自動的に取り消される裁判実務が定着していたからです。その結果，特許庁と裁判所との間で事件の往復がなされることになりました。つまり，①無効審決→②審決取消訴訟提起・訂正審判請求→③訂正認容審決確定→④無効審決の取消判決（特許庁へ差戻し）→⑤特許庁での無効審判の再審理，審決→⑥審決取消訴訟といった，キャッチボール現象と呼ばれる特許庁と裁判所との間の往復が生じ，審理の無駄や遅延といった弊害が指摘されていました。この弊害に対処しようとしたのが平成15年改正法です。同改正法は，無効審判が特許庁に係属した時からその審決が確定するまでの間，訂正審判の請求を禁止していましたが，例外として審決取消訴訟の提起日から90日間は訂正審判の請求を許容するとともに（旧特126条2項ただし書），この請求がなされたときは，裁判所は実体的な審理がされずにする「決定」をもって当該審決を取り消すことができることにしました（旧特181条2項）。これにより審理の遅延の問題はいくぶん解消されましたが，キャッチボール現象は依然として発生し続けました。そこで，平成23年改正法では，審決取消訴訟提起後に訂正審判を請求できるとした旧特許法126条2項ただし書を削除しました。これにより，審決取消訴訟の係属中に訂正審判の請求ができなくなり，キャッチボール現象は解消されることになります。そこで，決定による取消しを定めた旧特許法181条2項も削除されました。ただ，従前，特許権者に認められていた審決取消訴訟提起後の訂正審判によって与えられていた訂正の機会を保障するため，無効審判手続中に「審決の予告」の制度を導入しました。審判長は，無効審判の請求を肯定しようとする場合は，事前に特許権者（被請求人）にその旨予告しますが（特164条の2第1項），この予告に対して特許権者は訂正請求ができるようにしたのです（同条2項）。平成23年改正法によりキャッチボール現象は発生しなくなり，同現象の弊害は解消されました。

（2）侵害訴訟における特許の無効主張（無効の抗弁）

　平成12年以前は，侵害訴訟において特許の無効の主張はできませんでした。特許の無効は特許庁の審理する無効審判の請求において主張できるだけで，裁判所はあくまで特許権が有効であることを前提した判断をしなければならない

第1章◇特許制度総説

とされていました。そのため，同じ特許権につき無効審決が出された場合は，その審決が審決取消訴訟を経て確定するまで，侵害訴訟の審理を中止することもあり，審理が遅延しました。また，無効事由のうち，新規性欠如については，侵害訴訟においても技術的範囲の解釈を介して権利行使を制限する裁判実務が確立していましたが，無効事由として，最も多い進歩性欠如に関しては，正面から無効事由があるとして権利行使を制限する裁判例は，極めて稀にしかありませんでした。裁判所は妥当な結論を得るため，技術的範囲の解釈につき，やや技巧的な論理を用いざるを得なかったように思われます。このような状況下，最高裁判所のキルビー事件判決☆2がなされました。この最判は，特許に無効事由が存在することが明らかであるときは，その特許権に基づく差止め，損害賠償等の請求は，特段の事情がない限り，権利の濫用に当たり許されない，と判示したのです。この事案の対象特許は，分割出願（孫出願）された特許であり，親出願は進歩性欠如を理由とする拒絶査定が確定していました。そして，この対象発明も親出願の発明と実質的に同一であることから進歩性欠如の無効事由があるとともに，分割要件違反に基づく出願日の繰り上がりが認められず，この面からも無効となる蓋然性が高く，事実，判決当時，未確定ですが無効審決が下されていたという事情がありました。このような諸事情からすると，この最判は特殊な事情を前提とした事例判決とも考えられましたが，下級審が待ち望んでいた判決ともいえました。その後，この最判を引用する下級審裁判例が続々と出され，進歩性欠如等の無効事由がある場合は権利行使を制限するという法理が確立されていき，平成16年の特許法104条の3（いわゆる無効の抗弁）の創設という法改正*1に至りました。裁判所が判断する特許の無効性は，あくまで当事者間で効力を有する相対的無効で，特許庁の無効審決のような対世的な無効ではありませんが，特許庁のほか，裁判所でも特許の有効性を判断するというダブルトラック制が採用されたのです。侵害訴訟でも，被疑侵害者は特許権者の権利主張に対し無効事由の主張が可能となりましたが，特許権者側も，無効事由の主張に対し特許請求の範囲を減縮訂正することで無効事由を解消できる旨の訂正の再抗弁*2が主張できるようになりました。すなわち，特許庁における無効審判が係属していたとしても，その結果を待たずに侵害訴訟が追行できるとともに*3，充足性のほか，特許の有効性について

の攻防が展開されますので，充実した審理が迅速に行えるようになったといえます。

(3) ま と め

以上のように，無効審判に訂正審判と同じ機能をもつ訂正請求の制度を導入したこと，特許権者の無効審判の確定まで訂正審判の請求を禁止すること（特許権者の訂正の機会は訂正の予告を導入することにより保障）によりキャッチボール現象による審理遅延が解消されました。また，特許庁の無効審判のほか侵害訴訟を担当する裁判所でも，特許の無効判断ができるというダブルトラック制が採用されたことで，特許庁の無効審決の結果を待たずに迅速に侵害事件の判断ができるようになり，特許の有効性を含む充実した審理が行えるようになったといえます。

〔松本　　司〕

■判　例■

☆1　最判平11・3・9民集53巻3号303頁〔大径角形鋼管事件〕。
☆2　最判平12・4・11民集54巻4号1368頁〔キルビー事件〕。

■注　記■

＊1　裁判所法等の一部を改正する法律（施行日：平成17年4月1日）。
＊2　訂正の再抗弁（対抗主張）は，無効審判の無効請求に対する訂正請求のアナロジーとして侵害訴訟でも認められた法理です。その要件は①訂正請求又は訂正審判請求をしたこと，②訂正要件を充たすこと，③被疑侵害者主張の無効事由を解消すること，④被疑侵害者の製品は減縮訂正されたクレームの技術的範囲に属すること，よりなります。ただ，①の要件は，別の無効理由に係る審決が確定していない事情がある場合は不要とされています（最判平29・7・10民集71巻6号861頁〔シートカッター事件〕。
＊3　東京地裁又は大阪地裁の無効判断と特許庁の審決の無効判断とが齟齬した場合でも，侵害訴訟の控訴審と審決取消訴訟は知財高裁の同一部で並行審理がなされていますので，統一した判断がされることにより解消されます。

第1章◇特許制度総説

 特許法とは(3)

(1) 裁判所についてですが，特許関係事件を受け持つのは，具体的にはどういった事件について，どこの裁判所が担当するのでしょうか。
(2) 共同開発契約や特許ライセンス契約で，裁判の合意管轄に関する条文が，わが社の「本店所在地を管轄する裁判所」と記載されています。わが社の本店所在地は広島市なのですが，その規定の効力はどのように考えればよいのでしょうか。
(3) 特許関係事件を受け持つ裁判所では，技術的なことも審理の対象になってくると思うのですが，技術専門的な事柄に対応できるような事件処理体制が整っているのでしょうか。

(1) 特許関係事件には，民事事件である侵害訴訟と，行政事件である審決取消訴訟がありますが，前者の第一審は東京地裁及び大阪地裁が専属管轄裁判所となっています。また，侵害事件の控訴審と後者の行政事件は知財高裁が専属管轄裁判所となっています。
(2) 契約書に管轄合意条項を定めても，特許権に関する訴えは，東京地裁又は大阪地裁が管轄裁判所となり，仮に，該条項に従って広島地裁に提訴しても，東京地裁又は大阪地裁に事件が移送されますので，該条項は意味のない条項となります。
(3) 東京地裁，大阪地裁及び知財高裁には，特許庁から派遣された裁判所調査官のほか，電気，化学及び機械の技術分野の専門知識を有する人から構成された非常勤職員である専門委員が配置されており，裁判官の専門技術的な知見をサポートする体制がとられています。

Ｑ3◆特許法とは(3)

☑️キーワード

専属管轄，合意管轄条項，専門部，調査官，専門委員

解　説

1　設問(1)―― 特許関係事件を担当する裁判所

(1)　特許関係事件

特許関係事件には，民事事件である特許権者から権利侵害者に対する侵害行為の差止・損害賠償事件，権利侵害者であると主張された者から特許権者に対する特許権の侵害による差止・損害賠償請求権の不存在確認請求訴訟，職務発明者から使用者に対する職務発明の相当の対価を請求する訴訟等（以下「侵害訴訟」といいます）があります。また，行政事件として特許庁のなした審決，取消決定等の適否を審理する審決取消請求事件，取消決定取消請求事件（以下「審決取消訴訟」といいます）があります。

(2)　特許侵害訴訟

特許権の侵害訴訟につき，平成15年改正（法律第108号）の民事訴訟法は専属管轄の規定を設けています。同法4条の普通管轄，5条の特別管轄により管轄権の有する地方裁判所の所在する区域に従って，東京地裁又は大阪地裁を専属管轄を有する裁判所と定めています。すなわち，東日本（札幌，仙台，東京及び名古屋高裁の管轄）にある地方裁判所が管轄を有する事件の場合は，東京地裁が専属管轄を，西日本（大阪，広島，福岡及び高松高裁の管轄）にある地方裁判所が管轄を有する事件の場合は，大阪地裁が専属管轄を有することにしています（民訴6条1項）。この趣旨は，特許権等に関する訴訟の審理は，高度な専門的技術事項についての審理が不可欠となる関係から，専門的な処理体制が整備されている東京地裁と大阪地裁の管轄に専属させることで，審理の充実及び迅速化を図るためです。したがって，請求は特許権侵害の流布（営業誹謗行為）の差止請求訴訟（不競2条1項15号）のような場合でも，特許権の抵触が争点となるよ

15

第 1 章◇特許制度総説

うな訴訟では民事訴訟法 6 条の 2 ではなく，同法 6 条 1 項が適用されるべきものと考えられます。逆に「審理すべき専門技術的事項を欠く」ときは，申立てにより又は職権で，訴訟の全部又は一部を，一般的な管轄規定による地方裁判所に移送されることがあります（民訴20条の 2 第 1 項）。

　そして，東京地裁又は大阪地裁の終局判決に対する控訴は，知的財産高等裁判所（知財高裁）の専属管轄とされています（民訴 6 条 3 項*1）。大阪地裁の終局判決でも，大阪高裁ではなく，知財高裁に控訴する必要があります。ただ，「控訴審において審理すべき専門技術的事項を欠く」ときは，申立てにより又は職権で，訴訟の全部又は一部が大阪高裁に移送される場合があります（民訴20条の 2 第 2 項）。なお，特許権の侵害訴訟であっても，簡易裁判所の事物管轄（訴額140万円以下）の場合は，民事訴訟法 6 条 1 項の適用はなく，管轄の一般規定が適用されますが，この場合でも，東京地裁又は大阪地裁にも訴訟を提起することができることになっています（民訴 6 条 2 項）。訴額が小さいことから，当事者の地理的な利便性を考慮されたものですが，後述する技術専門的な案件の処理体制が整っている東京地裁又は大阪地裁にも訴訟を提起できるようにしたものです。

(3)　審決取消訴訟

　審決取消訴訟は行政事件ですので，行政事件の一般法では特許庁（処分行政庁）の所在地の東京地裁が管轄裁判所となりますが（行訴12条），特許庁での審判手続が裁判に類似した準司法的手続であること，特許関係の専門家である特許庁審判官によって行われた審判手続を尊重してよいという事情，さらには事件の解決の迅速化を図るため，一審を省略して直接に知財高裁へ出訴することとしました（特178条 1 項）。つまり，特許関係事件につき，知財高裁は侵害訴訟の控訴審と審決取消訴訟の第一審の専属管轄裁判所としての役割を担っています。

2　設問(2)── 管轄合意条項の効力

　契約書に提訴する裁判所を定める条項（管轄合意条項*2）が存在する場合でも，特許権に関する訴えの場合は，東京地裁又は大阪地裁が管轄裁判所となり

ます。貴社が共同開発契約や特許ライセンス契約に係る紛争につき，契約書の条項に従い広島地裁に提訴しても（また，相手方が当該提訴に応訴しても），広島地裁は，例外なく（後述），職権により当該事件を東京地裁又は大阪地裁に移送することになります（民訴16条1項）。民事訴訟法11条の合意管轄（及び同法12条の応訴管轄）は適用されません（民訴13条1項）。特許権に関する紛争は，専門的な処理体制が整備されている東京地裁と大阪地裁の管轄に専属させるという民事訴訟法6条1項の趣旨からこのような制度となっています。ただ，共同開発契約や特許ライセンス契約に係る紛争といっても，専門技術的な事項とは関係しない紛争もありますので，このような場合（「当該訴訟において審理すべき専門技術的事項を欠く」場合＊3）は，移送を受けた東京地裁又は大阪地裁は，広島地裁に再移送することになります。この再移送の要否は，東京地裁又は大阪地裁が判断する事項で，広島地裁は判断できません。つまり，提訴を受けた広島地裁は，専門技術的な事項とは関係しない紛争であるとして，東京地裁又は大阪地裁に移送しないことはできません。以上から，共同開発契約や特許ライセンス契約という特許権に関する紛争が生じる可能性のある契約書において，民事訴訟法6条1項の専属管轄に反する合意をしても意味がないことになりますので注意を要します。もし，貴社が特許権に関する紛争が生じる可能性のある契約において，地理的に近い大阪地裁での審理を希望されるなら，大阪地裁を提訴する裁判所として指定する条項を設けられることをお勧めします。東京地裁と大阪地裁との間では，そのいずれを管轄裁判所とするかについての合意（民訴11条）は認められているからです（民訴13条2項）。

3 設問(3) ── 知財高裁，東京地裁及び大阪地裁の構成

　東京地裁及び大阪地裁では，特許権等知的財産権に関する紛争を担当する専門部が設けられています。また，両地裁及び知財高裁には，特許庁から派遣された審査官，審判官の経験のある裁判所調査官のほか，非常勤職員である専門委員（技術説明会への関与を予定されています）が配置されていますが，裁判所調査官及び専門委員は，電気，化学及び機械の技術分野の専門知識を有する人から構成されており，裁判官の技術的な知見をサポートすることで，技術専門的な

第1章◇特許制度総説

事柄に対応できる体制が整えられています。

〔松本　司〕

━━ ■注　記■ ━━━━━━━━━━━━━━━━━━━━━━━━━━━━━━━

＊1　民事訴訟法6条3項，特許法178条1項の条文上は「東京高等裁判所」となって
　　いますが，知的財産高等裁判所設置法2条により，東京高裁の特別の支部として知
　　的財産高等裁判所が設けられ，知財侵害等事件の控訴審（同条1号）及び特許法
　　178条1項等の審決取消訴訟事件（同条2号）を担当することになっています。
＊2　管轄の合意条項には，合意した裁判所のみに限定する専属的合意管轄と，既存の
　　管轄を排除せずに，合意した裁判所の管轄との併存を認める競合的合意管轄があり
　　ますが，契約条項が明確でない場合は，前者の専属的合意管轄と解すべきであると
　　するのが多数説です。
＊3　他に「その他の事情により著しい損害又は遅滞を避けるため必要があると認める
　　とき」があります。

Q4◆特許法とは(4)

 特許法とは(4)

(1) 特許法の平成20年以降の改正の概要を教えてください。
(2) 特許権の保護に関する議論のうち，特許法に明文の規定がないものにはどのようなものがありますか。

(1) 仮通常実施権・仮専用実施権の創設，当然対抗制度の導入，発明者等による特許権返還請求，特許異議の申立制度の創設，職務発明制度の見直しなどが行われました。
(2) 主要なものとして，均等論，消尽理論，侵害主体に関するものなどがあります。

☑キーワード

当然対抗制度，特許異議申立て，職務発明，均等論，消尽理論

解　説

1　はじめに

　昭和34年（1959年）に制定され，翌昭和35年（1960年）に施行された現行の特許法は，平成31年・令和元年（2019年）に施行60年目の節目を迎えました。
　制定以来，40回以上の改正がなされてきました。単純に計算すれば，少なく

19

第1章◇特許制度総説

とも1年半に1度は改正されてきたわけです。特許法は最も改正の多い法律の1つとして知られています。

　この意味で，特許法について調べる際には，最新の条文を参照しなければなりません。また，文献についても，出版年に注意して最新の版のものを入手する必要があります。

　これだけ改正が多い理由は，特許法が発明を保護・利用する法律であり，技術の進展と密接な関係があるからです。

　しかし，改正がこれだけ頻繁にあっても，すべての事象につき定めることはできません。特許法に明文の規定のない事柄について裁判所が判断を示し，その後の解釈や運用に大きな影響を及ぼすことも少なくありません。

　したがって，特許法については，判決にも注意を払う必要があります。

2　平成20年以降の特許法改正の概要

（1）　特許法の改正

　平成20年（2008年）以降，「特許法等の一部を改正する法律について」として経済産業省・特許庁から提出された特許法の改正について**図表1**にまとめます。

（2）　平成20年（2008年）改正

（a）　**仮通常実施権・仮専用実施権**

　特許権者は，特許発明の実施をする権利を専有しており（特68条1項本文），それゆえ，特許発明の実施を他人に許諾すること（以下，他人への許諾を「ライセンス」，許諾者を「ライセンサー」，許諾を受けた者を「ライセンシー」ということがあります）ができます（特77条・78条）。

　ただし，当然のことですが，許諾ができるのは特許権が発生する設定登録日（特66条1項）以降となります。

　しかし，近年は，研究・開発に特化し，製造は行わず，実際に製造する企業等にライセンスを与えるということも増えてきました。そこで，特許権発生以前，つまり，出願段階の時点から，将来を見据えてライセンス契約を締結することが増えてきました。

Q 4 ◆特許法とは(4)

図表 1

法令番号等	改正（案）の概要	施行日
平成20年法律第16号 （平成20年改正）	・通常実施権等登録制度の見直し ・不服審判請求期間の見直し ・優先権書類の電子的交換の対象国の拡大 ・特許料の引下げ	平成20年 6 月 1 日 （特許料の引下げ） 平成21年 4 月 1 日 （上記以外）
平成23年法律第63号 （平成23年改正）	・ライセンス契約の保護の強化 ・共同研究等の成果に関する発明者の適切な保護 ・ユーザーの利便性向上 ・紛争の迅速・効率的な解決のための審判制度の見直し	平成24年 4 月 1 日
平成26年法律第36号 （平成26年改正）	・救済措置の拡充 ・特許異議の申立制度の創設	平成27年 4 月 1 日
平成27年法律第55号 （平成28年改正）	・職務発明制度の見直し ・特許料等の改定 ・特許法条約及び商標法に関するシンガポール条約の実施のための規定の整備	平成28年 4 月 1 日
第198回国会閣法第32号（平成31年改正法案）	・中立な技術専門家が現地調査を行う制度（査証）の創設	公布日から起算して1 年 6 月を超えない範囲内において政令で定める日
	・損害賠償額算定方法の見直し	公布日から起算して1 年を超えない範囲内において政令で定める日

　そのとき問題となるのは，特許権発生前のライセンス契約の効力は当事者にのみ及ぶため，特許を受ける権利の移転があると，ライセンシーはその立場を失い，非常に不安定な立場に立たされるということでした。

　このような状況を打開するため，出願段階でのライセンス制度，つまり，仮通常実施権と仮専用実施権制度が創設されました。

　具体的には，特許を受ける権利を有する者が，その特許を受ける権利に基づいて取得すべき特許権について，他人に仮専用実施権・仮通常実施権を許諾することができることとなり（特34条の 2 第 1 項・34条の 3 第 1 項），その特許権の設

21

第1章◇特許制度総説

定登録があった場合には，専用実施権の設定，通常実施権の許諾がなされたものとみなされます（特34条の2第2項・34条の3第2項）。

　仮専用実施権の設定は，登録が効力発生要件となっています（特34条の4）。仮通常実施権は許諾契約のみで発生しますが，登録を行うことで第三者に対抗できます（特34条の5）。

(b)　信託法改正に伴う登録関連規定の改正

　特許権を信託することは以前より可能でした。信託契約（信託3条1号），遺言信託（信託3条2号）といった設定方法は，特許権の移転が生じるため，特許権の移転（特98条1項）に含まれると考えられており，信託登録が効力発生要件となっていました。

　平成18年の信託法全面改正により，委託者が受託者を兼ねる，つまり，特許権の移転を伴わない自己信託（信託3条3号）が創設されました。そこで，特許権の自己信託について登録の効果を明らかにするため，「信託による変更」が加えられました（特98条1項1号）。

(3)　平成23年（2011年）改正

(a)　当然対抗制度

　以前は，通常実施権登録制度があり，登録が第三者対抗要件となっていました。

　しかし，開発から最終製品に至るまで，非常に多くの特許権が対象となることがあり，その都度，通常実施権を登録すると，莫大な手間とコスト（登録1件につき登録免許税1万5000円）がかかるため，実際は，ほとんど登録されてこなかったという実態がありました。

　そこで，通常実施権の発生後にその特許権若しくは専用実施権又はその特許権についての専用実施権を取得した者に対しても，その効力を有するとする当然対抗制度を創設しました（特99条）。なお，通常実施権の法的性質は，特許権者等に対して，差止請求権や損害賠償請求権を行使しないように求める不作為請求権であるとするのが判例[1]であり，その譲渡については民法の債権譲渡の規定（民476条以下）が適用されます。

(b)　特許権移転請求権規定

　近年，複数の企業や大学で研究開発を進めることがとても増えており，他人

の発明に関する情報を出願前に知っていたり，特許を受ける権利の帰属が曖昧なままに進むことがあります。そのため，特許を受ける権利を有しないのに出願することや（特49条7号），特許を受ける権利が共有であるときは全共有者で出願しなければならないのに（特38条），一部の者が出願してしまう場合が増えてきました。

　これらの場合は拒絶理由となりますが（特49条2号・7号），出願書類から必ずしも判明するとは限らず，登録されてしまうことがあります。すなわち，本来，特許権あるいは特許権の共有持分を享有すべき者が排除されてしまうことがあります。

　そこで，本来権利者となれたはずの者が，自己に特許権あるいは特許権の共有権の持分を移転することを請求できるようにし，その請求に基づいて特許権の移転登録があると，その特許権あるいは持分は最初からその者に帰属するとみなす規定を設けました（特74条）。

(c)　**審決取消訴訟提起後の訂正審判請求の禁止**

　以前は，特許無効審決がされたとき，特許権者は審決取消訴訟を提起しつつ，無効理由を回避するために訂正審判を請求することができました。その訂正審決が確定すると，特許無効審決がほぼ自動的に取り消される裁判実務が定着していました。裁判所が審決を取り消すと，特許庁では訂正された特許について特許無効審判の審理を再開して再度審決を行うこととなりますが，この審決に対してさらに審決取消訴訟の提起が可能とされていました。このような特許庁と裁判所との間で事件が往復することは「キャッチボール現象」と呼ばれ，無駄な審理が繰り返されるとして問題となっていました。

　このような状況を生じさせる根拠となっていた特許法126条2項ただし書を削除し，特許無効審判の審決が確定するまでは，訂正審判を請求できないこととしました（特126条2項）。

(d)　**判決確定後の再審の制限**

　特許権侵害訴訟等の判決が確定した後に，無効審判や訂正審判において判決の前提となる特許権の内容が変更された場合には，判決の基礎となった行政処分が後の行政処分により変更されたとして，民事訴訟法338条1項8号が定める再審事由に該当する可能性があります。

第1章◇特許制度総説

そうすると，確定したはずの判決が不安定な状態となるとして問題視されていました。

そこで，特許権侵害訴訟等の当事者であった者は，当該特許権侵害訴訟等の判決確定後に，無効審決や訂正審決等が確定したことを，再審の訴えにおいて主張できない旨を定め，再審を制限することとしました（特104条の4）。

また，無効審判の確定審決は第三者効をもつとされていましたが，当事者間の一事不再理効へと変更されました（特167条）。

(4) 平成26年（2014年）改正

特許異議申立制度については，同名の制度が以前ありましたが，特許無効審判制度に包摂される形で廃止された経緯があります。

ところが，特許無効審判制度は口頭審理が原則であり，当事者の手続負担が大きく，加えて，東京にある特許庁まで赴かなければならないのは，地方の企業等には時間やコストの面で不利であるとの指摘もありました。

そこで，特許掲載公報発行日から6ヵ月以内に特許要件を満たさないなどの理由により，何人も特許異議申立てをすることができる制度を創設しました（特113条以下）。特許掲載公報発行日から6ヵ月が経過した後は，特許異議申立てはできませんので，特許権の早期安定化が可能となるとされています。

(5) 平成27年（2015年）改正

職務発明制度については，オリンパス事件最高裁判決[☆2]以来，議論が盛んになり，数度の法改正がなされてきたことは周知のとおりです。

平成27年改正では，職務発明の特許を受ける権利は，契約等であらかじめ使用者等に取得させることを定めたときは，その発生時に使用者等に帰属することとしました（特35条2項・3項）。それまでは，一度，発明をした従業者等に特許を受ける権利を帰属させた上で，使用者等に承継する形をとっていました。

また，それまで職務発明の特許を受ける権利を使用者等へ承継した際などに「相当の対価の支払を受ける権利」を従業者等が有するという形でしたが，金銭の給付以外にも，留学の機会やストックオプション等，金銭以外も含めた経済上の利益も含むことが，使用者等側・従業者等側双方から生じていることから，「相当の金銭その他の経済上の利益を受ける権利」へと改正されました（特35条4項）。

24

加えて，相当の利益の内容の決定につき，経済産業大臣は考慮すべき状況等に関する事項について指針を公表することとされました（特35条6項）。

(6) TPP11発効等による改正

経済産業省・特許庁による改正案の提出以外にも，他の法律の改正や条約の発効に伴い特許法が改正されることがあります。近時では以下の例があります。

環太平洋パートナーシップ協定（TPP12）の発効とともに，発明の新規性喪失の例外期間を6ヵ月から1年へ延長することや審査等に時間がかかった場合に特許権の存続期間を延長する制度の整備などを定めた改正法が施行されることになっていましたが，トランプ大統領により米国が離脱したためTPP12の発効が不可能となり，改正法の施行も不可能となりました。

しかし，発明の新規性喪失の例外期間の延長については，「不正競争防止法等の一部を改正する法律案」に含まれ，平成30年（2018年）6月9日に施行されました（特30条1項・2項）。

また，審査等に時間がかかった場合の特許権の存続期間延長制度については，米国以外の国々により締結された環太平洋パートナーシップに関する包括的及び先進的な協定（TPP11）の発効日である平成30年（2018年）12月30日に施行されました（特67条2項以下）。

(7) 平成31年改正法案

特許権の特殊性として，侵害が容易である一方，立証が困難であり，侵害を抑止しにくいということがあり，「侵害した者勝ち」にならないようにする配慮がこれまで以上に求められています。せっかく取得した特許で大切な技術を守れるよう，訴訟制度を改善することが目的です。主な内容は2点です。

まず，侵害の有無の審理において，査証制度が創設されます。

具体的には，特許権侵害の可能性がある場合，中立な技術専門家が，特許権を侵害しているとされている者の工場等に立ち入り，特許権の侵害立証に必要な調査を行い，裁判所に報告書を提出する制度です。

査証制度は，製造方法やBtoB製品，プログラム等，製品を分解してもわからない，あるいは，入手できないといった場合に有効となると期待されています。

第1章◇特許制度総説

次に，損害額の審理において，侵害者が販売した数量のうち，特許権者の生産能力等を超えるとして賠償が否定されていた部分について，侵害者にライセンスしたとみなして，損害賠償を請求できるようになります。中小・ベンチャー企業にも十分な賠償がなされるようになると期待されています。

また，ライセンス料相当額による損害賠償額の算定に当たり，特許権侵害があったことを前提として交渉した場合に決まるであろう額を考慮できる旨が明記されます。

3 特許法に明文の規定がない特許権の保護に関する議論

(1) 均 等 論

特許権侵害とは，特許請求の範囲として記載した内容と，相手方の技術の内容が同一であることが原則として必要となります。しかし，特許請求の範囲として記載された内容と一部異なっていたとしても，同じ技術的範囲内にあるものと評価する理論，いわゆる均等論を用いて侵害を認めることが肯定されています。

無限摺動用ボールスプライン軸受事件最高裁判決[3]は，5つの要件を示し，そのすべてを満たした場合，均等なものとして同じ技術的範囲内にあると述べました（均等論についての詳細は**Q54**，**Q71**，**Q79**，**Q86**〜**Q88**，**Q141**参照）。

(2) 消尽理論

消尽とは，特許権者やライセンシーが適法に特許製品を市場に流通させた場合，その後の転々流通については特許権の効力が及ばないとする理論です。

BBS並行輸入事件最高裁判決[4]は，日本国内において特許製品を譲渡した場合には特許権が消尽することを認める一方で，国外において特許製品を譲渡した場合においては，特許権者が，当該製品について販売先ないし使用地域から日本を除外する旨を譲受人との間で合意した場合や，その旨の合意を特許製品に明確に表示した場合を除いて，特許権を行使することは許されないとの判断を示しました。

ただし，インクタンク事件最高裁判決[5]は，特許権者等が日本国内において譲渡した特許製品につき加工や部材の交換がされ，それにより当該特許製品

26

と同一性を欠く特許製品が新たに製造されたものと認められるときは，特許権は消尽しないと判示しました（消尽についての詳細は，**Q7**，**Q81**〜**Q85**参照）。

(3) 侵害主体

インターネットやコンピュータシステムの技術の発展に伴い，侵害主体は誰なのかという点が問題になってきています。

発注側と製造側という2つの主体を前提とし，主として製造側の観点から規定する眼鏡レンズの供給システムの発明において，誰に対して差止め及び損害賠償を求めることができるか，すなわち発明の実施行為（特2条3項）を行っている者は誰かについて，構成要件の充足の問題とは異なり，当該システムを支配管理している者は誰かを判断して決定されるべきであるとした裁判例[6]があります。

また，「インターネットサーバーのアクセス管理およびモニタシステム」という発明において，「アクセス」が「インターネットよりなるコンピュータネットワークを介したクライアント」による「サーバーシステムの情報ページ」に対するものであることが明らかである上，構成要件に規定される各段階は，本件発明において提供される「アクセス」が備える段階を特定するものであると解されるから，このような本件発明の実施主体は，上記のような「アクセスを提供する方法」の実施主体であって，システムを使用するユーザーではないとした裁判例[7]があります。

〔諏訪野　大〕

■判　例■

- ☆1　最判昭48・4・20民集27巻3号580頁。
- ☆2　最判平15・4・22民集57巻4号477頁。
- ☆3　最判平10・2・24民集52巻1号113頁。
- ☆4　最判平9・7・1民集51巻6号2299頁。
- ☆5　最判平19・11・8民集61巻8号2989頁。
- ☆6　東京地判平19・12・14裁判所ホームページ。
- ☆7　知財高判平22・3・24判タ1358号184頁。

第1章◇特許制度総説

 特許法とは(5)

(1) 特許出願件数は以前より少なくなってきているという話を耳にしたのですが、どのような状況でしょうか。もし、出願件数が減っていたら、それは日本の産業競争力にとって、どういう意味をもつのでしょうか。
(2) 特許庁の審査・審判体制、審決取消訴訟や特許権侵害訴訟の件数の動向等教えてください。
(3) 主要な国、地域だけでもかまいませんので、上記の事柄について、諸外国の様子もわかれば教えてください。

(1) わが国における2017年の特許出願件数は、2008年と比較すると20％近く減少しました。他方、わが国の出願人による米国・中国への特許出願件数は、増加しています。この変動が日本の産業競争力にとってもつ意味については、日本の技術開発力の低下や市場としての魅力の低下を示すとする悲観的な見方もできますが、日本企業のグローバル化や営業秘密管理の浸透・強化の結果といった楽観的な見方も可能です。
(2) 特許査定率が著しく上昇し（50％［2008年］→75％［2016年］）、他方で無効審判成立率が著しく低下しました（無効審判に係る審決中の無効審決の割合：66％［2008年］→24％［2017年］）。それに伴い、無効審判請求件数が著しく減少しました（282件［2008年］→161件［2017年］）。そして、特許査定率上昇と無効審判請求件数減少に伴い、特許に係る審決取消訴訟件数も半減しました（496件［2008年］→236件［2017年］）。他方、知的財産関連民事訴訟事件（その多くは侵害訴訟事件）の件数は増加し（497件［2008年］→692件［2017年］）、特許権侵害訴訟事件の判決件数も増加しています（最高裁ウェブサイトに掲載されている地裁判決件数：47件［2008年］

28

Q5◆特許法とは(5)

→64件［2017年］）。
(3)　中国における特許出願件数と中国企業の主要国における特許出願件数の著しい増加が目立ちます。特許の無効化手続については，米国のIPRの申立件数は年間約1500件で横這いながら，審理開始（Institution）の割合はやや減少傾向にあります（制度発足当初80％程度だったのが最近では60％程度）。米国の特許侵害訴訟は減少傾向（6129件［2013年］→4057件［2017年］）にある一方，中国では，2017年の地方人民法院における特許権に係る民事第一審事件の新規受理件数が１万6010件，特許侵害の行政調査処分案件数は２万7305件でありました。なお，ドイツにおける2017年の特許権に係る民事訴訟件数は882件でした。

☑キーワード

特許出願件数，無効審判成立率，異議取消率，訴訟件数，米国，欧州，中国，韓国

解　説

1 小問(1)について

特許行政年次報告書2018年版＜統計・資料編＞（以下，各年版ごとに「年次報告20XX」といいます）によれば，わが国における特許出願件数の推移は，次頁の**図表1**のとおりです。その内訳として，内国出願人と外国出願人のそれぞれの出願件数も記載しました。なお，この特許出願件数には，延長登録出願，PCT出願から国内移行された出願（国内書面の受付日を基準としてカウント）が含まれます。

2008年から2016年までは特許出願件数は減少の一途を辿っていましたが，2017年になってやっと下げ止まったようです。

減少の原因がどこにあるのかについては，いろいろな仮説が立てられます。

その１つは，マーケットとしての日本の魅力や日本企業の競争相手としての地位が薄れたため，外国企業が日本国特許庁への出願・国内移行をしないこと

29

第１章◇特許制度総説

図表１　特許出願件数の推移

	内国出願人	外国出願人	合　　計
2008年	330,110	60,892	391,002
2009年	295,315	53,281	348,596
2010年	290,081	54,517	344,598
2011年	287,580	55,030	342,610
2012年	287,013	55,783	342,796
2013年	271,731	56,705	328,436
2014年	265,959	60,030	325,989
2015年	258,839	59,882	318,721
2016年	260,244	58,137	318,381
2017年	260,290	58,189	318,479

が増えたのではないか，というものです。しかし，外国出願人の出願件数は，2009年に大きく落ち込んでから（これはリーマン・ショックの影響でしょうか），むしろ徐々に回復してきていますので，この仮説は当たっていないように思われます。もっとも，主要国・地域別の日本国特許庁への出願件数について，2008年（年次報告2009）と2017年（年次報告2018）とで比較してみると，**図表２**のとおりであり，確かに，欧州・米国・韓国からの日本国特許庁への出願件数は減少し，その分を中国からの出願件数の増加で補っていることがわかります。

　さらに，減少が目立つのは，内国出願人，すなわち日本企業の出願件数です。そこで，日本企業の技術開発力が落ちてきたからではないか，又は，特許出願に費やす予算が減少したからではないか，という仮説も成り立ちます。他方で，技術開発力が落ちたわけではない，特許出願に費やす予算も減少していない，という希望的観測を前提とした場合には，限られた予算の中で，外国での権利化により多くを振り向けるようになったため，という仮説も成り立つかもしれません。主要特許庁における日本国籍出願人の出願件数について，2007

図表２　主要国・地域別の日本国特許庁への出願件数

	欧　州	韓　国	中　国	米　国
2008年	24,836	5,599	772	25,112
2017年	20,608	4,735	4,172	23,949

Q5◆特許法とは(5)

図表3 主要特許庁における日本国籍出願人の出願件数

	欧州特許庁	韓国知的財産庁	中国知識産権局	米国特許商標庁
2007年	22,889	18,110	32,870	78,794
2016年	21,006	14,773	39,207	86,021

年（年次報告2009）と2016年（年次報告2018）とで比較してみると，**図表3**のとおりです。

　確かに，日本企業の米国及び中国への出願件数は増加しているようです。

　また，日本企業の出願件数の減少の理由として考えられるもう1つの仮説は，出願公開による新興国企業の模倣を防ぐため，特許出願を戦略的に差し控え，営業秘密としての保護を選択する場合が増えてきた，というものです。しかし，これについては，客観的に検証することは困難で，真偽は不明です。

2　小問(2)について

　まず，特許の審査期間については，2008年のファーストアクション期間（出願・審査請求から，審査官による審査結果の最初の通知（主に特許査定又は拒絶理由通知書）が出願人に発送されるまでの期間）は28.5ヵ月でしたが（年次報告2009），2017年には9.3ヵ月（年次報告2018）と大幅に短縮されました。また，特許査定率は，2008年には50.2％（年次報告2010）でしたが，2016年は75.8％（年次報告2018）と大幅に上昇しました。つまり，早く，かつ簡単に，特許査定を受けられるようになってきたわけです。

　では，無効審判はどうでしょうか。請求件数と最終処分件数の内訳の推移は，次頁の**図表4**のとおりです（年次報告2018）。

　無効審判の請求成立率が劇的に低下し，それに伴って請求件数も大幅に低下していることが見てとれます。請求成立率（すなわち，特許を無効とする審決がなされる割合）が低下したことにより，無効審判という制度を利用しようとする意欲も低下したのでしょう。特許侵害警告を受けたり，あるいは侵害訴訟の提起を受けたりした被疑侵害者としては，2008年であれば，特許無効審判請求をすることはいわば定石でしたが，現在では，むしろ特許庁で維持審決が判決よ

31

第1章◇特許制度総説

図表4　無効審判請求件数と最終処分件数の内訳

	請求件数	審判部最終処分件数		
		請求成立 （含一部成立）	請求不成立 （含却下）	取下・放棄
2008年	292	182	92	36
2009年	257	123	123	37
2010年	237	102	129	23
2011年	269	91	140	28
2012年	217	73	145	32
2013年	247	43	139	29
2014年	215	37	106	41
2015年	231	39	144	36
2016年	140	56	125	42
2017年	161	35	108	24

りも先に出されて裁判官へ事実上の影響を与えることを恐れて，裁判所だけで無効抗弁を主張する戦術をとる場合が増えているものと思われます。

　異議はどうでしょうか。異議申立件数と最終処分件数の内訳の推移は，**図表5**のとおりです（年次報告2018）。

　これによると，取消決定の割合が1割強ですので，無効審判よりもさらにハードルが高いことがわかります。

　そして，特許査定率が上昇し，かつ，特許無効審判の件数が減っているので，必然的に，審決取消訴訟の件数も著しく減少しています。司法統計によれば，2008年の知的財産高等裁判所の第一審行政訴訟件数は493件でしたが，

図表5　異議申立件数と最終処分件数の内訳

	申立件数	取消決定 （含一部取消し）	維持決定 （含却下）	取下・放棄
2015年	364【389】	0【0】	5【5】	0【0】
2016年	1,214【1,334】	55【59】	645【680】	7【8】
2017年	1,251【1,371】	128【146】	1,085【1,182】	1【2】

（注）　2015年の件数については，2015年4月1日以降に申し立てられた件数である。また，【　】外の
　　　数字は権利単位，【　】内の数字は申立単位の件数である。

2017年には238件となりました。

　審決取消訴訟（当事者系）の判決についても，特許権者有利へと傾いているように見受けられます。2010年には，判決合計94件，うち無効審決の取消訴訟36件中で11件取消し・25件維持，不成立審決58件中で16件取消し・42件維持，ということで，56％の判決が特許権者有利の判断でした（川田篤＝井上義隆・パテ64巻3号44頁）。2017年になると，判決合計88件，うち無効審決（一部無効を含む）の取消訴訟23件中で14件取消し・9件維持，不成立審決（一部不成立を含む）の取消訴訟66件中で17件取消し・49件が維持，ということで，71％の判決が特許権者有利の判断となっています（今井優仁＝奥村直樹・パテ71巻9号100頁）。

　では，侵害訴訟の件数はどうでしょうか。司法統計では「知財財産権に関する訴え（金銭目的以外）」として全地方裁判所の新受件数を公表していますが，平成20年には240件だったものが平成29年には274件となっており，微増といえます。特許権に関する民事訴訟・民事仮処分について最高裁ウェブサイトに掲載されている地方裁判所の判決数で比較しても，平成20年は47件ヒットするのに対し，平成29年は64件で，やはり増加しています。

3　小問(3)について

　米国特許商標庁（USPTO），欧州特許庁（EPO），中国知識産権局（SIPO），韓国知的財産庁（KIPO）及び日本国特許庁（JPO）における出願件数の変遷は，次頁の**図表6**のとおりです。

　これを見ると，中国知識産権局（SIPO）における出願件数が爆発的に伸びていることがわかります。そして，米国，韓国，欧州も微増であるのに対し，わが国の出願件数のみが減少していることが見て取れます。また，日本における中国企業の出願件数が著しく増加していることはすでに述べましたが，この傾向は，他の主要国特許庁においても同様です。

　特許の無効化手続については，2012年から運用開始された米国のIPR（Inter Partes Review/当事者系レビュー）が，米国の特許紛争の態様を大きく変えたといわれています。米国特許商標庁（USPTO）のウェブサイトによると，IPRの申立件数は年間約1500件です。制度発足当初は，80％程度の割合で審理開始

第1章◇特許制度総説

図表6　出要特許庁における出願数の変遷

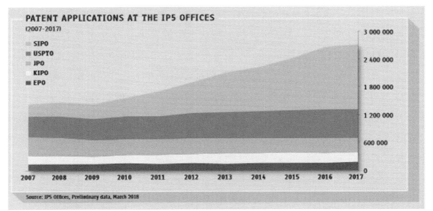

（資料出所）five IP officesのウェブサイトより引用（https：//www.fiveipoffices.org/statistics/statisticaldata.html）

(Institution)がされていましたが，現在ではやや減少して60％程度のようです。

　米国の特許侵害訴訟の件数は，IPRの導入やパテント・トロールに厳しい最高裁判決などが相次いだことの影響もあって，減少傾向にあるとされており，2013年には6129件だったのが，2017年には4057件（https：//lexmachina.com/lex-machina-q4-litigation-update/）だったようです。他方，中国では，中国知識産権局が発表した「2017年中国知識産権保護状況」によると，2017年の地方人民法院における特許権に係る民事第一審事件の新規受理件数が1万6010件，特許侵害の行政調査処分案件数は2万8157件だったそうです（JETROのウェブサイトに和訳掲載（https：//www.jetro.go.jp/ext_images/world/asia/cn/ip/gov/20180425_jp.pdf））。なお，ドイツにおける2017年の特許権に係る民事訴訟件数は882件（うちデュッセルドルフ地方裁判所が486件，マンハイム地方裁判所が215件，ミュンヘン地方裁判所が181件）でした。

〔城山　康文〕

6 知的財産権法における位置付け(1)

(1) 特許法・実用新案法と他の知的財産権法(意匠法,商標法,著作権法,半導体集積回路の回路配置に関する法律,種苗法)との関係を教えてください。
(2) 知的財産基本法という法律がありますが,これは特許法等とは異なる位置付けになるのでしょうか。

　特許法・実用新案法が属する知的財産権法は,知的財産の保護と利用に関するルールを定める法分野である知的財産法の一部であり,知的財産について権利(知的財産権)を付与することによって保護するものです。知的財産権法は,保護目的や保護対象,権利の発生方法の観点から分類することができます。特許法・実用新案法と比べて,他の知的財産権法は,いずれの観点からの分類についても共通するものもあれば,いずれかの観点からの分類について異なるものもあります。また,特許権・実用新案権と他の知的財産権との間で利用関係・抵触関係が生じ,その規律が定められていることがあります。
　知的財産基本法とは,知的財産の創造,保護及び活用に関する施策を推進することを目的とし,そのために行うべき施策について定める法律であり,知的財産権法とは異なり,知的財産の保護と利用に関するルール自体を定めるものではありません。

☑キーワード
知的財産,知的財産権,産業財産権法,創作法,標識法

第1章◇特許制度総説

```
解　説
```

1　知的財産法と知的財産権法

(1)　知的財産法の概要

　特許法・実用新案法は，知的財産法に属する法律です。知的財産法とは，知的財産の保護と利用に関するルールを定める法分野を指し，その対象である知的財産とは，一般的に，財産的価値のある情報を指します[*1]。

　知的財産は情報，すなわち無体物ですので，知的財産を創造した者に無断で知的財産が利用されてもその創造者の利用が妨げられることはありません。しかしながら，知的財産の創造には時間，費用がかかるため，他人が無断で利用できるとすると，創造者が知的財産から利益を享受することが困難となり，それによって，知的財産の創造意欲が減退し，その創造活動が活発に行われなくなるという結果となります。また，商品・役務の品質改良等の営業努力によって営業上の信用を築き上げた者についても同様であり，そのような営業努力には時間，費用がかかるところ，営業上の信用を化体した標識が無断で利用されると，その信用によって顧客から得ることができたはずの利益が奪われ，営業者は営業努力を行わなくなってしまいます。

　そこで，知的財産を保護する必要が生じ，そのために知的財産法という法分野が存在しているのです。もっとも，知的財産を包括的に保護する単一の法律は存在しません。実際に存在しているのは，発明（特2条1項）を保護する特許法や考案（実2条1項）を保護する実用新案法のように，特定の知的財産を保護対象とする様々な法律です。これは，知的財産の保護の在り方は，すべての知的財産にとって同じではなく，保護される知的財産の性質によって異なるためです。

(2)　知的財産権法の概要

　知的財産法は，いろいろな観点から分類することができますが，そのうちの1つは，知的財産をどのように保護するかという保護方法の観点です。この観

36

点から，知的財産を権利として構成し，それに物権的な効果を与えて保護する権利付与法と，権利として構成することはしないで，知的財産を一定の利用行為から保護する行為規整法に分類することができます。権利付与法は，知的財産を保護するために権利を付与するものであり，このような知的財産を保護する権利が知的財産権と呼ばれ[2]，権利付与法は知的財産権法と称されています。

知的財産権法には，発明を特許権によって保護する特許法，考案を実用新案権によって保護する実用新案法，意匠（意2条1項）を意匠権によって保護する意匠法，商標（商標2条1項）を商標権によって保護する商標法，著作物（著2条1項1号）を著作権によって保護する著作権法，半導体集積回路の回路配置（半導体2条2項）を回路配置利用権によって保護する半導体集積回路の回路配置に関する法律，植物の新品種（種苗2条2項）を育成者権によって保護する種苗法があります。

なお，行為規整法としては，一定の行為を不正競争と定め（不競2条1項），不正競争によって営業上の利益が侵害される場合に差止請求・損害賠償請求を認める（不競3条・4条）不正競争防止法があります[3]。

(3) 知的財産権法の分類

知的財産権法は，保護目的の観点から，産業の発達を目的とする産業財産権法と，文化の発展を目的とする（広義の）著作権法に分類することができます。また，保護対象の観点から，人間の精神的創作活動の成果を保護する創作法と，営業上の信用を化体する標識を保護する標識法に分類することができます。さらに，権利の発生方法の観点から，権利が登録によって発生するものと，登録といった方法を要せず，創作自体によって発生するものに分類することができます。

(4) 特許法・実用新案法の位置付け

保護目的の観点からの分類では，特許法の目的は「発明を奨励し，もつて産業に発達に寄与すること」であり（特1条），実用新案法の目的も「考案を奨励し，もつて産業の発達に寄与すること」であるので（実1条），両法とも産業財産権法に属します。

保護対象の観点からの分類では，特許法では発明が保護され，実用新案法で

第1章◇特許制度総説

図表1　各知的財産権法の位置付け

	保護目的	保護対象	権利の発生方法
特許法・実用新案法	産業財産権法	創作法	特許権・実用新案権は，設定登録により発生
意匠法	産業財産権法	創作法	意匠権は，設定登録により発生
商標法	産業財産権法	標識法	商標権は，設定登録により発生
著作権法	（広義の）著作権法	創作法	著作権は，創作自体により発生
半導体集積回路の回路配置に関する法律	産業財産権法	創作法	回路配置利用権は，設定登録により発生
種苗法	産業財産権法	創作法	育成者権は，品種登録により発生

は考案が保護され，いずれも技術的思想の創作ですから（特2条1項，実2条1項），両法とも創作法に属します。

　権利の発生方法の観点からの分類では，特許法においても実用新案法においても権利はその設定の登録によって発生するため（特66条1項，実14条1項），登録によって発生するものに属します。

2　特許法・実用新案法と他の知的財産権法との関係

　特許法・実用新案法と他の知的財産権法の位置付けは，**図表1**のとおりです。

（1）　意匠法との関係

　意匠法は，特許法・実用新案法と同じく，産業財産権法，創作法，権利が登録によって発生するものに属します。意匠法は，物品の形態である意匠（デザイン。意2条1項）を保護するものですが，創作されたものが技術としても意匠としても評価できる場合があり，そのために，特許出願・実用新案登録出願と意匠登録出願との間の出願変更が規定されています（特46条2項，実10条2項，意13条1項・2項）。また，特許発明・登録実用新案と登録意匠又はこれに類似する意匠が利用関係にある場合，又は特許権・実用新案権と意匠権が抵触関係に

ある場合，後願に係るものをその権利者が実施できない旨が定められています（特72条，実17条，意26条）。

(2) 商標法との関係

商標法は，産業財産権法，権利が登録によって発生するものですが，保護対象が自他商品・役務識別標識である商標（商標2条1項）であり，標識法に属する点で，特許法・実用新案法とは異なります。また，特許出願・実用新案登録出願と商標登録出願との間の出願変更は認められていません。もっとも，商標法は二次元の商標のみならず三次元の立体商標も保護することから，特許権・実用新案権と商標権が抵触する場合があり，この場合も，後願に係るものをその権利者が実施・使用できない旨が定められています（特72条，実17条，商標29条）。

(3) 著作権法との関係

著作権法は，その保護対象が思想・感情を創作的に表現したものである著作物（著2条1項1号）であるため，創作法ですが，保護目的が「文化の発展」であるので（著1条），（広義の）著作権法に属します。また，著作権の享有にはいかなる方式の履行をも要せず（著17条2項），権利が創作自体によって発生するものに属します。よって，特許出願・実用新案登録出願との出願変更は問題となり得ません。さらに，特許権・実用新案権と著作権との利用や抵触に関する規定も存在しません。しかしながら，両者はまったく関係を有しないわけではなく，例えば，コンピュータ・プログラムについて，その表現部分はプログラムの著作物（著10条1項9号）として著作権で保護され，それと同時に，そのアイディア部分は発明として特許権で保護されることがあり得ます。

(4) 半導体集積回路の回路配置に関する法律との関係

半導体集積回路の回路配置に関する法律は，特許法・実用新案法と同じく，産業財産権法，創作法，権利が登録によって発生するものに属します。同法の保護対象は，半導体集積回路の回路配置（半導体2条2項）であり，回路配置の創作は既知の知識を前提とした経験則に基づく作業の繰り返しであるため，回路配置そのものは特許権・実用新案権によって保護されないと考えられています[4]。もっとも，電子回路等に特許権・実用新案権が成立していて，そのような電子回路等を基礎として回路配置が創作されることがあり，回路配置利用

第1章◇特許制度総説

権者等は，登録回路配置の利用が他人の特許発明・登録実用新案の実施に当た
る場合は，業としてその登録回路配置を利用できないと定められています（半
導体13条）。これとは逆の場合，すなわち，特許発明・登録実用新案の実施が他
人の登録回路配置の利用に当たる場合も，特許権者・実用新案権者等による実
施は回路配置利用権の侵害となると解されます[5]。

(5) 種苗法との関係

種苗法も，産業財産権法，創作法，権利が登録によって発生するものに属し
ます。同法の保護対象は，植物の新品種（種苗2条2項）です。植物の新品種に
ついては，種苗法による保護とともに特許法によって保護することも理論的に
は排除されませんが[6]，実際上は特許法は品種よりも上（科，属，種）又は下
（遺伝子）のレベルを保護しているとされます[7]。育成者権と特許権との関係
について，種苗法21条1項2号〜5号は，登録品種の育成をする方法に特許権
が付与された場合に特許権者等が当該特許に係る方法により登録品種を利用す
ることに対しては育成者権の効力が及ばないと規定しています。

3 知的財産基本法

わが国には，特定の分野における国の制度・政策に関する基本方針を示すと
ともに，その方針に沿った措置を講ずべきことを定める基本法と呼ばれる法律
が数多く制定されています。知的財産基本法は，まさにこの意味での基本法の
1つであり，上述した特許法・実用新案法等の知的財産権法とは異なり，知的
財産の保護と利用に関するルール自体を定めるものではありません。

知的財産基本法は，知的財産の創造，保護及び活用に関する施策を推進する
ことを目的とし，そのために行うべき施策について定めている法律であり，
2002（平成14）年に制定されました。同法に基づき内閣に設置された「知的財
産戦略本部」（本部長は内閣総理大臣）は，毎年，政府が集中的かつ計画的に講ず
べき施策について定める「知的財産推進計画」（同法23条）を作成しています。

〔茶園　成樹〕

Q6◆知的財産権法における位置付け(1)

━━ ■注　記■ ━━

＊1　後述する知的財産基本法2条1項は，「知的財産」を，「発明，考案，植物の新品種，意匠，著作物その他の人間の創造的活動により生み出されるもの（発見又は解明がされた自然の法則又は現象であって，産業上の利用可能性があるものを含む。），商標，商号その他事業活動に用いられる商品又は役務を表示するもの及び営業秘密その他の事業活動に有用な技術上又は営業上の情報」と定義しています。

＊2　知的財産基本法2条2項は，「知的財産権」を，「特許権，実用新案権，育成者権，意匠権，著作権，商標権その他の知的財産に関して法令により定められた権利又は法律上保護される利益に係る権利」と定義しています。

＊3　また，商法12条・会社法8条は，商号の保護のために，不正の目的をもって，他の商人・会社であると誤認されるおそれのある名称・商号の使用を禁止し，これの違反により営業上の利益を侵害される又は侵害されるおそれがある商人・会社に差止請求権を認めています。

＊4　半導体集積回路法制問題研究会編『解説半導体集積回路法』17～18頁。

＊5　前掲＊4・65頁。

＊6　植物の新品種の保護に関する国際条約（UPOV条約）は，以前は植物の新品種を品種保護制度と特許制度により二重に保護することを禁止していましたが，1991年改正条約は二重保護禁止規定を撤廃しました。農林水産省生産局知的財産課編著『最新逐条解説種苗法』477頁以下参照。

＊7　前掲＊6・479頁。

41

第1章◇特許制度総説

 7　知的財産権法における位置付け(2)

(1)　特許法で保護される発明が同時に他の法律でも保護されることがあるのでしょうか。具体例を示して説明してください。
(2)　同じ態様の行為に対し，特許法では侵害行為として保護されるが，他の法律（例えば商標法）では侵害行為と認定されず保護されない場合はあるでしょうか。

(1)　特許法をはじめとする知的財産権法は，その保護対象ごとに各知的財産権で保護されますので，特許法によって発明が特許権として保護されるとともに他の知的財産権（意匠権・商標権・育成者権等）でも重畳的に保護されることがあります。
　　ただ，権利が重複する場面や権利行使の場面については法律が調整する規定を定めていることがあります。
(2)　特許法をはじめとする知的財産権法の各権利の侵害行為という場合に，形式的には侵害と見える行為であっても，そこで保護しようとする権利の本質をどのように考えるかによって特許権侵害と商標権侵害で結論が分かれることがあります。
　　特に，真正商品の並行輸入につき違法性のない並行輸入がどの範囲で許容されるかという消尽の場面でこのようなことが見られます。

キーワード

　重畳的保護，真正商品の並行輸入

Q7 ◆知的財産権法における位置付け(2)

1 特許法で保護される発明が同時に他の法律でも保護される場合

(1) はじめに

　特許法をはじめとする知的財産権法の各法は，それぞれ各法が保護しようとする保護対象が異なっています。特許権の保護対象は「発明」で，特許法では「自然法則を利用した技術的思想の創作のうち高度のものをいう」と規定されています（特2条1項）。そのため保護対象が重なると特許法で保護される発明が同時に他の保護対象にもなる法律で保護されることがあります。

　以下，具体例を示しながら説明します。

(2) 特許法で保護される発明と意匠法との関係

　(a) 意匠権の保護対象は意匠です。意匠とは，デザインのことですが，意匠法では「物品（物品の部分を含む。……）の形状，模様若しくは色彩又はこれらの結合（以下「形状等」という。）……であって，視覚を通じて美感を起こさせるものをいう」と規定されています（意2条1項）。

　発明が同時に意匠の対象になれば両法で同時に保護されることになります。

　一例としてタイヤのトレッド部の溝の形状であるトレッドパターンの構造や切削工具の形状について，それぞれ構造的機能に技術的思想の創作があり，これとともに物品の外観に現れる美感の面からも創作が認められれば特許法で保護される「発明」であるとともに意匠法でも保護される「意匠」になることはあり得ます。「発明」は，技術的思想ですから技術的アイディアが具現化した特定の実施例の形状の美感をとりあげて「意匠」として成立するということはあり得ることです。

　(b) 権利の発生や存続に関する場面において，意匠法5条3号は，「物品の機能を確保するために不可欠な形状若しくは建築物の用途にとって不可欠な形状のみからなる意匠又は画像の用途にとって不可欠な表示のみからなる意匠」は意匠登録を受けることができないと規定しています。これは，物品等の機能

43

第1章◇特許制度総説

は特許の保護対象にもなるものですから，特許で本来保護をはかるべき対象を意匠制度を利用して保護することを避け意匠の登録を回避しようとする考えが含まれています。

（c）　権利行使場面については，特許法72条は，特許権と先願の意匠権との利用・抵触について規定し，意匠法26条は，意匠権と先願の特許権との利用・抵触について規定し，両者の調整をはかっています。

（3）　**特許法で保護される発明と商標法・不正競争防止法との関係**

（a）　商標権の保護対象は商標で，商標に蓄積される商標を使用する者の業務上の信用を保護します。商標法では，商標を，「人の知覚によって認識することができるもののうち，文字，図形，記号，立体的形状若しくは色彩又はこれらの結合，音その他政令で定めるものであって，業として商品を生産し，証明し，又は譲渡する者がその商品について使用をするもの，業として役務を提供し，又は証明する者がその役務について使用をするもの」と規定しています（商標2条1項）。

発明が同時に商標の対象になれば両法で同時に保護されることになります。

このような例は稀でしょう。一例として特許の対象となる構造的な特徴が立体的形状として商品を区別する識別力を有するという場合が考えられなくはありません。

その他に技術の名称と登録商標を構成する文字が同一である場合[1]や技術的特徴を有する製品の品番など[2]は，重複保護ではなく特許の技術名称や品番という対象が異なる関係での関わりが識別標との関係で出てくる場面といえるでしょう。

（b）　権利の発生や存続に関する権利存立の場面において，商標法4条1項18号は，「商品等（商品若しくは商品の包装又は役務をいう。第26条第1項第5号において同じ。）が当然に備える特徴のうち政令で定めるもののみからなる商標」は商標登録を受けることができないと規定しています。

（c）　権利行使場面については，特許法72条は，特許権と先願の商標権との抵触について規定し，商標法29条は，商標権と先願の特許権との抵触について規定しています。同条は，立体商標制度の導入に伴い，特許発明や登録実用新案となっている商品の形状が，同時に立体商標として商標登録される場合に商標

44

Q7◆知的財産権法における位置付け(2)

権と特許権等との抵触のおそれが生じてくるのではないかとして平成8年改正法で定められたものです。

　また，商標法26条1項5号は，平成26年法改正で「商品等が当然に備える特徴のうち政令で定めるもののみからなる商標」には商標権の効力は及ばないとしていますが，ここには改正前の商品の機能を確保するために不可欠な立体的形状（特徴）も含まれます。

　そして，不正競争防止法2条1項3号では，他人の商品の形態から「当該商品の機能を確保するために不可欠な形態を除く」とされ「不正競争」にならないとしています。商品の機能の確保は特許の保護領域に及ぶ場合があり，商標機能及び不正競争防止法の商品形態の競争的意義が交錯する場面で抵触関係が生じます。

(4)　特許法で保護される発明と著作権法との関係

　著作権法による著作権で保護される対象は著作物です。著作物とは「思想又は感情を創作的に表現したものであって，文芸，学術，美術又は音楽の範囲に属するもの」と規定しています（著2条1項1号）。

　発明が同時に著作物の対象になれば両法で同時に保護されることになります。

　一例として，コンピュータ・ソフトウェアがあります。これにはコンピュータ動作に関するプログラムを含みますが（特2条4項），プログラム言語で表現されたコンピュータ・プログラムは著作物であると同時に，それが機器等に対する制御を行うなど「自然法則を利用」するものとして「発明」に該当する場合があります。

　平成14年の特許法の改正により，プログラムは，特許法上の「物」に含まれることが明らかにされています（特2条3項1号）。

　また，著作物には例示として「プログラムの著作物」が挙げられています（著10条1項9号）。

　ただ，「発明」は技術的思想としてのアイディアを保護対象とするのに対し，著作物はプログラム言語で表現された具体的な表現物を保護対象としますので，権利行使の場面において類似の被疑侵害物に対する射程は変わってきます。模倣品に対し権利主張できる権利範囲の射程の広狭に特許権と著作権とで

45

第 1 章◇特許制度総説

は各権利が保護する趣旨を反映して自ずと差が生じます。

(5) 特許法で保護される発明と種苗法との関係

　品種登録によって登録品種及び当該登録品種と特性により明確に区分されない品種を業として利用する権利を専有する育成者権が種苗法によって認められています（種苗19条・20条）。他方，育種技術について育種過程に再現性があれば新品種に特許権が認められ，品種について育成者権と特許権の二重保護が生じます。育種技術は品種単位にとどまらず，保護範囲は育成者権よりも特許権のほうが広く及ぶ場合が多いでしょう。登録品種を育成する方法についての特許権と育成者権が分属する場合は，登録品種を育成する方法についての特許権のほうが優先する規定となっています（種苗21条1項2号ないし4号）。ただし，登録品種を育成する方法についての特許権ではなく新品種の特許権との関係については育成者権との調整規定は置かれていません。

2　同じ態様の行為に対する侵害行為の評価

　同じ態様の行為であっても，侵害行為として，そこで保護しようとする権利の本質をどのように考えるかによって特許権侵害と評価されたり，商標権侵害と評価されるような場合が，条文上の根拠によってではなく解釈上生じます。

　並行輸入の消尽を例にとって説明してみます。

　外国において正規に流通に置かれた並行輸入品が日本での特許権の実施品や商標権の対象商品である場合に，日本の特許権の侵害や日本の商標権の侵害として差止めが認められるでしょうか。

　これは真正商品の並行輸入問題として特許権については最〔3小〕判平成9年7月1日〔BBS事件〕☆3において，商標権については最〔1小〕判平成15年2月27日〔フレッドペリー事件〕☆4において，それぞれ判断基準が示されています。

　形式的には権利の侵害に該当するように見えても，実質的に違法性がないとして，違法性を阻却する要件をそれぞれ最高裁判決は示しています。

　BBS事件では，「現代社会における国際取引の状況に照らせば，特許権者が国外において特許製品を譲渡した場合においても，譲受人又は譲受人から特許製品を譲り受けた第三者が，業としてこれを我が国に輸入し，我が国におい

46

Q7◆知的財産権法における位置付け(2)

て，業として，これを使用し，又はこれを更に他者に譲渡することは，当然に予想され……我が国の特許権者又はこれと同視し得る者が国外において特許製品を譲渡した場合においては，特許権者は，譲受人に対しては，当該製品について販売先ないし使用地域から我が国を除外する旨を譲受人との間で合意した場合を除き，譲受人から特許製品を譲り受けた第三者及びその後の転得者に対しては，譲受人との間で右の旨を合意した上特許製品にこれを明確に表示した場合を除いて，当該製品について我が国において特許権を行使することは許されないものと解するのが相当である。」として，国際的取引の状況を踏まえて，「特許権者が留保を付さないまま特許製品を国外において譲渡した場合には，譲受人及びその後の転得者に対して，我が国において譲渡人の有する特許権の制限を受けないで当該製品を支配する権利を黙示的に授与したものと解すべき」としています。これは取引の安全とともに特許権者の意思も一定の要件の下で無視できないことを明らかにしています。

　フレッドペリー事件では，「(1)当該商標が外国における商標権者又は当該商標権者から使用許諾を受けた者により適法に付されたものであり，(2)当該外国における商標権者と我が国の商標権者とが同一人であるか又は法律的若しくは経済的に同一人と同視し得るような関係があることにより，当該商標が我が国の登録商標と同一の出所を表示するものであって，(3)我が国の商標権者が直接的に又は間接的に当該商品の品質管理を行い得る立場にあることから，当該商品と我が国の商標権者が登録商標を付した商品とが当該登録商標の保証する品質において実質的に差異がないと評価される場合には，商標権侵害としての実質的違法性を欠くものと解するのが相当である。」という判断枠組みが示されています。このような要件の下であれば出所表示機能や品質保証機能という商標の機能を害することがなく商標の使用をする者の業務上の信用及び需要者の利益を損なわず違法性がないといえるからです。

　このように特許権と商標権の各権利の本質に関する考え方によって違法性を阻却するケースが異なってきます。

　例えば販売先から日本を除くという合意を特許製品ではなく，商標商品に行い，これを商品に明確に表示した場合，すなわち商標の使用許諾契約に商品の販売地域から日本が除外されているのに，この条項に違反して当該商標商品が

47

第1章◇特許制度総説

日本で輸入販売された場合，これを商標権侵害として差し止めることができる
かといえば，特許権の場合は差止めはできても，商標権の場合では，契約違反
を問うことはできても侵害として差し止めることまでは難しいと考えられま
す*1。このような場合やはり出所表示機能や品質保証機能という商標の機能
を害しているとはいえないと考えられるからです。

〔三山　峻司〕

╔══ ■判　例■ ══════════════════════════╗

☆1　知財高判平24・5・16判タ1405号334頁〔三相乳化事件〕。
☆2　不正競争防止法事案として，東京地判平14・10・22/東京高判平16・3・31判時
　　1865号122頁〔流通用ハンガー事件〕，東京地判平25・4・12裁判所ホームページ
　　〔MST-30（船舶用油槽洗浄機）事件〕。
☆3　最〔3小〕判平9・7・1民集51巻6号2299頁〔BBS事件〕。
☆4　最〔1小〕判平15・2・27民集57巻2号125頁〔フレッドペリー事件〕。

╔══ ■注　記■ ══════════════════════════╗

＊1　森川さつき「商標商品の並行輸入」牧野利秋ほか編『知的財産訴訟実務大系Ⅱ』
　　324頁。

Q8◆外国の特許法との関係

 8　外国の特許法との関係

(1)　日本の特許法は，他の国の特許法との関係ではどのような位置付けにありますか。
(2)　日本の特許権に基づいて他の国に訴えることができるでしょうか。逆に，他の国の特許権に基づいて日本の会社が訴えられることがあるのでしょうか。

(1)　属地主義の原則や特許独立の原則により，各国の特許法は独立しており，日本の特許権は日本の主権の及ぶ範囲にしか効力をもちません。また，先願主義と先発明主義（ただし，現在の米国は先発明者先願主義あるいは先公表先願主義をとっています）とがありますが，日本は前者を採用しています。さらに，世界的に出願手続や権利の内容の面で均一化する努力がなされています。
(2)　外国の裁判例では，第三国（例えば日本）の特許権に基づく訴訟に救済を与えることもあり得ますが，米国や欧州及び中国においては現状では認められないようです。

　　外国の特許権に基づいて，日本の会社が日本の裁判所に訴えられるという裁判例は存在していますが，差止命令や損害賠償請求などの救済が認められたものは今のところありません。この点についてのリーディング・ケースである最高裁平成14年9月26日判決☆1は，平成18年の法例の改正によって，理論構成や結論は影響を受けないといえます。因みに外国で登録されている商標権に基づいて損害賠償が認められた裁判例（東京地判平23・3・25☆2）は存在します。

49

第 1 章◇特許制度総説

☑キーワード

属地主義，特許独立の原則，先発明主義，域外適用，準拠法

解　説

1　**日本の特許法と他の国の特許法との関係及びその位置付け**

(1)　属地主義・特許独立の原則

　現時点では全世界に通用する普遍的な特許法というものはなく，各国の特許法はそれぞれ別個に独立しており，それぞれの法体系を形成しています。各国で付与した特許権は，すべてその権利を付与した国の法律にのみ係らしめられており，したがって，同一発明について各国ごとに成立した特許権は相互に無関係に併存し，一国の特許権について生じた無効・失権などの事由は他国の特許権の効力や存続に影響を及ぼさないものと解されています（特許独立の原則。パリ条約4条の2）。また，各国の特許権はその成立，移転，効力等につき当該国の法律によって定められ，特許権の効力が当該国の領域内においてのみ認められます（属地主義の原則）。日本の特許法で直接的に属地主義の原則を定める規定はなく（間接的には特69条2項1号），内国人待遇を定めたパリ条約2条から導き出されるものと一般的には理解されています。また，属地主義の性質については，無体財産権に公法的性質を認め，国家によって付与された権利であるが故にその国家の領域内にしか効力が及ばないという考え方や，国際私法（抵触法）の問題と捉え知的財産の利用行為地に着目した法選択の意味で捉える考え方などがあります。

(2)　先願主義と先発明主義

　このように各国の特許法はそれぞれ独立し，各々の国が異なった制度を採用していますが，最も大きな制度上の違いは，先願主義と先発明主義の対立でした。日本をはじめ世界の大半の国は先願主義を採用しており，同じ発明について異なった日に2つ以上の特許出願があった場合には，最先の特許出願人のみ

50

が特許を受けることができます（特39条）。これに対して，米国では，先発明主義を採用し，同一の発明に関して別々に発明した別々の出願があれば，いずれが先に発明をしたのかを決定し，最初に発明した者に特許を与えていましたが，先発明主義は平成23年（2011年）に改正され，有効出願日を基準として先願主義に近づけながら，発明者には１年間の絶対的なグレース・ピリオドを付与する，いわゆる先発明者先願主義あるいは先公表先願主義と呼ばれている制度に移行しました。ただし，依然として先願主義とは異なる制度であることに注意が必要です。なお，新制度は平成25年（2013年）３月16日以降の出願より適用されるので，依然として侵害訴訟では先発明主義により権利化された特許権で権利行使されることが多いといえます。

(3) 特許法の国際的調和

　各国の特許法はそれぞれ独立してはいますが，出願の方式や権利の内容について統一化や調和化を図る努力がなされています。例えば，パリ条約体制の枠内では，特許協力条約（PCT），欧州特許協定（EPC），特許法条約及び未発効ではありますが特許調和条約（工業所有権の保護に関するパリ条約を特許に関し補完する条約）などがあります。さらに，「知的所有権の貿易関連の側面に関する協定」（TRIPS協定）でも各国の権利保護の最低限度を規定する努力がなされています。

2 日本の特許権に関する外国での裁判について

　まずは，外国裁判所における日本の特許権の扱いを検討します。「日本の特許権を外国の裁判所で」というとピンと来ないかもしれませんが，例えば，日本国内でなされた，日本特許に対する直接侵害行為について，被告の本社や資産が外国にある場合には実益がありますし（ただし，日本で判決をとった上で外国判決の承認・執行という手続も可能な場合があります），また，外国で日本特許の技術的範囲に属する製品を製造し，日本に輸出してくる場合などに，外国の裁判所による救済が得られれば非常に便利です。

　外国特許に基づいて訴訟を提起できるかという問題は，従来，諸外国でも否定的に解釈されていたようですが，米国や欧州では，厳格な属地主義を克服し，外国特許事件の管轄を認め，法的救済をするものもあるといわれていまし

51

第1章◇特許制度総説

た。しかし，米国では，平成6年（1994年）のMars事件[3]及び平成19年（2007年）のVoda事件[4]において連邦控訴巡回裁判所はいずれも外国特許権による裁判管轄を認めませんでした。因みに，米国では外国企業に関連する管轄について，平成29年（2017年）のTC Heatland最高裁判決[5]によって，従来のように被疑侵害品が販売されている場所を管轄裁判所とできるという実務の変更が余儀なくされました。

　他方，ドイツでも外国特許侵害訴訟の請求が認められる裁判例があったようですが，平成18年（2006年）のGat事件[6]によって，無効の抗弁が出た場合には登録国における専属管轄とするという判断が出され，欧州においては外国特許権での権利行使は困難になったといわれています。

　さらに，中国では事件受理窓口において中国での権利登録の有無が必ずチェックされるので外国で登録された特許権による権利行使はできないようです。

　なお，日本の特許権とは直接の関係はありませんが，EU内では，ブラッセル条約（1968年）及びルガノ条約（1988年）によって，各国裁判所の管轄権やEU内の他国の裁判所の判決などの承認及び執行について規定されており，EU内の国の間（特にオランダ）では他国の特許権に基づいてその他国での行為を対象として差止命令を発するというクロスボーダー・インジャンクションが発令されるに至っていました。ただし，平成18年（2006年）7月13日に欧州司法裁判所が下したRoche事件[7]と前記GAT事件によって，クロスボーダー・インジャンクションは否定されたといわれています。さらに，昨今のEUでは，欧州特許条約にある，同一特許については第1係属国の審理が優先し，第2係属国の訴訟は第1国の結論が出るまで中止するという規定を悪用し，特許権者から警告書を受け取った侵害者が裁判の長期化で有名なイタリアやベルギーに，差止請求権不存在確認訴訟を先に提起する，いわゆるトルピードという戦略が問題となっていますが，欧州統一特許裁判所がドイツの批准によって近々発効が予定されており，その場合にはトルピード問題は消滅するといわれています。

3 外国特許権に基づく日本企業への訴訟

　外国の特許権に基づいて日本の会社が訴えられるパターンとして，①行為地（日本か外国か），②侵害態様（直接侵害か間接侵害か），③裁判所（日本か外国か），④救済方法（損害賠償か差止請求か）などの組み合わせで，いろいろな場合が考えられますが，まず，域外適用規定をもつ米国特許法に基づいて米国で訴訟提起がなされた場合を検討し，その後，日本の裁判所に訴訟提起がなされた場合について検討します。

(1)　米国特許法の域外適用

　米国特許権を直接侵害する行為を日本で行っても，まったく法的問題はありませんが（属地主義），米国特許権を侵害することを知りながら，日本で製品を製造して，米国へ輸出するというような間接侵害行為を日本で行った場合には，域外適用を規定する米国特許法271条(b)(c)項の適用によって，米国裁判所が法的救済を与えることになります。すなわち，米国特許法は，直接侵害行為に関しては，米国内の行為のみを特許権侵害とすると規定している（米国特許法271条(a)）のに対し，他の者に特許侵害行為を積極的に教唆する行為（active inducement）及び特許発明の主要な部分を構成する部品等で他に実質的な非侵害用途のないものを，それが特許権侵害に使われることを知って販売等する行為（contributory infringement）に関しては，米国内でなされることを要求しておらず，米国内での直接侵害行為が存在する限り，間接侵害になると規定されています（米国特許法271条(b)(c)）。米国では，外国における特許侵害行為に対して損害賠償だけではなく差止命令を認める判例もありますが，差止命令は衡平法の原理に基づく救済方法と考えられているので（米国特許法283条），必ず発令されるというものではなく，ケース・バイ・ケースでなされることになります。なお，米国特許法では，ebay判決[8]で4つの要件（特許権者の回復不可能な損害，金銭に基づく救済が不十分である，原告と被告の不利益のバランスに照らして，差止めが必要とされること，公共の利益が害されないこと）が充足されることが差止命令の要件となりました。

第1章◇特許制度総説

(2) 日本の裁判所における救済

例えば，外国特許権が当該外国で侵害されるような場合でも，当該外国に被告の資産が見当らず，日本に資産が存在するような場合には，当該外国の裁判所ではなく，日本で訴え提起がなされる実益があります（この場合でも外国で判決をとった上で日本の裁判所での承認・執行が可能な場合があります）。また，日本において製造がなされ，特許が存在する外国に輸出されているという場合にも，日本の裁判所での救済が望まれるでしょう。

(a) 国際裁判管轄

まず，国際的性質を有する私的法律関係をめぐる紛争について，いかなる国の裁判所が裁判権をもつかということが問題となってきます。わが国には，この点を直接規定した成文規定は従来存在しませんでしたが，平成23年民事訴訟法の改正によって，3条の2から12の枝条文が挿入される形で国際裁判管轄に関する規定が新設されました。そして，最高裁の，わが国の民事訴訟法の規定する裁判籍のいずれかがわが国内にあるときは，原則として被告をわが国の裁判権に服させるのが相当であるが，当事者間の公平，裁判の適正・迅速を期するという理念に反する特段の事情がある場合には国際裁判管轄を否定すべき，という[9]準則は平成23年民事訴訟法改正によって新設された3条の9に取り込まれました。

なお，サンゴ砂事件[10]では，米国内での販売行為等について，米国特許権の侵害の不存在の確認が請求されましたが，裁判所は国際裁判管轄や訴えの利益を認めています。他方，日本において住所がない者を被告とする場合の「不法行為地」の管轄については，原則として被告がわが国においてした行為による原告の法益についての損害が生じたとの客観的事実関係が証明されれば足りると解されています[11]。逆に，日本の特許権や専用実施権の侵害が問題となるケースでも，事件がわが国と十分な関連性をもたない場合には，国際裁判管轄が否定されることもあります[12]。

また，前記平成23年民事訴訟法改正において登記又は登録に関する訴えの管轄は，それらをすべき地が日本国内にあるときは日本の裁判所に専属管轄となるという規定が導入されましたが（民訴3条の5第2項），侵害等については特段民事訴訟法での定めは置かれませんでした。

これに関連して，日本の特許権の登録移転請求を認めた韓国判決の執行事件では請求が棄却されました[13]。事件自体は前記平成23年改正民事訴訟法3条の5第2項が適用される前のものでしたが，ミラールールが適用されることが明らかとなったといわれています。逆に，外国特許の移転登録などが日本の裁判所において求められた事例では「本件特許……は米国特許であるところ，米国特許権の登録に係る訴えは，専ら同国における特許権の帰属の問題であって，我が国の裁判所の国際裁判管轄を認める余地はない」と判示されました[14]。

(b) 本案審理

管轄の問題をクリアすると，今度は，どこの国の法律に基づいて裁判をすればよいかという準拠法が問題となります。わが国の国際私法の成文法は「法例」でしたが，同法は，平成18年6月に成立した「法の適用に関する通則法」（以下，本書では「適用通則法」といいます）にとって代わられました。ただ，これから検討する重要判例が「法例」に基づいて判断されているいることから，本書では「法例」についての解説は残し，必要な限度で新法の内容についても補足する形をとります。

外国特許権に関して日本の裁判所の判断がなされたものは，いわゆる四極管事件（満州国特許権事件）[15]とFM復調器事件（カードリーダー事件）[16,17,18]，サンゴ砂事件[19]などがあります。

(ア) **損害賠償請求に関して** 特許権侵害に基づく損害賠償請求は，わが国では不法行為に基づくものと理解されているので，不法行為に関する法例11条（なお，適用通則法17条及び同法22条1項が法例11条1項及び同条2項にそれぞれ対応します）の適用が問題となります。

法例11条は，1項で当該不法行為の原因たる事実が生じた地の法律を適用すべきとしつつ，2項で日本（法廷地）の法律においてもその事実が「不法」といえなければならないとしています（ダブル・アクショナビリティの原則）。また，法例11条1項の原因たる事実の生じたる地の解釈については，①行為者が損害を発生せしめる行為をした地（行為地説），②被害者に損害が発生した地（結果発生地説），③過失責任の原則が支配する不法行為については行為地が，無過失責任の原則が支配する不法行為については結果発生地が，それぞれ不法行為地

第1章◇特許制度総説

となるとする説（折衷説）がありました。しかし，適用通則法17条は結果発生地説を採用しました。

　ただ，このような国際私法（抵触法）の問題として特許権の損害賠償の準拠法を選択する判断方法に対して，特許権の侵害について適用されるべき法については，属地主義の原則からすると法の抵触は存在していないはずであり，法の抵触がある場合に初めて意味のある国際私法の問題ではなく，準拠法は常に当該権利を付与した国（保護国）の法律であるとする説も有力に主張されています。

　四極管事件では，満州国特許を満州国で直接侵害したという事案ですが，判決は「特許権については，いわゆる特許独立の原則が行われ，日本国内においては，日本の特許権のみが権利として認められ外国の特許権は何ら権利としての存在を有しない。」とし，「外国特許権を外国において侵害した行為は，日本の法律によって外国特許権が認められない以上法例第11条第2項の規定によって不法行為とはならない」として損害賠償請求を否定しました。しかし，この判決に対しては学説及び実務家から厳しい批判がなされています。

　また，FM復調器事件では，米国特許に該当する製品を，日本で製造し，米国に輸出した行為が，当該米国特許権に対する間接侵害であるという主張がなされましたが，地裁，高裁とも，法例11条1項を適用し，不法行為地である日本法が適用されるとした上で，米国特許権はわが国の不法行為法によって保護される権利には当たらないとして損害賠償請求を棄却しました。

　このような中でFM復調器事件についての最高裁の判断が出され，結論的には損害賠償請求を否定する判断を下しました。この判決では，法例11条1項の原因たる事実の生じたる地に関しては，結果発生地説を採用し，米国特許法が準拠法となるとしていますが，11条2項を累積的に適用し，域外適用の法律が日本にはないことから，日本において不法ではないと判断しました。なお，この結論は，適用通則法17条が最高裁の立場である結果発生地説を採用していること及び22条が法例11条2項と同様の内容となっていることからすると，現行法でも結論は変わらないと考えてよいといえます。

　因みに，FM復調器事件の後である平成23年には，外国（中国・台湾・香港）で登録された商標権の侵害について損害賠償請求が認められた下級審裁判例[20]が存在することからすると，域外適用が問題とならない場合には損害賠

償が認められる余地があるように思われます。

（イ）**本案審理──差止請求に関して**　差止請求の場合にも準拠法の選択に関して法例や適用通則法が問題になるところ特段の定めはありません。

前述のFM復調器事件では，理由は異なりますが，地裁，高裁ともにいずれも差止請求を否定しました。そして，最高裁判決でも同じく差止請求を否定しました。その理由付けは，準拠法選択を不要とし日本国法を準拠法とした高裁の判断を相当でないとし，準拠法選択の問題は発生しているが，条理から当該特許権と最も密接な関係がある米国の特許法を準拠法としつつ，米国特許権に基づきわが国で差止め等を認めることは属地主義に反し，わが国の特許法秩序の基本理念と相いれないとして法例33条を適用し，請求を認めませんでした。なお，法例33条に相当する適用通則法42条が規定されていることから，結論に変更はないと考えてよいといえます。なお，藤井裁判官の反対意見があり，学説から有力に支持されています。

次に，サンゴ砂事件は，原告が自らの製品の米国への輸出・販売が，被告（日本法人）の保有する米国特許権を侵害せず差止請求権を有しないことの確認を求めるとともに，被告による，原告の米国の顧客に対する原告製品が米国特許権を侵害するとの警告書が営業誹謗に該当するとして差止及び損害賠償請求を求めた事案です。裁判所は，前記FM復調器事件の最高裁判決に依拠して準拠法は米国特許法としつつも，文言侵害も均等侵害も成立しないとの認定をした上で，営業誹謗を認定し，差止請求及び損害賠償請求を認容しました。

4 付随する問題・今後の課題

(1) 外国における間接侵害

日本の特許権に抵触する製品を外国で製造し，日本に輸出する行為に対して何らかの法的救済が得られないのでしょうか。間接侵害の行為地である外国の裁判所に訴えを提起しても，国によっては日本の特許権に基づく救済がなされるのかは不明ですし，間接侵害者の資産が日本国内に存するような場合，日本の裁判所での救済が望まれます。

この点，法例11条1項の解釈として，侵害が行われるわが国を外国での寄与

第1章◇特許制度総説

侵害行為の結果発生地とみたうえで，不法行為地法がわが国法であるとすべきである（前述の結果発生地説を採用するものと思われる）との主張や，あるいは，教唆者又は幇助者は共同不法行為者として直接加害行為によって生じた損害について責任を負うのだから，教唆又は幇助としての行為は直接の加害行為地であるわが国となると解するという主張がなされています。この点，平成23年民事訴訟法改正以前の裁判例[21]では，米国で製造・販売していた米国法人である親会社と日本で販売活動等をサポートしていた100％子会社が共同不法行為を行っているとして，日本の特許権に基づいて日本法人が訴えたケースにおいて，「固有必要的共同訴訟の関係ないしそれに類する程度の強固な関連性」を要求して，米国親会社への管轄を否定しています。これに対しては，学説は新3条の6によれば異なった判断がなされると予想していますが，現時点で，そのような事件は見当たりません。

(2) 無効主張への対応

　今後，外国特許法の救済を認めていった場合に予想される大きな問題は，被告から出される無効主張をどのように扱うかという点です。わが国でも訴訟手続内での無効主張が認められるようになり，特許法の改正も実施されましたが（Q78参照），主権の問題も絡む難しい問題です。この点，外国特許権の無効を日本の裁判所が判断しても既判力は生じないし，無効主張を許さないと被告が重要な防御方法を失うことになるので特許の有効性を判断すべきだという見解も強いようですが，無効判断の困難性も外国特許という点で増強されます。この点，サンゴ砂事件では，米国特許の無効主張が争点となったとしても，当該特許を対世的に無効にするわけではないので，国際裁判管轄も否定されるわけでなく，かつ審理の遂行が妨げられるわけではないと判示しています。ただし，判決中の判断においては，文言侵害も均等論による侵害も存しないとして，侵害行為が存在しないとの結論を導き出しており，無効の判断は実際には行っていません。今後，正面から無効の判断が必要となった場合，裁判所がどのような対応をするかは注目されます。

〔生沼　寿彦〕

Q8◆外国の特許法との関係

■判　例■

☆1　最判平14・9・26民集56巻7号1551頁〔FM復調器事件（カードリーダー事件）〕。

☆2　東京地判平23・3・25裁判所ホームページ。

☆3　Mars Inc. v. K.K. Nippon Conlux, 24 F.3rd 1368（Fed Cir. 1994）〔Mars事件〕。

☆4　Voda v. Cordis Corp., 476 F. 3 d 887, 2007 U.S.App. LEXIS2134, 81 U.S.P.Q.2D（BNA）1768〔Voda事件〕。

☆5　TC Heartland LLC v. Kraft Foods Group Brands LLC, 581 U.S. _（2017）。

☆6　GAT v. LuK, Case C-4/03,〔2006〕ECR I-6535〔Gat事件〕。

☆7　Roche v Primus（Case C-539/03）〔Roche事件〕。

☆8　eBay Inc. v. MercExchange, L.L.C., 547 U.S. 388（2006）。

☆9　最判昭56・10・16民集35巻7号1224頁〔マレーシア航空機事件〕，最判平9・11・11判時1626号74頁。

☆10　東京地判平15・10・16判時1874号23頁〔サンゴ砂事件〕。

☆11　最判平13・6・8民集55巻4号727頁〔ウルトラマン事件〕。

☆12　東京地判平13・5・14判時1754号148頁。

☆13　名古屋高判平25・5・17判例集未登載。

☆14　東京地判平15・9・26裁判所ホームページ。

☆15　東京地判昭28・6・12下民集4巻6号847頁〔四極管事件（満州国特許権事件）〕。

☆16　東京地判平11・4・22判時1691号131頁〔FM復調器事件（カードリーダー事件）〕。

☆17　東京高判平12・1・27判時1711号131頁〔FM復調器事件（カードリーダー事件）〕。

☆18　前掲☆1・最判平14・9・26〔FM復調器事件（カードリーダー事件）〕。

☆19　前掲☆10・東京地判平15・10・16〔サンゴ砂事件〕。

☆20　前掲☆2・東京地判平23・3・25。

☆21　東京地判平19・11・28裁判所ホームページ。

第1章◇特許制度総説

 9 外国出願

(1) 外国でも特許をとるにはどのような方法がありますか。パリ条約による優先権やPCTによる国際出願の制度についても教えてください。
(2) PPH（Patent Prosecution Highway）とはどのような制度で，そのメリットはどのようなものでしょうか。
(3) IPハブ構想とはどのようなものでしょうか。

(1) 特許権は各国の国内法令の下で成立するものですので，外国でも特許をとるためには，各国ごとに特許出願をする必要があります。外国に特許出願する方法としては，①当該外国に直接出願する方法，及び，②特許協力条約（PCT）による国際出願をしてから当該外国に国内移行する方法が挙げられます。いずれの場合におきましても，例えば最初に日本で特許出願してからパリ条約の優先権を主張して外国出願又はPCT国際出願をすれば，先の日本出願の出願日を基準として新規性及び進歩性などの特許要件が審査されます。

(2) PPH，すなわち特許審査ハイウェイとは，各特許庁間の取り決めに基づき，ある庁で特許可能と判断された発明を有する出願について，出願人の申請により，他庁において簡易な手続で早期審査が受けられるようにする制度です。①早期審査の手続の簡素化，②通常の早期審査制度を有していない特許庁における早期審査の利用，③オフィスアクション回数の減少による審査期間の短縮，④オフィスアクション回数の減少による応答コストの軽減，及び，⑤特許率の向上というメリットがあります。

(3) IPハブ構想とは，シンガポール法務局により設立された知的財産運営委員会が2013年3月に公表した「知的財産ハブ基本計画（IP Hub Master Plan）」のことであり，シンガポールが，①知的財産取引及び管理のハブ，②質の高い知的財産出願のハブ，及

Q9◆外国出願

び，③知的財産紛争解決のハブとなることが戦略目標として掲げられています。

☑キーワード

パリ条約，優先権，特許協力条約，PCT，国際出願，特許審査ハイウェイ，PPH，IPハブ構想

解　説

1 外国出願の方法

　特許制度は各国の政策とも関連する制度であり，特許は各国で独立に成立するものであるという原則が国際的に成り立っています。日本で取得した特許権は日本でしか通用せず，対応する特許権が外国でも自動的に発生するということもありません。どの国でも通用するような「国際特許」があれば便利かもしれませんが，残念ながらそのようなものは存在しません。特許権は各国の国内法令の下で成立するものですので，外国でも特許をとるためには，各国ごとに特許出願をする必要があります。外国に特許出願する方法としては，①当該外国に直接出願する方法，及び，②特許協力条約（PCT）による国際出願をしてから当該外国に国内移行する方法が挙げられます。

（1）　外国への直接出願

　特許出願の要件は国ごとに異なっていますので，その国の要件に従って出願書類を用意する必要があります。特に，その国の定める言語で特許明細書などの特許出願書類を作成しなければなりません。残念ながら，日本語の特許出願書類を受け付けてくれる国は日本しかないのです。特許は，原則として1日でも先に出願された発明に付与されますので，特許出願書類を用意するのに時間が割かれると，日本では特許になる発明でも，外国では先を越されて特許にならない可能性もあります。このような外国への直接出願のデメリットを解消

61

第1章◇特許制度総説

し，特許などの工業所有権を国際的に保護するために，工業所有権保護に関するパリ条約（以下，単に「パリ条約」といいます）という国際条約において，優先権制度が定められています。

　パリ条約による優先権とは，いずれかのパリ条約加盟国において正規に特許出願をした者又はその承継人は，当該特許出願に基づいて1年の優先期間内に行った他の同盟国における特許出願に関して，その優先期間中に行われた行為によって不利な取扱いを受けないという権利です。すなわち，最初に日本で特許出願を行い，同じ出願人又はその承継人が，その出願日から1年以内にパリ条約による優先権を主張してパリ条約の加盟国に特許出願をすれば，当該加盟国における新規性及び進歩性などの特許要件の審査は，その国での現実の出願日ではなく，先の日本出願の出願日（優先日）を基準にして行われることになります。そうすると，実質的に，外国語での特許出願書類の作成に1年間の猶予期間が与えられることになります。最初に日本にした特許出願に基づいてパリ条約による優先権が認められるための要件を以下にまとめます。

(a)　パリ条約による優先権を主張できる者

　外国でパリ条約による優先権を主張することができる者は，日本で正規に特許出願をした出願人又はその承継人です（パリ条約4条A(1)）。日本では会社が出願人であってもアメリカでは発明者が出願人になりますが，発明者がパリ条約による優先権を会社から承継すれば，アメリカでも優先権を主張することができます。

(b)　優先期間

　優先期間，すなわちパリ条約による優先権の主張を伴う外国出願ができる期間は，日本における特許出願の日から1年です（パリ条約4条C(1)及び(2)）。

(c)　パリ条約による優先権の主張の基礎とすることができる出願

　外国でパリ条約による優先権の主張の基礎とすることができるのは，日本で正規にされた国内出願です（パリ条約4条A(1)）。正規の国内出願とは，結果にかかわらず，日本で出願をした日付を確定するために十分なすべての出願をいいますので（パリ条約4条A(3)），すでに日本で審査が先行して特許査定又は拒絶査定が確定している出願も含まれます。また，パリ条約による優先権の主張の基礎とすることができるのは，日本における最初の出願のみです（パリ条約4条C

62

(2)及び(4))。これは，最初の出願に記載された発明について，後の出願を基礎とした再度の優先権主張の効果が認められると，実質的に優先期間を延長することになってしまうからです。

(d) 発明の内容

　外国出願の請求項に係る発明が，最初に日本にした特許出願の出願書類全体の記載を統合することにより導かれる技術的事項の範囲内であれば，優先権の主張の効果が認められます。

　一方，最初の日本出願に含まれていなかった構成部分を追加して外国出願をする，いわゆる部分優先（パリ条約4条F）の場合には，最初の日本出願に含まれている構成部分についてのみ，優先権を主張することが認められています。また，複数の日本出願をそれぞれ基礎として外国出願をする，いわゆる複合優先（パリ条約4条F）の場合には，各請求項又は選択肢ごとに，対応する日本出願に基づく優先権の主張の効果が判断されます。

⑵ PCTによる国際出願

　上述のように，パリ条約の優先権によって，外国語での特許出願書類の作成に1年間の猶予期間が与えられますが，日本で最初の国内出願をする際に，その後どの国で権利化を進めるかすでに決定しているとは限りません。1年という優先期間は，国際的な事業の方針及び権利化の要否を検討し，かつ日本語の明細書の翻訳作業などを進めるには，決して十分な長さであるとはいえません。特に複数の国に特許出願する可能性がある場合には，出願人の手続負担は依然として大きいものでした。このような出願人の不利益を解消することなどを目的として，PCTという国際条約が締結され，国際出願制度が設けられました。

(a) 多くの手続先が自国特許庁であるため手続が容易で効率的

　PCTに基づく国際出願とは，1つの出願書類を条約に従って受理官庁に提出することによって，PCT加盟国であるすべての国（2018年10月現在152ヵ国）に同時に出願したことと同じ効果を得られる出願制度です。すなわち，出願時には，日本語で作成した出願書類を日本の特許庁に出願するだけで，PCT加盟国すべてに同日に出願したものとみなされます。さらに，PCTは，パリ条約19条の特別の取極に該当しますので，PCT国際出願は，上述したパリ条約の

第1章◇特許制度総説

優先権主張を伴うこともできます。そうすると，たとえ先に出願した日本の国内出願に基づく優先期間の12月が終わる直前であったとしても，外国語に翻訳した出願書類を用意せずに日本の特許庁に手続するだけで，PCT加盟国すべてに有効な国際出願日を確保することができます。なお，PCT加盟国数は最近でも増え続けていますが，例えば台湾のようにPCTに加盟していない国もありますので注意が必要です。

(b) 優先日から30月の猶予期間の取得

PCT国際出願は，あくまで国際的な「出願手続」であるため，その発明が，権利化を進めたい各国において特許として認められるかどうかは，最終的には各国特許庁の実体的な特許審査に委ねられています。そのため，優先日から原則30月の期間内に，特許権を取得したい国に移行手続を行わなければならず，国際出願時に提出した明細書を各国が認める言語に翻訳した翻訳文を提出することなどが必要になりますが，この30月を有効に活用して，特許性の検討，市場動向の分析調査，権利化を進めるべき国の検討，及び出願書類の翻訳作業などを進めることができます。別の言い方をすれば，PCT国際出願をすれば，そのための初期費用はかかるものの，最終的に権利化を進める国を決定するまで優先日から30月の猶予期間があり，各国の代理人費用や特許庁手数料，そして翻訳費用の支払を先送りすることができます。

(c) 特許性判断のための材料の取得

すべてのPCT国際出願は，その発明に関する先行技術があるか否かを調査する国際調査の対象となります。この国際調査の結果は，国際調査報告及び国際調査機関の見解書として出願人に提供されます。さらに任意で，特許性に関する国際予備審査報告も入手可能です。これらの書類に示された特許庁による先行技術文献調査の結果及び見解は，国内移行後の審査結果を保証するものではありませんが，出願人はこれらの情報を参考にして発明の特許性を検討し，権利化の方針や国内移行する国を決定することができます。もし上記先行技術文献調査の結果が否定的であれば，以降の手続を早々に断念し，翻訳費用や国内移行手続に関する費用の支出を抑えることもできますし，国際公開される前にPCT国際出願を取り下げることもできます。

Q9◆外国出願

(3) 外国出願の方法の選択

　外国への出願を直接出願により行うか，それともPCT国際出願を利用するかは，特許を取得したいと考える国や地域が決まっているかどうか，もし決まっているならばその数はいくつか，また，その国はPCT加盟国かどうか，というような要素を考慮して決定します。出願したい国によりますが，一般的には，1～2ヵ国に出願するなら直接出願，3ヵ国以上に出願するならPCT国際出願を選択したほうが，出願費用が安くなることが多いようです。

　いずれにしましても，外国で特許を取得するためには，各国原語への翻訳料を含めて高額の費用の発生が見込まれます。外国出願を検討する際には，特許出願の対象となる発明に関して，各国におけるビジネスの展開やその国の経済及び人口などを考慮し，費用対効果を十分に検討することが肝要です。

2　特許審査ハイウェイ

(1) 概　　要

　特許審査ハイウェイ（Patent Prosecution Highway：PPH）とは，各特許庁間の取決めに基づき，ある庁（先行庁）又はPCT国際段階で特許可能と判断された発明を有する出願について，出願人の申請により，他庁（後続庁）において簡易な手続で早期審査が受けられるようにする制度です。例えば，日本出願について先行して審査を進め，特許可能な発明を明らかにしておけば，当該日本出願に対応する外国出願についても，簡易な手続で早期審査を受けることが可能となります。PPHには，①制度の開始当初から存在している通常型PPHのほかに，②PCT国際出願の国際段階成果物を利用したPPH（PCT-PPH）や，③通常型PPHの申請要件を緩和したPPH MOTTAINAIもあります。さらに，利用できるPPHの種類を共通化した多数国間の枠組みも導入されています。

　通常型PPHは，出願人が最先に特許出願をした庁（第一庁）で特許可能と判断された出願について，出願人の申請により，第一庁とこの取組みを実施している第二庁において簡易な手続で早期審査が受けられるようにする制度です。これは日本が提案して広めた制度であり，2006年7月に最初の試行プログラムが日米間で開始されました。一方，通常型PPHを利用するためには，第一庁で

第1章◇特許制度総説

審査結果が出るのを待たなければなりませんでしたが，2010年1月29日に開始されたPCT-PPHでは，特定の国際調査機関が作成した見解書（WO/ISA）や特定の国際予備審査機関が作成した見解書（WO/IPEA）又は国際予備審査報告（IPER）を利用して，国内官庁において早期審査を申請することができます。そうすると，PCT-PPHが実施されている国内官庁においては，通常型PPHよりも早いタイミングで早期審査を申請することができます。また，第一庁が必ずしも他庁より先行して審査結果を出せるとは限りませんが，たとえ他庁で特許可能な発明が明らかになったとしても，当初の通常型PPHを利用できるのは第一庁で特許可能と判断された発明を有する出願のみでしたので，後続庁が他庁の審査結果を十分に活用することができませんでした。このような「モッタイナイ」状況を解消するために2011年7月15日に開始された制度が，PPH MOTTAINAIです。特許可能な発明を示した先行庁と後続庁との間でPPH MOTTAINAIが実施されていれば，出願人は，当該先行庁が第一庁であるか否かにかかわらず，その審査結果を利用することにより後続庁で早期審査を申請することができます。

　PPHの種類が増えても，原則としてPPHは二庁間での制度ですので，実際に利用可能なPPHの種類は個別の二庁間で異なっており，出願人にはわかりにくいものとなっていました。そこで，PPHの利便性を高めるために，5大特許庁による特許審査ハイウェイ（IP5 PPH），及びグローバル特許審査ハイウェイ（GPPH）という2つの多数国間の枠組みが，2014年1月から試行プログラムとして開始されました。IP5 PPH又はGPPHに参加している特許庁の間では，通常型PPH，PPH MOTTAINAI，及びPCT-PPHのすべてのPPHを利用することができます。

　最近では，PPHからさらに一歩進んだ特許審査ハイウェイ・プラス（PPHプラス）という制度も設けられました。PPHプラスとは，日本国特許庁と所定知財庁との合意に基づき，日本で特許付与された出願の出願人が，当該所定知財庁へ申請することにより，同出願人の所定国における同内容の特許出願について，日本の審査結果を踏まえ，日本出願と同内容の権利を迅速に取得可能とする制度です。この制度は，所定知財庁における日本の審査結果の活用を促進するものであり，これにより出願人が海外でも日本で登録された特許と同様の特

図表1

	通常型PPH PPH MOTTAINAI	PCT-PPH
要件	① 第一庁出願に基づいてパリ条約上の優先権を主張している又は優先日若しくは出願日のうち最先の日付が同一であるなど，PPHの申請の基礎となる出願と特定の関係にある。 ② 特許可能と判断された1又は複数の請求項を有する。（通常型PPHの場合は，第一庁で判断されたものに限る。） ③ すべての請求項が，PPHの申請の基礎となる出願の特許可能と判断された請求項のいずれかと十分に対応している。 ④ 審査着手される前である。	①' 国際出願の国内移行出願であるなど，国際出願と特定の関係にある。 ②' 特定の国際調査機関のWO/ISA，又は特定の国際予備審査機関のWO/IPEA若しくはIPERのうち最新の書類において，特許性ありと示された請求項が存在する。 ③' すべての請求項が，上記書類において特許性ありと示された請求項のいずれかと十分に対応している。 ④' 審査着手される前である。
提出書類	① 特許可能と判断された請求項の写しと，その翻訳文 ② PPHの申請の基礎となる出願のすべてのオフィスアクションの写しと，その翻訳文 ③ 引用文献 ④ 請求項対応表	①' 上記書類において特許性ありと示された請求項の写しと，その翻訳文 ②' 特許性有りの判断が示されているWO/ISA，WO/IPEA，又はIPERと，その翻訳文 ③' 引用文献 ④' 請求項対応表

許を早期に取得できるようになります。PPHプラスは，2017年10月1日より日本とブルネイとの間で開始されており，ブルネイ知的財産庁が，PPHプラスの申請を伴う出願がPPHプラスに基づく特許付与のための要件を満たしていると判断した場合，対象案件としての特別な地位が与えられ，実質的な審査を経ることなく，早期に特許権が付与されます。

(2) PPHの要件及び提出書類

　PPHの申請を行う出願が満たすべき要件及びPPHの申請に必要な提出書類の詳細は，各庁により異なりますが，代表的には**図表1**のとおりです。

　主要な特許庁では，これらの提出書類のうち，①及び②（①'及び②'）は省略可能ですし，③（③'）についても，特許文献の提出は省略可能で，非特許文献の提出だけが求められます。すなわち，もし先行庁又は国際段階で非特許文献が引用されていなければ，PPHの申請に必要な提出書類は，PPHの申請を行

第1章◇特許制度総説

う出願の請求項と特許可能又は特許性ありと判断された請求項との対応関係を示す請求項対応表のみということになります。そして，多くの特許庁では，PPHの申請費用は無料です。

(3) PPHのメリット

PPHを利用すると，①早期審査の手続の簡素化，②通常の早期審査制度を有していない特許庁における早期審査の利用，③オフィスアクション回数の減少による審査期間の短縮，④オフィスアクション回数の減少による応答コストの軽減，及び，⑤特許率の向上というメリットがあります。

例えば，米国の通常の審査におけるファーストオフィスアクション（FA）までの平均期間は15.7月（2016年平均）ですが，2017年7月～12月の統計によれば，PPH申請からFAまでの平均期間は6.31月まで短縮しています。また，同統計によれば，米国の通常の審査における特許査定率は71.25％であるのに対して，PPHを利用した出願の審査における特許査定率は84％まで向上しており，FAでの特許査定率も12.89％から22.66％まで向上しています。そして，オフィスアクションの平均回数は，米国の通常の審査では3.18回なのに対して，PPHを利用した出願の審査では2.96回です。このように，PPHを利用すると，先行庁の請求項と同じ請求項にしなくてはいけないという制約はありますが，審査結果が非常に早くに通知され，特許となる予見性が向上し，かつ中間処理の回数減少により応答コストが軽減される可能性があります。

最近でも，PPHを利用可能な国又は地域は増えており，GPPHに新しく参加したところもあります。PPHの最新情報や統計情報は，PPHポータルウェブサイト（http://www.jpo.go.jp/ppph-portal-j/index.htm）で確認することができます。

3 外国で特許をとるために有用なその他の制度

特許を取得することを希望している国によっては，他の有用な制度が利用可能です。例えば，カンボジア及びラオスでは，特許の付与円滑化に関する協力（Cooperation for facilitating Patent Grant：CPG）という制度が利用できます。CPGは，日本で審査を経て特許となった出願に対応する出願について，出願人の申請により，カンボジア又はラオスにおいて実質的に無審査で早期に特許が付与

される制度です。

　また，日米協働調査試行プログラムでは，日米両国に特許出願した発明について，日米の特許審査官がそれぞれ調査を実施し，その調査結果及び見解を共有した後に，早期かつ同時期にFAがそれぞれ送付されます。FAの通知後はそれぞれ自由に補正することができますので，一方の国で特許可能と判断された発明に合わせることを求められるPPHとは異なり，出願人による権利範囲設定の自由度が高いのが特徴です。

　そして，2018年7月からは，5大特許庁が協働して先行技術調査や特許性判断を行うPCT協働調査の試行が開始されました。PCT協働調査では，PCT国際出願における質の高い成果物を作成することを目的として，1つのPCT出願について，主担当の特許庁が副担当の特許庁と協働して特許可能性に関する判断が行われ，最終的に1つの国際調査報告が作成されて，出願人に提供されます。PCT協働調査により，各国に移行する前に複数庁の調査結果が得られるため，海外での円滑な特許権取得が可能となることが期待されます。PCT協働調査を受けるためには，試行プログラムへの参加申請書及び国際出願書類を英語で作成してオンラインで提出しなければならなかったり，年間に特許庁が受け入れ可能な件数が制限されていたりしますので，最新情報を特許庁ホームページで確認してご検討ください。

4　IPハブ構想

　東南アジア諸国連合（ASEAN）の国々は，日本と地理的に近く，文化的にも深い関係を築いてきました。そして，近年は，ASEAN諸国の経済成長が著しく，ビジネスの場として重要な地域になっています。特にシンガポールは，毎年発表されるビジネスを行いやすい国ランキング（世界銀行発表）において常に1位か2位にランクインされていますように，ビジネス環境が非常に整備されており，東南アジア地域の事業のハブとしての機能が期待されています。そして，米国の世界革新政策センター（Global Innovation Policy Center：GIPC）のIP指数ランキング（2018年）においても，シンガポールは日本に次ぐ9位にランクインされています。

第1章◇特許制度総説

　シンガポール法務局により設立された知的財産運営委員会は，2013年3月に10年間のマスタープランとして「知的財産ハブ基本計画（IP Hub Master Plan）」（IPハブ構想）を公表しました。このIPハブ構想では，シンガポールが，①知的財産取引及び管理のハブ，②質の高い知的財産出願のハブ，及び，③知的財産紛争解決のハブとなることが戦略目標として掲げられています。

　これまでに，シンガポール知的財産庁（IPOS）は，各国特許庁の支援を受けながら，大きな変革を実施してきました。例えば，2013年5月には，自国で特許のサーチ及び審査を行えるように審査官等の体制を整備し，2014年2月には実体審査を中心とする制度へと移行しました。100人を超える審査官のうち90％以上が博士号保持者です。そして，2015年9月からは，IPOSは，ASEAN初のPCT国際調査機関及び国際予備審査機関としての業務を開始しました。2016年4月1日以降は，日本国特許庁を受理官庁としてなされた英語によるPCT国際出願については，出願人がIPOSをISA及びIPEAとして選択することが可能になっています。

　また，シンガポールは，GPPHに参加したり，欧州特許庁や中国国家知識産権局と2者間PPHの協定を結んだりすることで，日本，米国，欧州，中国，及び韓国の5大特許庁を含む種々の国又は地域とPPHのネットワークを構築しています。加えて，シンガポールは，2009年から実施されているサーチ・審査結果の相互利用制度であるASEAN特許審査協力（ASEAN Patent Examination Cooperation：ASPEC）プログラムにも参加しています。ASPECプログラムは，手続言語を英語としたり，ASPEC申請案件を早期審査扱いとしたりするなどの改定が行われ，利便性が向上しています。さらに，カンボジアにおいては，IPOSで登録された特許を審査なしで再登録する特許再登録制度が導入されています。すなわち，シンガポールを介して権利化を進めることにより，ASEANの国で効率的に特許をとることが可能です。

　このように，シンガポールでは，ASEANでのハブとしての役割がますます高まっています。2017年には，IPハブ構想のアップデートが公表されており，さらなる進化が期待されます。

〔小松　邦光〕

第 2 章

特許要件

第1節 発明性

 10 発明性(1)──発明の意義

(1) 特許法における発明の定義について,一般的な考え方を教えてください。
(2) 特許法で保護されない発明はあるのでしょうか。

(1) 特許権の客体である「発明」は,「自然法則を利用した技術的思想の創作のうち高度のもの」と定義されています。この定義は,自然法則利用性(自然法則そのものではないこと),技術的思想性(何らかの技術的課題を解決するための具体的手段であること),創作性(人為的に作り出されたものであり単なる発見でないこと),高度性(実用新案権の対象である考案でないこと),という4つの要件に分けられます。
(2) 特許法は,発明をすべて保護しているわけではありません。発明であっても,特許要件を満たさないものは審査で拒絶されるため,保護されません。特許要件には,新規性,進歩性,産業上の利用可能性のほか,消極的な要件として公序良俗適合性があります。実務上はこのうち,先行技術とは異なるという新規性と,先行技術に比べて容易には思いつかないという進歩性が重要な役割を果たしています。

第2章◇特許要件
第1節◇発　明　性

☑️キーワード

(1)　発明，自然法則利用性，技術的思想性，創作性，高度性
(2)　特許要件，新規性，進歩性，産業利用可能性，公序良俗適合性

解　説

1　設問(1)について

(1)　はじめに

特許法の最も基礎的な概念の１つに，「発明」があります。特許法は，「……
発明をした者は，……その発明について特許を受けることができる。」（特29条
１項柱書）と定めています。したがって，発明でないものについて特許を受け
ることはできませんし，また，発明をしていない者は原則として最初に特許を
受けることはできません（使用者企業に最初から権利が帰属する職務発明は，その大き
な例外です）。つまり「発明」は，特許を受けることができる客体であるととも
に，その第一次的な主体（発明者）を画する概念でもあります。

ここで，発明は，「自然法則を利用した技術的思想の創作のうち高度のも
の」（特2条1項）と定義されています。この定義規定は，一般に，①自然法則
利用性，②技術的思想性，③創作性，④高度性の4要件に分節して理解されて
います。

このうち，①〜③の3要件は，後述のとおり内容が相互に重複するので，厳
密にどの要件の問題であるのかを特定する実益はあまりありません。また，④
の高度性は，実用新案権の客体である考案（実2条1項）と発明を区別するため
だけにある要件ですが，特許庁では審査していません（実用新案法と特許法のいず
れの保護を求めるかは出願人の選択に委ねられています）。したがって，特許法上の
「発明」といえるために実務上は，要するに①〜③をまとめて「自然法則を利
用した技術的思想の創作」にあてはまるかどうかが重要となります。

とはいえ，①〜③の3要件を一度に説明すると理解が却って難しくなるの

で，相互に重複することには留意しながら，以下ではこれらの内容を個別に見ていきましょう。

(2) 自然法則利用性

発明は，「自然法則」を「利用」している必要があります。自然法則を利用していないものは，技術水準の向上を通じて産業発達を図る旨の特許法の制度趣旨に沿わないので，特許権という誘因の対象としては相応しくないからです。

まず，自然法則そのものを見出しても，それは発見であって発明ではありません。例えば，リンゴが木から落ちるのを眺めていて，万有引力の法則を人類で初めて見出したとしても，それはすでにある自然界のありようを認識したにすぎず，発明とはいえません。科学上の自然法則を，技術的な装置などに落とし込み，何らかの形で利用していることが求められます。また，例えば，永久機関（外部からエネルギーを受け取ることなく仕事を行い続ける装置）など，自然法則（永久機関の例であればエネルギー保存の法則）に反するものも，自然法則に基づいていないため発明ではありません。

さらに，自然法則以外の法則を利用しているものも，この要件を欠くために発明ではないとされます。例えば，人為的な取決め（ゲートボールやオセロのルールなど）や，人間の精神活動（電柱での広告方法など），そして社会科学上の法則（景気循環におけるコンドラチェフの波など）を利用したにすぎないものです。

また，自然法則を利用している以上は，反復実施することで同一の結果を得ることが可能であるはずであり，反復可能性（再現性）のおよそないものも発明ではありません。いわゆる疑似科学や迷信などに基づくものはその例です。生物に関する発明（御木本幸吉の養殖真珠作成法など）がそうであるように，ここにいう反復可能性の確度は必ずしも高い（例えば，100％再現性がある）必要はありませんが，再現の可能性すらおよそないものは，自然法則を利用しているとはいえません。

(3) 技術的思想性

発明は，「技術的思想」である必要があります。ここで「技術」とは，一定の目的を達成するための具体的かつ客観的な手段を指します。すなわち発明は，技術である以上，一定の目的達成に向けられた機能（有用性）を備えてい

第2章◇特許要件
第1節◇発　明　性

るので，何のために用いればよいかが未知なものは発明ではありません。また，具体性・客観性を欠くために，他人に伝達できないコツや職人的技能にとどまるものも，特許法上の技術とは呼べません。これらはいずれも，産業の発達に寄与しないため，特許権という誘因の対象からは除かれているわけです。

　他方で，「思想」とは，技術がもつ機能的な内容（アイディア）そのものをいい，著作権の客体である「表現」と対置された概念です（表現アイディア二分論）。コンピュータプログラムを例にとると，コンピュータをより効率よく作動させる機能面のアイディアは発明として特許権の保護対象たり得ますが，それを記述したコード（文字列）は表現として著作権法による保護に委ねられます。

（4）　創　作　性

　発明は，人為的に作り出された「創作」である必要があります。天然物や自然現象といった自然界に存在するものをそのままの形で認識したにすぎないものは，発見ではあっても，創作性を欠くため発明ではありません。発見も人類社会に役立ち得るものですが，様々な具体的技術に応用される可能性を秘めているため，発見段階で個人に特許権を認めると独占が広範にすぎることから，特許の対象からは除外されています。

　もっとも，新たに化合されたり，天然物から単離されたりした化学物質や，バイオテクノロジーを用いて新しい性質を備えた生物などは，そこに人為が介在しており，創作性を満たす発明です。また，既存物であっても，それがもつある性質が特定の目的達成のために利用できること（有用性）を新たに見出した場合にも，創作性要件を満たすものとして扱われています（用途発明）。

（5）　ま　と　め

　上記の自然法則利用性，技術的思想性，創作性は，相互に大幅にオーバーラップしています。例えば，自然法則そのものは，自然法則の「利用」がないとも，人為的な「創作」でないともいえます。これらの3要件は，要するに，特許権の対象でない発見と，特許権の対象である発明とを選別する基準であるともいえます。つまり，自然のありようを認識する営みである科学の成果としての発見（例えば，熱エネルギーを機械エネルギーに変換する熱力学上の法則）と，自然を利用して具体的な技術を創作する発明（例えば，蒸気機関）とが，全体とし

Q10◆発明性(1)─発明の意義

て区別されているわけです。

発見	自然（法則）	科学	認識
発明	自然法則の利用	技術	創作

2　設問(2)について

(1)　はじめに

　特許法は，保護の対象（客体）として，発明であることに加えて，それが一定の要件を満たしていることを求めています。この発明が備えるべき要件のことを，一般に，特許要件と呼びます。

　特許要件には，まず，新規性（特29条1項各号），進歩性（特29条2項），産業（上の）利用可能性（特29条1項柱書）があり，これら3つを狭義の特許要件と呼びます。また，これらに加えて，公序良俗を害するおそれがある発明は特許を受けることができない旨を定める特許法32条も，いわば裏側から発明が満たすべき要件を消極的に定めており，この公序良俗適合性を含めて広義の特許要件と呼ぶことがあります。このほか，先願であることや，明細書等が適切に記載されていることなど，手続的な要件を含めて（最広義の）特許要件と呼ぶことがあります。ここでは，発明が特許されるために満たすべき実体的な要件である広義の特許要件を概観します（詳細は，各特許要件に関する設問を参照してください）。

(2)　新規性と進歩性

　発明について特許を受けるためには，まず新規性（特29条1項各号）と進歩性（特29条2項）を満たしている必要があります。これらは，いずれも既存の先行技術（公知発明，公用発明，文献記載発明）との対比において発明が備えているべき性質なので，相対的要件とも呼ばれます。

　新規性は，すでに知られた（又は知られ得る状態となった）先行技術と同一ではないことをいいます。すでに知られた発明の創出について，重ねて誘因を付与する必要はないため，新規性を欠く発明は特許権の対象から除かれています。先行技術と同一であるかは，出願時を基準とし，また日本国内だけでなく世界

77

第2章◇特許要件
第1節◇発　明　性

中の既存の技術と対比して判断されます。

　進歩性は，同じく出願時点での世界中の先行技術をもとに，当業者が容易に思いつかないことを指します。ここで，当業者とは，「その発明の属する技術の分野における通常の知識を有する者」，つまり当該技術分野における平均的な知識をもつ技術者のことです。当業者が容易に思いつくような発明は，たとえ新規であっても早晩完成されることが期待できるため，やはり重ねて誘因を付与する必要がないとして特許権が与えられることがないわけです。

(3)　産業利用可能性と公序良俗適合性

　発明について特許を受けるためには，さらに，その発明が産業上利用することができること（産業利用可能性，特29条1項柱書）と，公序良俗を害するおそれがないこと（公序良俗適合性，特32条）を満たしている必要があります。これらは，いずれも先行技術との対比ではなく，当該発明にのみ着目して判断されるので，絶対的要件とも呼ばれます。

　もっとも，産業利用可能性はとても低いハードルで，通常はこの要件を欠くとして特許が拒絶されることはありません。発明はその定義上，自然法則を利用した技術的思想ですから，一定の目的を達成するための具体的・客観的な手段として有用性を備えており，産業上の利用可能性がおよそない発明は想定しにくいためです。実務上，産業利用可能性の有無が問題となるのは，医療方法（人間を手術，治療，又は診断する方法）だけで，これらの方法については緊急性や公平性の観点から誰でも自由に利用できるように独占の対象から外されています。なお，同じ医療に関わる発明でも，医薬や医療機器などの物の発明は通常この要件を満たすことには留意が必要です。

　また，公序良俗適合性の要件も同じく問題となることは少なく，現在では，生命倫理上の疑義のある発明（例えば，ヒトクローンを作成する方法など）のみが同要件を欠くかどうかが議論されています。

〔島並　　良〕

11 発明性(2)──ソフトウェア特許権

(1) コンピュータソフトウェアに関するアイディアが発明として認められるための注意点について教えてください。
(2) コンピュータソフトウェア関連発明の審査基準はどのようになっているでしょうか。
(3) コンピュータソフトウェア関連発明に関する主な裁判例をいくつか紹介してください。

　　コンピュータソフトウェア（以下「ソフトウェア」といいます）に関するアイディアについても，「自然法則を利用した技術的思想の創作のうち高度のもの」（特2条1項）に当たるかどうかによって発明該当性が判断されます。ソフトウェアという観点から検討するまでもなく発明該当性のあるアイディアとして，①機器などに対する制御又は制御に伴う処理を具体的に行うもの，②対象の技術的性質に基づく処理を具体的に行うものがあります。また，上記に該当しないビジネス方法などのソフトウェアのアイディアについても，ソフトウェアによる情報処理がハードウェア資源を用いて具体的に実現されているものは，発明該当性があります。

☑キーワード
　自然法則の利用，技術的思想，ハードウェア資源，人為的な取決め，人間の精神活動

第2章◇特許要件
第1節◇発 明 性

解 説

1 コンピュータソフトウェアに関するアイディアが発明として
認められるための注意点

(1) 技術的ソフトウェアと非技術的ソフトウェア

　特許法は，29条1項柱書により「発明」について特許を与えると規定しています。そして，2条において「発明」を「自然法則を利用した技術的思想の創作のうち高度のもの」と定義しています。したがって，「自然法則を利用した技術的思想の創作のうち高度のもの」に該当しないもの（発明該当性のないもの）は，特許を受けることができません（特49条）。

　コンピュータソフトウェア（以下「ソフトウェア」といいます）に関するアイディアも，他の分野のアイディアと同じように，上記規定に従って発明該当性が判断されます。

　ソフトウェアの処理アルゴリズムに基づいて，技術的ソフトウェアと非技術的ソフトウェアの2つに類型化すると，発明該当性の判断がしやすいでしょう。

(a) 技術的ソフトウェア

　1つ目の類型は，コンピュータのハードウェアと協働して機器を制御するなど，処理のアルゴリズム自体に技術性をもつソフトウェアです（「技術的ソフトウェア」と呼ぶことにします）。例えば，マイクロコンピュータ（とソフトウェア）によって機器を制御するものがこれに当たります。マイクロコンピュータによって，投入されたお米の量と，水の量とに応じて，加熱温度や時間を制御するような場合です（**図1**）。制御の手法はソフトウェアを用いずに制御回路によって制御する場合（**図2**）と同じであり，伝統的な機器の制御と同様に，自然法則を利用した技術的思想とみることができます。このようなソフトウェアはハードウェアを介して自然法則を利用しているということができ，発明該当性も認められます。

Q11◆発明性(2)―ソフトウェア特許権

図1　ソフトウェアによる機器の制御

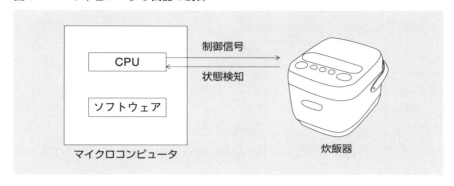

図2　制御回路による機器の制御

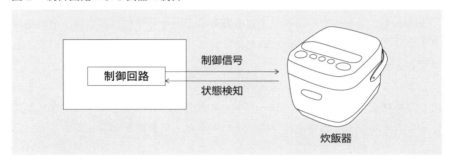

(b)　非技術的ソフトウェア

　2つ目の類型は，商品の売上予測など処理のアルゴリズム自体には技術性がないソフトウェア（「非技術的ソフトソフトウェア」と呼ぶことにします）は，上記のような技術的ソフトウェアと同じように扱うことはできません。例えば，曜日や開催イベントの有無とともに商品の売上実績を記録しておき，曜日，開催イベントの有無において類似する過去の売上実績を参照して，特定の日の売上を予測するソフトウェアは，その処理のアルゴリズムにおいて技術性がありません（図3）。曜日，開催イベントの有無，商品売上という物理量ではないデータに基づいて，売上を予測すること自体は，自然法則を利用した技術的なものであるとはいえないからです。

81

第2章◇特許要件
第1節◇発 明 性

図3 商品の売上予測

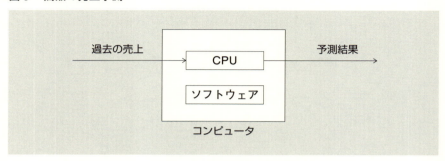

　この点，前述の技術的ソフトウェアの例では，お米の量，水の量という物理量に基づいて，加熱による米の状態変化の程度を制御するということ自体が，自然法則を利用した技術的なものである点と異なっています。

　すなわち，上記のような売上予測を行うソフトウェアについては，その処理アルゴリズム自体に技術性がないため，直ちに，発明該当性があるということはできません。

　しかしこの場合でも，コンピュータのハードウェア資源（記録装置など）を利用して処理を行っています。ハードウェア資源は，自然法則によって存立しているものですから，処理を行う際に，ハードウェア資源を利用しているという点において自然法則を利用しているということができます。したがって，ハードウェア資源を利用して処理を行っている点を明確にして権利を請求すれば（請求項を記載すれば）発明該当性が認められます。

(2) 注 意 点

　以上のように，ソフトウェア関連発明は，アルゴリズム自体に技術性がある技術的ソフトウェアと，アルゴリズム自体に技術性のない非技術的ソフトウェアに類型化することができます。

　実務的な観点からみると，非技術的ソフトウェアは，コンピュータハードウェア資源の利用によって技術性が顕在化しますので，請求項においてその点を明確にする必要があります。この点が不明確ですと，特許法29条1項に基づいて「発明該当性」がないとする拒絶理由が出されることになります。

　この場合，出願当初の明細書中に，ハードウェア資源の利用が明確に記載さ

れていれば，請求項の補正を行うことで拒絶理由を解消することができます。

一方，技術的ソフトウェアは，必ずしもコンピュータハードウェア資源の利用がなくとも技術性がありますので，（リスク回避のため，実務上は記述しておくことが好ましいですが）請求項においてハードウェア資源の利用が詳細に書かれていなくても「発明該当性」があることになります。

(3) 請求項の表現形式

特許法は，効力を規定する実施行為（特2条3項）との関係から，発明を「物」，「方法（物を生産する方法を含む）」のいずれかにて表現して権利を与えるようにしています。

そして，プログラムの発明を物の発明として規定しています（特2条3項1号）。したがって，発明を「プログラム」の形式にて請求項に記載し，権利を取得することができます。しかし，これはプログラムに関するアイディアがすべて発明該当性をもつということを意味するものではないことに注意が必要です。

ソフトウェアに関する発明は，一般的に，装置，プログラムを記録した記録媒体，プログラム，方法として請求項に記載することが可能です。いずれの表現形式にて請求項を記載するにせよ，上記の「発明該当性」を充足しなければ拒絶されることになります。

2 コンピュータソフトウェア関連発明の審査基準

(1) 審査基準

特許庁は，審査の指針として『特許・実用新案審査基準』（以下「審査基準」といいます）『特許・実用新案審査ハンドブック』（以下「審査ハンドブック」といいます）を定めています。審査官の審査のために定められたものであり法的拘束力はありませんが，これを基準として審査がなされているため，実務上重要な文書です。

審査基準の第Ⅲ部第1章「2．発明該当性の要件についての判断」「2.2コンピュータソフトウェアを利用するものの審査にあたっての留意事項」には，コンピュータソフトウェア関連発明が特許法29条1項柱書の「発明」に該当する

第2章◇特許要件
第1節◇発　明　性

かどうかの判断基準が示されています。

　また，審査ハンドブックの附属書B第1章「コンピュータソフトウェア関連発明」には，審査基準に示された発明該当性の理解を深めるための判断事例等が示されています。

　(2)　コンピュータソフトウェアの発明該当性

　審査基準では，コンピュータソフトウェア関連発明を，ソフトウェアという観点から検討するまでもなく発明該当性のあるものと（前述の技術的ソフトウェアに対応），ソフトウェアによる情報処理がハードウェア資源を用いて具体的に実現されているもの（前述の非技術的ソフトウェアに対応）の2つの類型に分けています（審査基準第Ⅲ部第1章2.2(1)）。

　(a)　ソフトウェアという観点から検討するまでもなく発明該当性のあるもの（技術的ソフトウェア）

　審査基準では，技術的ソフトウェアをさらに2つの類型に分けています（同第Ⅲ部第1章2.2）。すなわち，①機器などに対する制御又は制御に伴う処理を具体的に行うもの，②対象の技術的性質に基づく処理を具体的に行うものの2つです。

　機器などに対する制御又は制御に伴う処理を具体的に行うものの例としては，(ⅰ)機器等の特性や性質などに基づいて制御を行うもの，(ⅱ)機器等の使用目的に応じた動作を具現化するための制御を行うもの，(ⅲ)複数の機器等からなる全体システムを統合的に制御するものがあります（審査ハンドブック附属書B 2.1.1.1例1～4参照）。前述の図1に示す発明は，加熱による炊飯を行うという機能に基づいて制御するものですから，上記(ⅰ)に該当するでしょう。

　対象の技術的性質に基づく処理を具体的に行うものも，その処理アルゴリズム自体に技術性がありますので，技術的ソフトウェアであるといえます。このようなものの例としては，(ⅰ)対象の技術的性質を表す数値，画像などの情報に対して，その技術的性質に基づく処理を行うもの，(ⅱ)対象の状態とこれに対応する現象との技術的な相関関係を利用した処理を行うものがあります（審査ハンドブック附属書B 2.2.1.1例5，6参照）。

　例えば，光学式のスキャナで読み取った画像データについて，レンズによってその読取りの際に生じた歪みを補正し，補正後の画像データを出力するソフ

トウェアなどが上記(i)に該当します（審査ハンドブック附属書A 3 事例 4 - 3 参照）。このようなソフトウェアは，機器を制御するものではありませんが，レンズの歪みによって生じた画像データの歪みを，レンズの技術的特質に基づいて補正する処理を行っていますので，処理アルゴリズム自体に技術性があります。

　自車両の加速度と速度に基づいて，衝撃とともに車両が停止したかどうか，さらにその後，周辺車両の速度が低下しているかどうかに基づいて，事故発生を判断し，事故が発生していると判断した場合には，周辺の車両に事故発生の情報を送信するような 2 次事故防止ソフトウェアは，上記(ii)に該当します（審査ハンドブック附属書 B 2.2.1.1例 5 参照）。

　(b)　**ソフトウェアによる情報処理がハードウェア資源を用いて具体的に実現されているもの（非技術的ソフトウェア）**

　審査基準においては，上記(a)に該当しないようなソフトウェア（非技術的ソフトウェア）であっても，「ソフトウェアによる情報処理がハードウェア資源を用いて具体的に実現されている」場合には，発明該当性があるとしています（審査基準第Ⅲ部第 1 章2.2(2)参照）。前述の**図 3** に示したような発明がこれに当たります。

　ここで，「ソフトウェアによる情報処理がハードウェア資源を用いて具体的に実現されている」とは，ソフトウェアとハードウェア資源とが協働することによって，使用目的に応じた特有の情報処理装置又はその動作方法が構築されることを意味しています（審査ハンドブック附属書 B 2.1.1.2参照）。

　例えば，次のような請求項 A として表された売上予測装置あれば，発明該当性があります（審査ハンドブック附属書 B 3.2事例 2 - 3 参照）。

【請求項A】
　種々の商品の売上を予測する装置であって，
　売上を予測しようとする日を入力する手段，
　予め過去の売上実績データを記録しておく売上データ記録手段，
　予め変動条件データを記録しておく変動条件データ記録手段，
　予め補正ルールを記録しておく補正ルール記録手段，
　過去数週間の予測しようとする日と同じ曜日の売上実績データを売上データ記録手段から読み出し平均して第 1 の予測値を得る手段，

第2章◇特許要件
第1節◇発　明　性

> 　変動条件データ記録手段から商品の売上を予測しようとする日の変動条件データを読み出し，該変動条件データに基づき補正ルール記録手段に記録された補正ルールの中から適用すべき補正ルールを選択する手段，
> 　適用すべき補正ルールに基づき第1の予測値を補正して第2の予測値を得る手段，及び
> 　第2の予測値を出力する手段，
> 　からなる商品の売上予測装置。

　この発明では，予め過去の売上データ，変動条件，補正ルールなどが記録手段に記録されており，日を入力することで，これに基づいて当該日の売上を予測し出力するものですから，ソフトウェアとハードウェア資源とが協働した使用目的に応じた特有の装置が構築されているといえます。したがって，ソフトウェアによる情報処理がハードウェア資源を用いて具体的に実現されており，発明該当性があります。

　なお，請求項Bのように，予測のためにハードウェア資源を用いてどのような処理を行うのかが具体的でなければ，発明該当性はありません（審査ハンドブック附属書B2.1.1.2例2参照）。

【請求項B】
　売上を予測しようとする予測日及び対象商品の入力を受け付け，
　過去の所定期間における当該予測日と同じ曜日の当該対象商品の売上実績データに基づいて，当該予測日における当該対象商品の売上を予測する，
　コンピュータ。

　審査基準や審査ハンドブックには明示されていませんが，非技術的ソフトウェアについて発明該当性があるといえる実務的な典型例は，記憶装置に処理の基準となるデータ（テーブルやルールなど）が記録されており，これを用いて入力されたデータについて処理を行う場合です（図4参照）。そのようなデータが予め記録されていれば，ハードウェア資源を用いて使用目的に応じた特有の装置が構築されたといえるからです。

　したがって，出願時には上記のような観点からの請求項を作成しておくことが重要です。また，発明該当性がないとする拒絶理由通知を受けた場合には，

図 4　使用目的に応じた特有の装置

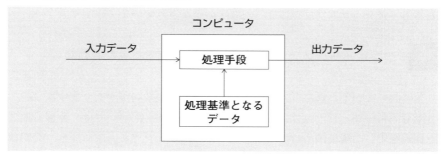

上記観点にて請求項を補正すれば，これを解消することができます（もちろん出願当初の明細書に記載されていることが前提です）。

(c) **構造を有するデータ，データ構造**

データの有する構造が，コンピュータの処理を規定するものである場合，プログラムに準ずるものとして，上記の基準に従って，発明該当性が判断されます（審査ハンドブック附属書B2.1.2）。

例えば，画像データをスライドショーとして順番に表示するための画像データにおいて，各画像データの最後に，次に表示すべき画像データのIDを記述することで，順次画像データを表示できるようにしたとします。この場合のデータ構造は，プログラムに準ずるものとして扱われ，請求項に記載することができます。その記載例は，審査ハンドブック附属書 B 3.2事例 2 - 8 を参照してください。

(d) **請求項の表現形式**

上記に従って発明該当性が認められるものであれば，装置（システム）としてだけでなく，プログラムとしての請求項，方法としての請求項も認められます。これら請求項の記載形式については，審査ハンドブック附属書B1.2.1.1を参照してください。

方法の請求項について，非技術的ソフトウェアの場合には，審査基準・審査ハンドブックにおいて，処理を行う主体がコンピュータないし装置であることを明確にしなければ発明該当性がないとされています（審査ハンドブック附属書B3.2事例 2 - 7 の請求項 1 参照）。この点，後述の裁判例では，必ずしもそうではな

第2章◇特許要件
第1節◇発　明　性

い請求項について発明該当性が認められていますが，出願実務では，現行の審
査基準・審査ハンドブックに従った取扱いがなされているようです。

3 コンピュータソフトウェア関連発明に関する主な裁判例

発明該当性が争われたものとして，以下のような裁判例があります。

東京高判平16・12・21〔回路のシミュレーション方法事件〕[1]では，非線形連立
方程式を用いた解析によって回路をシミュレーションする方法につき，発明該
当性があるかどうかが争われました。裁判所は，本件請求項に記載された数式
を用いた解法が，回路の物理的性質を利用していないと判断し，発明該当性を
否定しています。なお，同分野の解析手法について特許が成立したものもあり
（例えば特許第3022103号），上記事件と併せて検討すれば，実務上の参考となるで
しょう。

知財高判平20・2・29〔ビット列短縮装置事件〕[2]では，所定個数のビット
（データの最小単位）列からなるデータを，より短い個数のビット列に変換する
装置につき，発明該当性が争われました。裁判所は，本発明が数学的なアルゴ
リズムに従って計算する「装置」という以上のものではないとして，発明該当
性を否定しました。数式についての発明該当性については，審査ハンドブック
附属書B3.2事例2－1と併せて検討すれば，実務上の参考となるでしょう。

知財高判平20・6・24〔歯科治療システム事件〕[3]では，請求項の一部に，歯
科医の精神活動による行為が含まれている発明について，発明該当性が争われ
ました。裁判所は，請求項の一部に人の行為により実現される要素が含まれて
いたとしても，全体としてみると，本発明は精神活動それ自体に向けられたも
のとはいい難いとして，発明該当性を認めています。なお，知財高判平20・
8・26〔対訳辞書方法事件〕[4]も同旨です。審査ハンドブック附属書B3.2事例
2－2が，人の精神的活動を含む内容について発明該当性の判断を示していま
す。

知財高判平21・5・25〔旅行業向け会計処理装置事件〕[5]では，売上と仕入を
一旅行商品単位で同日計上し，一旅行商品単位での利益の把握を可能にしたシ
ステム（上述の非技術的ソフトウェアに該当します）について，発明該当性が争われ

ました。裁判所は，目的を達成するための会計処理装置の動作方法及びその順序などが具体的に示されているとして，発明該当性を認めました。審査ハンドブック附属書Ｂ2.1.1.2留意事項(i)に記載された判断基準と同様の判断がなされています。

〔古谷　栄男〕

■判　例■

☆1　東京高判平16・12・21判時1891号139頁〔回路のシミュレーション方法事件〕。
☆2　知財高判平20・2・29判時2012号97頁〔ビット列短縮装置事件〕。
☆3　知財高判平20・6・24判時2026号123頁〔歯科治療システム事件〕。
☆4　知財高判平20・8・26判時2041号124頁〔対訳辞書方法事件〕。
☆5　知財高判平21・5・25判時1386号309頁〔旅行業向け会計処理装置事件〕。

第2章◇特許要件
第1節◇発　明　性

 発明性(3)──ソフトウェア特許／プログラム著作権

(1) ソフトウェア特許というものと，コンピュータのプログラム著作権と呼ばれるものの関係が，今ひとつよくわかりません。何がどう違うのでしょうか。
(2) プログラムを創作し商品として販売している当社において，会社とプログラミングを担当する社員等との関係で，誰がそのプログラム等の商品について知的財産権をもつことになるのかを整理しておきたいのですが，基本的な考え方をお教えください。

(1) プログラムは特許権及び著作権の両方の保護対象となり得ますが，両者はその保護の側面や保護を受けるための手続・要件などが異なります。
　特許権はプログラムのもつ機能の側面を保護するものであるのに対し，著作権はプログラムの表現の側面を保護するものです。
(2) プログラムに関する知的財産権を，会社と社員等のどちらがもつことになるのかに関しては，特許法と著作権法のそれぞれが規定を置いています。それぞれ要件と効果が異なりますので，その両方に注意を払う必要があります。就業規則などで，事前に明確に定めておくことが望ましいと考えます。

☑キーワード

　特許権・著作権の保護対象・保護要件，発明と創作的表現，職務発明・法人著作，勤務規則

90

Q12◆発明性(3)—ソフトウェア特許／プログラム著作権

解　説

1　ソフトウェア特許とプログラム著作

(1)　特許権と著作権

　特許権は自然法則を利用した高度な技術思想である「発明」を保護するものであるのに対し（特2条1項），著作権は思想又は感情の創作的な「表現」を保護するものです（著2条1項1号）。

　「プログラム」の定義について，特許法2条4項は「電子計算機に対する指令であつて，一の結果を得ることができるように組み合わされたものをいう。」と，著作権法2条1項10号の2は「電子計算機を機能させて一の結果を得ることができるようにこれに対する指令を組み合わせたものとして表現したものをいう。」と，それぞれ規定しています。両者で語順などは若干異なりますが，定義としてはほぼ同じであると理解できます。なお，特許法では「プログラム等」として，プログラムに準ずるものも保護の対象に含まれると規定されていますが，以下ではプログラムとプログラム等とを特段区別せずに，プログラムと呼ぶこととします。

　特許法2条3項1号は，物にプログラムが含まれるとしており，プログラムが特許権による保護の対象になり得ることを規定しています。一方，著作権法10条1項9号は著作物の例示としてプログラムの著作物を明示しており，プログラムが著作権による保護の対象にもなり得ることを規定しています。

　このように，プログラムは特許権及び著作権の双方の保護対象となり得ます。この点は他の発明などと異なり，プログラムの特徴的な点といえます。プログラムの取扱いを検討する際には，特許権のみならず著作権にも十分注意を払う必要があります。

(2)　特許権による保護と著作権による保護の違い

(a)　保護の側面の違い

　このようにプログラムは特許権と著作権の双方の保護対象となり得ますが，

91

第2章◇特許要件
第1節◇発　明　性

最初に説明したとおり，両者はその保護の側面が異なります。

　特許権は発明を保護するものですが，この発明というのはある課題に対する技術的な解決手段とも言い換えることができます。プログラムはハードウェア（コンピュータ，電子計算機）に対して指令を出すことで特定の処理を実行させるものですが，特許権では，どのような処理を行わせて，どのような課題を，どのように解決するのかという，プログラムがもつ「機能」の側面が保護の対象となります。

　一方，著作権は，表現を保護するものです。プログラムがどのような機能をもっているのかは関係がなく，そのプログラムがどのように表現（記述）されているかという，プログラムの「表現」の側面が保護の対象となります。同じ機能を実現するプログラムであっても，その記述が異なれば，著作物としては別の著作物となります。

　この点について，東京地判平26・11・26[☆1]は，「本件色切替パッチ（筆者注：著作物性が問題となったプログラム）は，情報の読み出し，加工，データベースとの照合などの処理を行うものであり，そのために種々のコマンドを組み合わせて表現している。しかるところ，本件色切替パッチと同じ目的を達成するためのコマンドやその組み合わせ，その順序には，例えば以下のとおり，ほかにも多様な選択肢がある。」と判断しています。このように，同じ機能を実現するためのプログラムであっても，記述の方法としては，様々なコマンドの組み合わせや順序があり得ると認定して，著作物性を肯定しています。

(b)　**保護の手続，要件の違い**

　また，特許権による保護と著作権による保護では，保護に必要な手続や要件にも大きな違いがあります。

　特許権は，ただ発明をするだけでは発生せず，特許庁に対して出願し，審査を経て，登録されることで初めて発生します。審査の過程では，従来から似たようなプログラムがなかったかどうか（新規性や進歩性）など，特許権を与えるにふさわしい発明であるか否かをチェックします。特許登録は，国ごとに行われますので，例えば日本とアメリカで権利保護したいのであれば，それぞれの国に出願し，それぞれの国の特許庁の審査を経て，登録を得る必要があります。

これに対して著作権は，表現を創作した時点で発生します。それ以上に出願，審査，登録などの特別の手続を経る必要はありません（無方式主義などと呼ばれます）。なお，著作権にも登録制度はありますが，これは権利保護のために必要な手続ではありません。また，現在，多くの国が著作権保護に関する条約に加盟しており，条約加盟国であれば，特別の手続を経ることなく保護が認められます（特許権と異なり，国ごとに出願する必要はありません）。

(3) ソフトウェア特許とプログラム著作権の違い

以上で説明したことをまとめますと，プログラムは特許権と著作権，両方の保護対象になり得ます。もしあなたの会社がプログラムのもつ機能の側面を保護したい（例えば，同じような機能をもつプログラムを他社に真似されたくない，など）のであれば，特許庁に対してソフトウェア特許を出願し，登録を経て，特許権で保護することを検討するべきです。著作権法が保護するのはプログラムの表現の側面ですので，同じような機能をもつプログラムでも，異なる記述がされている場合には，プログラム著作権では十分な保護ができない可能性があります。

特許権は，国ごとに発生する権利ですので，あなたの会社が海外でも権利保護を求めるのであれば，それらの国で特許登録を得る必要があります。

一方，特許登録には一定の手間，費用，時間がかかりますし，登録が認められるためには一定の要件があり，すべてのプログラムが特許登録を受けられるわけではありません。もしあなたの会社のプログラムが無断配信されているような場合には，著作権の出番です。デッドコピーであればプログラムの記述も同じですので著作権侵害（メディアやサーバに記録すれば複製権，ネット配信すれば公衆送信権などを侵害します）を問うことが可能です。

著作権による保護の場合には登録を得る必要はありませんし，条約加盟国であれば，海外での権利保護も受けられます。

このように，特許権と著作権とでは，同じプログラムを保護するものであっても，活用の場面は異なってきます。状況に応じて，的確に使い分ける必要があります。

第2章◇特許要件
第1節◇発　明　性

2　職務発明制度と法人著作制度

(1)　会社と従業員等の関係

　法律上，会社も法人格をもち，契約を締結したり，損害賠償責任を負ったりすることができます。しかし，会社自体がキーボードを叩いてプログラミングするということは現実としてあり得ず，実際にキーボードを叩いてプログラミングするのは自然人である従業員等です。

　それでは，でき上がったプログラムに関する知的財産権は，誰がもつことになるのでしょうか。このような場合の会社と従業員等の関係については，特許法と著作権法の両方に規定されています。

　特許法では35条に職務発明に関する規定が置かれています。職務発明制度の詳細な説明は本書第3章をご覧いただければと思います。

　ごく簡単にいえば，発明者となるのは自然人である従業員等で，特許を受ける権利は発明者に帰属するのが原則ですが（特29条1項柱書），契約，勤務規則その他の定め（例えば職務発明規程など）で定めておくことで従業員等の行った発明について，会社が特許を受ける権利をもつことも可能です。

　一方，著作権法では15条に法人著作に関する規定が置かれています。プログラムの著作物については，同2項が「法人等の発意に基づきその法人等の業務に従事する者が職務上作成するプログラムの著作物の著作者は，その作成の時における契約，勤務規則その他に別段の定めがない限り，その法人等とする。」と規定しています。なお，著作権法15条1項はプログラムの著作物以外の著作物について規定していますが，プログラムの著作物とそれ以外の著作物では，その著作物が法人名義で公表するものであるかどうかが異なっています（プログラムの著作物について規定する同条2項では，法人名義で公表するという要件は不要とされています）。

　著作権法15条は法人等が著作者となると規定しており，この点は特許法が発明者はあくまでも自然人である従業員等と規定されていることと異なります。著作権法では自然人ではない法人も著作者になり得るのです。

　詳細は割愛しますが，著作権法では著作権のほか，著作者人格権という人格

94

的な権利が規定されています。法人等が著作者になるということは，著作権だけでなく，著作者人格権も法人等がもつということを意味します。

特許法の規定する職務著作制度と著作権法の規定する法人著作制度とでは，大きく2点，違いがあります。

1点目は，職務発明制度のもとでは，契約，勤務規則その他の定めで定めておかなければ，会社ではなく従業員が特許を受ける権利をもつことになるのに対し，法人著作制度のもとでは，別段の定めがない限り会社が著作者になり著作権をもつことになります。このように権利帰属の原則（スタート地点）が異なってきます。

2点目は，職務発明制度のもとでは，契約，勤務規則その他の定めによって会社が特許を受ける権利をもつことになっても，会社は従業員に対して相当の金銭その他の経済上の利益を与えなければなりません（特35条4項）。これに対し法人著作制度のもとでは，そのような利益を与える必要はありません。

⑵ 職務発明の要件

どのような場合に職務発明となるのかについては本書第3章をご覧ください。

ソフトウェア特許についても，基本的な考え方は異なりません。

⑶ 法人著作の要件

一方，著作権法15条2項はプログラムの著作物についての法人著作の規定を設けていますので，その要件を簡単にご説明します。

「法人等の発意に基づき」とは，単に創作の動機付けを行ったということだけではなく，その後作品の完成に至るまでの指揮監督が行われていることを指します。ただし，どの程度の指揮監督によって「法人等の発意に基づき」という要件が充足されるのかは，法人と創作者との関係性によっても異なり，例えば法人と創作者との間に雇用契約があるような場合には，法人等が個別具体的に指揮・監督をしていなくても，その職務上期待されるような創作行為については，法人の発意に基づくものであるといえます。一方，雇用関係などがない，外注先などの場合は，より厳格に指揮監督関係が要求されることになります。

「その法人等の業務に従事する者」とは，雇用関係にある者がその典型では

第2章◇特許要件
第1節◇発　明　性

ありますが，雇用契約がなくても，法人等と創作者との関係を実質的に見たときに，法人等の指揮監督下において労務を提供するという実態にあって，法人等が創作者に対して支払う金銭が労務提供の対価であると評価できる場合には，この要件を充足すると考えられています☆2。

「職務上作成する」とは，法人と創作者との関係において，その創作行為が職務と評価し得るものであるということです。正規の就労時間外に創作が行われた場合であっても，その創作行為が従業員として期待されるものである場合には，職務上作成されたものであるといえます。

(4)　従業員との権利関係の整理

以上で説明したことをまとめますと，あなたの会社の製品に関する権利関係を整理する上では，特許権（又は特許を受ける権利）と著作権とを区別して考える必要があります。

特許権については，契約，勤務規則その他の定めをしておかなければ，従業員が権利をもつことになります。あなたの会社が権利をもつためには，職務発明規程などを定めておくか，発明が行われた事後に特許を受ける権利を従業員から買い受けることで特許を受ける権利を会社がもち，その上で出願，審査を経て，登録を受ける必要があります。

特許を受ける権利を会社がもつに当たっては，従業員に対して相当の金銭その他の経済上の利益を与えなければなりません。

著作権については，契約，勤務規則その他に別段の定めがない限り，会社が著作者になり，著作権（及び著作者人格権）をもつことになります。また著作権を会社がもつに当たって，会社が従業員等に対して経済上の利益を与える必要はありません。

このように従業員等がプログラミングしてあなたの会社の製品ができ上がった場合，特許権と著作権とで権利の扱いが異なってきます。安心して商品展開をするためには権利関係を明確にしておく必要がありますし，従業員等との無用なトラブルを避けるためにも，職務上作成したプログラムについて，特許を受ける権利の帰属や誰が著作者になるのかについては，就業規則や職務発明規程などで，事前に明確にしておくことが望ましいと考えます。

〔伊藤　　真＝平井　佑希〕

Q12◆発明性⑶─ソフトウェア特許／プログラム著作権

■判　例■

☆1　東京地判平26・11・26（平26（ワ）7280号）。
☆2　最判平15・4・11（平13（受）216号）。

第2章◇特許要件
第1節◇発　明　性

  13　発明性(4)——ビジネス方法

(1)　以前，「ビジネスモデル特許」という言葉をよく耳にしていたのですが，最近はあまり聞きません。どういうことなのでしょうか。また，結局，商売上のアイディアや取引の仕組みは特許の対象となるのでしょうか。特許になるということであれば，どのような点がポイントになるのでしょうか。
(2)　米国の特許にはいろいろとバラエティがあるようなのですが，わが国の特許要件と米国の特許要件とは違うものなのでしょうか。簡単でかまいませんので，その辺りの違いを教えてもらえませんでしょうか。

(1)　米国の影響を受けて，日本でも2000年頃にビジネス方法を主題とするビジネスモデル特許が話題になり，多くの出願がなされました。しかし，商売上のアイディアや取引の仕組みそのものは，抽象的概念や人為的取決めであって，わが国の特許法上，自然法則の利用に当たらず「発明」と認められません。特許の対象となるには，全体として技術的手段を提供することが必要です。ビジネス方法が全体としてコンピュータソフトウェアを利用した創作に当たる場合は，ソフトウェア関連発明として発明該当性が吟味されます。
(2)　米国の特許法には「発明」の定義がなく，特許の保護の対象（特許適格性，patent-eligibility）を，新規かつ有用な方法，機械，製造物，組成物，それらの改良の発明又は発見と広く定めています。判例法の国ですので，その範囲はさらに判決で画されることになりますが，過去には，ネコに運動をさせる方法やゴルフのパッティング方法などユニークな特許の成立が認められています。近時は特許適格性を限定する判決が相次ぎ，審査において拒絶理由となることも多いようです。

98

Q13◆発明性(4)―ビジネス方法

☑キーワード

ビジネス方法，発明，自然法則利用性，特許適格性

解　説

1　ビジネスモデル特許の盛衰

　1998年7月にステートストリートバンク事件[1]において，連邦巡回区控訴裁判所が米国特許法にビジネス方法を特許の対象から除外する原則はないとの判断を示したのを契機に，日本でも，ビジネスモデル特許と呼ばれて，あたかも「お金を儲ける仕組み」が特許になるかのごとくメディアに取り上げられ，銀行や証券会社など非製造業界からのものも含めビジネス方法に関係する特許出願の数が激増した時期があります。しかし，特許として成立する割合は著しく低く，またビジネスモデル特許の権利行使と喧伝された事件で権利者が勝てなかったこともあり[2]，2000年をピークにブームは沈静化し，出願数も漸減していきました。

　ビジネス関連発明（ICTを利用してビジネス方法を実現した発明）についての特許庁データによると，2000年の出願は前年度比6倍以上の19000件を超えましたが，その特許査定件数は600件を下回り査定率も10％程度にすぎません。もっとも，その後，ビジネス関連発明の特許査定数はブームと関係なく堅調に増加し，査定率も飛躍的に上昇しています。第四次産業革命を推し進めるIoTやAI等の技術が進展する中，出願件数も2011年以降増加傾向のようです（特許庁ホームページ「ビジネス関連発明の最近の動向について」（平成30年5月16日更新））。

第2章◇特許要件
第1節◇発 明 性

2 ビジネス方法の発明該当性

(1) 自然法則利用性

特許法2条1項には，発明とは，自然法則を利用した技術的思想の創作のうち高度のものをいうと規定されており，特許となるには，新規性，進歩性といった特許要件の判断をする前に，そもそも発明として特許付与の対象になるか，発明該当性が問題となります。

そのためには，自然法則を利用していることが必要とされます。自然法則に反するもの，例えば永久機関などは発明とは認められません。自然法則を利用することが求められますので，自然法則そのものも発明ではありません。

人間の特定の精神活動，意思決定や行動様式等，社会科学上の法則，数学上の公式，人為的な取決め等自体は自然法則から除外されると解されています[3]。

(2) ビジネス方法について

ところで，取引や決済のルール，物流・在庫・会計の管理，ビジネスリスクの回避といったビジネスの方法それ自体は，人間の精神活動，人為的取決めに当たり，自然法則の利用に当たらないと判断されます。

しかし，発明の構成の中に人間の精神活動や人為的取決めが含まれていればそれだけで発明でないとされるわけではなく，課題の解決を目的とした構成全体を考察して，自然法則の利用が主要な手段として示されているどうかを判断しなければなりません[4]。

裁判例では，データベースと通信ネットワークを用いて歯科医師と歯科技工士が治療計画等を策定し最適な材料を使用することを支援するシステムに関する双方向歯科治療ネットワーク事件[5]において，請求項になんらかの技術的手段が提示されていても，請求項に記載された内容を全体として考察した結果，発明の本質が精神活動それ自体に向けられている場合は発明に該当しないが，人の精神活動が含まれる，又は関連する場合であっても，発明の本質が，人の精神活動を支援する，又はこれに置き換わる技術的手段を提供するものである場合は，特許の対象から排除すべきでないとの規範が示されています。

Q13◆発明性(4)—ビジネス方法

したがって，ビジネス方法を主題，特徴とする特許出願においても，特許請求の範囲に記載された課題の解決を目的とする構成や工程を総合的に評価して，全体として自然法則の利用が認められるか，十分な技術的手段を提供するものであるかどうかを検討していくことになります。

(3) ビジネス方法が全体としてコンピュータソフトウェアを利用している場合

なお，現状，ビジネス方法の特許出願の多くは，コンピュータやICT技術を利用していると思われますが，実務上，ビジネス方法を全体としてみた場合にコンピュータソフトウェアを利用するものと判断されるときは，ソフトウェア関連発明としての観点から，ソフトウェアによる情報処理がハードウェア資源（コンピュータ，CPU，メモリ，入力装置，出力装置等）を用いて具体的に実現されているか否か，協働要件の充足の有無が検討されることになります（審査基準第Ⅲ部第1章2.2(2)。ソフトウェアすなわちプログラムにも，数学上の解法手順であるアルゴリズムの利用が自然法則の利用に当たるかという問題がありますが，詳細については**Q11**参照）。

この場合，請求項に係る発明にコンピュータやICT技術が利用されているとはいっても，全体としては，付加的に汎用の技術を利用した人為的取決めそのものであるとの判断がされないように，特許請求の範囲に，技術的な課題の解決に向けた，ソフトウェアとハードウェア資源が協働した具体的な構成や手順を記載して，当該発明の技術的特徴を示しておくことが発明として認められるポイントとなると考えられます。

(4) ま と め

以上のように，ビジネス方法それ自体は，本来の発明に当たるものではなく特許の対象とはならないはずですが，全体として発明の課題を解決する技術的手段を提供するものと判断できる場合（そのほとんどは，ソフトウェア関連発明として協働要件が充足される場合なのでしょうが），自然法則の利用に当たるとして，発明該当性を肯定することがあるのが現在の実務です。

新しい技術の特許による保護の要請から，自然法則利用性という要件の適用が次第に変容してきているのだと思われます。自然法則とは何かという理解についても，将来的には，例えばビッグデータを利用して，心理法則を基礎とした商品販売方法といった創作が出現して，人間の複雑な精神活動の累積で心理法則も自然法則に含めていく可能性も否定できないことが指摘されています

第2章◇特許要件
第1節◇発　明　性

（中山信弘＝小泉直樹編『新・注解特許法〔第2版〕（上巻）』28頁〔平嶋竜太〕）。

　現代における自然法則の利用という要件については再考が求められるものの，当面の間は，自然法則の利用という要件を緩やかに解釈していく必要があるとの考えも示されています（中山信弘『特許法〔第3版〕』104頁）。

　裁判例では，平成29年12月に，「金融商品取引管理システムにおける金融商品取引管理方法，プログラム」というビジネス方法の特許について，文言侵害・均等侵害のいずれも認めなかった第一審の判断を覆して文言侵害を認めた知財高裁判決[6]が出ています。

　また，平成30年10月には，「ステーキの提供システム」というビジネス方法の特許について，特許異議申立てに基づく特許取消決定取消請求事件判決[7]で，発明該当性が肯定されています。当該判決では，ステーキ店において注文を受けて配膳をするまでの実施手順を特定した構成には実質的な技術的手段の提供は認められませんが，「札」にお客様を案内したテーブル番号が記載され，「計量機」がお客様の要望に応じてカットした肉を計量し，計量した肉の量と札に記載されたテーブル番号を記載したシールを出力し，この「シール」をカットした肉を他のお客様のものと区別する印しとして用いるという構成については，「札」，「計量機」，「シール」という特定の物品又は機器を，他のお客様の肉との混同を防止して，「お客様に好みの量のステーキを安価に提供する」という本件の課題を解決するための技術的手段とするものであり，全体として「自然法則を利用した技術的思想の創作」に該当すると判断されています。

　ビジネス方法に関する今後の実務の動向や裁判例が注目されるところです。

3　米国の特許

(1)　米国の特許要件

　米国特許法にも，新規性（novelty），非自明性（non-obviousness）等，日本の特許要件に対応する要件がありますが，発明該当性については，100条の定義規定で，「(a)『発明』とは発明又は発見をいう」，と規定するのみです。

　特許を受けることができる発明として，101条で「新規かつ有用な方法，機

械，製造物若しくは組成物又はそれについての新規かつ有用な改良を発明又は発見した者は，本法の定める条件及び要件にしたがって，それについての特許を取得することができる」と特許の保護の対象（特許適格性，patent-eligibility）のカテゴリーと有用性が必要なこと（utility）が規定されていますが，発明と非発明を分ける，日本の「自然法則を利用した技術的思想の創作のうち高度のもの」といった要件は示されていませんし，有用性についても，特許法29条1項柱書のような産業上の利用可能性が求められているわけではありません。

(2) 米国の特許のバラエティ

つまり，米国では，日本と違って，何が発明か，特許の対象となる範囲の外縁が定められていません。さらに，裁判所も，1980年のChakrabarty最高裁判決[8]では，元来，議会は，人によって作られた太陽の下にあるものはすべて（anything under the sun that is made by man）特許対象に含まれることを意図していたのであり，例外となるのは，自然法則，物理現象，及び抽象的アイディアであると，特許の対象を広く捉えていました。1998年に，ビジネス方法といえども例外に当たらないと判断されたことは上述したとおりです。

そのため，米国の登録特許の中には，「ネコに運動をさせる方法」（米国特許第5,443,036号）や「ゴルフのパッティング方法」（同第5,616,089号，利き腕を他方の腕により一定の方法で押さえるパターの握り方），「パンの周縁をシールしたサンドイッチ」（同第6,004,596号）といったユニークなものが見受けられます。7歳の男の子による「ブランコの揺らし方」（同第6,368,227号，ブランコを横に揺らす，翌年取消し）が特許になってしまったことや，IBMが「トイレの使用を予約するシステム」（同第6,329,919号）という特許を放棄したことが話題になったこともありました。

(3) 米国のビジネス方法特許

もっとも，2012年以降，治療関連方法，遺伝子特許に対して，従来よりも特許適格性を厳しく判断する最高裁判決が続きました。2014年6月に，最高裁判所は，金融取引の決済リスクを回避するためのコンピュータ化された取引プラットフォームについてのクレームの特許適格性の判断に当たって，先の2つの判決を引用して，①クレームが自然法則，自然現象，抽象的アイディアという例外のいずれかに向けられているかを判断する，②例外に当たる場合には，

第2章◇特許要件
第1節◇発 明 性

クレームの各要素を，個別に，また順序付けられた組み合わせとして考察し，クレームの性質を特許適格性のある応用に変換しているかを検討するという二段階のテストを採用しました。そして，当該クレームについて，仲介決済という抽象的アイディアに向けられたものであって（①），汎用コンピュータを用いるのみで，抽象的アイディアを特許適格性のある発明に変換できていない（②）として，特許適格性を否定しました☆9。

　米国特許商標庁は，現在，特許適格性の有無の判断基準として，これらの最高裁判決に従ったAlice/Mayoテストを採用しており，訴訟や出願手続において特許適格性を否定されるケースが増えているようです。また，金融業界からの要望により，金融系ビジネス方法特許については，2012年から8年間の時限立法として，特許発行後9ヵ月という時期的制限を設けない付与後レビュー制度（第三者が特許適格性違反も争うことができる）が設けられているとのことです。

　そうはいっても，2016年からはソフトウェア関連発明の特許適格性を認める判決が散見されるようになってきたとも報告されていますが，米国においては，かつてより，特許の対象の範囲が慎重に検討されている状況といえそうです。

〔辻　　淳子〕

■判　例■

☆1　State Street Bank & Trust Co. v. Signature Financial Group, Inc. 149 F.3d 1368（Fed.Cir.1998）。

☆2　東京地決平12・12・12判時1734号110頁〔インターネットの時限利用課金システム事件〕。

☆3　知財高判平24・12・5判時2181号127頁〔省エネ行動シート事件〕等。

☆4　知財高判平20・8・26判時2041号124頁〔対訳辞書事件〕。

☆5　知財高判平20・6・24判時2026号123頁。発明の目的等に照らし，精神活動それ自体に向けられたものとはいい難く，全体としてみると，「データベースを備えるネットワークサーバ」，「通信ネットワーク」等を備え，コンピュータに基づいて機能する歯科治療を支援するための技術的手段を提供するものと理解できるとして発明該当性を肯定。

☆6　知財高判平29・12・21裁判所ホームページ。

☆7　知財高判平30・10・17裁判所ホームページ。

☆8　Diamond v. Chakrabarty, 447 U.S. 303（1980）。生物であるバクテリア（人工的

にプラスドが付加されたもの）の特許適格性を認めました。

☆9　Alice Corp. v. CLS Bank International, 573 U.S. 208（2014）。

第 2 章◇特許要件
第 1 節◇発 明 性

14　発明性(5)──生物特許

　動物や植物も特許になるのでしょうか。再生医療に使われる生きた心筋細胞シートのようなものも含まれるのでしょうか。
　動物や植物に関する特許出願について，機械等の分野の発明と異なる留意点等はあるのでしょうか。

　　動物自体又は植物自体の発明やその部分の発明も，通常の特許要件を満たす限り特許になります。再生医療に使われる生きた心筋細胞シートのようなものも，通常の特許要件を満たす限り特許になります。
　特許法における「発明」とは，「自然法則を利用した技術的思想の創作のうち高度のもの」のことをいいます。天然にある生物を単に発見したものは，単なる発見であって創作ではありませんので，特許法でいう「発明」には該当しません。また，「発明」が「自然法則を利用した」ものであるためには，当業者がそれを反復実施することにより同一の結果を得られることが必要です。他にも，特許要件及び記載要件，さらに権利行使に関しても注意すべき点があります。

　　☑キーワード
　　発明該当性，反復可能性，実施可能要件，サポート要件

106

Q14◆発明性(5)―生物特許

> **解　説**

1　動物又は植物に関連する発明の概要

　特許になる「発明」としては，医薬品，車，ロボット，ハイテク機器等の無生物を思い浮かべる方が多いかと思いますが，動植物や微生物（**Q15**を参照）のような生き物に関する発明も多数特許になっています。後述しますように，未開の地で新種の生き物を発見したというだけでは「発明」にはならず，特許にはなりませんが，交配技術や遺伝子組換え技術等を使用して作出した生き物に関する発明は，その特許出願が通常の特許要件及び記載要件を満たす限り，特許になり得るのです。

　例えば，特許庁ホームページで公開されている『特許・実用新案審査ハンドブック』には，動物自体，その部分，及び受精卵，並びに，植物自体，その部分，及び種子等の動物又は植物に関連する発明の審査基準が示されています。動物の「部分」に関する発明も特許になり得ますので，再生医療に使われる生きた心筋細胞シートのようなものも特許になり得ます。同審査ハンドブックには，次のような特許請求の範囲の記載例が掲載されています。

　「乳タンパク質であるカゼインをコードする遺伝子の遺伝子制御領域に任意のタンパク質をコードする構造遺伝子を結合させた組換えDNAを有し，当該任意のタンパク質を乳中に分泌することを特徴とする非ヒト哺乳動物。」

　「2倍体のスイカを倍数化処理して得られる4倍体のスイカと2倍体のスイカを交配することにより得られる体細胞染色体数が33であるスイカ。」

　「A遺伝子の機能を欠損させたノックアウトマウス。」

　バイオ技術の目覚ましい発展により，一昔前までは不可能と思われていたことでも次々と実現されてきています。技術が進歩するにつれて，「発明」のバリエーションも広がっていくと考えられます。

107

第2章◇特許要件
第1節◇発　明　性

2　特許要件及び記載要件についての留意点

　動物又は植物に関連する発明の特許出願であるからといって，特許法上特別な取決めがあるわけではなく，他の分野と同じように，特許要件及び記載要件が審査されます。すなわち，請求項に記載の発明が，特許法上の「発明」に該当すること（発明該当性），「産業上利用できる発明」であること（産業上の利用可能性），新規性・進歩性を有していること，公の秩序，善良の風俗又は公衆の衛生を害するもの（不特許事由）でないこと，明確であること（明確性要件），及び，明細書の発明の詳細な説明に記載されたものであること（サポート要件），そして，明細書の発明の詳細な説明が，当業者が発明を実施することができる程度に明確かつ十分に記載されていること（実施可能要件）等が求められます。動物又は植物に関連する発明の場合には，特に以下のような点に留意する必要があります。

（1）　発明該当性及び産業上の利用可能性（特29条1項柱書）

　特許法においては，「産業上利用することができる発明」（特29条1項柱書）をした者は，その発明が各種特許要件を満たせば，特許を受けることができる旨が規定されています。そして，「発明」とは，「自然法則を利用した技術的思想の創作のうち高度のものをいう」（特2条1項）と定義されています。そうすると，例えば，天然にある生物を単に発見しただけである場合には，これは単なる発見であって創作ではありませんので，特許法でいう「発明」には該当しません。さらに，「発明」が「自然法則を利用した」ものであるためには，当業者がそれを反復実施することにより同一の結果を得られること（反復可能性）が必要です。すなわち，偶然取得できたような動物又は植物の発明は，「自然法則を利用した」ものとはみなされない可能性があります。この反復可能性は，科学的に再現することが可能であれば足り，その確率が高いことまでは要求されないとされています☆1。

　また，発明の対象である動物又は植物の有用性が明細書等に記載されておらず，かつ類推もできない場合には，そのような発明は業として利用できない発明であると判断され，「産業上利用することができる発明」に該当しないとさ

れてしまう可能性がある点にも注意が必要です。

(2) 新規性・進歩性

　当然のことですが，新規性及び進歩性を有さない発明は特許を受けることができません。例えば，新規な方法で心筋細胞シートやそれを作製する幹細胞を作製することに成功した場合，これらの心筋細胞シートや幹細胞を物の発明として保護するためには，公知の心筋細胞シートや幹細胞との「物」としての違いが明確になるように，その構造上の違いを請求項中に記載する必要があります。分化マーカーの新規な組合せや遺伝子の特性等によって区別できればいいのですが，新規に作製した心筋細胞シートや幹細胞の利用可能性及び安全性等を考慮すると，公知の心筋細胞シートや幹細胞と同一のものを作製できたほうが科学的には価値があるということも多いかと思われます。このような場合には，たとえ心筋細胞シートや幹細胞の作製方法がどんなに画期的で優れていたとしても，当該方法によって作製された心筋細胞シート自体や幹細胞自体の発明は，残念ながら新規性及び進歩性を有さず特許を受けることができないことになります。

　心筋細胞シートや幹細胞の発明を，特許性を有する作製方法によって特定しようとしても，物の発明の新規性の審査においてはそのような特定は考慮されず，最終的に得られる「物」自体を意味しているとしか解釈されませんので，公知の「物」と区別できるようにはなりません。加えて，このような方法で特定された発明は，いわゆるプロダクト・バイ・プロセス・クレーム（Q73参照）に該当し，明確性要件違反と判断される可能性もあります。もちろん，心筋細胞シートや幹細胞の作製方法の発明は特許され得るものですが，方法の発明や物を生産する方法の発明は，物の発明よりも侵害の立証が難しく，権利を行使しにくいと考えられますので，なるべく「物」としての違いを請求項中に表現して，物の発明として特許を受けたいところです。

(3) 不特許事由

　特許法においては，公の秩序，善良の風俗又は公衆の衛生（公序良俗等）を害するおそれがある発明は，特許を受けることができない旨が規定されています（特32条）。機械等の分野の発明では，この規定に基づく拒絶理由が通知されることはほとんどないかと思われますが，動物又は植物に関する発明の分野で

第2章◇特許要件
第1節◇発明性

は，特許請求の範囲の記載の仕方によって，公序良俗等を害するおそれがある発明に該当すると判断されてしまう場合もあります。とはいえ，公序良俗等を害するといえるか否かは，道徳観や倫理観に関わるものであり，時代によって，また人によって判断が大きく異なり得るものです。このような規範的な価値観のみに基づいて，不利益処分が課されることを抑制するために，『特許・実用新案審査基準』では，請求項に係る発明が公序良俗等を害するものであることが明らかな場合に"限り"，不特許事由に該当するものと判断する旨が記載されており，その例としては，「遺伝子操作により得られたヒト自体」の発明等が挙げられています（同第Ⅲ部第5章2(2)a）。このような例示にそのままあてはまる発明を特許請求の範囲に記載することはないかとは思いますが，「遺伝子操作により得られた動物自体」の発明の「動物」に「ヒト」が含まれると判断される場合には，当該発明は不特許事由に該当してしまいます。そのような場合には，発明の対象を「非ヒト動物」としたり，請求項中に「ただし，ヒトを除く」と記載したりすることによって「動物」に「ヒト」が含まれないことが明らかになれば，不特許事由に関する拒絶理由は解消されます。

　なお，知的所有権の貿易関連の側面に関する協定（TRIPS協定）に従い，単にわが国の法令によって実施が禁止されていることを理由としては，請求項に係る発明が不特許事由に該当するものとは判断されません（TRIPS協定27条(2)ただし書）。

(4)　実施可能要件及びサポート要件

　発明の詳細な説明は，請求項に係る発明について，当業者が実施できる程度に明確かつ十分に記載されていなければなりません（実施可能要件，特36条4項1号）。動物又は植物のような物の発明について実施することができるとは，その物を作れ，かつ，その物を使用することができることをいいます。また，請求項に係る発明は，発明の詳細な説明において発明の課題が解決できることを当業者が認識できるように記載された範囲内のものでなければなりません（サポート要件，特36条6項1号）。

　動物又は植物に関する発明について作れることを示すためには，それらの製造方法として，親動物又は親植物の種類，目的とする動物又は植物を客観的指標に基づいて選抜する方法等からなる作出過程を順を追って記載することがで

きます。また，形質転換体としての動物又は植物に関する発明について作れることを示すためには，導入される遺伝子又はベクター，それが導入される生物，遺伝子又はベクターの導入方法，形質転換体の選択採取方法，及び形質転換体の確認手段等の製造方法を記載することができます。慣用の方法で作れるのであれば，「作れること」が問題となることは少ないと考えられます。なお，交配技術や遺伝子組換え技術を使用して作出した集団の中からスクリーニングした特定のクローンが発明の対象となる場合，そのようなクローンを再現よく取得できるように明細書を作成することはできないかとは思いますが，そのようなときには，当該特定のクローンを生み出すことのできる細胞や種子等を寄託する（**Q15**参照）ことで，実施可能要件を満たすことができるとされています。

　一方，いかに科学技術が発達してきたとはいっても，生体反応を完全に予測することは依然として不可能であり，時として生物は人智を超えた応答を示すこともあります。動物又は植物に関する発明の分野では，たとえ親動物又は親植物の種類や，導入する遺伝子又はベクターの種類等を特定しても，発明の対象である動物若しくは植物又はそれらの部分がどのように使用できるか，すなわちそれらが所望の効果を発揮するものであるかどうかは，当業者であっても直ちには理解できないことがよくあります。そのため，一般には，機械等の分野の発明と比較して多くの実施例が必要とされます。例えば，生きた心筋細胞シートの発明の場合には，その作製方法を一般的に記載しただけでは，実際に使用可能な心筋細胞シートが作製できるかどうか理解することができませんので，実施例として，具体的な作製方法及びバイオマーカー等による確認の結果の記載，そして，作製した細胞シートが細胞シートとして使用できることを示すための試験方法及びその結果の記載が必要になります。

　それでは，出願時に不足していた実施例は，実施可能要件違反の拒絶理由が通知された後に追加の実験を行い，意見書又は実験成績証明書等において補うことにすれば，拒絶査定を免れることができるでしょうか。確かに，出願人は，出願時の技術常識等を考慮すれば，当業者が請求項に係る発明の物を作れ，かつ，その物を使用することができる程度に，発明の詳細な説明が明確かつ十分に記載されているといえることを意見書において主張した上で，そのよ

111

第2章◇特許要件
第1節◇発　明　性

うな主張を裏付ける追加の実験結果を提出し，実施可能要件違反の拒絶理由を解消することができます。しかしながら，発明の詳細な説明の記載が不足しており，出願時の技術常識等を考慮しても，請求項に係る発明の物を作れない又はその物を使用することができないと判断された場合には，たとえ追加の実験結果を提出して請求項に係る発明を実施することができることを示したとしても，実施可能要件違反の拒絶理由を解消することはできません。

　同様に，動物又は植物に関する発明がどのような効果を奏するかは，いかに当業者であっても，その動物又は植物の構成のみからは直ちには理解できないことが多いので，その発明が解決しようとする課題が実際に解決できることを当業者が認識できるように発明の詳細な説明を記載するためには，一般には，機械等の分野の発明と比較して多くの実施例が必要とされます。そして，発明の詳細な説明の記載が不足しているために，請求項に係る発明が，発明の詳細な説明において発明の課題が解決できることを当業者が認識できるように記載された範囲内のものとはいえない場合には，出願後に追加の実験結果を提出しても，サポート要件違反の拒絶理由を解消することはできません。

　したがって，動物又は植物に関する発明の出願をする際には，実施可能要件及びサポート要件を満足するのに十分な内容の実施例を，出願当初から明細書に記載しておくことが重要です。

3　その他の留意点

　生きている細胞を含む動物若しくは植物自体又はその部分に関する特許を取得することができたとしても，それに基づいて権利行使する場合には注意が必要です。例えば，細胞は生きており，その状態は常に変化し得ますので，上記細胞又はそれから構成された細胞シート等の構造物を含む製品の販売時や使用時には，当該製品の製造時から細胞の分化状態が変化している可能性があります。そうすると，特定の分化状態を分化マーカーの発現パターン等によって請求項中で規定して特許査定を受けていたとしても，それが製造時，販売時，使用時のどの時点での分化状態を表したものであるのか明確にしておかないと，せっかく取得した特許を有効に活用することができません。

したがって，動物又は植物に関する発明においては，発明の特徴を適切に請求項中に表現するのはもちろんのこと，権利を行使しやすい形式で発明を特定することができているかどうかも，十分に確認することが必要です。

〔小松　邦光〕

■判　例■

☆1　最判平12・2・29民集54巻2号709頁。

第2章◇特許要件
第1節◇発　明　性

 15　発明性(6) ── 微生物特許

(1)　微生物も特許になるでしょうか。
(2)　特許出願に際して微生物を寄託する必要があると耳にしたのですが，寄託制度とはどのような制度なのでしょうか。最初に寄託した微生物が特許権の存続期間満了まで生きている保証はないと思うのですが，どうなっているのでしょうか。

(1)　微生物そのものも特許になります。
　　わが国では特許の保護対象を特許法29条1項柱書で「産業上利用できる発明」と広く定義しています。微生物も有用性が認められ，業として利用できるものがある点で，化学物質などと相違しませんので，「産業上利用できる発明」であれば特許の保護対象に含まれます。
(2)　特許出願における微生物の寄託制度は，微生物に係る発明（微生物自体，又は微生物を利用した発明）について特許出願する際に，容易に入手できる場合を除き，当該微生物を寄託機関に寄託し，一定の条件下で分譲を可能とすることで，当該発明に係る微生物の存在を担保するとともに，第三者にその発明の実施を可能とする制度です。寄託された微生物は，寄託期間中，経年生存試験によって生存が確認されています。試験の結果，生存していないことが明らかになった場合には，寄託者に（生存しないことによる）分譲不能通知が届きますので，それを受け取った寄託者は速やかにもとの寄託に係る微生物と同一の微生物を寄託しなければなりません。

Q15◆発明性(6) ── 微生物特許

☑キーワード

微生物，微生物の寄託制度，受託証，受託番号

解　説

1　は じ め に

　微生物などの生命体は自然の創造物です。しかし，天然に数多く存在する微生物の中から人為的に単離して有用性を見出した場合は，化学物質と同様に創作性ある発明として認められてもよい場合があります。このため，1979（昭54）年に特許庁から「微生物の発明に関する運用基準」が発表されて以来，わが国では微生物自体も特許可能であるとして運用されています。現在，その運用基準は，2015（平27）年に改訂された審査ハンドブックの附属書B第2章「生物関連発明」において規定されています。当該審査ハンドブックにおいて，対象とする微生物には，「真菌，細菌，単細胞藻類，ウイルス，原生動物等に加え，動物又は植物の細胞（幹細胞，脱分化細胞，分化細胞を含む。），及び組織培養物が含まれる。遺伝子工学によって得られた融合細胞（ハイブリドーマを含む。），脱分化細胞，及び形質転換体（微生物）も含まれる。」と規定されています。

　しかし，次の微生物は，産業上利用できる発明ではないという理由で特許されません。

① 天然にある微生物を単に発見した場合における，当該微生物。

② 有用性が不明である微生物。有用性は明細書に記載されて初めて認識されますので，明細書に微生物の有用性が記載されておらず，また類推できない場合は，特許が否定されます。

　なお，遺伝子工学的手法により人工的に作製された微生物が特許の保護対象になることについては疑問がないと思いますので，ここでは遺伝子工学以外の手法によって得られた微生物を対象として説明します。

115

第2章◇特許要件
第1節◇発　明　性

2　「天然物」と発明の関係

　天然物は特許の保護対象から除外されます。したがって，土壌中や生物の体内に有用な微生物が存在することを発見しただけでは「天然物」と区別できず，特許にはなりません。しかし，土壌等から人為的手段によって単離・精製されたり，培養された微生物は，もはや天然物ではなく，創作された発明と解釈されます。

　ちなみに，クレームに記載した微生物が天然物であるか否かが不明であり，それが問題になる場合であっても，例えば，「単離された○○○」，「精製された○○○」のように表現することで，容易に天然物と区別することができます。一方，米国でも，従前はわが国と同様に，「単離（isolated）」，「精製（purified）」等の用語を使用することで天然物との差別化が図られていましたが，2013年のMiriad事件で，この従前の運用を否定する米連邦最高裁判所の判決が出されました。それ以来，米国では天然に存在する微生物は，それを発見する以前から存在していた自然の産物であるとの理由で，「単離」等の用語で規定しても保護適格性（101条）を満たさないとして特許になりません。その詳細は，改訂MPEPのSections 2106等に適格性の指針が記載されていますので，参照してください。

3　微生物自体の発明

（1）　クレームの記載
　新規な微生物であって，微生物自体をクレームする場合，微生物の表示は，原則として微生物の命名法による学名に従う必要があります。微生物の特定には，一般的に以下の方法が挙げられます。
（a）　微生物を特徴付ける菌学的性質と，属（種）名又は属（種）名を付した菌株名で特定する。
　　㊙　胞子形成能を有しないバチルス・ズブチルス（Bacillus subtilis）。
　　　　胞子形成能を有しないバチルス・ズブチルス（Bacillus subtilis）No.123。

116

（b）　微生物の菌株が寄託されている場合は，属（種）名又は属（種）名を付した菌株名に加えて受託番号を記載することにより特定する。

（例）　受託番号がFERM P－○○○○である，マウス由来腫瘍細胞株。

（c）　微生物の菌学的性質だけでは特定が不十分な場合は，当該微生物が有する特徴となる遺伝子，当該微生物が有する特性や作出方法等の組み合わせを記載することにより特定する。

（例）　ダイオキシン分解能を有するバチルス・ズブチルス（Bacillus subtilis）。

（例）　ヒト骨髄に由来する単離した間葉系幹細胞であって，細胞表面抗原A，B，C，D，Eを発現し，細胞表面抗原X，Y，Zを発現していないことを特徴とする間葉系幹細胞。

（2）　明細書の記載

微生物について特許が認められるためには，発明の詳細な説明において，「物の発明」として，明確に説明されているとともに，その物が作れ，かつ，その物を使用できるように記載されていなければなりません（特36条4項1号：実施可能要件）。

（a）　**細菌や真菌等**（「細菌等」と略称）**の発明**

（ア）　細菌等の特定のしかた　　対象とする細菌等が新菌種であるか，又は新菌株であるかにより，それぞれ次のように記載することができます。

（i）　新菌種である場合　　細菌等の命名法による属名で表示するとともに，その分類学的性質を詳細に記載し，それを新菌種と判定した理由を明確に説明します。すなわち，在来の類似種との異同を明記し，その判定の根拠になった関連文献名等を記載します。なお，新菌種の命名法は該当する国際命名規約に従うことが望ましいとされています。また，細菌等の分類学的性質は，Bergey Manual of Determinative Bacteriology等を参照して記載することができます。

（ii）　新菌株である場合　　細菌等の命名法による属（種）名で表示するとともに，その菌株の特徴及び同種内の公知の菌株との菌学的性質の相違点を明確に記載します。

（イ）　細菌等の作製方法　　細菌等に関する発明について作れることを示すために，スクリーニング手段や突然変異作出手段等の作製方法を記載します。対

第2章◇特許要件
第1節◇発 明 性

象とする細菌等の作製方法が当業者が作れるように記載できない場合は，「その物が作れる」との実施可能要件を満たすために，特許法施行規則27条の2の規定に従って，当該細菌等を所定の寄託機関に寄託し，明細書に受託番号を記載するとともに，寄託を証する受託証の写しを願書に添付する必要があります。微生物の寄託制度の詳細は後述します。

(b) 動植物の細胞の発明

(ｱ) 細胞の特定のしかた　　細胞の由来となる生物名を，原則として動物又は植物の命名法による学名又は標準和名を用いて記載します。そして，当該動植物の細胞が有する特徴的な遺伝子や膜タンパク質，当該動植物の細胞が有する特性等を組み合わせて記載します。

(ｲ) 細胞の作製方法　　細胞に関する発明について作れることを示すためには，前記細菌等と同様に，スクリーニング手段や突然変異作出手段等の作製方法を記載します。また，対象とする細胞の作製方法が当業者が作れるように記載できない場合は，前記と同様に当該細胞を所定の寄託機関に寄託する必要があります。

4 微生物の寄託制度

(1) 寄託制度の趣旨

寄託制度は，微生物を出願書類（明細書，図面）に再現できるように記載することが困難であること，また第三者が出願に係る微生物と同じ微生物を入手することは極めて困難であるといった事情に鑑みて，特許出願人が出願に係る微生物をあらかじめ承認された寄託機関に寄託し，一定条件の下で第三者はその機関から当該微生物を入手することを可能にすることで，発明の完成と技術の公開による実施可能要件を担保させた制度です。

寄託制度のもと，微生物に係る発明について特許出願をしようとする者は，当業者がその微生物を容易に入手することができる場合を除き，その微生物を所定の寄託機関に寄託し，かつ，その微生物に付された受託番号を出願当初の明細書に明示するとともに，その事実を証明する書面（受託証の写し）を当該出願の願書に添付することが義務付けられています（特施規27条の2第1項）。

Q15◆発明性(6) — 微生物特許

(2) 寄託機関

わが国における特許微生物寄託機関は，独立行政法人製品評価技術基盤機構（NITE）が運営する特許微生物寄託センター（NPMD），及び特許生物寄託センター（IPOD）です。この機関は，特許庁長官が指定する国内寄託機関であると同時にブダペスト条約の国際寄託当局であり，微生物の国内及び国際寄託業務を行っています。なお，センターによって取り扱われる微生物の種類が異なりますので注意してください。

(a) **特許微生物寄託センター（NPMD）**

細菌・放線菌・古細菌・酵母・糸状菌・バクテリオファージ・プラスミド・動物細胞・受精卵又は，"NITE"で始まる受託番号の微生物。

(b) **特許生物寄託センター（IPOD）**

植物細胞・藻類・原生動物・種子又は，"FERM"で始まる受託番号の微生物。

(3) 寄託手続

NITEのホームページ（https://www.nite.go.jp/nbrc/patent/index.html）で寄託に必要な手続や手数料の詳細をみることができます。また，各種申請書類の様式等を入手することができますので，必要に応じて参照してください。

ここでは，寄託手続の流れを**図表1**を参照しながら簡単に説明します。まず，寄託申請（微生物及び申請書類の送付）を行い，寄託機関に受理されると，数日で受領番号を記載した受領書が発行されます。その後，寄託機関で生存試験が行われ，生存が確認された場合に，受託番号が記載された受託証と生存に関する証明書が発行されます。特許出願を急ぐ場合は，明細書に受託番号に代えて受領番号を記載して出願することも可能ですが，この場合，受託証が発行された後にその写しを提出する必要があります。また，この場合，生存試験によって生存が確認できなかった場合は，微生物の寄託及び出願手続を最初からやり直す必要があります。したがって，生存試験期間（細菌等で3〜7日，動植物の細胞で14〜28日程度）を見越して早めに寄託申請を行い，受託証の発行後に特許出願することをお勧めします。

(4) 寄託期間

わが国では，少なくともその微生物に係る発明の特許権が存続する期間は，寄託した微生物が分譲可能な状態にあるように寄託が維持されていなければな

119

第2章◇特許要件
第1節◇発　明　性

図表1　特許出願と寄託手続の流れ

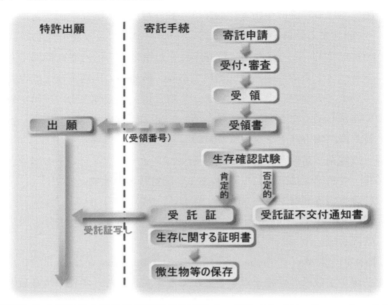

（資料出所）独立行政法人製品評価技術基盤機構ウェブサイト（https://www.nite.go.jp/nbrc/patent/deposit/index.html）

りません。細菌・真菌・植物細胞・藻類・原生動物や種子は，寄託時及び分譲時に加えて，保存から1，3，5，10，15，20年目に，また動物細胞（ハイブリドーマを含みます）や受精卵では，寄託時及び分譲時に加えて1～2回の経年生存試験が行われ，分譲可能な状態が維持されています。死滅等の事情で分譲ができなくなった場合，寄託機関から分譲不能通知が送付されますので，それを受け取った寄託者は速やかにもとの寄託に係る微生物と同一の微生物を再寄託しなければなりません[*1]。また，出願人又は特許権者は，遅滞なくその旨を特許庁長官に届け出なければなりません。なお，再寄託すると，最初に寄託機関に当該微生物を寄託した日である原寄託の日に行ったものとして取り扱われます。

（5）寄託のデメリット

寄託機関に寄託された微生物は，特許権の設定登録と同時に分譲可能な状態

になります（特施規27条の３第１項１号）。また，設定登録前でも所定の事情に該当する場合は，分譲される場合があります（特施規27条の３第１項２号及び３号）。特許権者及び特許出願人はこの分譲を拒否することはできません。一方，分譲を受けた者は，その使用が試験又は研究のための実施に限られ，また第三者への使用は禁止されています。しかし，罰則は規定されていませんので，第三者の目的外利用により不利益を被る可能性も否定できません。このため，特許出願に際して，必要性とデメリットを比較考量して，最小限の寄託に抑えることも必要と思われます。なお，明細書に微生物に関する研究論文が引用されており，その著者が微生物の分譲が可能であることを保証している場合に，その微生物は当業者が入手可能であるから，寄託や証明書の添付は不要であると判断された裁判例[1]も存在しています。しかし，個別の事情に基づいて判断されますので，必ずしも認められるとは限りません。したがって，安全を見越して，出願前に寄託しておかれることをお勧めします。

〔中野　睦子〕

■判　例■

　☆１　東京高判平７・11・28（平６（行ケ）289号）知財集27巻４号837頁。

■注　記■

　＊１　再寄託時，寄託者は再寄託する微生物が原微生物と同一である旨の署名した陳述書を提出することが義務付けられています（特許手続上の微生物の寄託の国際的承認に関するブダペスト条約４条(1)(c)）。

第2章◇特許要件
第1節◇発　明　性

16　発明性(7) ── 発明と発見

(1) 新規化合物や新種の動植物を発見したり，作った場合，その用途が不明でも特許をとれますか。
(2) 人間のある核酸*1の配列について，病気との関係が判明したが具体的な治療方法は不明という場合に，具体的配列を特定した核酸に特許が与えられるでしょうか。

(1) わが国では，「発明」を単なる「発見」と区別し，単なる天然物の発見は発明に該当しないとし，単離などの人為的操作がされた場合に「発明」とする扱いとしています（審査基準第Ⅲ部第1章2.1.2）。さらに物質発明の場合，新規化合物や新種の動植物を製造できたというだけでは足りず，発明の成立のためには「有用性」が必要とされます（除草剤性イソチアゾール事件☆1）。物質発明の成立に必要な有用性は，用途発明で必要とされるような用途についての厳密な有用さが証明されることまでは必要とされません。
(2) 人間の核酸（ヌクレオチド）配列を解析して配列だけを示しても，それ自体は単なる情報の提示にすぎないため発明に該当しません。特定配列の核酸が，疾患や生理活性などの技術的に意味のある機能に関係する場合，「有用性」を有する可能性が高いと考えられるでしょう。疾患に関連する核酸（DNA，mRNA，miRNAなど）を発見した場合，疾患の治療方法が不明であっても，当該核酸を標的とするバイオマーカーやアンチセンスなどの利用が考えられるからです。核酸の具体的配列と特定の機能の関係を示すデータ（実施例）をもとに，当該関係を利用する用途など，産業上利用できる発明に該当するように，請求項の記載を工夫してください。

122

Q16◆発明性(7)—発明と発見

☑キーワード

自然法則利用，技術的思想の創作，有用性

解 説

1 発明の成立要件

「発明」とは，「自然法則を利用した技術的思想の創作のうち高度のもの」（特2条1項）をいいます。つまり，「発明」たるには，「自然法則利用」，「技術的思想の創作」，「高度」を充足する必要があります。

ただし，「高度」は，実用新案法における「考案」との対比で，「発明」の定義に存する文言にすぎないため，審査において「発明」に該当するか否かの判断に考慮されておらず（審査基準第Ⅲ部第1章2「発明該当性の要件についての判断」），学説上においても重要視されていません。

一方，物質発明の場合，成立要件として，さらに「有用性」が必要であるといわれています（前掲除草剤性イソチアゾール事件）。

(1) 自然法則利用

「自然法則利用」が必要であることから，自然法則に反するもの（例えば永久機関），自然法則を利用していないもの（人為的な取決めなど）は発明に該当しません。また，自然法則を見出してもそれ自体は「発明」には該当しません。

それでは自然法則を利用しながらも一部に自然法則を利用していない原理，法則，取決め等を含むものは発明に該当するのでしょうか。この点について，「切り取り線付き薬袋事件」☆2では，全体としてみて自然法則を利用しているといえるものであるかによって決するのが相当であると判示しています。この事件では，発明の効果（薬袋からの患者情報部の容易切除による個人情報保護）が印刷機器等の特定の物理的操作がされる工程によって実現しているということができ，これは自然法則を利用することによってもたらされるものであるから，全体としてみると自然法則を利用していると結論付けました。また，「双方向歯

123

第2章◇特許要件
第1節◇発 明 性

科治療ネットワーク事件」☆3では，請求項に係る発明の「歯科修復を判定する手段」及び「初期治療計画を策定する手段」にはヒトの行為により実現される要素が含まれ，発明の実施には，評価，判断等の精神活動も必要となるものと考えられるものの，発明の目的等から，全体としてみると，歯科治療を支援するための技術的手段を提供するものと理解することができるので，「自然法則を利用した技術的思想の創作」であると判断しました。

(2) 技術的思想の創作

すでに自然界に存在していたものの単なる発見は，「技術的思想の創作」であるとはいえませんが，創作といい得る要素が含まれていれば，単なる自然法則の発見を超えて発明として保護すべきものといえます。

「錦鯉飼育法事件」☆4では，特定の色素が色揚げ効果を有すること自体は自然法則にほかならないとした上で，錦鯉及び金魚に限定して餌に添加して与えるという点で創作的要素を認めました。

審査基準は，発明者が目的を意識して創作していない天然物（例：鉱石），自然現象等の単なる発見は「発明」に該当しないが，天然物から人為的に単離した化学物質，微生物等は創作されたものであり，「発明」に該当する扱いとしています（同第Ⅲ部第1章2.1.2）。つまり天然物については，目的をもって単離する操作に創作性を認めています。

一方，新規物質であっても，構造特定のための解析データのみの提示で，提示手段や提示方法に技術的特徴を有しない場合，例えば新たに作成されたタンパク質Pの結晶をX線解析を行って得られた原子座標のデータ配列，当該原子座標によって生成されたタンパク質Pのコンピュータモデル，データを記録した記録媒体（いずれも審査ハンドブック附属書B第2章「生物関連発明」事例33)，ファーマコア（同事例34）は，創作性なしとして，「発明」に該当しない扱いとしています。

この点，特定化合物同定のためのインシリコスクリーニング方法（同事例31）のように，発明特定事項である情報処理が，対象とする特定化合物の物理的性質に基づく場合には，創作性を有するとして，発明に該当する扱いとしています。

Q16◆発明性(7) ― 発明と発見

(3) 有 用 性

上記除草剤性イソチアゾール事件で,「いわゆる化学物質発明は,新規で有用,すなわち産業上利用できる化学物質を提供することにその本質が存するから,その成立性が肯定されるためには,化学物質そのものが確認され,製造できるだけでは足りず,その有用性が明細書に開示されていることを必要とするというべきである」と判示しているように,物質発明の成立には,「有用性」が求められます。

物質発明成立のための「有用性」は,用途発明で必要とされるような用途についての厳密な有用さが証明されることまでは必要としません。とはいえ,一般に化学物質発明の有用性をその化学構造だけから予測することは困難であり,試験してみなければ判明しないことは当業者に広く認識されていることから,実際に試験することによりその有用性を証明するか,その試験結果から当業者がその有用性を認識できることが必要となります。

2 特許法上の取扱い

(1) 発明に該当しない場合

発明成立要件である「自然法則利用性」「技術的思想の創作」を充足しない場合,特許法29条1項柱書の要件を充足しないとして拒絶理由となります。

物質発明の成立要件である「有用性」は,前掲除草剤性イソチアゾール事件で,「その有用性が明細書に開示されていることを要し,化学物質発明の成立のために必要な有用性が認められるためには実際に試験することによりその有用性を証明するか,その試験結果から当業者にその有用性を認識できることを要する」と判示しているように,通常,明細書で実施例により示すことになります。

したがって,「有用性」は明細書の記載に基づいて判断することになるので,特許庁の実務では,「実施可能要件」又は「サポート要件」(特36条4項1号・6項1号)の一環として審査されます。ただし,有用性について明細書等にまったく記載されておらず,類推もできない場合には,「産業上利用することができる発明」に該当しないと判断され得ます(審査ハンドブック附属書B第2章

125

第2章◇特許要件
第1節◇発 明 性

「生物関連発明」5.1)。

(2) 実施可能要件・サポート要件

　実施可能要件とは，「その発明の属する技術の分野における通常の知識を有する者がその実施をすることができる程度に明確かつ十分に記載したものであること」（特36条4項1号）をいい，「物の発明」の場合，「物の発明について実施をすることができるとは，その物を作れ，かつその物を使用できる」ように明細書に記載されているか否かで判断されます（審査基準第Ⅱ部第1章第1節3.1.1）。

　前掲除草剤性イソチアゾール事件は，化学物質が産業上利用することができる発明（特29条1項柱書）としてその特許が認められるためには，その化学物質が現実に提供されることが必要であり，単に化学構造式や製造方法を示して理論上の製造可能性を明らかにしただけでは足りず，確認することが必要であると判示しました。そして，その確認とは，確かに発明の対象となる化学物質を提供し得たことの証明であるから，現実に製造しなくても，現実に製造され，物性データ等の具体的資料が示された化学物質と類似のもので，提供し得たも同然のものと評価されるものであれば，確認されたものとして取り扱うべきであると判示しています。

　実施可能要件の充足には，「当業者が実施できる」ように明細書に記載されていればよいわけですが，新規物質の場合，その機能，物性と構造との関係を予測することは通常困難です。結局，物質発明では，当業者が「その物を作れるように，かつその物を使用できるように」明細書が記載されていると認識されるためには，少なくとも実際にその物を製造し，性質を示す代表的実施例が必要と考えられます。

　さらに一般式で示されている新規物質について代表的実施例のみが記載されている場合，一般式に含まれる一部の化合物についてのみ，実際に製造して有用性を確認したことになりますが，一般式に含まれる化合物の数が膨大で，一般式に含まれる化合物の一部については，実施例で確認された特定化合物と同様の有用性を有すると推認できない場合があります。前掲除草剤性イソチアゾール事件では，有用性の確認試験が，化学構造式で示した1201個中のわずか80個の化合物についてだけ行われていたため，これをもって一般式に含まれる膨大な数の化合物のすべてについて除草活性があると判断することは到底でき

Q16◆発明性(7) ― 発明と発見

ないから，本願発明の一般式に含まれる化合物の有用性が開示されているということはできないと認定しました。実際に製造され，確認された化合物から一般式による上位概念化，抽象化，一般化することが困難と考えられる場合，現在の特許庁の審査では，サポート要件＊2を充足しないものとして扱っています。

　なお，「有用性」で求められる試験データのレベルは，用途発明で求められる試験データのレベルと同じでありません。用途発明（審査基準第Ⅲ部第2章第4節3.1.2）は，「未知の属性を発見」したことに基づき，「新たな用途」を見出したことで完成する発明であることから，用途発明について実施可能要件として求められる実施例，試験データは，具体的用途との関係を裏付ける必要があり，医薬の場合には薬理データが必要となります。

3　核酸関連発明について

　核酸関連発明についても，上記物質発明と同様に，考えることができます。

(1)　産業上利用性

　核酸関連発明が有用性を有するためには，「核酸が特定の機能を有する」必要があります。ここで，「『特定の機能』とは，『技術的に意味のある特定の用途が推認できる機能』のことです。構造遺伝子に関する発明の場合には，当該遺伝子によりコードされるタンパク質が特定の機能を有することを記載でき」ます（審査ハンドブック附属書B第2章「生物関連発明」1.1.1）

　特定の核酸配列が技術的意味のある機能（例えば異常タンパク質の発現）に関連することを見出した場合，特定の機能と関係づけるバイオマーカーとして使用可能であると考えられますし，特定配列の核酸を標的とする医薬候補物質のスクリーニング，アンチセンス薬としての利用も考えられます。創作的要素を工夫することで，発明として，特許を受けることが可能です。

　一方，診断薬，核酸医薬といった物の発明として特定することが困難な場合，方法の発明とすることが考えられますが，方法の発明の場合，症状等を判断する工程は医療行為と捉えられる場合があります。この場合，一部に医療行為に該当する工程が含まれているので「診断方法」に該当するとして，「産業

127

第 2 章◇特許要件
第 1 節◇発　明　性

上利用性なし」（特29条 1 項柱書）と判断されますので，請求項の記載方法に注意してください。

(2)　実施可能要件・サポート要件

　特定の機能を有する可能性があるとの記載が明細書に存在していても，実際にどのような特定の機能を有するのか不明な場合（例えば，グリコシル化可能部位を有するポリヌクレオチドの発明について，そのポリヌクレオチドがコードするタンパク質が出願前には公知でない場合（審査ハンドブック附属書B第 2 章「生物関連発明」事例 7 ）；公知のタンパク質をコードするポリヌクレオチドとの相同性が低いcDNA（同事例 8 ）又はコードするタンパク質の機能が不明な場合（同事例 9 ））は，実施可能要件を充足しないと考えられます。

　遺伝子等の核酸の発明では，「欠失，置換若しくは付加された」，「ハイブリダイズする」又は「○○％以上の配列同一性を有する」等の包括的表現を用いて記載することがありますが，配列同一性が低い核酸の中に，意図する機能を有しない核酸が多数含まれることになる場合，それらの遺伝子の中から意図する機能を有する核酸を選択するためには，通常，当業者に期待し得る程度を超える試行錯誤や複雑高度な実験等を行う必要があるので，実施可能要件を充足していない，請求項に係る発明は発明の詳細な説明に記載されていない（サポート要件充足せず）と判断され得ることに留意してください。

〔神谷　惠理子〕

═══ ▥判　例▥ ═══

☆ 1　東京高判平 6 ・ 3 ・22（平 2 （行ケ）243号）裁判所ホームページ〔除草剤性イソチアゾール事件〕。
☆ 2　知財高判平19・10・31（平19（行ケ）10056号）裁判所ホームページ。
☆ 3　知財高判平20・ 6 ・24（平19（行ケ）10369号）裁判所ホームページ。
☆ 4　東京高判平 2 ・ 2 ・13（昭63（行ケ）133号）判時1348号139頁。

═══ ▥注　記▥ ═══

＊ 1　遺伝子（DNA）のほか，RNAも含む概念。
＊ 2　特許法36条 6 項 1 号（特許を受けようとする発明が発明の詳細な説明に記載したものであること）。

Q16◆発明性(7) — 発明と発見

●参考文献●

(1) 平嶋竜太「自然法則の利用の判断(2)」特許判例百選〔第4版〕6～7頁。
(2) 山上清和「単なる発見と発明の差異」特許判例百選〔第4版〕10～11頁。

第2章◇特許要件
第1節◇発 明 性

 17 用途発明

(1) 「用途発明」という用語はよく聞くのですが,正確にはどのような発明のことを指すのでしょうか。
(2) ○○用バナナや○○用バナナジュースなどの食品の用途発明についても一定の範囲で特許が認められるでしょうか。教えてください。
(3) 用途特許の差止請求はどの範囲で認められるのでしょうか。
(4) 請求項1を「塩基性蛋白質を有効成分とする血圧降下剤」とし,請求項2を「塩基性蛋白質を配合した血圧降下飲食品」とした特許出願を平成25年4月1日付けにて行っていたところ,当時は食品の用途発明が認められていなかったため請求項2を削除して特許をとりました。その後その削除した用途発明が認められることとなったので,請求項1で食品についても権利行使したいと思いますが,認められるでしょうか。

(1) 用途発明とは,ある物の未知の属性を発見し,この属性により,その物が新たな用途への使用に適することを見出したことに基づく発明をいうとされています。
(2) ○○用バナナや○○用バナナジュースなどの発明も,「○○用」という用途が各食品に含まれる成分等(例:成分X)の未知の属性を発見したものであり,その属性によって見出された用途が成分Xを含有するバナナやバナナジュースについて従来知られている用途とは異なる新たなものであるときは「○○用」という用途に着目した用途発明として特許が認められ得ます。
(3) 用途特許の差止請求を考える前提問題として,どのような場合に用途特許の侵害が成立するのかという問題を検討する必要があります。裁判例・学説は統一されていませんが,侵害成否を判断

するに当たり，用途特許が定める用途についての表示・情報提供実態を重視するアプローチと，用途特許が定める用途での使用実態を重視するアプローチがあります。

　用途特許の侵害が成立する場合の差止請求の範囲についても，裁判例・学説の統一をみていませんが，過去の裁判例においては，用途特許の侵害用途と非侵害用途を区別せずに販売されていた製品の製造販売の差止請求が認容されたものがあります。

(4)　従来の審査基準下で「食品」クレームの権利化を断念せざるを得ず，「剤」クレームを設定登録した特許発明の技術的範囲を巡っては，とりわけ均等論の適否を巡って原被告の攻防が繰り広げられることが想定されます。この論点においては，権利者及び被疑侵害者ともにみるべき相応の論拠を提示できるように思われます。

☑キーワード

用途発明，食品の用途発明，用途特許の差止請求，ラベル論，剤クレーム，食品クレーム，均等論，審査経過禁反言

解　説

1　設問(1)について

　用途発明とは，ある物の未知の属性を発見し，この属性により，その物が新たな用途への使用に適することを見出したことに基づく発明をいうとされています（審査基準第Ⅲ部第2章第4節3.1.2）。裁判例では，既知の物質について未知の性質を発見し，当該性質に基づき顕著な効果を有する新規な用途を創作したことを特徴とするものとされています[1]。

2　設問(2)について

　食品の用途発明は，食品に含まれる成分等の未知の属性を発見し，その属性

第2章◇特許要件
第1節◇発　明　性

によってその食品が新たな用途や機能への使用に適することを見出したものに
基づく発明ということができます。

　例えば「成分Aを添加した骨強化用ヨーグルト」は，骨におけるカルシウム
の吸収を促進するという未知の属性の発見に基づく発明です。従来は，このよ
うな食品の用途発明は認められていませんでした。すなわち，食品は，医薬等
とは異なり，特許庁の審査基準の下では「骨強化用」という用途限定は発明を
特定するための意味を有しないとして，食品の用途発明性が否定されていまし
た。しかしながら，平成28年4月1日に審査基準が改訂され，食品の用途発明
性が認められることになりました。新たな審査基準の下では，上述した発明に
関し，①「骨強化用」という用途が，成分Aが骨におけるカルシウムの吸収を
促進するという未知の属性を発見したことにより見出されたものであり，か
つ，②その属性により見出された用途が「成分Aを含有するヨーグルト」につ
いて従来知られている用途とは異なる新たなものであるときには，「骨強化
用」という用途限定が意味あるものとして用途発明性が認められることになり
ました。

3　設問(3)について

(1)　用途特許の侵害について

　用途特許の差止請求がどの範囲で認められるのかを考えるに当たっては，そ
の前提として，どのような場合に用途特許の侵害が成立するのかという点が問
題となります。食品の用途特許との関係でいえば，設問(2)の設例において，第
三者が成分Xを含有するバナナやバナナジュースを製造販売した場合におい
て，いかなる条件のもとで用途特許の侵害が成立するのか（「○○用」との特許ク
レームを充足することになるのか）が問題となります。

　この問題については，裁判例・学説ともに考え方が統一されているとはいえ
ない状況にありますが，大別するに，①いわゆる「ラベル論*1」に代表され
るように，用途特許が定める「用途」についての表示・情報提供実態を重視し
て侵害成否を判断しようというアプローチ（表示・情報提供規制アプローチ）と，
②用途特許が定める用途での使用実態を重視して侵害成否を判断しようという

132

Q17◆用途発明

アプローチ（使用規制アプローチ）が存在します。例を挙げるに，医薬の用途特許の侵害成否が争われたメニエール病治療薬事件[2]では，「成人1日あたり0.15〜0.75g/kg体重のイソソルビトールを経口投与されるように用いられる……ことを特徴とするイソソルビトールを含有するメニエール病治療薬」という用途特許の侵害の成否が争われました。この特許には「成人1日あたり0.15〜0.75g/kg体重のイソソルビトールを経口投与されるように用いられる」（構成要件A）という用途が定められています。第1審判決は，被告製品が構成要件Aを充足するというためには，構成要件A所定の用法用量が添付文書に記載されていること又は製造販売業者が提供する情報に含まれていることが必要であると判断し，表示・情報提供規制アプローチとして評価可能な考え方を示しています。控訴審判決は，被告製品の製造販売が特許発明の「実施」に該当するというには，当該製造販売が新規な用途に使用するために行われたことを要するとしたうえで，被告製品の製造販売が当該用途に使用するために行われたことを認めるに足りる証拠がないと判断し，使用規制アプローチとして評価可能な考え方を示しています[3]。

(2)　**用途特許に基づく差止請求について**

以上に説明した考え方の下で，用途特許が実施され，侵害が成立するとしても，用途特許に基づく差止請求がどの範囲で認められるのかという点が次に問題となります。この問題についても，裁判例・学説上ともに考え方が統一されているとはいえない状況にあります。過去の裁判例として，フマル酸ケトチフェチン事件判決[4]は，アレルギー性喘息予防剤の用途特許との関係において，被告製剤についてアレルギー性喘息予防剤としての用途と他用途とを用途としての適用範囲において実質的に区別することが可能であるにもかかわらず，被告が，被告製剤について，アレルギー性喘息予防剤としての用途を除外しておらず，予防剤としての用途と他用途とを明確に区別して製剤販売していない状況の下で，アレルギー性喘息予防剤以外の用途をも差し止められる結果となったとしてもやむを得ないとして，被告製剤の製造販売差止請求が認容されたものです。これに対しては，学説上，①用途特許が定める用途をラベル等によって明示している特定の商品を商品名により特定した上で当該商品の製造販売等の差止めを求めることや，当該用途によって使用している特定の主体を

第2章◇特許要件
第1節◇発 明 性

特定したうえで当該主体に対する販売の差止めを求めることは許されるが，用途特許が定める用途以外の用途としても使用し得る態様で販売されている商品の製造販売を求めることは許されないとする考え方[*2]や，②用途特許の実施者の行為に着目して差止請求の在り方を考えるべきであるとしたうえで，製造者に対しては，原則として当該物を実際にクレーム記載の用途で使用する者への販売，その者への販売に向けた製造のみが禁止されるべきと説明し，主文例として「甲は，乙に対して化合物Aを販売してはならない。」，「甲は，乙へ販売する目的で化合物Aを製造してはならない。」を提案する考え方[*3]などがあります。

　以上のように，用途特許に基づく差止請求がどの範囲で認められるのかについては，今後の議論及び裁判例の集積が待たれます。

4 設問(4)について——旧審査基準下の「剤」クレームによる食品への権利行使

(1) 問題の所在

　上記 2 で説明したとおり，平成28年4月1日前の審査基準下では食品の用途発明性は否定されていたことから，出願人としては「食品」クレームの権利化を断念せざるを得ず，代わりに「剤」クレームにて権利化を図ることが少なくなかったと思われます。そこで，設問(4)のような経緯にて設定登録を得た「剤」クレームが食品を技術的範囲に含むとして権利行使できるかが問題となり得ます。

(2) 技術的範囲の属否

　技術的範囲の属否を決する理論としては，①文言侵害論（特70条）と，②均等論があります。この点，文言侵害論に関しては，「剤」とは，その用語が有する通常の意義において食品とは異なると一般に解されるであろうことから文言侵害は成立し難いと思われます。

　次に，均等論[☆5]を適用して食品は「剤」と均等であると主張することが考えられます。ここで先鋭化する論点として，①出願人が請求項1に係るクレームを起草する際に「剤」と記載し，「食品」を含むように記載しなかったこと，②出願人が審査過程において拒絶理由通知に対応すべく「食品」クレーム

（請求項2）を削除したことから，出願人が請求項1に係る「剤」クレームに「食品」が含まれると主張することは審査経過禁反言（いわゆる均等論の第5要件非充足）を構成するかが問題となると思われます。

　審査経過禁反言に関しては，最判平成29年3月24日〔マキサカルシトール事件〕☆6が，出願時同効材との関係で，以下に示す判断を示しています。

① 　出願人が，特許出願時に，特許請求の範囲に記載された構成中の対象製品等と異なる部分につき，対象製品等に係る構成を容易に想到することができたにもかかわらず，これを特許請求の範囲に記載しなかった場合であっても，それだけでは，対象製品等が特許発明の特許出願手続において特許請求の範囲から意識的に除外されたものに当たるなどの特段の事情が存するとはいえないというべきである。

② 　出願人が，特許出願時に，特許請求の範囲に記載された構成中の対象製品等と異なる部分につき，対象製品等に係る構成を容易に想到することができたにもかかわらず，これを特許請求の範囲に記載しなかった場合において，客観的，外形的にみて，対象製品等に係る構成が特許請求の範囲に記載された構成を代替すると認識しながらあえて特許請求の範囲に記載しなかった旨を表示していたといえるときには，対象製品等が特許発明の特許出願手続において特許請求の範囲から意識的に除外されたものに当たるなどの特段の事情が存するというべきである。

　設問(4)の場合，食品は「剤」との関係で出願時同効材として位置付けることが可能です。出願人が明細書の【発明の詳細な説明】に食品を記載し，請求項2に「食品」クレームを起草している事案であれば，「剤」クレームとの関係においては「客観的，外形的にみて，対象製品等に係る構成が【特許請求の範囲】に記載された構成を代替すると認識しながらあえて【特許請求の範囲】に記載しなかった旨を表示していたといえる」と判断して差し支えないようにも思われます。もっとも，特許権者としては，①出願当初の請求項1及び請求項2全体を見ればわかるとおり，特許出願時において出願人の意思として「剤」及び「食品」をクレームすることによって特許発明としての保護を求めようとしていたことは明確である，②「食品」クレームを出願後に手続補正にて削除したのは，従来の審査基準に照らして「食品」クレームが拒絶されざるを得な

第2章◇特許要件
第1節◇発 明 性

かったにすぎず（言い換えれば出願人側の事情によらない事情のもとで行われた手続補正を出願人の責めに帰すものとして解釈することは出願人に酷であり），審査経過禁反言は適用されないと反論することが考えられます。

このように，従来の審査基準下で「食品」クレームの権利化を断念せざるを得ず，「剤」クレームを設定登録した特許発明の技術的範囲を巡っては，とりわけ均等論の適否を巡って原被告の攻防が繰り広げられることが想定されます。この論点においては，権利者及び被疑侵害者ともにみるべき相応の論拠を提示できるように思われます。

翻って考えるに，食品の用途発明性については，現時点において，裁判所がそもそも特許庁による新旧審査基準のいずれの考え方を是認するかが定まっていません。設問(3)に示した特許権侵害紛争において，被疑侵害者が食品の用途発明性は認められないとして，従来の審査基準に依拠して均等論の適否を争った場合に，裁判所がどのような判断をするかは定まっておらず，食品の用途発明性自体が問われることになるかと思われます。この論点についても，訴訟等で争われた場合に裁判所の判断が注目されます。

〔重冨 貴光〕

■判 例■

☆1 知財高判平28・7・28（平28（ネ）10023号）裁判所ホームページ。
☆2 東京地判平28・1・28（平26（ワ）25013号）判時2315号112頁，前掲☆1・知財高判平28・7・28。
☆3 東京地判平4・10・23（平2（ワ）12094号）判時1469号139頁，知財高判平18・11・21（平17（ネ）10125号）裁判所ホームページ及び知財高判平23・12・22（平22（ネ）10091号）判時2152号69頁も，使用規制アプローチを採用したものと評価可能です。
☆4 前掲☆3・東京地判平4・10・23。
☆5 最判平10・2・24民集52巻1号113頁。
☆6 最判平29・3・24（平28（受）1242号）判時2349号76頁〔マキサカルシトール事件〕。

■注 記■

＊1 「ラベル論」とは，特許発明の用途を表示するラベル等を製品に付して販売等す

る行為は用途発明特許の技術的範囲に含まれるが，単に製品を販売する場合には技術的範囲に含まれないという考え方をいいます。

＊2　三村量一「権利範囲の解釈と経済活動の自由」I.P. Annual Report知財年報2007別冊NBL217頁。

＊3　吉田広志「用途発明に関する特許権の差止請求権のあり方―『物』に着目した判断から『者』に着目した判断へ―」知的財産法政策学研究16号167頁。

第2章◇特許要件
第1節◇発　明　性

18　数値限定発明等

(1) 数値限定発明とはどのようなものでしょうか。パラメータ特許との関係はどうなりますか。具体例を示して教えてください。
(2) pH3～pH8という数値で限定して特許出願をしたところ，審査官からpH7以上を示す公知文献があるとして拒絶理由通知を受けました。この場合，数値範囲をさらに限定して特許を取得することは可能でしょうか。特許がとれた場合の特許権の効力についても教えてください。

　　数値限定発明とは，発明を特定する事項を，数値範囲により数量的に表現した発明をいいます。パラメータ特許は，パラメータ発明の特許を指し，パラメータ発明は，発明者が創出した特殊な変数（パラメータ）を規定した要件を含む発明や複数の変数を相関的に規定した要件を含む発明など，数値限定発明のうち，変数がその分野で一般的でないものを指すことが多いようです。裁判で取り上げられたパラメータ発明の例としては，「糖度が9.4～10.0であり，糖酸比が19.0～30.0であり，グルタミン酸及びアスパラギン酸の含有量の合計が，0.36～0.42重量％であることを特徴とする，トマト含有飲料」が挙げられます。
　　審査官からpH7以上を示す公知文献があるとして拒絶理由通知を受けたことに対応して，数値範囲を，例えば「pH3～pH7未満」にさらに限定した場合，当該発明の効果が限定された数値の範囲内において奏され，公知文献に開示されていない有利なものであって，その効果が公知技術が有する効果とは異質なもの，又は同質であるが際立って優れたものであり，その効果が出願時の技術水準から当業者が予測できたものでない場合には，進歩性が肯定されることになります。また，新規性，進歩性に加え，記載要件（サポー

138

Q18◆数値限定発明等

ト要件，明確性要件，実施可能要件）を充たせば，数値範囲をさらに限定して特許を取得することが可能となります。

特許権を取得できた場合の権利行使に当たっては，pHの測定について，異なる測定方法が複数ある場合には，いずれの方法を採用した場合であっても所定の数値範囲にならないと特許権侵害を主張できない可能性があります。また，判例は，特許請求の範囲に記載された数値範囲について厳格に解する傾向にあるといえ，さらに，製造誤差により数値範囲に含まれる製品と含まれない製品が存在する場合，過剰な差止めとして，差止めが否定される可能性があります。均等侵害が認められる可能性は低いでしょう。

☑キーワード

数値限定発明，パラメータ特許，パラメータ発明

解　説

1　数値限定発明とパラメータ特許

数値限定発明とは，発明を特定する事項を，数値範囲により数量的に表現した発明をいい，設問の事例のように，発明を特定する事項を，「pH 3 〜pH 8」という数値で限定した発明も数値限定発明に当たります。

パラメータ特許は，パラメータ発明の特許を指します。パラメータ発明と数値限定発明の使い分けは，必ずしも明確ではありませんが，パラメータ発明は，数値限定発明の一態様（下位概念）として使用されることが多いと思われます。すなわち，パラメータ発明は，発明者が創出した特殊な変数（パラメータ）を規定した要件を含む発明や複数の変数を相関的に規定した要件を含む発明など，数値限定発明のうち，変数がその分野で一般的でないものを指すことが多いようです。

139

第2章◇特許要件
第1節◇発　明　性

　この点，偏光フィルム事件知財高裁大合議判決[☆1]は，「パラメータ発明」に
関し「本件発明は，特性値を表す二つの技術的な変数（パラメータ）を用いた一
定の数式により示される範囲をもって特定した物を構成要件とするものであ
り，いわゆるパラメータ発明に関するものである」と述べています。ここで問
題となった特許発明の構成要件には，偏光フィルムを製造するに当たり，「熱
水中での完溶温度（X）と平衡膨潤度（Y）との関係」が一定の数式で示され
る範囲にあるポリビニルアルコール系フィルムを用いることが含まれていまし
た。

　また，トマト含有飲料事件知財高裁判決[☆2]は，「糖度が9.4～10.0であり，糖
酸比が19.0～30.0であり，グルタミン酸及びアスパラギン酸の含有量の合計が，
0.36～0.42重量％であることを特徴とする，トマト含有飲料」という特許発明
につき，同様に，「特性値を表す三つの技術的な変数により示される範囲を
もって特定した物を構成要件とするものであり，いわゆるパラメータ発明に関
するものである」と述べています。

2　数値限定発明と数値範囲の限定

　(1)　数値限定発明における数値範囲の限定

　発明が特許されるためには，その発明が，新規性，進歩性を有していること
に加え，いわゆる記載要件（サポート要件，明確性要件，実施可能要件）を満たす必
要があります。

　設問の事例のように，pH3～pH8という数値で限定して特許出願をしたと
ころ，審査官からpH7以上を示す公知文献があるとして拒絶理由通知を受け
たため，数値範囲を，例えば「pH3～pH7未満」に，さらに限定して特許を
取得することが可能でしょうか。

　(2)　数値限定発明における進歩性の判断

　この場合，pH7以上を示す公知文献の範囲を除外しているため，新規性の
要件を満たすとしても，進歩性を有するかが問題となります。

　特許庁の審査基準によれば，数値限定発明において，主引用発明との相違点
がその数値限定のみにあるときは，「実験的に数値範囲を最適化又は好適化す

140

ることは，通常，当業者の通常の創作能力の発揮といえる」ことを理由に，進歩性を有しないのが原則とされています（審査基準（平成27年9月16日改訂）第Ⅲ部第2章第4節6.2）。

　設問の事例では，審査官からpH7以上を示す公知文献があるとして拒絶理由通知を受けたことからすると，公知文献との相違点は，数値限定の範囲のみにあると思われますので，これだけでは，通常，かかる発明は進歩性を有していないとされることが多いと思います。

　しかし，請求項に係る発明の引用発明と比較した効果が，(ⅰ)その効果が限定された数値の範囲内において奏され，引用発明の示された証拠に開示されていない有利なものであって，(ⅱ)その効果が引用発明が有する効果とは異質なもの，又は同質であるが際立って優れたものであり（有利な効果が顕著性を有していること），(ⅲ)その効果が出願時の技術水準から当業者が予測できたものでない場合には，進歩性が肯定されます。

　ただし，有利な効果が顕著性を有しているといえるためには，数値範囲内のすべての部分で顕著性があるといえなければなりません。また，請求項に係る発明と主引用発明との相違が数値限定の有無のみで，課題が共通する場合は，いわゆる数値限定の臨界的意義として，有利な効果の顕著性が認められるためには，その数値限定の内と外のそれぞれの効果について，量的に顕著な差異がなければなりません。他方，両者の相違が数値限定の有無のみであっても，課題が異なり，有利な効果が異質である場合には，数値限定に臨界的意義があることは求められないとされています。

(3)　数値限定発明とサポート要件

　数値限定発明の記載要件のうち，特に問題となりやすいのはサポート要件です。

　サポート要件の適合性が争点となった前掲☆1の偏光フィルム事件知財高裁大合議判決は，「特許請求の範囲の記載が，明細書のサポート要件に適合するためには，発明の詳細な説明は，その数式が示す範囲と得られる効果（性能）との関係の技術的な意味が，特許出願時において，具体例の開示がなくとも当業者に理解できる程度に記載するか，又は，特許出願時の技術常識を参酌して，当該数式が示す範囲内であれば，所望の効果（性能）が得られると当業者

第2章◇特許要件
第1節◇発　明　性

において認識できる程度に，具体例を開示して記載することを要する」と判示
しました。

　本設問においても，かかる要件を充たしていなければ，サポート要件に適合
しないことになります。

　また，特許庁の審査基準によれば，発明の詳細な説明の記載が不足している
ために，出願時の技術常識を考慮しても，発明の詳細な説明が，当業者が請求
項に係る発明の実施をすることができる程度に明確かつ十分に記載したもので
あるとはいえない場合や請求項に係る発明の範囲まで，発明の詳細な説明に開
示された内容を拡張ないし一般化することができるといえない場合には，出願
後に実験成績証明書を提出して，発明の詳細な説明の記載不足を補うことによ
り，実施可能要件やサポート要件を充たすと主張しても，拒絶理由は解消され
ない，とされている点に注意が必要です（審査基準（平成27年9月16日改訂）第Ⅱ部
第1章第1節4.2，同第2章第2節3.2.1）。

　新規性，進歩性に加え，記載要件（サポート要件，明確性要件，実施可能要件）を
充たせば，数値範囲をさらに限定して特許を取得することが可能となります。

3　数値限定発明の特許権の効力

　設問のように，数値範囲をさらに限定することにより取得した特許権に基づ
いて権利行使しようとする場合，いくつかの問題が考えられます。

　ティッシュペーパー事件知財高裁判決[3]は，測定条件について，不測の不
利益を第三者に負担させることは相当ではないこと等を理由に，特許請求の範
囲，明細書及びJIS規格のいずれにも記載されていない事項について，技術常
識を参酌し，異なる測定方法が複数あり得る場合には，いずれの方法を採用し
た場合であっても所定の数値範囲内にあるときでなければ，構成要件を充足す
るとはいえない，と判示しました。

　本設問でも，明細書中にpHの測定方法が明示されておらず，技術常識を参
酌して，異なる測定方法が複数ある場合には，いずれの方法を採用した場合で
あっても所定の数値範囲にならないと特許権侵害を主張できない可能性があり
ます。

Q18◆数値限定発明等

　また，特許権者としては，対象製品のpHの測定値が，所定の数値範囲をわずかに外れる場合であっても，製造誤差であって，クレームの範囲に含まれるとの主張も考えられますが，酸素発生電極事件大阪地裁判決[4]は，実施例において，誤差があるのであれば，その誤差の範囲を含めて，数値範囲の上限を特許請求の範囲に記載すればよいにもかかわらず，これをしないで，誤差の範囲を含めて技術的範囲であると主張することは，特許請求の範囲の記載の明確性を損なうものであるとして，誤差の範囲であれば，技術的範囲に属するとする特許権者の主張を退けました。裁判例は，特許請求の範囲に記載された数値範囲について厳格に解する傾向にあるといえます。

　関連する問題として，製造誤差により，所定の数値範囲に含まれる製品と含まれない製品が存在する場合に，構成要件該当性や差止めが認められるかが問題となり得ます。この点，Cu-Ni-Si系合金事件東京地裁判決[5]は，所定の数値範囲に含まれる測定結果が得られたのが被告製品の一部であった事案において，被告製品全体の製造，販売等の差止めを認めると，構成要件を充足しない部分まで差し止めるおそれがあるとして，差止めの必要性を否定しました。

　本設問でも，製造誤差により数値範囲に含まれない製品が存在する場合，過剰な差止めとして，差止めが否定される可能性があります。

　さらに，本設問のような数値限定発明においては，当該数値限定に発明の本質的部分があると考えられますので，均等侵害が認められる5要件のうちの第1要件（相違部分が特許発明の本質的部分ではないこと）や第5要件（対象製品等が特許出願手続において特許請求の範囲から意識的に除外されたものに当たるなどの特段の事情のないこと）が認められず，均等侵害が否定される可能性が高いと思われます。この点，前述の酸素発生電極事件大阪地裁判決は，「数値をもって技術的範囲を限定し，その数値に設定することに意義がある場合には，その数値の範囲内の技術に限定することで，その発明に対して特許が付与されたと考えるべきものであるから，特段の事情のない限り，その数値による技術的範囲の限定は特許発明の本質的部分にあたる」と述べて，均等侵害を否定しました。

〔村田　真一〕

143

第 2 章◇特許要件
第 1 節◇発　明　性

■判　例■

☆ 1　知財高判（大合議）平17・11・11判時1911号48頁。
☆ 2　知財高判平29・6・8判時2364号63頁。
☆ 3　知財高判平28・9・28裁判所ホームページ。
☆ 4　大阪地判平16・10・21裁判所ホームページ。
☆ 5　東京地判平27・1・22裁判所ホームページ。

19　発明未完成

(1)　発明が完成しているか否かの判断基準はどこにありますか。技術分野によって異なりますか。

(2)　特許出願について，発明未完成であるとして拒絶理由通知を受けることがありますか。発明の完成，未完成が，特許出願の審査以外で問題となる場合があるのでしょうか。

(1)　発明が完成しているといえるためには，「実施可能性」，「反復可能性」，「具体性」，「客観性」を有する必要があります。
　　機械や電気の技術分野では，一般に具体的構成を示した設計図等によって完成されていると判断できる（ウォーキングビーム事件[☆1]）のに対して，化学分野では想定する化学反応が現実に起こるとは限らないことから実際に実験したことを証する実施例が必要とされるなど，技術分野によって，発明完成の判断基準は異なるといえます。

(2)　発明の完成について，原則として，審査されることはありません。明細書の記載に基づいて，いわゆる当業者が実施できるように記載されているか（実施可能要件），特許を受けようとする発明が発明の詳細な説明に記載されているか（サポート要件）といった観点で審査されるだけです。しかしながら，明細書記載要件だけでは処理できない場面もあり，発明未完成という概念，発明完成の有無が判断される場合はなおもあります。

☑キーワード

　非発明，実施可能性，反復可能性

第2章◇特許要件
第1節◇発　明　性

解　説

1　未完成発明と非発明

　発明は「自然法則を利用した技術的思想の創作（の高度なもの）」（特2条1項）であることから，自然法則に反するもの（例えば永久機関），自然法則を利用していないもの（ゲームのルールのような人為的な取決め自体），技術的思想でないもの（例えば，マニュアルなどの情報の単なる開示），課題解決手段の実施が明らかに不能なものは，発明に該当しません。このように発明でないもの（非発明）は特許法の保護対象そのものに該当しないのに対して，未完成発明は，後に発明として完成し，保護対象となり得るという点で，両者は区別されるべき概念です。

2　発明完成の判断基準

　発明の完成，未完成の意義を明らかにした判決として，「獣医用組成物事件」☆2があります。当該判決文で，「特許制度の趣旨に照らして考えれば，その〔発明の〕技術内容は，当該の技術分野における通常の知識を有する者が反復実施して目的とする技術的効果を上げることができる程度にまで具体的・客観的なものとして構成されていなければならないものと解するのが相当であり，技術内容が右の程度にまで構成されていないものは，発明としても未完成のものであって，法2条1項にいう『発明』とはいえないものといわなければならない」と判示しています。

　上記判決は，発明完成といえるためには，単なる着想のみでは足りず，着想が実施可能な程度にまで具体化されていること，そのことが客観的に認識できることが必要であること，すなわち，技術内容が「実施可能性」，「反復可能性」，「具体性」，「客観性」を充足しない発明は未完成であると判示しています。

146

(1) 機械分野，電気分野

機械分野における発明完成の具体的判断基準を示した裁判例として，前掲☆1のウォーキングビーム事件では，先使用権成立の要件としてですが，「発明が完成したというためには，その技術的手段が当該技術分野における通常の知識を有する者が反復実施して目的とする効果を上げることができる程度にまで具体的，客観的なものとして構成されていることを要し，またこれをもって足りるものと解するのが相当である」との下，「その物の具体的構成が設計図等によって示され，当業者がこれに基づいて最終的な製作図面を作成しその物を製造することが可能な状態となっていれば発明は完成している」と判示しています。具体的に製造されていなくても，機械，電気分野では，課題解決手段の具体的構成を示す図（製造できる程度にまで構成を示した設計図等）が作成されていれば発明は完成していると解することができるでしょう。

発明未完成と判断されるケースとしては，課題解決に必須の構成要件に関する記載が欠如している場合です。例えば，「トラックレーンアウトリガー事件」☆3では，「トラックレーンにおけるアウトリガー」を構成する必須構成要件「かすがい状支持部材」の欠如を理由として，また，「電子レンジ事件」☆4では，折りたたみができ，携帯もできる電子レンジの提供という技術的課題解決のためのおりたたみ構造を含めた具体的構造が，明細書及び図面に開示されていないので，完成したものということができないと判断しました。

一方，いわゆる当業者が反復実施して目的とする技術的効果を上げることができる程度にまで，構成が具体的客観的に記載されていれば，その作用が正確に記述されていなくても未完成とはされません（「回転体固定具事件」☆5）。

(2) 化学分野

所望の化合物を得るための化学反応式，化学構造式を書くことは比較的容易ですが，実際にその反応が起こり，その化合物を製造することができ，所期の作用を奏するかということは確認してみなければわかりません。「酢酸ビニル製法事件」☆6は，「化学反応の発明が完成したとするためには，たとえば公知化合物から公知の単純な反応でそれと類似の化合物を製造する方法のような予測可能な場合を除いて，一般的にはその化学反応の実在を裏付け，作用効果を確認しなければならないと考える。化学反応の実在を裏付け，その作用効果を

第2章◇特許要件
第1節◇発　明　性

確認するためには，実際にその反応を行ってみなければならず，発明を記述する明細書には，かような実験が行われたことを証する資料が記載されなければならない。実施例はそのための最も適切な資料であり，必ずしもそれに限定されるわけではないが少なくともこれに代わり得るものがあることが必要である。」と判示しました。このように，化学分野の発明が完成しているといえるためには，現実にその反応が起こり，目的とする化合物が得られていることを示す実施例，又はそれに代わり得る資料が必要となります。

　また，化学・生物分野の発明の場合，一般式で示される多数の化合物群の一部の化合物だけが所期の機能，特性を有する場合，所期の機能を有する化合物が特定されていないと，完成した発明とは認識されません。例えば，「新規ナトリウム排出亢進性ペプチド事件」[7]では，ナトリウム排出亢進活性を有するペプチド（配列32）が多数のペプチド群の１つとして例示されていましたが，他のペプチドとの比較において特別なものとして記載されていなかったため，完成した発明として認識可能であったものと客観的に認めることはできないと判断されました。

　以上のように，化学・生物分野の発明では，実際に製造し所期の作用効果を奏することが確認されていることが，「実施可能性」「反復可能性」「具体性」「客観性」の充足には必要となりますが，反復実施可能であればよく，確実性（成功率）が高いことまでは求められません。「黄桃の育種増殖法事件」[8]は，「本件発明の育種過程は，これを反復実施して科学的に本件黄桃と同じ形質を有する桃を再現することが可能であるから，たとえその確率が高いものとはいえないとしても本件発明には反復可能性があるというべきである」と判示しました。

3　未完成発明の法上の取扱い

(1)　特許要件の審査における取扱い

　上記獣医用組成物事件で，最高裁判所は「法29条は，その１項柱書において，出願の発明が『産業上利用することができる発明』であることを特許要件の１つとしているが，そこにいう『発明』は法２条１項にいう『発明』の意義

Q19◆発明未完成

に理解すべきものであるから，出願の発明が発明として未完成のものである場合，法29条1項柱書にいう『発明』にあたらないことを理由として特許出願について拒絶をすることはもとより，法の当然に予定し，また要請するところというべきである。」と判示し，「特許法の全規定中にも，特許出願に係る発明の完成，未完成に関する事項を定めたものと解するに足りる規定はなく，また発明の未完成をもって特許出願の拒絶理由とすることができる旨を定めた規定を見出し得ない」とした原判決☆9を差し戻しました。

　かかる最高裁判決前の審査基準（昭和47年2月公表：旧審査基準）では，未完成発明が特許法29条1項柱書による拒絶理由とされていましたが，平成5年改訂の審査基準（新審査基準）において，未完成発明に関する記述が削除され，現在は明細書記載要件（特36条）が優先適用されるため，発明未完成という拒絶理由を受けることはほとんどないといえるでしょう。

　しかしながら，前掲トラッククレーンアウトリガー事件で，「ある発明が産業上利用できる完成したものであるか否かの判断と，当該発明が産業上利用できる完成したものであることを前提とし，その特許出願が特許法36条4項あるいは5項（注：現行法では6項）に規定する要件を満たしているか否かの判断とは，いうまでもなく別個の観点から行われるものであって，これら2つの判断が表裏一体のものと考えることはできない。」と判示しているように，本来，発明未完成と明細書の記載不備とは異なる概念であり，審査対象である出願の特許要件の審査以外で発明完成が問題とされる場合はなおもあります。

　なお，実施可能要件違反の拒絶理由に対しては，出願人は，実験成績証明書により，技術常識等を考慮すれば，発明の詳細な説明は，当業者が請求項に係る発明の実施をすることができる程度に明確かつ十分に記載したものであるといえることを，主張・裏付けすることができます。ただし，発明の詳細な説明が不足しているために，出願時の技術常識を考慮しても，発明の詳細な説明が，当業者が請求項に係る発明の実施をすることができる程度に明確かつ十分に記載したものであるとはいえない場合，すなわち，発明未完成が疑われる場合，出願後に実験成績証明書を提出して，発明の詳細な説明の記載不足を補うことにより，当業者が請求項に係る発明の実施をすることができる程度に明確かつ十分に記載したものであると主張したとしても拒絶理由は解消されません

149

第2章◇特許要件
第1節◇発　明　性

（審査基準第Ⅱ部第1章第1節「実施可能要件」4.2「出願人の反論，釈明等」）。

(2)　優先権の利益，出願日遡及効

　出願の先後関係が問題となっている場合，先願の発明が未完成と判断された場合には，後の出願に係る発明に対して先願の地位（特39条・29条の2）を有しません。例えば，「MBA－530事件」☆10では，重要な出発物質の製造方法について当業者が容易に実施できる程度にまで明細書に開示されていなかったため，目的化合物の発明として具体的・客観的なものとして構成されているとはいえないとして未完成発明と認定し，拡大先願の地位を認めませんでした。

　また，優先権主張した出願について，優先権主張の基礎の出願において発明が完成されていないと判断される場合には，優先権の利益が得られません。例えば，「選択毒性に優れたメトキシキノロンカルボン酸の製造中間体事件」☆11では，基礎明細書に本発明化合物の合成経路が記載されていたものの，出発化合物が文献未記載の化合物であるにもかかわらず，その製造方法，物性といった，現実に製造されたことを示す根拠が，実際に確認できるように記載されていなかったため，基礎出願の明細書には，本件化合物物が記載されていたということはできないとして，優先日を認めませんでした。結果として，後願となり拒絶されました。

(3)　実体的に問題とされる場合

　先使用権の有無，発明者の認定のように，実体上の完成が問題となる場面では，発明の特徴的部分の認定，着想の具体化について，具体的事実に基づいて判断することになります。

　「発明が機械的構成に属するような場合には，一般に，着想の段階で，これを具体化した結果を予測することが可能であり，上記の①〔提供した着想が新しい場合には着想（提供）者が発明者〕により発明者を確定する場合も少なくないと思われるが，発明が化学関連の分野や本件のような分野に属する場合には，一般に着想を具体化した結果を事前に予想することは困難であり，着想がそのまま発明の成立に結びつき難い」（「細粒核事件」☆12）と判示されているように，着想が具体化に結び付きやすい機械構造分野では，設計図面等が作成された時点で発明完成と判断されると考えられる（前掲☆1のウォーキングビーム事件では，見積仕様書等から技術的課題を解決すべき具体的製品の基本的核心部分の構造がいかなるも

150

のであるかを読み取ることができるものであるとした原審の認定を是認）のに対して，化
学関連分野では，着想を実現すべく具体的手段を考え出し，その構成がその有
用な作用効果を奏することを確認しつつ，反復可能性あるものとして確立され
て，発明が完成するとしています。このため，化学分野では助言，指導を与え
たにすぎない指導教官，管理者は発明者と認定されにくいといえるでしょう
（例えば「ガラス多孔体事件」☆13）。

〔神谷　惠理子〕

■判　例■

☆1　最〔2小〕判昭61・10・3（昭61（オ）454号）裁判所ホームページ〔ウォーキ
　　ングビーム事件〕。
☆2　最〔1小〕判昭52・10・13（昭49（行ツ）107号）裁判所ホームページ〔獣医用
　　組成物事件〕。
☆3　東京高判平9・11・11（平7（行ケ）222号）〔トラックレーンアウトリガー事
　　件〕。
☆4　東京高判平3・4・11（平2（行ケ）54号）判時1393号129頁〔電子レンジ事件〕。
☆5　東京高判平5・6・3（平3（行ケ）301号）判時1493号126頁〔回転体固定具事
　　件〕。
☆6　東京高判昭52・1・27（昭43（行ケ）132号）裁判所ホームページ〔酢酸ビニル
　　製法事件〕。
☆7　東京高判平13・3・13（平10（行ケ）393号）裁判所ホームページ〔新規ナトリ
　　ウム排出亢進性ペプチド事件〕。
☆8　最〔3小〕判平12・2・29（平10（行ツ）19号）裁判所ホームページ〔黄桃の育
　　種増殖法事件〕。
☆9　東京高判昭49・9・18（昭48（行ケ）91号）裁判所ホームページ。
☆10　東京高判平5・10・20（平4（行ケ）100号）裁判所ホームページ〔MBA－530
　　事件〕。
☆11　東京高判平12・9・5（平11（行ケ）207号）裁判所ホームページ〔選択毒性に
　　優れたメトキシキノロンカルボン酸の製造中間体事件〕。
☆12　東京地判平14・8・27（平13（ワ）7196号）裁判所ホームページ〔細粒核事件〕。
☆13　東京地判平20・5・29（平19（ネ）10037号）裁判所ホームページ〔ガラス多孔
　　体事件〕。

●参考文献●

(1)　篠原勝美「発明の完成と拒絶理由」特許判例百選〔第4版〕14～15頁。

第2章◇特許要件
第1節◇発　明　性

(2)　山上清和「植物新品種の育種過程における反復可能性」特許判例百選〔第4版〕16
～17頁。

(3)　審査基準改訂の経緯については，斎藤真由美＝井上典之「発明の未完成」竹田稔監
修『特許審査・審判の法理と課題』に詳しく説明されています。

(4)　辰巳直彦「発明者の認定」特許判例百選〔第4版〕58～59頁。

(5)　富岡英次「発明の着想と具体化」特許判例百選〔第4版〕60～61頁。

(6)　発明者の認定については，田邉実「発明者の認定」牧野利秋ほか編『知的財産法の
理論と実務(1)』275～293頁に種々の裁判例が挙げられています。

発明のカテゴリー

(1) 特許法には物の発明と方法の発明と物の生産方法の発明が定義されていると聞きましたが，違いはどこにありますか。
(2) 「物質特許」という用語も聞いたことがあるのですが，物の発明の特許とは違う意味なのでしょうか。
(3) 方法の発明と物を生産する方法の発明とでは，特許権の効力は異なるのでしょうか。

(1) 特許法では，発明の「実施」について，「物の発明」，「方法の発明」，「物を生産する方法の発明」の3つのカテゴリーに分けて規定しています（特2条3項）。そして，このカテゴリーによって，当該発明に対する特許権の権利範囲等に違いが生じます。
(2) 「物の発明」は発明のカテゴリーを示す用語ですが，「物質特許」は発明の内容を示す用語であり，両者の意味は異なっています。
(3) 「方法の発明」と「物を生産する方法の発明」とでは，それぞれの実施行為が異なるため，権利行使の対象となる行為が違うほか，「物を生産する方法の発明」の場合には，生産方法の推定規定（特104条）があるといった違いがあります。

 キーワード

物の発明，方法の発明，物の生産方法の発明

第2章◇特許要件
第1節◇発　明　性

解　説

1　発明のカテゴリー

　特許法において「発明」は，「自然法則を利用した技術的思想の創作のうち高度のもの」をいうとされており（特2条1項），「物の発明」，「方法の発明」，「物の生産方法の発明」といったカテゴリーに分けて「発明」が定義されているわけではありません。

　しかし，「特許権者は，業として特許発明の実施をする権利を専有する。」（特68条）とされているところ，特許法は，次のとおり，「物の発明」，「方法の発明」，「物の生産方法の発明」の3つに分けて，その「実施」について定義しています（特2条3項）。

「3　この法律で発明について「実施」とは，次に掲げる行為をいう。

　　一　物（プログラム等を含む。以下同じ。）の発明にあつては，その物の生産，使用，譲渡等（譲渡及び貸渡しをいい，その物がプログラム等である場合には，電気通信回線を通じた提供を含む。以下同じ。），輸出若しくは輸入又は譲渡等の申出（譲渡等のための展示を含む。以下同じ。）をする行為

　　二　方法の発明にあつては，その方法の使用をする行為

　　三　物を生産する方法の発明にあつては，前号に掲げるもののほか，その方法により生産した物の使用，譲渡等，輸出若しくは輸入又は譲渡等の申出をする行為」

　すなわち，「物の発明」，「方法の発明」，「物の生産方法の発明」というカテゴリーによって，いかなる行為が当該発明の「実施」に該当するかが異なります。そのため，どの発明に区分されるかによって，特許権者が専有するとされる発明の「実施をする権利」の範囲が異なるという違いが生じることになるのです。

　なお，このように上記3つの発明のカテゴリーは，条文上，発明の成立要件そのものではありませんが，請求項に係る発明の属するカテゴリーが不明確で

あったり，３つのカテゴリーのいずれともいえない場合には，その発明の権利の及ぶ範囲が不明確になることから，明確性要件違反（特36条6項2号）として，出願審査においては当該請求項に係る特許の成立が否定されることになります（審査基準第Ⅱ部第2章第3節2.2(3)参照）。

2 「物の発明」と物質特許

「物の発明」とは，例えば装置や組成物等といった，物の形式で技術的思想を具現化したものをいい，前述のとおり発明のカテゴリーの１つです（なお，プログラム等の無体物についても「物」の発明として請求項に記載できます）。

一方，物質特許とは，発明のカテゴリー概念ではなく，新規化合物等の「物質」自体を特許化したものを意味しています。例えば，医薬品に関する特許を，物質特許，用途特許，製法特許と分類し，医薬品の有効成分になるような化学物質自体について取得した特許を物質特許と呼んだりします。

物質特許に関しては，産業政策上の見地や国民生活上の見地から，昭和34年法では，飲食物や嗜好物，医薬，化学物質，原子核変換物質について特許を受けることができないとされていました。しかし，昭和50年改正及び平成６年改正により，これらの不特許事由は削除され，現行法では，不特許事由は公序良俗又は公衆衛生を害するおそれのある発明だけとなり，化学物質等に関する物質特許は認められています（特32条）。

なお，物質特許に関する詳細は，**Q16**を参照してください。

3 「方法の発明」と「物を生産する方法の発明」

「方法の発明」も「物を生産する方法の発明」も，通説的見解によれば，一定の目的に向けられた系列的に関連のある数個の行為又は現象によって成立し，経時的な要素を包含するという，いわゆる「方法」の形式で技術的思想が具現化されている点では共通しています[1]。

しかし，「方法の発明」は，「その方法の使用をする行為」のみが「実施」とされているため（特2条3項2号），「方法の発明」の形式でクレームされた特許

第2章◇特許要件
第1節◇発　明　性

権については，その方法の使用をする行為にしか権利が及びません。

　一方，「物を生産する方法の発明」の場合は，その方法の使用をする行為のほか，「その方法により生産した物の使用，譲渡等，輸出若しくは輸入又は譲渡等の申出をする行為」も「実施」とされていることから（特2条3項3号），「物を生産する方法の発明」の形式でクレームされた特許権については，単なる「方法の発明」の場合よりも，広い範囲で権利を行使することができます。さらに，「物を生産する方法の発明」については，「その物が特許出願前に日本国内において公然知られた物でないときは，その物と同一の物は，その方法により生産したものと推定する」（特104条）として，特許権者による生産方法の立証の負担が軽減されています。

　このように，「方法の発明」と「物を生産する方法の発明」とでは，当該発明に係る特許権の権利行使の場面において顕著な違いが生じます。

　なお，請求項には明確に「方法の発明」形式で記載されている方法について，実際には物の製造工程に組み込まれ，他の製造作業と不即不離の関係で用いられている場合に，実質的に物を生産する方法の発明と同視して，製造された物の販売についても特許権侵害としてその停止を求め得るか等が問題となった事例があります。この事例において，最高裁は，「方法の発明と物を生産する方法の発明とは，明文上判然と区別され，与えられる特許権の効力も明確に異なっているのであるから，方法の発明と物を生産する方法の発明とを同視することはできないし，方法の発明に関する特許権に物を生産する方法の発明に関する特許権と同様の効力を認めることもできない。そして，当該発明がいずれの発明に該当するかは，まず，願書に添付した明細書の特許請求の範囲の記載に基づいて判定すべきものである（同法70条1項参照）。これを本件について見るに，本件明細書の特許請求の範囲第1項には，カリクレイン生成阻害能の測定法が記載されているのであるから，本件発明が物を生産する方法の発明ではなく，方法の発明であることは明らかである。本件方法が上告人医薬品の製造工程に組み込まれているとしても，本件発明を物を生産する方法の発明ということはできないし，本件特許権に物を生産する方法の発明と同様の効力を認める根拠も見いだし難い」等として，「方法の発明」の形式でクレームされた特許権に「物を生産する方法の発明」に関する効力を認めることを否定しまし

156

た☆2。

〔荒井　俊行〕

===■判　例■===

☆1　東京高判昭32・5・21行集8巻8号1463頁等参照。
☆2　最判平11・7・16民集53巻6号957頁。

第 2 章◇特許要件
第 2 節◇産業上の利用可能性

第 2 節　産業上の利用可能性

 産業上の利用可能性(1)——広範な発明の保護

(1)　個人的に利用するにすぎないゲームの方法でも特許を取得することが可能ですか。有利な効果と不利な効果が併存するものの場合はどうですか。

(2)　「米糠の粉末に，水分を加え粒子状に加工する第一の工程と，該粒子状にした米糠に蒸気をあて蒸す第二の工程とからなる米糠を基質とした麹培養方法」という発明は特許を取得することができますか。

　　　特許法においては，特許法の目的の達成の観点から，特許要件が設けられていますが，産業上の利用可能性に関しては，「産業」を広義にし，製造業のみならず，鉱業，農業，漁業，運輸業，通信業等も含まれるとされており，広範な発明が保護の対象とされています。

☑キーワード

特許要件，産業上の利用可能性，審査基準，審査ハンドブック

Q21◆産業上の利用可能性(1)—広範な発明の保護

> ## 解　説

1　設問(1)について

(1)　「産業上」とは

特許権，実用新案権，意匠権，商標権等を総称して工業所有権という用語が一般的に使用されていましたが，本来は，狭義の工業に限られるべきものではなく，むしろ産業という意味に近いとされていました。旧特許法において規定されていた「工業的発明」の「工業的」についても，農業，商業，鉱業等と対立した意味における狭義の工業のみに限定されるものではなく，広く農業，鉱業等も包含したものと考えられていました。現行特許法においては，旧特許法における用語と実体間のずれを埋める意味で，「産業上」という規定が設けられたものであり，実体的な改正を意図したものではないとされています。

(2)　産業上の利用可能性とは

旧来の学説においては，継続的反復的なもの，新しい価値を創造し，生産に直接関連するものというように，狭義にとらえるものもありましたが，他の特許要件，特に発明該当性との関係もあり，産業上の利用可能性とは，個人的にのみ利用されるものや学術的，実験的にのみ利用することができるような発明を排除することを意味するとされています。

(3)　審査基準の概要

(a)　産業上の利用可能性の要件を満たさない発明の類型

審査基準（第Ⅲ部第1章「発明該当性及び産業上の利用可能性」3.1）においては，産業上の利用可能性の要件を満たさない発明として，次のものが挙げられています。

①　人間を手術，治療又は診断する方法の発明（**Q22**で解説します）

②　業として利用できない発明

③　実際上，明らかに実施できない発明

そして，業として利用できない発明としては，例えば，「喫煙方法」のよう

159

第2章◇特許要件
第2節◇産業上の利用可能性

に，「個人的にのみ利用される発明」及び「学術的，実験的にのみ利用される発明」とされています（同3.1.2）。

また，実際上，明らかに実施できない発明としては，「オゾン層の減少に伴う紫外線の増加を防ぐために，地球表面全体を紫外線吸収プラスチックフイルムで覆う方法」のように，理論的にはその発明を実施することが可能であっても，その実施が実際上考えられない発明とされています（同3.1.3）。

(b)　業として利用できない発明の類型

審査基準においては，上記①ないし③のいずれの類型にも該当しない発明は，原則として，産業上の利用可能性の要件を満たす発明であるとされています。

そして，市販又は営業の可能性があるものは，「業として利用できない発明」に該当しないとされています（同3.1.4）。

具体的には，「髪にウエイブをかける方法」のように，個人的に利用され得るものであっても，営業の可能性があるものは，「個人的にのみ利用される発明」に該当しないとされています。また，学校において使用される「理科の実験セット」のように，実験に利用されるものであっても，市販又は営業の可能性があるものは，「学術的，実験的にのみ利用される発明」に該当しないとされています。

(4)　個人的に利用するにすぎないゲームの方法の特許取得の可能性

審査基準によりますと，営業の可能性があるものは，「個人的にのみ利用される発明」に該当しないとされています。

このため，個人的に利用するにすぎないゲームの方法であっても，当該ゲーム方法を実施可能な機器の製造・販売等の営業の可能性がある場合は，「個人的にのみ利用される発明」に該当しないとされ，特許を取得する可能性があることになります。

(5)　有利な効果と不利な効果が併存するものの場合

多くの発明，特に基本的な発明については，企業化に相当の期間を要することもあることから，産業上の利用可能性に関しては，発明が現に又は直ちに産業上利用されることが必要でなく，将来において利用される可能性を有すれば足りるとされています。

160

また，経済性についても，産業上の利用可能性は，経済的に利益をあげ得ることを意味するのではなく，経済的に利益をあげ得るか否かは，経済的・社会的諸条件によるものであり，発明の質（技術的価値）とは必ずしも関係がないとされています。

そして，発明がある新しい技術的効果を達成するが，同時に他の技術的不利益を生じる場合についても，新しい効果を創造する場合には，通常，何らかの不利益を伴う場合が多く，不利益があるからといって，産業上の利用可能性を否定することは，基本的な発明をはじめとする多くの発明の特許性を否定することとなり，妥当ではないとされています。

このため，有利な効果と不利な効果が併存するものの場合，産業上の利用可能性は否定されず，特許を取得することが可能であるといえるでしょう。

2 設問(2)について

(1) 事案の概要

上記の事例と同様の事例が審査ハンドブックに掲載されています（附属書D「3．発明該当性及び産業上の利用可能性に関する審判決例」）。

この事例においては，特許権の設定登録後，特許無効審判の請求がなされ，審判請求が不成立との審決がなされたため，知的財産高等裁判所に審決取消訴訟が提起されました。

審決においては，「玄米麹」は玄米全体ではなく，その一部である米糠を基質として培養したものを意味するのであるから，「米糠」を発酵させることにより産出できるもので，本件発明が自然法則に反する内容を含んでいることにならないとされました。

審決取消訴訟において，原告（特許無効審判請求人）は，「玄米麹」は，「胚乳」部分に大量の麹菌が培養され，酵素が豊富で発酵に適しているが，「胚乳」のない「米糠」では酵素量が少なく，「発酵に使用する麹」の意味がないため，通常の麹業者は「米糠麹」と「玄米麹」とは明確に区別しており，「米糠粉末で玄米麹ができる」とする本件発明は，実際には米糠粉末から真実の玄米麹はできないものであって，産業上利用することができる発明に該当しないと主張

第2章◇特許要件
第2節◇産業上の利用可能性

しました。一方，被告（特許権者）は，本件明細書において，本件各発明は，米糠を麹菌で培養した物を玄米麹と位置付けているから，原告の主張は前提を誤ったものであると主張しました。

　判決においては，「『産業上利用することができる発明』とは，広く工業，農業，商業，鉱業等を包含する『産業』上利用可能な発明であることを明らかにし，学術的，実験的にのみ利用することができるような発明などは除く趣旨であり，米糠粉末から真実の玄米麹ができるかどうかは，上記の意味における『産業上利用することができる発明』の該当性の有無の判断を左右するものではないから，原告の主張は，その主張自体失当である」とされました。

(2)　産業上の利用可能性の判断

　上記の審決及び判決は，従来の学説や審査基準に沿った解釈をしたものであり，産業上の利用可能性についての解釈は，特許制度の目的に沿って，厳密に解釈するのではなく，緩やかに解釈されています。

〔熊谷　健一〕

22 産業上の利用可能性(2)――医療的発明

(1) 手術や治療の方法などは特許の対象となりますか。リハビリの方法や介護の方法も同じですか。

(2) 現代では，様々な医療関連発明があるようですが，どのようなタイプのものがあるのでしょうか。

　　医療行為が医師により行われるものであり，人道的にも特許対象から除外すべきであると考えられてきました。このため，わが国においては，医療業が産業ではないとし，医療的発明に関しては，産業上の利用可能性を満たさないとしてきましたが，技術の進歩を踏まえ，審査基準を改訂し，医療的発明についても特許を付与するようになってきました。

☑キーワード

産業上の利用可能性，医療行為，医療関連発明

解　説

1　設問(1)について

(1) 従来の考え方

わが国においては，医療機器や医薬品は，「物の発明」として，それらを生

第２章◇特許要件
第２節◇産業上の利用可能性

産する方法は，「方法の発明」として特許権の対象とされますが，「人間を手術，治療又は診断する方法」である医療行為は，特許法における明文の規定はありませんが，研究開発政策的理由及び人道的理由から，「産業上利用することができる発明」には該当しないとされ，特許権の対象としない運用が行われていました。

2000年12月に公表された審査基準においては，以下のような行為には特許権が与えられないとされていました。

（a）　**人間を手術する方法**

外科的手術方法，採血方法，美容・整形のための手術方法などです。手術のための予備的処置方法も手術と密接不可分なものであるから，人間を手術する方法に含まれます。

（b）　**人間を治療する方法**

投薬・注射・物理療法などの手段を施す方法，人工臓器・義手などの代替器官を取り付ける方法など。なお，健康状態を維持するために処置する方法を含めた病気の予防方法や，治療のための予備的処置方法，治療の効果を上げるための補助的処置方法，看護のための処置方法なども人間を治療する方法に含まれます。

さらに，「人間から採取したもの（例：血液，尿，皮膚，髪の毛）を処理する方法，又はこれらを分析するなどして各種データを収集する方法」のうち，「採取したものを採取した者と同一人に治療のために戻すことを前提にして，採取したものを処理する方法（例：血液透析方法）」は医療行為に該当します。

（c）　**人間を診断する方法**

医師が病気の発見，健康状態の認識等の医療目的で，身体・器官の状態・構造を計測するなどして各種の資料を収集する方法，及び該収集方法に基づき病状等について判断する方法を意味します。なお，上記計測の方法や計測のための予備的処置方法も人間を診断する方法に含まれます。

特に，「人間から採取したもの（例：血液，尿，皮膚，髪の毛）を処理する方法，又はこれらを分析するなどして各種データを収集する方法」のうち，「採取したものを採取した者と同一人に治療のために戻すことを前提にして，採取したものを処理する方法（例：血液透析方法）」は医療行為に該当するとされており，

細胞を採取者と同一人に戻す手法による再生医療・遺伝子治療における細胞の処置方法は，たとえ採取方法や接種方法が方法中に含まれていない場合であっても医療行為に該当し，特許権を付与しないという判断がなされていました。

（2）審査基準の改訂

審査基準に対しては，研究開発促進，産業振興等の観点から，「再生医療・遺伝子治療関連技術等の先端医療技術」や「医療機器，医薬品等の使用方法」について，見直しを求める要請があり，医療行為に関する特許出願に対する拒絶査定の維持を認めた特許庁の審決を支持する判決が東京高裁によりなされました。しかし，判決においては，「特許法の解釈上医療行為自体も産業上利用することのできる発明に該当するとの原告の主張は傾聴に値するが，医師に特許権侵害の責任を追及されることになるのではないかと恐れさせるような状況に追い込む特許制度は，医療行為というものの事柄の性質上著しく不当であるというべきであり，特許法に特段の措置が講じられていない以上，医療行為の発明を産業上利用できる発明としないと解する以外にない」とする旨が判示されました。

このような背景から，審査基準の改訂を行い，医療関連発明の特許性を明確にすることとなりました。

（a）2003年8月

「遺伝子組換え製剤などの医薬品及び培養皮膚シート等の医療機器を製造するための方法」は，同一人に戻すことを前提としている場合であっても特許の対象とすることが明示されました。

また，「医療機器が有する機能を方法的に表現したものであって，かつ，特許請求の範囲に直接人体に適用する工程が含まれていない場合」（例えば装置内の制御プロセスにとどまる場合）は，産業上利用することができる発明の対象から除外しないことが明示されました。

（b）2005年4月

「医療機器の作動方法」を医療機器自体に備わる機能を方法として表現したものであるとして，特許の対象であることが明示され，「医療機器の作動方法」には，医師の行為（例：医師が症状に応じて処置するために機器を操作する行為）や機器による人体に対する作用（例：機器による患部の切除）を含む方法は含まれ

第2章◇特許要件
第2節◇産業上の利用可能性

ないことが明示されました。

　(c)　2009年11月

　「人体から各種の資料を収集する方法」は，手術や治療の工程や，医療目的で人間の病状等を判断する工程を含まない限り，「人間を診断する方法」に該当しないことが明示されました。

　「細胞の分化誘導方法等」は，「人間を手術，治療又は診断する方法」に該当しないことが明記されました。

(3)　現行の審査基準の概要

　2015年10月に全面改訂された現行の審査基準においては，人間を手術，治療又は診断する方法の発明に関し，人間を手術，治療又は診断する方法は，通常，医師（医師の指示を受けた者を含みます。以下同じ）が人間に対して手術，治療又は診断を実施する方法であって，いわゆる「医療行為」といわれているものであるとされています（同第Ⅲ部第1章3.1.1）。

　そして，「人間に対する避妊，分娩等の処置方法」及び「人間から採取したものを採取した者と同一人に治療のために戻すことを前提にして，採取したものを処理する方法（例：血液透析方法）又は採取したものを処理中に分析する方法」（後述する一部の方法を除きます）は，「人間を手術，治療又は診断する方法の発明」に含まれるとされています。

　なお，手術，治療又は診断する方法の対象が動物一般であっても，人間が対象に含まれないことが明らかでなければ，「人間を手術，治療又は診断する方法の発明」として取り扱われるとされており，具体的には，以下のとおりです（同上）。

　(a)　**人間を手術する方法**（同3.1.1(1)）

　人間を手術する方法として，「人体に対して外科的処置を施す方法」（切開，切除，穿刺，注射，埋込を行う方法等を含みます），「人体内（口内，外鼻孔内及び外耳道内は除きます）で装置（カテーテル，内視鏡等）を使用する方法」（装置を挿入する，移動させる，維持する，操作する，取り出す方法等を含みます），「手術のための予備的処置方法」（手術のための麻酔方法，注射部位の消毒方法等を含みます）が明示されています。

　そして，人間を手術する方法には，美容又は整形のための手術方法のよう

166

に，治療や診断を目的としないものも含まれるとされています。

(b) **人間を治療する方法**（同3.1.1(2)）

人間を治療する方法として，「病気の軽減及び抑制のために，患者に投薬，物理療法等の手段を施す方法」，「人工臓器，義手等の代替器官を取り付ける方法」，「病気の予防方法」（例：虫歯の予防方法，風邪の予防方法），「治療のための予備的処置方法」（例：電気治療のための電極の配置方法），「治療の効果を上げるための補助的処置方法」（例：機能回復訓練方法），「看護のための処置方法」（例：床ずれ防止方法）が明示されており，健康状態を維持するために処置する方法（例：マッサージ方法，指圧方法）も，病気の予防方法として取り扱うとされています。

(c) **人間を診断する方法**（同3.1.1(3)）

人間を診断する方法として，医療目的で，「人間の病状や健康状態等の身体状態又は精神状態」又は「人間の病状や健康状態等の身体状態又は精神状態に基づく処方や治療又は手術計画」について判断する工程を含む方法をいうと明示されており，例として，「MRI検査で得られた画像を見て脳梗塞であると判断する方法」が示されています。

このように，審査基準においては，人間を治療する方法の発明に，「治療の効果を上げるための補助的処置方法」や「看護のための処置方法」が含まれるとされているため，医療目的を有するリハビリの方法や介護の方法は，特許を取得することができないことになります。

2 設問(2)について

(1) 特許取得が可能な発明

現行の審査基準においては，「人間を手術，治療又は診断する方法の発明」に該当しない発明として，以下のように明示されています（同第Ⅲ部第1章3.2.1）。

(a) **医療機器，医薬等の物の発明**（同3.2.1(1)）

医療機器，医薬自体は，物であり，「人間を手術，治療又は診断する方法」に該当せず，これらを複数組み合わせた物も，「人間を手術，治療又は診断する方法」に該当しないとされています。

第2章◇特許要件
第2節◇産業上の利用可能性

(b)　医療機器の作動方法（同3.2.1(2)）

　医療機器の作動方法は，医療機器自体に備わる機能を方法として表現したものであるため，「人間を手術，治療又は診断する方法の発明」に該当しないとされており，「医療機器の作動方法」には，医療機器内部の制御方法に限らず，医療機器自体に備わる機能的又はシステム的な作動（例：操作信号に従った切開手段の移動や開閉作動又は放射線，電磁波，音波等の発信や受信）が含まれるとされています。

　ただし，特許請求の範囲に，「医師が行う工程」（例：医師が症状に応じて処置するために機器を操作する工程）又は「機器による人体に対する作用工程」（例：機器による患者の特定部位の切開若しくは切除又は機器による患者の特定部位への放射線，電磁波，音波等の照射）の工程が含まれる場合は，「医療機器の作動方法」には該当しないとされています。

(c)　人間の身体の各器官の構造又は機能を計測する等して人体から各種の試料を収集するための方法（同3.2.1(3)）

　人間の身体の各器官の構造又は機能を計測する等して人体から各種の試料を収集するための，「人体から試料又はデータを収集する方法，人体から収集された試料又はデータを用いて基準と比較するなどの分析を行う方法」又は「人間の各器官の構造又は機能の計測のための予備的処置方法」は，「人間を診断する方法」に該当しないとされています。ただし，医療目的で「人間の病状や健康状態等の身体状態又は精神状態」又は「人間の病状や健康状態等の身体状態又は精神状態に基づく処方や治療又は手術計画」について判断する工程を含む場合を除くとされています。

(d)　人間から採取したものを処理する方法（同3.2.1(4)）

　人間から採取したもの（例：血液，尿，皮膚，髪の毛，細胞，組織）を処理する方法又はこれを分析するなどして各種データを収集する方法であって，「人間から採取したものを採取した者と同一人に治療のために戻すことを前提にしていない方法」又は「人間から採取したものを採取した者と同一人に治療のために戻すことを前提にした一部の方法」は，「人間を手術，治療又は診断する方法の発明」に該当しないとされています。

　そして，「人間から採取したものを採取した者と同一人に治療のために戻す

ことを前提にした一部の方法」として、「人間から採取したものを原材料として，医薬品（例：血液製剤，ワクチン，遺伝子組換製剤，細胞医薬）を製造するための方法」、「人間から採取したものを原材料として，医療材料（例：人工骨，培養皮膚シート等の，身体の各部分のための人工的代用品又は代替物）を製造するための方法」、「人間から採取したものを原材料として，医薬品又は医療材料の中間段階の生産物を製造するための方法（例：細胞の分化誘導方法，細胞の分離又は純化方法）」、「人間から採取したものを原材料として製造された，医薬品若しくは医療材料又はこれらの中間段階の生産物を分析するための方法」が明示されています。

(2) 特許取得が可能な発明の具体例

審査ハンドブック（附属書D「３．発明該当性及び産業上の利用可能性に関する審判決例」）には、「筋力トレーニング方法」についての事例が掲載されています。

この事例は、「筋肉に締めつけ力を付与するための緊締具を筋肉の所定部位に巻付け，その緊締具の周の長さを減少させ，筋肉に負荷を与えることにより筋肉に疲労を生じさせ，もって筋肉を増大させる筋肉トレーニング方法であって，筋肉に疲労を生じさせるために筋肉に与える負荷が，筋肉に流れる血流を止めることなく阻害するものである筋力トレーニング方法」という発明が「人間を手術，治療又は診断する方法」に該当するか否かが争われました。

そして、特許権の設定登録後，特許無効審判の請求がなされましたが，審決においては、「本件発明は，医療行為方法，業として利用できない発明，実際上明らかに実施できない発明のいずれにも該当しないから，『産業上利用することができる発明』に該当する」とされたため，知的財産高等裁判所に審決取消訴訟が提起されました。

審決取消訴訟においても、「本件発明は，いわゆるフィットネス，スポーツジム等の筋力トレーニングに関連する産業において利用できる技術を開示しているといえ，本件明細書中には，本件発明を医療方法として用いることができることについては何ら言及されていないことを考慮すれば，本件発明が，『産業上利用することができる発明』であることを否定する理由はない」とされ，医療行為方法についても、「本件発明が治療方法あるいは医業類似行為に用いることが可能であったとしても，本件発明が『産業上利用することができる発

第2章◇特許要件
第2節◇産業上の利用可能性

明』であることを否定する根拠にはならない。」とされました。

　このように，医療目的でないことが明らかな場合には，「人間を手術，治療又は診断する方法」に該当しないため，特許を取得することができることとなります。

〔熊谷　健一〕

第3節　新　規　性

 　新規性(1)――公知

(1) 特許法では公然知られた発明は特許されないそうですが,「公然」とはどういう意味ですか。また,「知られた」とは現に誰かが知っている必要がありますか。それとも知られ得る状態であればよいのですか。
(2) 庭に設置された特許製品で塀から覗くとその外形がわかる場合や, 完成品の内部の特許製品を見ようとしても分解すれば破壊されてしまうような場合, あるいは特殊な技術を用いなければ発明の内容がわからない工夫をしている場合でも「公然知られた」ということになりますか。

(1) 「公然」とは秘密を脱した状態をいい,「公然」知られたといえるかについては, 発明の内容を知った人が守秘義務を負うのかが重要なメルクマールになります。また, 特許法29条1項の文言解釈からは,「知られた」といえるためには, 発明の内容を現に誰かが知っている必要があると解さざるを得ませんが, 知られ得る状態にあることが立証されれば, 特段の反証がない限り, 現に知っていたと推認して差し支えありません。
(2) 発明の内容が特許製品の内部にあるのであれば, 庭に設置された特許製品で塀から覗くとその外形がわかるというだけでは「公然知られた」とはいえません。また, 完成品の内部の特許製品を見ようとしても分解すれば破壊されてしまうような場合, あるい

第2章◇特許要件
第3節◇新　規　性

> は特殊な技術を用いなければ発明の内容がわからない工夫をして
> いる場合も，発明の内容を技術的に理解することはできませんの
> で，直ちには「公然知られた」とはいえません。

☑キーワード

公知，公用，刊行物等記載，守秘義務

解　説

1　新　規　性

　特許法は，発明を奨励することによって産業の発達に寄与することを目的と
していますが，既に公開された従来技術と同一の発明に特許を付与しても，産
業の発達に寄与することはありません。かえって，特許による独占権の付与が
従来技術の自由利用を阻害し，産業の発達を損なう結果を招きます。このた
め，従来技術と異なる新規な発明であること（新規性）は，特許付与の要件と
されています。具体的には，特許法29条1項は，次の3つの場合に，新規性が
失われ特許を受けることができないものとしています。
　①　特許出願前に日本国内又は外国において公然知られた発明（公知）
　②　特許出願前に日本国内又は外国において公然実施をされた発明（公用）
　③　特許出願前に日本国内又は外国において，頒布された刊行物に記載され
　　た発明又は電気通信回線を通じて公衆に利用可能となった発明（刊行物等
　　記載）
　なお，新規性の判断基準時は，出願の「日」ではなく，具体的な出願の「時
刻」ですので，午前中に公開した発明を同じ日の午後に出願しても新規性は失
われているということになります。
　以下では，上記①の公然知られた発明（公知）について説明していきます。

172

Q23◆新規性(1)─公知

2 「公然」とは

「公然知られた発明」にいう「公然」は，秘密を脱した状態のことと理解されています。

　例えば，発明の内容が多くの人に知られることとなっても，全員が守秘義務を負い，実際に秘密として守っている場合には，未だ秘密を脱した状態には至っていませんので，「公然」知られたものとは評価されません。反対に，発明の内容を知ったのが特定の一人であったとしても，その人が守秘義務を負担していない場合には，既に秘密を脱した状態に至っていますので，「公然」知られたものと評価されることになります。

　したがって，「公然」知られたといえるかについては，発明の内容を知った人が守秘義務を負うのかが重要なメルクマールになります。守秘義務は，法律や秘密保持契約等の契約によって生じるほか，「社会通念上又は商慣習上，発明者側の特段の明示的な指示や要求がなくとも，秘密扱いとすることが暗黙のうちに求められ，かつ，期待される場合においても生じる」とされています[1]。

　裁判例では，発明者が資金援助等の依頼のために2，3名の者に示しただけでは公知とならないとした事例[2]，試作機用の枠の木型の供給者等が供給先の工場で試作機を目撃したとしても，秘密保持の約旨の下に立ち会った可能性があるとして直ちに公知であるとはいえないとした事例[3]，図面の作成者が同図面を他の会社を通して官庁に提出しただけでは公知とはならないとした事例[4]，家族同様の者が家内で中空助燃器を製作所持していたのを目撃したとしても，不特定多数人によって認識し得る状態に置かれたとすらいうことはできないから公知とはならないとした事例[5]，コンクリート製構造物を作製するための内型枠構造を用いた工事には多数の関係者が関与しているが，同工事が防衛庁の施設であることから，構造や強度など設備の具体的な内容につき高い機密性が求められることは容易に推認されるとして公知であるとはいえないとした事例[6]などがあります。

　一方で，道路占用の許可の出願に添付された設計書等が建設局道路部管理課に存置され，閲覧希望者に対する閲覧に供されていた場合には，黙秘の義務を

173

第2章◇特許要件
第3節◇新　規　性

負わず，また黙秘を期待できない第三者が閲覧できる状態にあるから公知であるとした事例[7]，取引先への商品出荷について，明示的に守秘義務を負担させずに外部の者に商品を販売することは，社会一般の取引通念に照らせば，当該商品の存在や構成に関する情報をもはや秘密にする必要はないということであるとして「公然」実施を認めた事例[8]などがあります。

　裁判例も発明等の内容を知った（あるいは知り得る）人が守秘義務を負うかによって「公然」知られた（あるいは「公然」実施した）かどうかを判断していると理解できますが，いかなる場合に守秘義務を負うのかについてはケース・バイ・ケースの判断になっています。

3 公然「知られた」といえるためには現実に知られていることが必要か

　公然「知られた」といえるためには発明の内容が現実に知られていることが必要かについては，知られている必要があるとする裁判例[9]と知られ得る状態にあれば足りるとする裁判例[10]に分かれています。

　たしかに，立証の面を考えると，発明の内容が守秘義務のない第三者に知られ得る状態にあったことまではいえても，現実に知ったことまでを立証することは通常は困難です。また，特許法29条1項で公知（1号）と並列されている公用（2号）及び刊行物等記載（3号）は知られ得る状態で足りるところ，公知，公用及び刊行物等記載はいずれも新規性喪失事由ですので，公知についてだけ殊更に現実に知られたことを求める実益は乏しいとの指摘も正当と思われます。

　しかしながら，特許法29条1項が，知られ得る状態で足りる公用及び刊行物等記載とは別に，公然「知られた」発明（公知）を新規性喪失事由として規定している以上は，現行法の文言解釈としては，公知といえるためには発明の内容が現実に知られていることまでが必要と解さざるを得ません。

　もっとも，公知といえるためには，まずは発明の内容が守秘義務のない第三者に知られ得る状態にあることが最低限必要になります。そして，この点が立証されれば，特段の反証がない限り，現実に知られていることまで推認して差し支えありません。したがって，実務的には両説の違いはさほど大きくはあり

174

ません。この点，大阪地判平24・10・4☆11は，発明の内容が記載された図面が情報公開法による公開の対象となっており，守秘義務のない第三者にも入手可能な状態にはあったものの，出願前に情報公開請求によって第三者に開示された事実はなかったと認めて公知とはいえないと判断しています。これは，上記の特段の反証がなされた事例と位置付けられますが，両説の違いは，このような反証を許すか否かに尽きると思われます。

4 設問(2)の具体例について

「公然知られた」というのは，発明の内容が技術的に理解されたことを意味し，公知の事実を基にその時点での技術常識を参酌して当業者が導き出せる事項も公知となります。

例えば，特許製品が庭に設置されて塀から覗くとその外形がわかるような場合でも，特許発明の技術的特徴が製品の内部にあるのであれば，単に外形がわかるというだけでは，発明の内容が技術的に理解されたとはいえず，公知とはいえません。反対に技術的特徴が製品の外形にあり，外形さえわかれば技術常識を参酌するなどして発明の内容が技術的に理解できるというのであれば，公知といえます。

また，上記のとおり，公知といえるためには，少なくとも発明の内容が守秘義務のない第三者に知られ得る状態にあることが必要です。特許製品を取引先に販売したり，市場に流通させたりした場合は，通常は知られ得る状態に置いたと判断されます。しかしながら，完成品の内部の特許製品を見ようとしても分解すれば破壊されてしまうような場合は，特許製品から発明の内容を技術的に理解することはできませんので，知られ得る状態に置いたとは評価できません。また，特殊な技術を用いなければ発明の内容がわからない工夫をしている場合，その部分については，公知の事実をもとにその時点での技術常識を参酌して当業者が導き出せる事項を超えており，発明の内容を知られ得る状態に置いたとは評価できません。したがって，このような場合は公知とはいえません。

〔辻村　和彦〕

第 2 章◇特許要件
第 3 節◇新　規　性

■判　例■

☆1　東京高判平12・12・25（平11（行ケ）368号）裁判所ホームページ。

☆2　大判昭 3・9・11民集 7 巻10号749頁。

☆3　大判昭17・4・17民集21巻374頁。

☆4　大判昭17・5・18民集21巻560頁。

☆5　東京高判昭23・7・12取消集昭23‐33年21頁。

☆6　大阪地判平24・10・4判時2202号104頁。

☆7　東京高判昭34・8・18行集10巻 8 号1552頁。

☆8　東京地判平17・6・17判時1920号121頁，（控訴審）知財高判平17・10・26（平17（ネ）10096号）裁判所ホームページ。

☆9　東京地判昭48・9・17判時736号63頁，東京高判昭54・4・23無体集11巻 1 号281頁，東京高判昭54・5・30取消集昭54年685頁，前掲☆6・大阪地判平24・10・4など。

☆10　前掲☆7・東京高判昭34・8・18，東京高判昭51・1・20無体集 8 巻 1 号 1 頁など。

☆11　前掲☆6・大阪地判平24・10・4。

24 新規性(2)——公用

(1) 出願前に販売された発明は特許されないという話を以前聞いたのですが，今でもそうですか。
(2) 出願前に販売はしていなかったものの展示会へ出品していた場合や，量販店に販売してもらうために営業活動で量販店の社員に新商品の社員を見せていた場合でも特許される可能性がありますか。
(3) 出願前に展示会に出品していた製品が複雑な構造の場合，どの範囲で公然実施が認定されるでしょうか。

(1) 特許法29条1項2号は，「特許出願前に日本国内又は外国において公然実施をされた発明」について新規性がないと規定しており，出願前に販売された発明は原則として特許を受けることができません。もっとも，特許法30条には新規性喪失の例外が定められています。
(2) 展示会に実施品を出品すると，不特定多数の人の目に触れますので，分解をしてみなければ発明内容が理解できないよう場合を除き，新規性を失うことになります。他方，営業活動で新商品を量販店社員に見せる場合，量販店社員に守秘義務があることが認定されれば，新規性を失わないと解されています。
(3) 展示会に出品された製品が複雑な構造であり，一般人には発明の内容が理解できなかったとしても，当業者が技術常識を参酌すれば展示内容や出品者の説明から発明の内容を導き出せるような場合には，公然実施に当たります。

☑キーワード

公然実施，新規性，新規性喪失の例外

第2章◇特許要件
第3節◇新　規　性

解　説

1　公然実施（公用）とは

　特許制度は，新たな技術思想を社会に公開することの代償としてこれに独占権を付与するものです。既に公開されている技術思想についてはこのような独占権を与える必要性が失われますので，新規性を欠くものとして，特許出願の拒絶理由（特49条2号），無効理由（特123条1項2号）を構成します。公然実施（公用）は，新規性を欠く場合の1つに当たります（特29条1項2号）。

　特許庁審査基準において，「公然実施をされた発明」とは，「その内容が公然知られる状況又は公然知られるおそれのある状況で実施をされた発明」をいうと定義されています。ここで，「公然知られる状況」とは，例えば，工場で，ある物の製造状況を不特定の者に見学させた場合において，その製造状況をみれば，当業者がその発明の内容を容易に知ることができるような状況をいい，「公然知られるおそれのある状況」とは，例えば，工場で，ある物を製造する状況を不特定の者に見学させた場合において，(i)その製造状況を見た場合に，製造工程の一部については装置の外部を見てもその内容を知ることができないものであり，しかも，その部分を知らなければその発明全体を知ることはできない状況であって，かつ，(ii)見学者がその装置の内部を見ること，又は内部について工場の人に説明してもらうことが可能な（工場で拒否しない）状況を指す，と説明されています（審査基準第Ⅲ部第2章第3節3.1.4，審査ハンドブック第Ⅲ部第2章3213）。

　このように，不特定の者が発明の内容を知り得る状況を作り出した場合には，仮に，実際には発明の内容が誰にも知られることがなかったとしても，公然実施に当たるとされていることに注意が必要です。

　また，同審査基準は，「公然実施をされた発明」が，機械，装置，システム等を用いて実施されたものである場合，審査官は，発明が実施された時における技術常識を参酌することにより当業者が導き出せる事項も，認定の基礎とす

ることができると説明しています。ですから，発明の内容のすべてが開示され
ていなくても，公然実施が認められる場合があるということになります。

2 屋外での実施

発明の性質上，実施するためには屋外で行わざるを得ないケースがあります。このような発明を出願前に実施する場合には，少なくとも発明の核心部分が不特定の者の目に触れるおそれがないように，第三者の立ち入りを禁止する等の措置をとっておく必要があります。

温泉水汲み上げ装置事件[1]において，知財高裁は，「被告敷地内の温泉井戸は，被告が資材置場として使用している被告の敷地内に位置し，上記敷地と公道との境には金網フェンスが設置されており，『温泉改善装置移設試験』の実施の際には，第三者の立入りが禁止されていたのであるから，原告が主張するように第三者が現場付近の公道からその内容を実施している様子を一応垣間見ることができたとしても，それ以上に，本件訂正後発明1（本件発明1と同じ）の核心をなす『坑内に深層部まで挿入されて前記坑の孔底に固定され，その深層部に配置される端部に排水口を有する』様子の詳細は，見ることができなかったというべきであり，また，第三者が希望すればその発明の内容を開示する状況にあったということも認められないから，本件発明1は秘密を保持されたまま実施されたというべきであり，公然実施されたものと認めることはできない」と述べて，公然実施を否定しています。

3 実施品の販売

公然実施が認められる最も典型的なケースは，市場における実施品の販売です。実施品の形状や機能自体から発明内容を知り得る場合はもちろんのこと，たとえその実施品が容易に分解できない構造であったり，特殊な技術を用いて解析しなければ発明内容がわからないものであったりしても，専門的知識や技術をもって分解や解析を施せば発明内容を知り得る場合には，「公然知られるおそれのある状況」に当たると考えられます。購入者は所有者である以上，当

第2章◇特許要件
第3節◇新　規　性

該商品を自由に分解したり解析したりすることができるからです。

　他方で，実施品を分解したり解析したりしても，それだけでは発明の内容を知ることができない場合には，公然実施されていたとはいえず，新規性を欠くことにはなりません。アミノ酸含有医薬用顆粒製剤事件[☆2]において，裁判所は，「発明の実施品が市場において販売されている場合には，特段の事情のない限り，当該実施品を分析してその構成ないし組成を知り得るのが通常」であるとしつつも，被告製剤の製造方法は，企業秘密として厳格に管理されており，その含有成分の組成は公開されているものの，その他の情報は外部に開示されておらず，第三者が市販されている被告製剤を解析して被告製剤の構成や被告製剤の製造方法を知ることは，当業者が通常に利用可能な分析技術によっては極めて困難であるとして，公然実施を否定しています。

4　展示会への出品

　では，出願前に展示会に出品したというケースはどうでしょうか。

　まず，展示会において実施品である試供品を配布した場合は，実施品の販売と同様に考えるべきです。また，展示会に出品された実施品の形状や機能自体から，当業者が技術常識を参酌することにより発明内容を知り得る場合には，公然実施に当たるでしょう。

　これに対し，分解・解析をしなければ内容がわからない複雑な構造の発明である場合には，単に展示会に出品したというだけでは，「公然知られるおそれのある状況」を作り出したとはいえないと考えます。展示会に訪れた第三者が展示品を見学したり手にとったりすることは許されていても，展示品を分解することは一般に許されないからです。もっとも，展示品の内部構造がパンフレットや映像により詳しく解説されていたり，展示会に出席していた担当者に質問することにより第三者が内部構造について説明を受けることができたりした場合には，公然実施が肯定される可能性があります。

　出願前に展示会に出品をしてしまったという場合には，後述の新規性喪失の例外規定の適用を受けるようにしておくべきです。

Q24◆新規性(2)—公用

5 守秘義務を負う相手方への開示

　発明の内容を第三者に開示したとしても，その相手方が発明者に対し秘密保持義務を負う場合には，公然実施には当たらないと解されています。6本ロールカレンダーの構造及び使用方法事件[☆3]において，裁判所は，特許法29条1項1号に関して，「発明者のために秘密を保つべき関係は，法律上又は契約上秘密保持の義務を課せられることによって生ずるほか，社会通念上又は商慣習上，発明者側の特段の明示的な指示や要求がなくとも，秘密扱いとすることが暗黙のうちに求められ，かつ，期待される場合においても生ずる」と判示されていることからすれば，必ずしも秘密保持契約が交わされていることまでは要求されていません。

　また，コンクリートの型枠構造事件[☆4]において，裁判所は，出願前に行われた工事において発明を実施した構造の内型枠が使用され，当該工事には多数の関係者が関与したことが窺われ，その装置の寸法が大きいことから，守秘義務を負う工事関係者以外の者が，工事で使用された内型枠を目撃した可能性を否定することもできないとしつつも，守秘義務を負わない第三者が，単に，その内型枠の存在を目撃したというだけではなく，発明の構造を認識したということがあったと認めるに足りる証拠はないと判示して公然実施を否定しています。

　一見，公然実施を狭く認定したようにも読めますが，同事件では，問題となった工事が一般人の立ち入ることができない自衛隊駐屯地内のものであったという特殊性が考慮されたものと思われます。

　やはり，近い将来特許出願を予定しているのなら，情報の開示は最小限にとどめ，開示の相手方との間で秘密保持契約を締結するなどしておいたほうがよいでしょう。

　なお，実施品を販売したとしても，説明書やパッケージに，分解を禁止する旨記載しているので，守秘義務を課したことになるとの主張がなされることがありますが，そのような説明書の法的拘束力には疑問がありますし，不特定の者に販売した以上は公然実施に該当すると考えます。

181

第2章◇特許要件
第3節◇新　規　性

　棒状ライト事件は，実施品のパッケージ裏面に「意図的に分解・改造したり
しないでください。破損，故障の原因となります。」との記載があった事案で
すが，知財高裁は，「その記載内容等に照らすと，意図的な分解・改造が本件
製品の破損，故障の原因となることについて購入者の注意を喚起するためのも
のにすぎないといえる。本件製品のパッケージ裏面の意図的な分解・改造が破
損，故障の原因となる旨の記載により，この記載を看取した購入者がそれでも
なお意図して本件製品を分解し，本件製品を破損・故障させるなどした場合に
ついては，販売者等に対し苦情を申し立てることができないということはある
としても，この記載を看取した購入者に本件製品の構成を秘密として保護すべ
き義務を負わせるものとは認められず，そのような法的拘束力を認めることは
できない。また，上記記載があるからといって，社会通念上あるいは商慣習
上，本件製品を分解することが禁止されているとまでいうことはできず，秘密
を保つべき関係が発生するようなものともいえない」と判示しています☆5。

6　新規性喪失の例外

　先に述べたように，公然実施をされた発明は原則として特許を受けることは
できませんが，この原則を貫くと発明者にとって酷な場合もあり，産業の発達
への寄与という特許法の趣旨にそぐわないことから，一定の条件を満たす場合
には，新規性を喪失しないという規定（特30条）が設けられています。
　新規性喪失の例外規定の適用を受けるためには，出願と同時に，発明の新規
性喪失の例外規定の適用を受けようとする旨を記載した書面を提出し，出願か
ら30日以内に，発明の新規性喪失の例外規定の適用の要件を満たすことを証明
する書面を提出する必要があります。平成30年の特許法改正によって，発明の
新規性喪失の例外期間が6ヵ月から1年に延長されました。
　具体的な手続については，特許庁が「平成30年改正法対応・発明の新規性喪
失の例外規定の適用を受けるための出願人の手引き」，「平成30年改正法対応・
発明の新規性喪失の例外規定についてのQ＆A集」を公表していますので，参
照してください。

Q24◆新規性(2)—公用

7 被疑侵害者の立場から

　特許侵害訴訟において，被告は，特許無効の抗弁として公然実施を主張することができます。特許庁の実体審査は，刊行物の調査が主であり，データベースの充実により調査の精度は上がっているため被告独自で公知資料を探すことは難しくなっていますが，公然実施については特許庁よりもライバル会社である被告のほうが情報を得ていることが少なくありません。

　したがって，被告（あるいは警告を受けた被疑侵害者）としては，出願前の新聞・雑誌，展示会のカタログ，パンフレット，展示会の写真，ウェブサイト，出願前に納められた実施品の現物などがないかどうかを調査されることをお勧めします。

〔福田　あやこ〕

━━ ▓判　例▓ ━━━━━━━━━━━━━━━━━━━━━━━━━━

　　☆1　知財高判平17・9・8裁判所ホームページ。
　　☆2　東京地判平17・2・10判時1928号172頁。
　　☆3　東京高判平12・12・25特許判例百選〔第4版〕22頁。
　　☆4　大阪地判平24・10・4判タ1399号237頁。
　　☆5　知財高判平28・1・14判時2310号134頁。

第2章◇特許要件
第3節◇新　規　性

 新規性(3)──刊行物記載・電子的技術情報

(1)　刊行物とはどのようなものですか。「頒布された」とは現実に誰かが刊行物を見た事実を必要とするのでしょうか。
(2)　インターネットで公表された技術情報はどのように取り扱われるのでしょうか。
(3)　先行文献等の技術情報に文字としては明記されていなくても，先行技術として認定されることがあるでしょうか。

(1)　「刊行物」とは，公衆に対し頒布により公開することを目的として複製された文書・図画等の情報伝達媒体を指します。「頒布された」とは，誰かが当該刊行物を一般に閲覧可能な状態で配布されることを意味し，現実に誰かが見た事実は必要とされません。
(2)　インターネットで公開された技術情報は，電気通信回路を通じて公衆に利用可能となった技術情報（電子的技術情報）として，刊行物記載と同様に発明の新規性喪失事由とされています。
(3)　先行文献等の技術情報に文字として明記されていなくても，先行技術として認定される場合はあり得ます。技術の表現は文字だけに限られず，表現形式だけでなく，開示された技術的思想の実質的な対比によって判断されます。

☑キーワード

刊行物，頒布，電子的情報技術，ウェイバックマシン

Q25◆新規性(3)─刊行物記載・電子的技術情報

> **解　説**

1　刊行物記載等による新規性喪失

　特許法29条1項3号は新規性喪失事由として，特許出願前に日本国内又は外国において，頒布された刊行物に記載された発明又は電気通信回線を通じて公衆に利用可能となった発明を規定しています。前者が刊行物に記載された発明で，後者は電子的技術情報に掲載された発明で，文献等公知発明です。旧特許法（大正10年法）では新規性を喪失する刊行物は，国内頒布の刊行物に限られていましたが，現行法（昭和34年法）では世界中で頒布された刊行物に記載されている発明が対象とされ，公知（1号）及び公用（2号）は国内公知だけに限定されていましたが，平成11年特許法改正で公知公用についても場所的基準が世界中とされ（世界主義），すべての新規性喪失事由の場所的基準が全世界となりました。また，同年改正で電気通信回路を通じて公衆に利用可能となった技術情報（電子的技術情報）も発明の新規性喪失の要件として追加規定されました。

2　「頒布された刊行物」の意味

(1)　刊　行　物

　特許法29条1項3号の「刊行物」とは，頒布により公開されることを目的として複製された文書，図面等の情報伝達媒体を指すと解されており，不特定又は多数を対象にした「公開性」と配布目的という「頒布性」が必要とされています☆1。

(2)　デジタル記憶媒体

　情報伝達媒体は，かつては印刷物とその複写物（機械複写物と手書き複写物）で，公衆に対して頒布により公開することを目的として原本から複製された複写物が刊行物と把握されていましたが，その後の複製技術の発達に伴い，上記目的で複製された情報技術媒体も，写真，マイクロフィルムのほか，CD-

第2章◇特許要件
第3節◇新　規　性

ROM，フロッピーディスク，光ディスク，磁気テープ等のデジタル記憶媒体
が刊行物に加えられてきました。

(3)　頒　布　性

「頒布された」とは，誰かが当該刊行物が一般に閲覧可能な状態で配布され
ること，つまり公衆によるアクセスが可能となることを意味し，具体的に誰か
が閲覧をしたという立証は不要とされています（中山信弘『特許法〔第3版〕』126
頁）。

3　「頒布された刊行物」の事例

(1)　判　　例

「頒布された刊行物」について，判例は原本自体が公開されて公衆の自由な
閲覧に供され，かつ，その複写物が公衆からの要求に即応して遅滞なく交付さ
れる態勢が整っていれば足りるとしています（一眼レフカメラ事件☆2）。

(2)　箱尺事件

「頒布された刊行物」に関して，原本そのものが公開されて一般公衆の閲覧
に供されている場合，その原本自体を刊行物とみることができるかという議論
があり，それに関して争われた「箱尺事件」があります。これは特許庁が実用
新案登録出願前に公告されたオーストラリア特許明細書の原本が「頒布された
刊行物」に該当するとして刊行物公知を認定して拒絶査定を維持した審決の取
消訴訟で，東京高裁は特許明細書の原本が公開され請求により引用例の発明を
記載した明細書原本の複製物の交付が認められるだけでは，明細書原本が頒布
された刊行物になったとはいえないとして審決を取り消し確定しました（第1
次箱尺事件☆3）。その後の特許庁での審判手続では，同明細書の複製物である
マイクロフィルムが「頒布された刊行物」に該当するとして，再び審判請求不
成立審決をし，再度の審決取消訴訟（第2次箱尺事件）の上告審で，最高裁は当
該マイクロフィルムは特許出願の明細書の情報を広く公衆に伝達することを目
的として複製された明細書原本の複製であり，明細書の内容を印刷した複製物
と変わらず，同国特許庁の本庁及び支所に備え付けられ，同日以降はいつでも
公衆がディスプレイスクリーンを使用し，その内容を閲覧し，普通紙に複写し

てその複製物の交付を受けることができる状態であれば，出願前外国で頒布された刊行物に当たると判示しました☆4。なお，文書が情報公開法に基づく情報公開の対象文書である特殊な事案において，頒布により公開することを目的として複製されたものとはいえず，（請求があれば，その都度複製して交付することをもって，頒布ということはできない）として，頒布された刊行物に該当しないとした裁判例もあります☆5。

(3) 原本の刊行物性の議論

特許法は単に公開された技術が存在しているということを新規性喪失事由としているのではなく，「頒布された刊行物に記載されていること」を要件としており，原本が公開されているというだけで，その原本をもって刊行物とみなすことは文言上あまりに無理があるとの考え方もありますが，この問題は世界中の公開された特許等の明細書をどうみるかの問題であり，現実にはそれらが最も重要な技術文献として利用されており，それを頒布された刊行物記載に該当しないとして新規性を喪失しないことになる不都合が指摘されていますが，この点は平成11年特許法改正で公知公用の場所的制限がなくなり，外国での公知公用も新規性喪失事由となり，外国で公開された特許明細書原本に記載された発明も外国公知公用の発明として新規性喪失事由となったことから，原本の刊行物性の議論の実益はなくなりました（中山信弘編『注解特許法〔第3版〕（上巻）』237頁〔中山信弘〕）。

4 電子的技術情報

(1) 平成11年度特許法改正

平成11年特許法改正で，頒布された刊行物記載発明のほかに「電気通信回路を通じて公衆に利用可能となった発明」も新規性喪失事由に追加されましたが，これはインターネット等の電気通信回路を通じて公表され，提供される技術情報（電子的技術情報）は，頒布された刊行物記載の技術情報と同様に価値を有し，伝達可能で研究者が研究成果を早期に公表する目的として利用するケースも増えていることから，追加されたものです。

第2章◇特許要件
第3節◇新　規　性

(2)　公衆に利用可能

「公衆に利用可能」とは，不特定の者が見得るような状態に置かれることを指し，現実に誰かがアクセスしたという事実は必要としません。パスワード入力や料金を支払う必要があっても不特定者がアクセス可能であればこれに該当します。

(3)　特許庁の運用指針

電子的技術情報は，先行技術として引用できることになり，「インターネット等の情報の先行技術としての取扱運用指針」（平成11年12月10日）が公表されました。「回線」とは双方向に通信可能な伝送路で，「公衆に利用可能」とは社会一般の不特定の者が見得る状態を指し，現にアクセスされた事実は必要なく，具体的にはインターネットで，リンクされ，検索エンジンに登録され，又はアドレスが刊行物等に掲載され，かつ公衆からのアクセスが制限されていない場合に公衆可能とされています。

(4)　ウェイバックマシン情報

過去のインターネットホームページの情報をそのままアーカイブとして保存した「ウェイバックマシン情報」があります。インターネット記事はデジタル技術による日時等の加工編集が可能であり，果たして信用性を備えた公知文献として引用され得るかが問題となり，公開時期に関して争われる余地があり，その信用性について，裁判例は，意匠案件で肯定例が，商標案件で否定例があります☆6。

5　発明開示の程度

(1)　発明開示の程度

刊行物や電子的技術情報に開示されている発明について，どの程度の開示が必要とされるかについて問題となります。文献に記載された技術でも必ずしも文字として明記されたものに限らず，図面，写真等から理解できる技術であれば刊行物記載とされます。また，電子通信回路を通じて公表された情報は，文字だけに限らず，また，表示されて見読可能なものに限らず，デジタル情報としてのソースコードや論理構造の解析により技術が把握され得る以上は電子的

技術情報に含まれます。

(2) 開示の程度と範囲

刊行物等の記載は，発明内容が，当該技術分野の通常の知識を有する者（当業者）であれば容易に実施できる程度に開示されていなければならないとされています[7]。具体的には，出願発明と引用例との発明の同一性の判断が問題となり，引用例としての刊行物に記載された発明の開示程度について，裁判例では「特許出願前に頒布された刊行物に技術的思想が記載されているというためには，特許出願当時の技術水準を基礎として，その刊行物に接した当業者が特別の思考を要することなく容易にその技術的思想を実施し得る程度に技術的思想の内容が開示されていることが必要である」とされています[8]。また，発明の構成要件が記載されていればよく，発明の目的や作用効果まで記載されている必要はないとされています（中山信弘『特許法〔第3版〕』126頁）。

(3) 出願発明の公知発明と同一性判断

(a) 発明の同一性は発明の構成自体に同一性があるか否かで決まり，発明の目的や作用効果の異同は本質事項ではないとされます。例として，別異の技術的課題（目的）を解決するための2つの発明であっても，開示されている技術的事項が同一である以上，発明として同一であるとした裁判例[9]があります。

(b) 公知発明が上位概念で表現され，出願発明が下位概念で表現されている場合，公知発明は具体的な開示がなく，出願発明が公知発明より顕著な作用効果がみられる場合は，いわゆる選択発明として，新規性・進歩性が肯定されます[10]。逆に，下位概念で表現された出願発明が上位概念で表現された公知技術と同一であるとして新規性を否定した裁判例もあります[11]。

(c) 刊行物に記載された公知発明と出願発明が同一であるといえるためには，当該刊行物は当業者が特別の思考を要することなく容易に当該発明を実施し得る程度に記載されている必要があります。

(4) 新規性と進歩性の判断資料としての公知発明

明示的に記載されていなくても，当業者が技術常識を参酌することで，その記載から理解し得る事項も含まれるとされていますが[12]，この文献で開示された技術に基づいてさらに推考された場合には，新規性喪失事由ではなく，進歩性の問題とされます。通常の日本人には読めない言語で記載された文献で

第2章◇特許要件
第3節◇新　規　性

あっても，新規性喪失事由になります。上記(2)は新規性喪失事由を判断する資料としての公知発明の開示程度を問題にした議論ですが，新規性と進歩性はともに特許要件の欠如を導く判断ですから，新規性要件判断資料となる公知発明との同一性が否定されても，次に進歩性要件判断資料として「容易に発明をすることができたとき」の判断資料となる公知発明の開示が認められる面があることから，新規性判断における出願発明の公知発明との同一性について厳格な基準を立てる必要性は乏しいという考えもなされています☆13。

〔谷口　由記〕

= ■判　例■ =

☆1　東京高判昭53・10・30無体集10巻2号499頁。

☆2　最判昭55・7・4民集34巻4号570頁〔一眼レフカメラ事件〕。

☆3　東京高判昭58・7・21無体集15巻2号508頁〔第1次箱尺事件〕。

☆4　最判昭61・7・17民集40巻5号961頁（潮海久雄・特許判例百選〔第4版〕26頁）〔第2次箱尺事件〕。

☆5　大阪地判平24・10・4判時2202号104頁〔内型枠構造事件〕。

☆6　意匠案件＝東京地判平17・2・23裁判所ホームページ，商標案件＝知財高判平19・3・26裁判所ホームページ。

☆7　東京高判平3・10・1判時1403号104頁〔光学活性置換ベンジルアルコール事件〕。

☆8　前掲☆7・東京高判平3・10・1（島並良・特許判例百選〔第3版〕28頁），東京地判平20・11・26判時2036号125頁〔精製アカルボース組成物事件〕（飯島歩・特許判例百選〔第4版〕28頁）。

☆9　東京高判平3・12・26判時1421号106頁〔紙用コーティング顔料事件〕。

☆10　東京高判昭38・10・31（増井和夫・特許判例百選〔第3版〕16事件）。

☆11　東京高判昭62・9・8無体集19巻3号309頁。

☆12　知財高判平26・9・25LEX/DB25446645〔誘電体磁器事件〕。

☆13　島並・前掲☆8・特許判例百選〔第3版〕28頁。

26 新規性喪失の例外

(1) 自社の開発段階の製品についての発明を退職社員が勝手に持ち出して，その社員が経営する会社から先に実施品を売り出されてしまいました。その実施品をみれば発明の内容も業界の人間であればわかってしまうようなものですが，このようなケースでも当社としては，もはや特許を取得できないのでしょうか。

(2) 特許出願前に，A社の従業員が代表者の了解を得ないで，展示会に出展していたような場合でも，特許を取得することができますか。

(1) 発明が特許を受ける権利を有する者の意に反して，特許法29条1項各号のいずれかに該当する（新規性を欠如する）ことになった発明であっても，新規性を欠如するに至った日から1年以内に特許出願をすれば，特許を取得することが可能です（特30条1項）。したがって，退職社員が経営する会社が実施品を売り出した日から1年以内に特許出願をすれば，特許を取得することが可能です。

(2) 特許出願前に，A社の従業員が代表者の了解を得ないで，展示会に実施品の出展をした場合であっても，①出展日から1年以内に特許出願をし，②特許出願時に新規性喪失の例外規定（特30条2項の規定）の適用を受けようとする旨を記載した書面を提出し，③特許出願の日から30日以内に，発明の新規性喪失の例外規定の適用の要件を満たすことを証明する書面を特許庁長官に提出すれば，特許を取得することが可能です。

第2章◇特許要件
第3節◇新　規　性

☑キーワード

　発明の新規性の喪失の例外，意に反する公知，行為に起因する公知，グレース・ピリオド

　　　　　　　　　　　解　説

1　新規性喪失の例外

　発明が特許を受けるためには，新規性（特29条1項各号）及び進歩性（特29条2項）が必要ですが，例外が一切認められていないわけではありません。発明者に帰責事由がなく，当該発明が新規性を喪失してしまう場合がありますし，また，発明者が必ずしも特許法の知識を有しているとは限りません。このような場合の救済手段として，特許法30条は一定の場合に限り，一定期間，新規性を喪失した発明について，新規性が喪失しないものとみなすことにより救済を図っています。

　この一定期間のことを「グレース・ピリオド」といっています。

　日本において発明の新規性喪失の例外期間は，現在は1年となっておりますが（特30条1項・2項），これは平成30年法律第33号「不正競争防止法等の一部を改正する法律」による特許法改正（平成30年6月9日施行）によるものであり，改正前は新規性を欠如するに至った日から6ヵ月以内に出願する必要がありました。TPP協定の発効により1年となる予定でしたが，TPP協定発効の見通しが立たなくなったことから，平成30年改正法により新規性喪失の例外期間が1年に延長されました。

2　意に反する公知

（1）趣　　旨

　特許法30条1項には「特許を受ける権利を有する者の意に反して第29条第1

項各号のいずれかに該当するに至つた発明は，その該当するに至つた日から１年以内にその者がした特許出願に係る発明についての同項及び同条第２項の規定の適用については，同条第１項各号のいずれかに該当するに至らなかつたものとみなす。」と定められています。その趣旨とするところは，特許を受ける権利を有する者と新規性を喪失させた者との間に秘密保持義務があつたにもかかわらず，これに違反して公表された場合（例えば，発明者と発明者から特許を受ける権利を譲り受けた者との関係において，特許を受ける権利の譲渡後に発明者が公表した場合）や，脅迫や詐欺等により公表した場合において，特許を受ける権利を有する者を救済する点にあります。

(2) 要　　件

特許法30条１項に記載のとおり，「特許を受ける権利を有する者の意に反して新規性喪失事由に該当した発明であること」，「新規性喪失日から１年以内に特許を受ける権利を有する者により特許出願がなされたこと」が必要です。特許法30条２項の場合と異なり，意に反する公知の場合は，特許を受ける権利を有する者が，発明が公開された事実に気付いていないことも少なくないためです。

また，特許を受ける権利を有する者の意に反することが必要であるため，発明者が発明を公表した後，発明者から特許を受ける権利を譲り受けた者には特許法30条１項は適用されません。これに対し，発明者から特許を受ける権利を譲り受けた後に，譲渡人たる発明者が発明を公表した場合は，特許法30条１項により譲受人は救済を受けることができます。

出願に当たっては，特段何らの手続も必要とはしませんが，意に反して公知になったことは，いつでも特許庁に対して意見書や上申書，証拠等を提出して主張することができます。そのため，拒絶理由通知の後に，意見書で意に反して公知になったことを主張することもできます。

(3) 効　　果

あくまで，意に反して公開された特許を受ける権利を有する者の発明との関係で，新規性欠如，進歩性欠如の要件に該当しないとするものであり，出願日を遡及させるものではありません。そのため，意に反して公知になった日から特許出願日までの間に，第三者が同一の発明について公開を行った場合には新

第2章◇特許要件
第3節◇新　規　性

規性を欠如することになります。

　なお，平成11年特許法改正前までは，特許法29条1項各号（新規性欠如）のみが適用されないこととなっていましたが，改正により特許法29条2項（進歩性欠如）についても適用がされないこととなり，当業者が公開した発明等に基づいて容易に想到可能な発明についても，救済を受けることができるようになりました。

　(4)　設問(1)について

　設問(1)の場合，退職社員は窃取ないしは秘密保持義務（信義則上のものを含みます）に違反して発明を公開（公知・公用）にしており，特許を受ける権利を有する会社の意に反して新規性が喪失されたものであることは明らかです。

　したがって，実施品の発売日から1年以内に特許出願を行えば特許を取得することが可能ですが，実施品の発売日から1年を超えた後に出願した場合や，先に第三者により同一発明が公開された場合には特許を取得することができません。そのため，実施品が売り出された事実が判明した場合は，できる限り速やかに特許出願を行ったほうが安全ということになります。

3　権利者の行為に起因する公知

　(1)　趣　　旨

　特許法30条2項は，同条1項の場合と異なり特許を受ける権利を有する者自らの行為であることから，必ずしも救済は必要がないようにも考えられます。しかしながら，発明者は技術研究者が多く，特許法に精通しているとは限らないことから，新規性欠如や進歩性欠如を厳しく捉えると，発明者に過度の負担を負わせることになるとともに，かえって「産業の発達への寄与」という特許法の目的と矛盾する結果にもなりかねません。

　そのため，特許を受ける権利を有する者自らの行為に起因して新規性を欠如することとなっても，1年間に限り救済を受けられるようにしたのが，特許法30条2項の規定になります。

　なお，平成23年特許法改正前は，特許を受ける権利を有する者自らが，試験を行い，刊行物に発表し，電気通信回線を通じて発表し，特許庁長官が指定す

Q26◆新規性喪失の例外

る学術団体が開催する研究集会において文書をもって発表し，又は特定の博覧会に出品することにより，新規性を喪失した発明に保護が限定されていましたが，発明の公開態様の多様化に十分対応できなくなっているとして，「特許を受ける権利を有する者の行為に起因して」と，保護の対象を網羅的なものとしました。

ただし，特許を受ける権利を有する者による出願行為に起因して各公報に掲載された発明については，制度の悪用を防ぐため，及び特許法に精通していない者の救済という趣旨が妥当しないため，特許法30条2項による救済の対象とはなりません（特30条2項かっこ書）。特許法30条2項かっこ書も平成23年特許法改正により追加されたものですが，改正前から同様に解されていました[☆1]。

(2) 要 件

特許法30条1項の場合とは異なり，同条2項の適用を受けるには以下の要件が必要です。出願時に記載することや，期間内に提出する証明書が必要であるため，注意が必要です。

(a) 特許を受ける権利を有する者の行為に起因して公開された発明の公開日から1年以内に特許出願をすること（特30条2項）。

これは，特許法30条1項の場合と同様です。

(b) 特許出願と同時に発明の新規性喪失の例外規定の適用を受けようとする旨を記載した書面を特許庁長官に提出すること（特30条3項）。

出願時に，特許願に特記事項として「特許法第30条第2項の規定の適用を受けようとする特許出願」と記載して，別途書面を提出しないことが一般的です。

なお，この特記事項を出願後に補正により追加することはできませんので，注意が必要です。

(c) 特許出願の日から30日以内に，新規性喪失の例外規定の適用を受けることができる発明であることを証明する書面を特許庁長官に提出すること（特30条3項）。

この証明する書面の記載例は，特許庁「平成30年改正法対応発明の新規性喪失の例外規定の適用を受けるための出願人の手引き」（平成30年6月）に記載されていますが，設問の展示会の場合であれば，①展示日，②展示会名，開催場

195

第2章◇特許要件
第3節◇新　規　性

所，③公開者，④出品内容を記載することになります。なお，証明書には出願
人による記名押印又は署名が必要であり，代理人等による記名押印又は署名は
認められません。

　また，発明者が複数の専門雑誌に論文を掲載して発明を公開した場合など，
公開された発明が複数存在する場合には，原則としてそれぞれの公開に対して
特許法30条2項の適用を受けるための手続をとる必要があり，証明書を複数提
出する必要があります。ただし，各々の公開行為が密接に関連するものである
場合には証明書の提出を省略することができます。証明書の提出が省略できる
場合の具体例については特許庁「平成30年改正法対応発明の新規性喪失の例外
規定の適用を受けるための出願人の手引き」（平成30年6月）を参照してくださ
い。

　出願人に帰責事由なく証明書を期間内に提出することができないときは，提
出することができなかった理由がなくなった日から14日以内（在外者にあっては
2月）で，30日の期間経過後6月以内に証明書を提出することで救済を受ける
ことが可能です（特30条4項）。

（3）　効　　　果

　効果については，特許法30条1項の場合と同様であり，出願日遡及の効果は
ありません。

（4）　設問(2)について

　設問(2)の場合，A社の従業員が，A社の立場で展示会に出展していたと認め
られる場合は，A社の代表者の了解がなかったとしても，法人たるA社の行為
により，新規性を失ったものと認められます。したがって，特許法30条2項の
場合に該当することから，展示会の出展日から1年以内に，特許法30条2項の
規定を受けようとする特許出願であることを明示して出願し，特許出願の日か
ら30日以内に，新規性喪失の例外規定の適用を受けることができる発明である
ことを証明する書面を特許庁長官に提出した場合には，特許権を取得すること
が可能です。

　しかしながら，できる限り速やかに特許出願を行ったほうが安全であるとい
うことについては，特許法30条1項の場合と同様です。

　また，設問(2)において，代表者個人が特許を受ける権利を有している場合

は，特許を受ける権利を有する者自らの行為に起因する公知ではなく，意に反する公知（特30条1項）に当たるとして救済を受けられる可能性があると考えられます☆2。

〔田上　洋平〕

■判　例■

☆1　最判平元・11・10判時1337号117頁。
☆2　東京高判昭47・4・26無体集4巻1号261頁。

第2章◇特許要件
第4節◇進 歩 性

第4節　進　歩　性

 進歩性(1)——判断基準

(1)　進歩性の判断基準の一般的な考え方について教えてください。
(2)　近年，特許庁や裁判所で進歩性が認められるハードルが低くなったのではないかと聞きますが，どのような傾向でしょうか。
(3)　先行文献の調査をするのにJ-PlatPatが有用だと聞きましたが，どのようなデータをどのように調査できるのでしょうか。

(1)　進歩性の判断は，請求項に係る発明が，公知技術に基づいて，当業者が容易に想到できたことの論理付けができるか否かにより行われます。その際，進歩性が否定される方向に働く諸事実（引用文献中の示唆等），及び進歩性が肯定される方向に働く諸事実（有利な効果等）が総合的に評価されます。
(2)　特許行政年次報告書2018年版（特許庁ホームページで公開中）によると，2012年に66.8％であった特許査定率が，2017年には74.6％になっており，拒絶査定不服審判や知財高裁の審決取消訴訟においても，10年前と比較して進歩性が認められやすい傾向があります。
(3)　現在，J-PlatPatで検索可能なデータには，国内の特許文献のほか，論文等の非特許文献，外国特許文献が含まれています。検索方法としては，IPCやFターム等の特許分類やキーワード（和文

と英文が可能）による検索が可能です。

☑キーワード

進歩性，論理付け，動機付け，阻害要因，J-PlatPat

$$解　説$$

1　進歩性の判断基準

（1）　なぜ進歩性を要求するのか

　特許制度は，産業の発達を目的として，新規な発明を公開した代償に独占権を付与する制度ですが，当業者が容易に考えつく発明に対して特許権を付与すると，特許権の濫立によりかえって産業の発達が阻害されます。

　このため，特許法は，新規性を有する発明であっても，「その発明の属する技術の分野における通常の知識を有する者（当業者）が公知技術に基づいて容易に発明をすることができたときは，その発明について，特許を受けることができない」と規定しています（特29条2項）。同様の規定（「発明が自明でないこと」を規定する国も多い）は，各国特許法に存在し，世界共通の考え方といえます。

（2）　進歩性の判断の仕方

　審査官は，公知技術の中から，論理付けに最も適した1つの引用発明を選んで主引用発明とし，請求項に係る発明との相違点を認定した上で，副引用発明や技術常識を考慮して，当業者がその相違点に容易に想到できたことの論理付けができるか否かによって，進歩性の有無を判断します。その際，独立した2以上の公知技術を組み合わせて主引用発明とすることはできません。なお，特許請求の範囲に2以上の請求項がある場合は，請求項ごとに，進歩性の有無を判断します。

199

第2章◇特許要件
第4節◇進　歩　性

(3)　判断基準について

(a)　誰にとって容易か

特許庁編『特許・実用新案審査基準〔平成27年改訂版〕』(特許庁ホームページで公開中。以下「審査基準」といいます)には,「当業者」について,以下のすべての条件を備えた者を想定するとともに,個人の場合だけでなく,複数の技術分野の「専門家からなるチーム」として考えたほうが適切な場合もあると記載しています(同第Ⅲ部第2章第2節2)。

・発明の属する技術分野の出願時の技術常識を有していること。

・研究開発のための通常の技術的手段を用いることができること。

・材料の選択,設計変更等の通常の創作能力を発揮できること。

・その技術分野の技術水準のすべてと,関連する技術分野の技術とを自らの知識とできること。

(b)　いつの時点で容易か

新規性の場合と同様に,出願時(分割出願の場合は原出願の時)であり,有効な優先権主張を伴う場合は,先の出願の出願時となります。

(c)　何に基づき容易か

特許法は,新規性を否定し得る公知技術として,公知発明,公然実施発明,及び刊行物公知発明を各々規定しており(特29条1項各号),これらに基づいて,進歩性が判断されます。

(d)　容易か否かの論理付け

容易か否かの論理付けは,進歩性が否定される方向に働く諸事実,及び進歩性が肯定される方向に働く諸事実によって,総合的に評価されます。審査基準には,**図表1**のように,進歩性が否定される方向に働く要素と,進歩性が肯定される方向に働く要素とが示されています。

例えば,請求項に係る発明と主引用発明との間の相違点に対応する副引用発明がなく,相違点が設計変更等でもない場合は,論理付けができないため,進歩性が肯定されます。逆に,相違点に対応する副引用発明があり,かつ,主引用発明に副引用発明を適用する動機付けがあり,進歩性が肯定される方向に働く事情がない場合は,論理付けができるため,進歩性が否定されます。

平成27年改訂後の審査基準では,進歩性が否定される方向に働く要素により

Q27◆進歩性(1)─判断基準

図表1　論理付けのための主な要素

進歩性が否定される方向に働く要素		進歩性が肯定される方向に働く要素
・主引用発明に副引用発明を適用する動機付け 　(1)　技術分野の関連性 　(2)　課題の共通性 　(3)　作用，機能の共通性 　(4)　引用発明の内容中の示唆 ・主引用発明からの設計変更等 ・先行技術の単なる寄せ集め	⇔	・有利な効果 ・阻害要因 　例：副引用発明が主引用発明に適用されると，主引用発明がその目的に反するものとなるような場合等

（資料出所）特許庁ホームページ。

論理付けができると判断した場合でも，「審査官は，進歩性が肯定される方向に働く要素に係る諸事情も含めて総合的に評価した上で論理付けができるか否かを判断する」ことが明記されました（同第Ⅲ部第2章第2節3(3)）。また，平成27年の審査基準改訂によって，「(1)から(4)までの動機付けとなり得る観点のうち『技術分野の関連性』については，他の動機付けとなり得る観点も併せて考慮しなければならない。」ことが明示されました（同第Ⅲ部第2章第2節3.1.1(1)）。

　設計変更等については，改訂前の審査基準と同様に，次の①〜④を挙げています（同第Ⅲ部第2章第2節3.1.2(1)）。

①　一定の課題を解決するための公知材料の中からの最適材料の選択

②　一定の課題を解決するための数値範囲の最適化又は好適化

③　一定の課題を解決するための均等物による置換

④　一定の課題を解決するための技術の具体的適用に伴う設計変更や設計的事項の採用

一方，改訂後の審査基準では，阻害要因の例が新たに明示され，副引用発明が以下のようなものである場合に，阻害要因となり得ることが示されました（同第Ⅲ部第2章第2節3.2.2(1)）。

（ⅰ）　主引用発明に適用されると，主引用発明がその目的に反するものとなるような副引用発明

第2章◇特許要件
第4節◇進 歩 性

(ii) 主引用発明に適用されると，主引用発明が機能しなくなる副引用発明

(iii) 主引用発明がその適用を排斥しており，採用されることがあり得ないと考えられる副引用発明

(iv) 副引用発明を示す刊行物等に副引用発明と他の実施例とが記載又は掲載され，主引用発明が達成しようとする課題に関して，作用効果が他の実施例より劣る例として副引用発明が記載又は掲載されており，当業者が通常は適用を考えない副引用発明

　他に改訂後の審査基準に追加された内容として，論理付け等のために用いる周知技術について，「周知技術であるという理由だけで，論理付けができるか否かの検討（その周知技術の適用に阻害要因がないか等の検討）を省略してはならない。」ことが明記されました（同第Ⅲ部第2章第2節3.3(3)）。

　以上，改訂後の審査基準を参考にして，その要点等を解説しました。

2　進歩性の判断の傾向について

(1)　特許庁での傾向

　特許行政年次報告書2018年版によると，2012年に66.8％であった特許査定率が，2017年には74.6％になっており，拒絶査定不服審判での請求成立率についても，2012年の56％が，2016年には69％になっています。

　拒絶査定又は拒絶審決がなされる場合の理由の多くが，進歩性の否定によるものであることを考慮すると，このような統計の結果から，現在，進歩性が認められやすい傾向があるといえます。

　しかし，特許法の進歩性の規定は，20年以上前とまったく変わっていないのに，なぜ上記の傾向が生じたのでしょうか。ひと言でいえば，審査基準とその運用の仕方が変わったことが，その理由として挙げられます。

　先に審査基準における進歩性の判断基準の改訂部分について触れましたが，平成27年改訂では，より詳細な判断基準が設けられ，その中には，改訂前より，進歩性否定のための論理付けのハードルが高くなったものも存在します。これは，上級審である知財高裁の判決の影響を受けたものと考えられ，改訂前に出された判決の傾向として，進歩性否定のための論理付けについて，高い

ハードルを設けたものが散見されました。このような基準を審査に適用して厳格に運用すると，自ずと進歩性が認められるハードルが低くなります。

(2) 裁判所での傾向

審決取消訴訟では，審決の違法性が判断されるため，裁判所での進歩性判断の傾向を検証する上では，無効審決及び無効不成立審決に対する審決取消訴訟の判断を調べるほうが望ましいといえます。

知財高裁における2003年～2012年の無効審判の審決取消率を示した論文（設樂隆一「知的財産高等裁判所の10年間の歩みと今後の展望」自由と正義66巻4号44頁）によると，2008年頃を境に取消率の傾向が大きく変化しています。つまり2003年～2007年では，特許権者に有利な判決が，無効審決に対して平均9％，無効不成立審決に対して平均48％であったのが，2008年～2012年では，特許権者に有利な判決が，無効審決に対して平均29％，無効不成立審決に対して平均74％となっています。このような審決取消率の傾向の変化が，特許庁における審査の変化や審査基準の改訂に影響したと考えられます。

2015年と2016年の審決取消状況を示した論文（井上義隆ら「平成27年における特許審決取消訴訟の概況」パテ69巻10号69頁及び井上義隆ら「平成28年における特許審決取消訴訟の概況」パテ70巻8号129頁）に基づいて，同様の計算を行うと，特許権者に有利な判決が，無効審決に対して32％と41％，無効不成立審決に対して61％と75％となっています。これらの結果から，2008年以降の傾向が現在も継続しているといえます。この論文では，さらに無効理由が新規性・進歩性に関する場合にも言及されており，新規性・進歩性を肯定した判決が，無効審決に対して36％と42％，無効不成立審決に対して71％と81％となっています。

これらの統計の結果から，裁判所においても，近年，進歩性が認められるハードルが低くなっているといえます。

3 J-PlatPatを用いた調査について

(1) 調査の対象

現在，J-PlatPat（特許庁ホームページで公開中）で検索可能なデータには，国内の特許文献のほか，論文等の非特許文献，及び外国特許文献が含まれています

第2章◇特許要件
第4節◇進　歩　性

（平成30年3月12日より）。なお，特許・実用新案以外にも，意匠，商標の調査も可能です。

　国内の特許文献には，特開特許公報，公表特許公報，再公表特許公報，特許公報などの特許に関する公報のほか，実用新案に関する公報が含まれます。国内の特許文献には，昭和46年以降に発行された電子化前の公報も，同日より追加されました。

　外国特許文献には，米国，欧州（EPO），中国，韓国，WIPO（国際出願）で発行された公報が含まれます。ただし，全文英文テキスト検索が可能なものは，米国，欧州，WIPOに限られており，中国，韓国については，英文抄録テキストのみが検索可能です。和文抄録テキストの検索は，米国，欧州，中国のみが対象となります。

　非特許文献には，公開技報，マニュアル，単行本，国内技術雑誌，非技術雑誌，外国学会論文，国内学会論文，企業技報，団体機関誌，予稿集が含まれます。

（2）　調査の方法

　先行文献調査をする場合，IPCやFターム等の特許分類，技術用語等のキーワード（和文と英文が可能）を用いた検索が可能であり，これに書誌事項，期間指定等を組み合わせることができます。なお，公開番号等の文献番号を用いた番号照会や審査書類情報照会も可能です。

　特許分類による検索では，検索漏れを防止する上で，分類に対する正確な理解が必要となります。その上で，パテントマップガイダンスを利用して，適切な分類を設定することが重要です。特に，Fタームを用いた検索では，他の特許分類では困難な，発明の目的などの分類に基づく検索が可能なため，調査に有効な手段となります。

　キーワード検索では，発明の名称，請求の範囲，要約，明細書などを個別に指定して，検索対象とすることが可能です。検索の際には，類義語や異表記についても十分検討し，漏らさず入力することが重要です。

　調査方法については，J-PlatPatのホームページに掲載されたマニュアルや講習会テキスト等に詳細が記載されているため，これらを参照してください。

〔梶崎　弘一〕

28 進歩性(2)——選択発明，数値限定発明

(1) 先行特許文献の明細書の中に，ある化学物質の上位概念とその具体的な化学物質が多数例示されていました。そのうち上位概念に含まれる化学物質について特許出願した場合，特許が認められることがあるでしょうか。
(2) 選択発明とはどういうものですか。選択発明の1つとして数値限定発明があると聞きましたが，両発明の進歩性の判断方法について教えてください。
(3) 選択発明について，明細書の書き方等で留意するところはあるでしょうか。

　　上位概念で表現された先行技術に対して，その上位概念に包含される下位概念であって具体的に示されていないものを発明特定事項として選択した発明を「選択発明」といいます。また，数値限定発明のうち，数値限定のない先行技術に対して数値限定を加えるか，又は広い数値範囲を規定した先行技術に対してより狭い数値限定を加えた数値限定発明も，選択発明の1つといえます。両発明とも近接する先行技術が存在しますが，先行技術について知られていなかった異質な効果又は同質であっても格別顕著な効果であって，出願当時の技術水準から当業者が予測できない効果を有するときは進歩性が認められます。つまり，先行技術に対して効果の面から進歩性が認められる場合，選択発明として特許が認められることになります。したがって，これらの条件を満たしていれば，先行特許文献に開示されている上位概念に含まれる化学物質であっても，選択発明として特許されると考えられます。

第2章◇特許要件
第4節◇進　歩　性

✓ キーワード

選択発明，数値限定発明，上位概念と下位概念，利用発明，穴あき説

解　説

1　選択発明とは

　上記設問の事例をもう少し具体化してみます。先行特許文献に，殺虫作用が
知られている化合物が一般式により表されており，さらにその一般式で示され
る化合物のいくつかが具体例として記載されていたとします。この一般式には
含まれるものの，具体例としては記載されていない化合物について，人などの
温血動物に対する毒性が著しく小さいという新しい知見に基づいて殺虫剤とし
ての有用性を謳って特許出願した場合，特許が認められるでしょうか。

　この事例のように，発明特定事項のすべて又は一部が上位概念（上記の事例で
は一般式）で表現されている先行技術に対して，その上位概念に包含される下
位概念（上記の事例では具体的な化合物）であって，先行技術には具体的に示され
ていないものを発明特定事項として選択した発明を「選択発明」と称します。
ただし，このような選択発明が特許されるためには，出願当時の技術水準から
は予測することができない有利な効果を有することにより進歩性が認められる
必要があります。

　選択発明を認める趣旨について，裁判所は，ペニシリン誘導体事件[☆1]にお
いて「特許出願に係る発明の構成要件が，既知の文献又は特許明細書に記載さ
れた発明にその下位概念として全部包摂されるときは，原則として同一発明と
して特許を受けることができないというべきであるが，しかし，先行発明には
具体的には開示されていない選択肢を選び出し，これを結合することにより先
行発明では豫期できなかった特段の効果を奏する発明に特許を与えることは，
発明を奨励し，産業の発達に寄与することを目的とする特許法の精神に合致す
るから，形式的に二重特許になる場合であっても，右のような選択発明に特許

206

Q28◆進歩性(2)—選択発明，数値限定発明

を与えることを否定すべき理由はない」と説明しています。

2 選択発明と数値限定発明

　選択発明の1つの態様として数値限定発明があります。例えば，数値限定のない先行技術に対して新たに数値限定を加えた発明，又は数値限定のある先行技術に対してそれには開示されていないより狭い数値限定を加えた発明が，数値限定発明に該当します。具体的には，ある物質の製造方法として30〜100℃で処理する方法が公知になっている場合に，この製造方法として60〜80℃で処理する方法や，先行文献に開示されていないpH2〜4で処理を行う方法をクレームした場合は，数値限定による選択発明ということができます。この場合も特許が認められるためには進歩性が求められます。例えば，特定した数値範囲によれば先行技術に対して異質な効果を奏するとか，あるいは特定した数値範囲から外れたものと比較して定量的に顕著な効果を奏する等といった格別有利な効果があることが必要になります。なお，数値限定発明には，その他，先行技術の延長線上にあって，実験的に数値範囲を単に好適化又は最適化したにすぎない発明もありますが，こうした発明は選択発明には該当しません。数値限定発明の詳細についてはQ18を参照してください。

3 選択発明，数値限定発明の進歩性

　発明が特許されるためには，その発明が新規性を有するだけでなく，進歩性を有している必要があります。当業者が特許出願当時における技術水準から容易に考え出すことができた発明は進歩性がないとされ，特許を受けることができません（特29条2項）。

　選択発明や数値限定発明においては，上位概念やより幅広い数値範囲が先行技術として存在しますので，通常，これらの先行技術から最適なものや最適な範囲を選択しただけでは，当業者の日常的設計事項であるとして進歩性が否定されます。しかし，選択発明や数値限定発明の効果が，先行技術文献に記載されていない有利な効果であって，先行技術の効果とは異質なもの，又は同質で

207

第2章◇特許要件
第4節◇進　歩　性

あるが際立って優れており，その効果が出願当時の技術水準から当業者が予測
できないものであれば，進歩性が認められて特許を受けることができます。

　例えば，前述の事例では，クレームした化合物が，人体に対する毒性が小さ
いという，先行特許文献に開示された化合物にはない異質な効果を有してお
り，他の文献を参酌してもその効果が予測できないものであれば，進歩性が認
められて特許になる可能性が高いといえます。また，クレームした化合物の殺
虫効果が，先行特許文献に具体的に記載された化合物と比較して格段に顕著に
高いなど，同質であるが際立って優れた効果を有する場合も進歩性が認められ
る可能性があります。ただし，選択発明や数値限定発明について進歩性が認め
られるためには，当業者の予測を超えた顕著な効果が要求されますので，その
効果が先行技術が奏する効果から連続的に推移する程度のものであるならば，
通常，進歩性は認められません。選択発明について進歩性が認められるために
は，選択した構成要素や数値範囲において，先行技術の効果との不連続性，特
に臨界性やピーク性が必要であると考えてよいでしょう。特に先行技術の延長
線上にあるような数値限定発明については，数値限定した範囲の内側と外側と
で効果に顕著な差異があることを具体的な実験データをもって示す必要があり
ます。例えば，前述の事例では，60℃や80℃では顕著な効果があるが，その範
囲を外れた50℃や90℃では効果がないことを示しておく必要があります。さら
に数値限定発明については，限定した数値範囲（上記の事例では60～80℃）のす
べてにわたって際立って優れた効果があることが求められます。

　以上説明しましたように，選択発明や数値限定発明について進歩性が認めら
れるためには，先行技術とは異質な効果，あるいは先行技術と同質であるが際
立って優れた効果が必要であり，さらにこれらの効果が容易に予測し得ないも
のである必要があります。これらの理由から，選択発明や数値限定発明は，物
の構造や構成からは効果が予測し難い化学やバイオ分野等において多く見ら
れ，効果がある程度予測可能な機械や電気の技術分野では比較的少ないといえ
ます。

Q28◆進歩性(2)—選択発明，数値限定発明

4 明細書の書き方等，実務上の留意点

　実際の実務では，上位概念や広い数値範囲をクレームして出願しても，審査段階の拒絶理由通知で引用された先行技術を回避するために，下位概念や狭い数値範囲への減縮が迫られる場合も多いのではないでしょうか。

　このような場合，選択又は限定しようとする下位概念や数値範囲は，出願当初の明細書に記載されていなければなりません。出願当初の明細書に記載されていない下位概念や数値範囲に減縮する補正は新規事項の追加となり認められません（拒絶，異議及び無効の理由になります）。例えば，出願当初の明細書にアルキル基と記載していただけではその下位概念であるメチル基が記載されていたことにはなりません。また，出願当初の明細書に30〜100℃との記載があるだけでは60〜80℃の範囲が記載されていたことにはなりません。したがって，特許出願に際して，明細書には上位概念（例えばアルキル基）や幅広い数値範囲（例えば30〜100℃）を記載するだけでなく，その下位概念（例えばC1〜6の低級アルキル基，メチル基など）やより狭い範囲（例えば40〜90℃，60〜80℃など）について段階的に記載しておくことが推奨されます。

　さらに減縮した下位概念や限定した数値範囲に基づいて選択発明として特許されるためには，これらの下位概念や数値範囲が従来技術にない異質な効果，あるいは同質であるが際立って優れた効果を有することを，出願当初の明細書に直接明瞭に記載しておかなければなりません[2]。当初明細書に記載されておらず，かつ明細書や図面から当業者が推論できない効果については，後から意見書などで主張しても原則参酌されません。また，こうした効果の記載は，単に明細書に文書で説明しておくだけでは十分でありません。当初明細書の実施例の項において，その裏付けとなる根拠を，例えば，実験データとして示しておくことが必要です。審査基準や裁判例[3],[4]によると，出願後に引用発明と比較した有利な効果を主張するために後出しデータが認められるのは所定の場合に限られており，減縮した（上位→下位）課題に対応する技術的効果や数値範囲の上限値と下限値の臨界的意義などを事後的に証明することは認められていません（審査基準第Ⅲ部第2章第2節3.2.1）。このため，下位概念や限定した数

209

第2章◇特許要件
第4節◇進　歩　性

値範囲に対応した効果が出願当初の明細書に具体的に記載及び立証されていない場合は，選択発明を理由として進歩性を主張しても認められ難いといってもよいでしょう。

　このように，特許出願に当たって，上位概念や広い数値範囲をクレームして幅広い権利取得を目指すことは必要ですが，同時に，明細書中に下位概念やより狭い数値範囲を，それらが有する特有の効果とともに段階的に記載しておき，審査官の拒絶を受けた場合に，下位概念や狭い数値範囲に減縮することで選択発明を理由に進歩性が主張できるようにしておくことが望ましいといえます。しかし，当初から選択発明を意識して戦略的に出願する場合は，出願時から特定の態様や範囲に限定し，それに焦点をあてて出願することが望ましいと思われます。あまり欲張って広いクレーム範囲で出願すると，選択した構成要素や数値範囲における効果の臨界性やピーク性がぼやけて，選択発明の進歩性が否定されるおそれがあります。

5　選択発明の先行特許発明との利用関係

　前記の説明からわかるように，先行する特許発明が存在する場合に，その下位概念又は狭い数値範囲に限定した選択発明が特許として成立すると，先行特許発明とその範囲と一部重複した選択発明とが併存することになります。このような場合に，先行特許の存在にかかわらず，選択発明を自由に実施することは許されるでしょうか。

　これについては，選択発明は上位概念で記載された先行特許発明の構成要件のすべてを包含するものであるから，先行特許発明と利用関係にあるとして，その実施に際しては先行特許権者の許諾を受ける必要があると解釈される場合があります（特72条）[5]。一方，選択発明が先行特許発明とはまったく異なる技術的課題を解決している場合，例えば，先行特許発明の効果とは異質な効果を奏している場合は，先行特許発明ではまったく認識されていなかった発明であり，先行特許発明から抜け落ちていたか，あるいは未完成な部分（穴あき部分）であるから，先行特許発明の技術的範囲に属さない，つまりその実施に際して先行特許権者の許諾を受ける必要はないという見解もあります（穴あき

210

Q28◆進歩性(2)─選択発明，数値限定発明

説）[*1]。このように，選択発明として特許を取得した場合であっても，先行特許発明の利用発明であると判断されれば自由には実施できません。一方，先行特許発明とは別発明であると判断されれば自由に実施できる可能性があります。このように，選択発明が先行特許の侵害に該当するか否かは，個々の事案によって相違し，一義的に決まるものではなさそうです[☆6]。

では逆に，上位概念や広い数値範囲について特許を取得した先行発明の特許権者が，後願に係る選択発明（数値限定発明を含む）を実施する場合はどうなるでしょうか。この場合，仮に選択発明が先行特許発明に対して利用発明に該当する場合であっても，それぞれ別個に特許として成立している以上，先行特許発明の特許権者といえども，他人の特許に係る選択発明を勝手に実施することはできません。このため，上位概念や広い数値範囲について特許が成立した場合に広い権利が取得できたと安心していると，下位概念や数値範囲の一部の範囲が選択発明として他人に権利化されてしまい，自己の特許発明の範囲であるにもかかわらず，自由に実施することができない事態が生じることになります。

このような事態を避けるために，明細書には，最低限自分が実施しようとしている実施態様を将来の可能性も含めて，具体的にかつ段階的に記載しておき，他人が選択発明として，特許を受けることができないように防御しておく必要があります。なお，ピリミジン誘導体事件[☆7]において，裁判所は，刊行物に化合物が一般式の形式で記載され，当該一般式が膨大な数の選択肢を有する場合には，特定の選択肢に係る技術的思想を積極的あるいは優先的に選択すべき事情がない限り，当該刊行物の記載から当該特定の選択肢に係る具体的な技術的思想を抽出することはできず，これを引用発明と認定することはできないと判示しています。つまり，下位概念や数値範囲を豊富に記載した明細書は，補正の根拠という意味で権利取得の場面で有利であるとともに，他者の権利取得を妨げるという点でも有効であるといえます。また逆に，上位概念や広い数値範囲の記載はあるものの，具体的な実施態様についての開示が少ない明細書は，他人に選択発明のヒントを与えるか，仮にそうでなくても選択発明として権利成立の余地を与えますので，注意が必要です。

〔中野　睦子〕

第 2 章◇特許要件
第 4 節◇進　歩　性

■判　例■

☆ 1　東京高判昭56・11・5（昭54（行ケ）107号）。

☆ 2　最判昭57・9・7（昭57（行ツ）12号），東京高判昭56・7・30（昭53（行ケ）20号）。

☆ 3　知財高判（大合議）平17・11・11（平17（行ケ）10042号）。

☆ 4　知財高判平29・9・11（平28（行ケ）10056号）。

☆ 5　大阪地判昭50・1・24判タ323号270頁。

☆ 6　京都地判平11・9・9（平8（ワ）1597号）。

☆ 7　知財高判平30・4・13（平28（行ケ）10182号・10184号）。

■注　記■

＊ 1　吉田茂・特管19巻 3 号113頁（119〜121頁）。

29　進歩性(3)――後出し実験

(1) 特許出願したところ，審査官から作用効果が不明であり進歩性がないとの拒絶理由通知が届いたため，実験を追加して提出したいと思いますが，認められるでしょうか。
(2) サポート要件違反や実施可能要件違反が問題となった場合でも，審査段階，あるいは拒絶査定不服審判段階で，作用効果を裏付けるために実験をして提出することが許されるでしょうか。

(1) 実務上，当初明細書に，当業者が発明の効果を認識できる程度の記載がある場合やこれを推論できる記載がある場合には，当該記載の範囲内において追加実験を参酌することは許容されています。具体的に当初明細書の記載がどの程度であれば追加実験が許容されるかについては，特許制度の趣旨（発明公開の代償としての特許付与による産業発達への寄与，先願主義），出願人と第三者との公平等に照らして，個別具体的に判断されますが，近年，比較的緩やかに追加実験が参酌されているようです。
(2) サポート要件違反や実施可能要件違反が問題となる場合，作用効果を裏付ける実験を行うための基礎となる事実が当初明細書にそもそも開示されていない場合が多いでしょうから，特許制度の趣旨に鑑みますと，追加実験が許容される場面は限定されます。すなわち，出願時の技術常識に関する追加実験は許容されますが，当初明細書の詳細な説明を特許請求の範囲まで広げたり，記載不足を補ったりするための追加実験の参酌は許容されません。

第2章◇特許要件
第4節◇進 歩 性

☑キーワード

実験，出願後の作用効果の立証，進歩性，サポート要件，実施可能要件

> ## 解 説

1 進歩性判断における追加実験結果の参酌について

(1) 問題の所在

現行法において，発明の作用効果は，明細書の記載要件とはされていません
が（平成6年特許法改正。なお，特施規24条・様式第29備考14ニ参照），課題や解決手段
（＝構成）と密接に関連しており，進歩性判断における重要な考慮要素です。

審査基準では，引用発明と比較した有利な効果は，進歩性が肯定される方向
に働く要素とされ，また，発明の顕著な効果は，進歩性が肯定される方向に働
く有力な事情とされています。特に，選択発明のように，物の構造に基づく効
果の予測が困難な技術分野に属するものについては，引用発明と比較した有利
な効果を有することが進歩性の有無を判断するための重要な事情になります
（第Ⅲ部第2章第2節3.2.1(1)）。

出願人は，拒絶理由に応じて，出願に係る発明の効果を立証していく必要が
ありますが，その立証方法の1つとして，出願後に，出願に係る発明と，比較
例や引用発明等との比較実験等を行い，実験成績証明書として提出することが
考えられます。

ここで，特許性の判断において出願後の実験結果を参酌することがどこまで
許されるかについて，特許法上，規定はありません。特許請求の範囲において
発明が特定されている以上，それが有する効果を事後的データで客観的に立証
することは許されるべき（発明として特定していち早く出願した者を保護すべき）とい
う立場もあれば，あくまでも出願時に把握し，公開した効果の範囲でのみ保護
されるべき（進歩性の重要な考慮要素である以上明示されているべき）という立場もあ
り得るところです。そして，後者の場合，事後的実験による立証対象が「出願

214

に係る発明の効果」であるとすれば，当該効果を事後的な実験で立証・補強するには，当初明細書に立証対象である「出願に係る発明の効果」についての何らかの記載を要するものと思われますが，どの程度の記載が必要なのか（検証可能な定量的な記載が必要なのか，定性的な記載で足りるのか，その発明に関連する効果であれば明示の記載がなくてもよいのか等），事後的実験の許容範囲について立場による広狭があります。

(2) 審査基準

　進歩性審査における出願後の実験結果の参酌に関して，審査基準（第Ⅲ部第2章第2節3.2.1(2)）は，審査官は，意見書等において主張，立証（例えば，実験結果の提示）がなされた，引用発明と比較した有利な効果について，①その効果が明細書に記載されている場合，②その効果は明細書に明記されていないが，明細書又は図面の記載から当業者がその効果を推論できる場合に，その効果を参酌するとしています。

　ただ，審査基準の記載からは，当初明細書にどのような記載があれば有利な効果を推論できる場合に該当するか，必ずしも明らかではありません。

(3) 欧米の状況

(a) 欧州特許庁の特許審査ガイドライン

　この点，欧州特許庁審査ガイドライン（G-Ⅶ11）は，審査官が進歩性を評価するため検討すべき関連する意見及び証拠は，出願人がその後の手続中に提出することもできるが（G-Ⅶ，5.2，H-V，2.2及び2.4参照），進歩性を支持するための新規な効果は，それが出願当初に示唆されていた技術的課題を意味している又は少なくともそれに関係している場合に限り参酌することができる（G-Ⅶ，5.2，T386/89及びT184/82も参照）としています。

　そして，上記ガイドラインは，新たな効果の参酌の例として，出願発明が特殊効能を有する医薬組成物である場合に，出願後に，クレームされた組成物が低毒性の点で予想外の利点を発揮することを示す証拠を提出することを挙げ，医薬の効能と毒性とは関連事項であるから，参酌できるとしています。

(b) 米国の実務

　米国では，出願人は，当初明細書に記載も示唆もされていない効果について，実験データを後出しすることが認められており（Chu, 66 F.3d 292, 299, 36

第2章◇特許要件
第4節◇進　歩　性

USPQ 2 d 1089, 1094-95 (Fed. Cir. 1995), MPEP 2145), 特許出願の時点では必ずしも発明のすべてを理解し得ない以上, 特許付与後に出てきた証拠も除外せずに, 特許の有効性に際して検討すべきである等と判断されています (Knoll Pharmaceutical Company, INC, et al v. Teva Pharmaceutical USA, INC. No.03-01300 367 F.3d 1381)。

(4)　裁判例の動向

従前, 日本では, 欧米に比べて, 出願後の実験結果を参酌することについては消極的でした。

例えば, サリチル酸系抗炎症剤の一種であるエテンザミドとトラネキサム酸の配合を構成要素とする発明に顕著な効果が認められるかが争点になった解熱鎮痛消炎剤事件では, 当初明細書には「本発明に用いられるサリチル酸系抗炎剤としては……エテンザミドが特に好ましい」,「エテンザミド100mg/kgおよびトラネキサム酸50mg/kgを併用した場合の抑制率は42%であり, 対照群との間に有意差が認められた。……併用による相乗効果が認められた」との記載がありましたが, 他のサリチル酸系抗炎症剤との比較はなかったところ, 裁判所は,「エテンザミドを採用することが, それ以外のサリチル酸系抗炎剤を採用することと比較して, 格別に顕著な効果を奏するものであることをうかがわせるような記載もない」から, 本願明細書の記載に基づかないものであるとして, 出願後の実験に基づく出願人の主張を認めませんでした[1]。

これに対して, 日焼け止め剤組成物事件で, 裁判所は, 出願後の実験結果の参酌について, 以下の一般原則を述べ, 出願後に提出された実験結果を参酌し, 進歩性を認めました[2]。

「特許法29条2項の要件充足性を判断するに当たり, 当初明細書に,『発明の効果』について, 何らの記載がないにもかかわらず, 出願人において, 出願後に実験結果等を提出して, 主張又は立証することは, 先願主義を採用し, 発明の開示の代償として特許権 (独占権) を付与するという特許制度の趣旨に反することになるので, 特段の事情のない限りは, 許されないというべきである。

また, ……出願に係る発明が進歩性を有するか否かは, 解決課題及び解決手段が提示されているかという観点から, 出願に係る発明が, 公知技術を基礎として, 容易に到達することができない技術内容を含んだ発明であるか否かに

よって判断されるところ，上記の解決課題及び解決手段が提示されているか否かは，『発明の効果』がどのようなものであるかと不即不離の関係があるといえる。そのような点を考慮すると，本願当初明細書において明らかにしていなかった『発明の効果』について，進歩性の判断において，出願の後に補充した実験結果等を参酌することは，出願人と第三者との公平を害する結果を招来するので，特段の事情のない限り許されないというべきである。

　他方，進歩性の判断において，『発明の効果』を出願の後に補充した実験結果等を考慮することが許されないのは，上記の特許制度の趣旨，出願人と第三者との公平等の要請に基づくものであるから，当初明細書に，『発明の効果』に関し，何らの記載がない場合はさておき，当業者において『発明の効果』を認識できる程度の記載がある場合やこれを推論できる記載がある場合には，記載の範囲を超えない限り，出願の後に補充した実験結果等を参酌することは許されるというべきであり，許されるか否かは，前記公平の観点に立って判断すべきである。」

　（当初明細書が一般的記載にとどまるからといって，どの程度のSPF値やPPD値を有するかについて推測し得ないとすることは）「本願当初明細書に，効果が定性的に記載されている場合や，数値が明示的に記載されていない場合，発明の効果が記載されていると推測できないこととなり，後に提出した実験結果を参酌することができないこととなる。このような結果は，出願人が出願当時には将来にどのような引用発明と比較検討されるのかを知り得ないこと，審判体等がどのような理由を述べるか知り得ないこと等に照らすならば，出願人に過度な負担を強いることになり，実験結果に基づく客観的な検証の機会を失わせ，前記公平の理念にもとることとなり，採用の限りでない。」

　その後も，腫瘍特異的細胞傷害性を誘導するための方法及び組成事件では，特許庁が当初明細書の作用効果の記載は，願望を記載したものにすぎないとして，出願後に提出された実験結果の参酌を否定したのに対して，判決は，当初明細書の当該記載について，具体的に数値等を盛り込んで作用効果が記載されているわけではないが，実験結果を本願明細書中の実験結果を補充するものとして参酌しても，先願主義との関係で第三者との間の公平を害することにならないと述べ，これを参酌しました☆3。

第2章◇特許要件
第4節◇進　歩　性

　日焼け止め剤組成物事件判決以降，明細書の直接的な記載（定量的データの有無等）に拘泥するのではなく，当業者が明細書の記載をどう理解するかを重視して作用効果の記載の有無を判断しているようです。これは，当初明細書に，本願発明が有用であることを当業者が理解でき，製造，使用ができて，作用効果を理解できる程度に開示されていれば，早期に出願した者を保護すべきという価値判断があるのかもしれません。

（5）　ま　と　め

　以上のとおり，近時，発明の効果について当初明細書が一般記載又は定性的な記載にとどまっていても，当該記載のある効果に関して，出願後の追加実験結果によって従来技術との量的差異を立証することは，許容される傾向にあります。しかし，どのような場合に事後的実験の参酌が許容されるかは，必ずしも法解釈から一義的に導かれるものではありません。また，近年の裁判例を踏まえても，発明の課題と関連する効果ではあるものの明細書に記載がない効果（例えば医薬において特定の活性という効果しか記載されていない場合の低毒性という効果）にまで，出願後の実験の参酌が許されるかについては明確になっていません。

　明細書に効果の記載がない場合に，出願後の実験データにより効果を立証する場合は，技術常識を示すなどして，当業者であれば明細書の記載から当該作用効果を有するものとして理解するから，公平の観点から出願後の実験結果の参酌が許されるべき旨を，丁寧に主張するよう心がけるとよいでしょう。

2　サポート要件違反や実施可能要件違反の場合

（1）　はじめに

　サポート要件違反や実施可能要件違反は，進歩性欠如とは異なり，特許請求の範囲や明細書の記載自体に瑕疵がある場面です。多くの場合，このような瑕疵を出願後の実験結果で治癒させることは，出願時点で未開示であった発明，未完成であった発明，実施可能ではなかった発明等にまで保護範囲を広げることとなり，特許法の趣旨に照らして許されないでしょう。なお，設問(1)で取り上げた日焼け止め組成物事件は，サポート要件違反や実施可能要件違反は問題になっておらず，これらの拒絶理由を解消するための追加実験の参酌について

は判断していません。

(2) 審査基準

　サポート要件違反に関して，審査基準では，偏向フィルムの製造法大合議判決☆4の判示に基づいて，発明の詳細な説明の記載が不足しているために，出願時の技術常識に照らしても，請求項に係る発明の範囲まで，発明の詳細な説明に開示された内容を拡張ないし一般化することができるといえない場合には，出願後に実験成績証明書を提出して，発明の詳細な説明の記載不足を補うことによって，請求項に係る発明の範囲まで，拡張ないし一般化できると主張したとしても，拒絶理由は解消されないとしています（同第Ⅱ部第2章第2節3.2.1）。

　また，実施可能要件に関して，審査基準は，発明の詳細な説明の記載が不足しているために，出願時の技術常識を考慮しても，発明の詳細な説明が，当業者が請求項に係る発明の実施をすることができる程度に明確かつ十分に記載したものであるとはいえない場合には，出願後に実験成績証明書を提出して，発明の詳細な説明の記載不足を補うことにより，当業者が請求項に係る発明の実施をすることができる程度に明確かつ十分に記載したものであると主張したとしても，拒絶理由は解消されないとしています（同第Ⅱ部第1章第1節4.2）。

(3) 裁判例等

　サポート要件に関して，前掲☆4・偏向フィルムの製造法大合議判決は，パラメータ特許という特殊性のある事件でしたが，明細書に開示された内容を拡張ないし一般化できるとはいえない場合には出願後に実験データを提出して補足することは，公開の代償として特許を付与する特許制度の趣旨に反するとして許容していません。

　サポート要件は，発明の詳細な説明の記載に比較して広すぎる権利を防止する趣旨で規定されていますので，当初明細書から技術常識を踏まえても記載されていると理解できない作用効果を追加実験データにより補うことは許容されないでしょう。

　例えば，抗ウィルス剤事件判決☆5は，明細書にインテグラーゼ阻害作用という作用効果を示す薬理データがなく，作用を示すに至る機序の記載もなく，原出願時点における技術常識に照らせば，明細書記載事項から，当業者は当該

第2章◇特許要件
第4節◇進　歩　性

作用効果を有すると認識することもできないので，原出願後に行われた当該技術思想を裏付ける実験結果を用いることはできない，としています。

　なお，フリバンセリン事件判決☆6は，「『発明の詳細な説明』の記載内容に関する解釈の手法は，……特段の事情のない限りは，『発明の詳細な説明』において実施例等で記載・開示された技術的事項を形式的に理解することで足りるというべき」として，作用効果を示す実験データは必須ではない旨を判示しています。そうすると，そもそも，サポート要件違反を解消するうえで作用効果を示す追加実験が有用な場面はあまりないといえますし，逆に，形式的に特許請求の範囲と発明の詳細な説明とが一致していればその範囲で実験結果は許容されるとも考えられます。

　実施可能要件は，技術を公開したことへの代償として特許付与される趣旨で規定されています。したがって，当業者が実施し得ない程度にしか記載されておらず技術を公開したといえないような明細書の瑕疵について，これを事後的実験データで治癒することは許されません。

〔藤野　睦子〕

─■判　例■─

☆1　知財高判平17・11・8裁判所ホームページ。
☆2　知財高判平22・7・15判時2088号124頁。
☆3　知財高判平24・5・28判時2155号89頁。
☆4　知財高判（大合議）平17・11・11判時1911号48頁。
☆5　知財高判平30・9・4裁判所ホームページ。
☆6　知財高判平22・1・28判時2073号105頁。

30 進歩性(4)――商業的成功

　出願後，出願発明の実施製品を販売したところ，その発明の仕組みが好評で大ヒット商品になり，他社から追随品が出始めています。早く特許にして，追随品を排除したいのですが，審査官は進歩性の点で熟慮しているようです。これほど商品需要に結び付いた発明は，十分に価値があると思っているのですが，そうした事情は特許審査では考慮されないものでしょうか。

　自社製品が従来品と比べて売れている場合，それを根拠に進歩性があるとして特許を認めてもらいたいと思うのは当然で，追随品があればなおさらでしょう。
　しかし，特許法で求められる進歩性は，出願されている発明について，「その発明の属する技術の分野における通常の知識を有する者が容易に発明をすることができた」か否かという基準で判断されますので，現実の製品が売れているということは直接の判断材料にはなりません。
　ただし，この進歩性の判断は難しいので，一定の場合，商業的成功を技術的な進歩を示す１つの判断材料とすることが認められています。
　なお，判断材料といっても，非常に限定的に参酌されるにすぎませんので，どのような場合に商業的な成功が参酌されるのかは，審査基準や判決などからしっかり理解しておく必要があるでしょう。

☑キーワード

　進歩性，論理付け，技術的効果，経済的効果，商業的成功

第2章◇特許要件
第4節◇進　歩　性

解　説

1 　進歩性の意義

　特許権が付与されるには，産業上利用できる発明であり（特29条1項柱書），新規性を有する（特29条1項）ことが求められますが，それだけですと，特許権が乱立してしまいます。そこで，技術の飛躍的進歩を通じて産業の発達を図るために進歩性を特許付与の要件とすべく，特許法29条2項に「特許出願前にその発明の属する技術の分野における通常の知識を有する者が前項各号に掲げる発明に基づいて容易に発明をすることができたときは，その発明については，同項の規定にかかわらず，特許を受けることができない。」と規定されています。

　ただし，「その発明の属する技術の分野における」の文言からもわかるように，容易に発明できたかどうかは技術的な視点で判断されます。

2 　進歩性の判断

　特許法に規定された「容易に発明することができた」の判断基準を示すべく，特許庁は『特許・実用新案審査基準』を公表しています。この審査基準によりますと，「審査官は，請求項に係る発明の進歩性の判断を，先行技術に基づいて，当業者が請求項に係る発明を容易に想到できたことの論理の構築（論理付け）ができるか否かを検討することにより行う。当業者が請求項に係る発明を容易に想到できたか否かの判断には，進歩性が否定される方向に働く諸事実及び進歩性が肯定される方向に働く諸事実を総合的に評価することが必要である。」としています（審査基準第Ⅲ部第2章第2節2）。そして，この論理付けができれば進歩性はなく，論理付けができなければ進歩性があると判断されます。

　なお，進歩性が否定される方向に働く要素として，主引用発明に副引用発明

222

を適用する動機付けの存在などがあり，肯定される方向の要素として有利な効果や阻害要因があるとしています。

3　商業的成功

　さらに，審査基準には，上記判断基準に加え，留意事項として，「審査官は，商業的成功，長い間その実現が望まれていたこと等の事情を，進歩性が肯定される方向に働く事情があることを推認するのに役立つ二次的指標として参酌することができる。ただし，審査官は，出願人の主張，立証により，この事情が請求項に係る発明の技術的特徴に基づくものであり，販売技術，宣伝等，それ以外の原因に基づくものではないとの心証を得た場合に限って，この参酌をすることができる。」と記載されています。

　すなわち，商業的成功によって「有利な効果」があると判断する可能性を示唆していますが，あくまでも二次的であり，常に現実の商業的成功を参酌することができるわけではありません。この点に関して，特許庁審判部「進歩性検討会報告書」（平成19年3月）132頁でも，「商業的成功を考慮すべきというユーザーの声に対し，審査基準を尊重しつつ，それを有利な効果として参酌すべきものか十分な検討が必要」としています。

4　審決，判決

　審判や審決取消訴訟で，商業的成功を主張した事案は多数ありますが，商業的成功の要因は種々あるとして進歩性を認めなかった「赤外線電気コタツ事件」[☆1]に代表されるように，商業的成功を参考に進歩性を肯定した判決はほとんどなく，平成12年改訂の審査基準に掲載されていた「精油所残分ガス事件」[☆2]も，現実の商業的成功を参酌したというより，発明の経済的効果が格別であるとして進歩性が認められた例にすぎません。以下，いくつかの類型に分けて判決を紹介します（判決文の下線は筆者）。

(1)　商業的成功を参酌した事例

　長い間望まれていたものが実現したことを進歩性肯定の判断に参酌したもの

第2章◇特許要件
第4節◇進　歩　性

で，これを商業的成功の事例と位置付けることもあります。

■　「精紡機事件」☆3

「本件においては，特段の作用効果がありながらこのような構造のものを当業者において本願実用新案出願前に実施していたことを認めるに足りる証拠がなく，かえつて，書証によれば，東洋紡績株式会社，富士紡績株式会社，鐘渕紡績株式会社などの業者においても本願実用新案にかかる装置を賞揚していることさえうかがえるので，本願実用新案が当業者において考案力を要せず容易になしうる程度のものとはにわかに断じ難い。」

(2)　商業的成功は発明の効果とはいえないとした事例

以下の判決はいずれも，商業的成功が発明の効果とはいえないとしていますが，その判断根拠が少しずつ異なり，(a)は商業的成功には他の要素があること，(b)は売上が伸び出ていると主張するだけでは不十分で，発明の効果との関係を明確にすべきこと，(c)はさらに踏み込んで商業的成功主張のために必要な事項を指摘しています。なお，(d)は，商業的成功は認められるが，発明者の著作物に，請求項記載の発明に隣接する部分でも，商業的効果が認められるとの記載があるため，商業的成功がその発明の効果とは認められず，進歩性否定の方向に働いたものです。

(a)　「ペトロラタムを基にした鼻用軟膏事件」☆4

「商業的成功には，製品の技術的特徴だけでなく，価格設定，宣伝，需要動向等の要因が密接に関連するものであるところ，仮に原告が主張する製品が本願発明の実施品であるとしても，その商業的成功をもって，本願発明の進歩性を基礎付けるに足りない。」

(b)　「全方向性傾斜および振動センサ事件」☆5

「PCBへの取付けに際して表面実装はんだ付け技術を用いることの効果は，本願発明に規定された構成によって生じる効果ではないし，原告の主張は，従来製品との比較において売上げの伸びを主張するにすぎず，引用例1ないし3の組合せによって奏する効果と比較した場合において本願発明が持つ顕著な効果によるものであることを論証できていないから，採用できない。」

(c)　「液体微量吐出用ノズルユニット事件」☆6

「引用発明に周知技術1ないし3を適用して本願発明の構成とすること，そ

224

Q30◆進歩性(4)—商業的成功

れによる効果も容易に予測可能であることは上述のとおりであるから，それにもかかわらず，本願発明の実施品が商業的な成功を収めているというのであれば，本願発明の実施品とそうではなかった製品とについて，それぞれの売上高の推移などについて明らかにし，そのうち本願発明の実施と因果関係を有するのがどの程度か等を主張し，必要な関係資料を証拠として提出すべきであるのに，原告は必要な主張立証を尽くしておらず，原告の主張は採用するに由ない。」

(d) 「バネ構体事件」[7]

「この両者の作用効果が同じであることは，原告代表者の著作物においても明記されている（甲21-1，81頁）。以上によれば，本件発明の効果が引用発明1の効果にない有利な効果であることさえいえないのであるから」，「多大な商業的成功と顕著な学術的業績を挙げたと主張するので判断するに，確かに，原告ないし原告代表者がその主張のような成果を挙げたことは，その詳細な主張及びその提出に係る著作物（甲8〜11，16，21，25〔枝番号のものも含む〕）並びに鑑定書（甲24）によって容易に想像することができるが，以上説示したところから明らかなように，本件発明（「特許請求の範囲」に記載された発明）による成果であると認めることはできない。そうである以上，原告の主張(6)の商業的成功等の主張は，本件発明の進歩性を裏付けるものとはいえない。」

(3) 商業的成功を勘案するまでもなく進歩性を否定した事例

以下のように，商業的成功を考慮せず，単純に進歩性の判断を否定したものもあります。

■「蛍光X線分光システム及び蛍光X線分光方法事件」[8]

「本願発明は，引用発明及び公知の技術から当業者が容易に想到することができたものであるから，仮に原告の製品が商業的成功を収めていたとしても，特許を受けることができない（特許法29条2項）。」

(4) 発明の同一性から進歩性が否定された事例

商業的成功を主張した製品と進歩性を主張する発明の同一性が否定されたことで，進歩性が認められなかったケースがあります。

■「表流水の背面取水装置事件」[9]

「本件発明の奏する顕著な作用効果として原告の主張するものは，いずれ

第2章◇特許要件
第4節◇進　歩　性

も，本件発明の構成が奏する効果とは認められない上，原告が主張する本件発明の実施品のカタログ（甲11）には，流水受け板の左右両側位置に跳水防止ガイドが設けられているなど，<u>本件発明の改良発明である本件明細書の特許請求の範囲【請求項2】〜【請求項8】記載の発明の実施品である可能性が高いの</u>であるから，商業的成功を本件発明の進歩性の判断において参酌すべきことをいう原告の主張は採用することができない。」

(5)　侵害訴訟の無効主張で判断された事例

　行政訴訟だけでなく民事訴訟でも，特許の有効性を判断するため商業的成功が判断されていますが，その判断は行政訴訟と特段相違するものではありません。

■「写真シール自動販売方法および写真シール自動販売機事件」☆10

「原告主張のような本件特許発明の実施品による商業的成功の事実があるとしても，上記説示に照らして，本件特許発明が進歩性を欠如するものであるとの上記認定判断を左右するものではない。」

5　諸外国における判断

　この商業的成功が海外でどのように扱われるか，簡単に確認しておきます。アメリカでは，米国特許出願の非自明性の判断手法であるグラハム・テストで，「長期間要望されてきた課題，商業的成功，他人の失敗，予期しない結果などの2次的考察を考慮する」とされているように，日本同様，発明故の商業的成功でないと参考にされません。

　次にEPOでは，「課題−解決アプローチ（Problem-solution approach）」を採用し，商業的成功は，それが発明の技術的特徴に基づくものであれば考慮するとしています。ドイツやイギリスでも商業的成功は技術に基づく場合に補助的に認められるにすぎません。

　また，韓国では「商業的成功又はこれに準じる事実は，進歩性の存在を肯定的に追認する過程で役に立つ事実として参酌することができる。ただし，出願人の主張又は立証によってこの事実が請求項に関する発明の特徴に基づいているものであり，その他販売技術，宣伝などの原因によるものでないという心証

Q30◆進歩性(4)—商業的成功

を得ることができる場合に限る。」と審査基準で示し，日本同様の基準といえます。

　このように各国での判断基準が大きく異なるわけではありませんが，同じ発明について，日本とドイツの両方で争われ，日本では進歩性なし，ドイツでは出願以降に他社がその発明を用い始めた（他社の商業的成功）ことを考慮し進歩性を認めた事例がありますので，判断が難しいことも理解しておくべきでしょう☆11。

6　その他

(1)　技術分野による相違

　いわゆるビジネスモデル特許のように，その発明がビジネスと直結するものもありますが，そうであるからといって，商業的成功を重視するといった基準があるわけではありません。また，発明の技術的効果を，経済性や興趣性と関連して記載している発明もありますが，そうした場合の進歩性も特別な基準で判断するわけではありません。

(2)　商業的成功と権利範囲

　商業的成功を根拠に特許が認められた場合，商業的に成功していない製品に権利の効力が及ぶかという問題があります。これに関する判決や学説は見つかりませんでしたが，禁反言の範囲で採用の可能性はあるでしょう。しかし，商業的成功が様々な要因によるのと同様，商業的失敗も様々な要因があるので，単純に判断できるわけではありません。

〔青木　　潤〕

　　　■判　例■

☆1　最判昭50・4・18（昭46（行ツ）59号）〔赤外線電気コタツ事件〕。
☆2　東京高判平4・12・9（平元（行ケ）180号）〔精油所残分ガス事件〕。
☆3　東京高判昭37・9・18（昭35（行ケ）34号）〔精紡機事件〕。
☆4　知財高判23・9・8（平22（行ケ）10296号）〔ペトロラタムを基にした鼻用軟膏事件〕。
☆5　知財高判平26・3・26（平25（行ケ）10176号）〔全方向性傾斜および振動センサ

第2章◇特許要件
第4節◇進　歩　性

　　　　事件〕。
☆6　　知財高判平22・8・19（平21（行ケ）10342号）〔液体微量吐出用ノズルユニット
　　　　事件〕。
☆7　　東京高判平15・9・30（平13（行ケ）489号）〔バネ構体事件〕。
☆8　　知財高判平24・10・25（平23（行ケ）10433号）〔蛍光X線分光システム及び蛍光
　　　　X線分光方法事件〕。
☆9　　東京高判平15・5・30（平13（行ケ）428号）〔表流水の背面取水装置事件〕。
☆10　大阪地判平15・12・25（平14（ワ）5107号）〔写真シール自動販売方法および写
　　　　真シール自動販売機事件〕。
☆11　日本：東京高判平13・9・5（平12（行ケ）284号），ドイツ：連邦最高裁判所
　　　　（Bundesgerichtshof）の整理番号X ZR 113/97。

第5節　先願・冒認

31　先　願

先願がある場合には特許されないと聞きましたが，当社自身の先願でも同じことでしょうか。先願が取り下げられた場合でも特許をとれませんか。

　　同一の発明について異なった日に2以上の出願があったときは最先の出願人のみが特許を受けることができる（特39条1項）という先願主義の原則は，出願が同一人であっても異なる場合であっても適用されます。ただし，先願主義が適用される出願は，特許を受け得る状態にある出願に限られる（特39条5項）ので，先願が取り下げられた場合には，その出願は先願の地位を失い，後願は特許を受けることが可能となります。

　　一方，先願が本願の出願後に公開された場合，何ら新しい技術を公開するものではない後願に独占権を付与することは特許制度の趣旨に反するとして，この場合，後願は特許されません（特29条の2）。この場合の先願を「拡大先願」と称し，排除できる後願の範囲も特許請求の範囲だけでなく，明細書又は図面に記載された事項も対象となります。ただし，拡大先願は，出願人又は発明者が同一の場合には適用されないという例外がある（特29条の2ただし書・括弧書）ので，先願の明細書にのみ記載された発明について，同一出願人，又は出願人が異なる場合であっても発明者が同一の場合には

第2章◇特許要件
第5節◇先願・冒認

特許を受けることが可能です。

☑キーワード

先願主義，拡大先願

解 説

1 先 願 主 義

　同一の発明について2以上の出願があったときに，いずれを特許にするかとの取扱いについて，わが国では，重複特許排除の原則の下，先願主義を採用しています。先願主義とは，同一の発明について異なった日に2以上の特許出願があった場合，最先の特許出願人のみがその発明について特許を受けることができる（特39条1項）という考え方です。出願日が先の出願を「先願」，出願日が後の出願を「後願」といいます。

　(1)　先願の地位を有する出願

　「自然法則を利用した技術的思想の創作」（特2条1項）という点で共通していることから，判断対象となる出願には，実用新案登録出願も含まれます（特39条3項）。

　一方，重複特許排除という観点から，放棄され，取り下げられ，若しくは却下された特許出願若しくは実用新案登録出願，拒絶査定又は審決が確定した特許出願，実用新案登録出願は，初めからなかったものとみなされ（特39条5項），先願の地位を有しません。

　(2)　対象となる範囲

　重複特許排除という目的から，対象となる2つの出願に係る発明又は考案が同一であるか否かは，特許請求の範囲（実用新案登録請求の範囲）の対比により判断されます。したがって，同一の発明であっても，特許請求の範囲が相違すれ

ば，先願主義は適用されません。

(3) 先後の判断

　出願の先後は，出願日を基準に判断します。このため，同日出願の場合には，出願人の協議により定めた一の出願のみがその発明について特許を受けることができ，協議が成立しなかったとき又は協議をすることができないときは，いずれも特許を受けることができません（特39条2項）。

　先後の判断基準となる出願日について，分割出願，変更出願の場合，これらの出願日は原出願日に遡及します（特44条2項・46条の2第2項）。

　また，国内優先権主張を伴った出願の場合，判断の対象となる請求項に係る発明のうち，優先権の主張の基礎となる出願に記載されていた発明については，基礎出願の出願日（優先日）が基準日となります（第41条2項）。パリ条約上の優先権の主張を伴っている場合も同様に，優先権の基礎となる出願に，判断の対象となる請求項に係る発明が記載されていた場合，かかる発明については優先日を基準に，出願の先後が判断されます（パリ条約4条B）。

(4) 冒認出願

　発明者又は考案者でない者であって特許を受ける権利又は実用新案登録を受ける権利を承継しないものがした特許出願，いわゆる冒認出願について，従来は「先願の地位」を認めていませんでしたが，平成23年の特許法改正で，真の権利者は冒認出願に係る独占権を移転請求権の行使により取得することが可能（特74条1項）とされたことに伴い，「先願の地位」が認められることになりました。詳細については，**Q32**を参照してください。

2　拡 大 先 願

　拡大先願は，特許法29条の2に規定されています。対象となる出願の出願日後に出願公開（又は特許掲載公報が発行）された出願の当初の明細書，特許請求の範囲又は図面に記載された発明と同一の発明については特許を受けることができないという規定です。

(1) 拡大先願の範囲

　出願公開は，出願日（優先権主張を伴う場合には優先日）から，18ヵ月経過後に

第2章◇特許要件
第5節◇先願・冒認

出願が公開されます（特64条1項）。出願公開制度は，審査の遅延による重複研
究，重複投資を防止するために，審査段階のいかんにかかわらず特許出願の内
容を公衆に知らせる制度です。昭和45年に出願公開制度が導入されたことに伴
い，出願公開された先願と同一発明についての後願に独占排他権である特許権
を付与することは，公開代償として特許権を付与するという特許制度の趣旨か
ら妥当でないとして，拡大先願が規定されました。

　かかる制度趣旨に基づき，先願主義（特39条）で排除できる後願の対象が特
許請求の範囲に記載された発明に限定されるのに対して，拡大先願は，明細
書，特許請求の範囲又は図面に記載された発明に広がります。ただし，拡大先
願は，出願当初の明細書，特許請求の範囲又は図面の範囲に限定され，補正に
より追加された事項は含まれません。

　拡大先願の地位を有するためには公開される必要があることから，出願日
（又は優先日）から1年半以内に取り下げ，放棄，拒絶査定確定により公開され
なかった出願は対象となりません。一方，出願公開等の時点において特許庁に
係属していれば足り，その後，取下げ，放棄，却下になっても，拡大先願の地
位を失いません。

(2)　出願日について

　特許を受けようとする出願の出願日は，分割出願，変更出願の場合，原出願
の出願日に遡及します（特44条2項・46条の2第2項）が，拡大先願については，
出願日は遡及しません（特44条2項ただし書・46条の2第2項ただし書）。分割又は
変更に際して，新たな技術事項がその明細書や図面に入ってくることがあり，
かかる事項にまで拡大先願の地位を認めることは公平性に欠けることになるか
らです。

　なお，分割出願については，出願日が遡及されるため，分割出願（子出願）
の請求項に係る発明と分割後の原出願（親出願）の請求項に係る発明が同一の
場合，特許法39条2項の規定が適用されることになります。

(3)　適用除外

　拡大先願と後願の出願人が同一又は発明者が同一の場合，拡大先願は適用さ
れません（特29条の2ただし書・かっこ書）。したがって，かかる場合には，先願
の明細書，特許請求の範囲又は図面にのみ記載されていた事項について後願が

特許を受けることが可能となります。先の出願の請求の範囲に記載された発明の説明のために記載した特定技術について後日，別に出願して特許権を得たいという場合もあることに配慮し，自ら発明したもの又は自らした出願により拒絶されることがないように規定したものです。

3 同一性の判断について

本願発明と他の出願の請求項に係る発明等が同一か否かの判断について，審査基準は以下のように説明しています（審査基準第Ⅲ部第4章「先願」3.2.1）。

3.2.1 他の出願が先願である場合

審査官は，本願発明と，先願の請求項に係る発明等（以下この章において「先願発明」という。）とを対比した結果，以下の(i)又は(ii)の場合は，両者を「同一」と判断する。

(i) 本願発明と先願発明との間に相違点がない場合

(ii) 本願発明と先願発明との間に相違点がある場合であっても，両者が実質同一である場合

ここでの実質同一とは，相違点が以下の(ii-1)から(ii-3)までのいずれかに該当する場合をいう。

(ii-1) 課題解決のための具体化手段における微差（周知技術，慣用技術（注1）の付加，削除，転換等であって，新たな効果を奏するものではないもの）である場合

(ii-2) 先願発明の発明特定事項を，本願発明において上位概念（注2）として表現したことによる差異である場合

(ii-3) 単なるカテゴリー表現上の差異（例えば，表現形式上，「物」の発明であるか，「方法」の発明であるかの差異）である場合

（注1）「周知技術」及び「慣用技術」については，「第2章第2節 進歩性」の2.（注1）を参照。

（注2）上位概念については，「第2章第3節 新規性・進歩性の審査の進め方」の3.2（注1）を参照。

3.2.2 他の出願が同日出願である場合

本願発明と同日出願の請求項に係る発明等（以下この章において「同日出願発明」という。）がそれぞれ発明Aと発明Bである場合において，以下の(i)及び(ii)のいずれのときにも，発明Aと発明Bとが同一（上記3.2.1でいう「同一」を意味

第２章◇特許要件
第５節◇先願・冒認

する。
　以下この項（3.）において同じ。）であるときに，審査官は，本願発明と同日出
願発明とを「同一」と判断する。
　（ⅰ）　発明Ａを先願とし，発明Ｂを後願と仮定したとき。
　（ⅱ）　発明Ｂを先願とし，発明Ａを後願と仮定したとき。
　他方，発明Ａを先願とし，発明Ｂを後願としたときに後願発明Ｂと先願発明Ａと
が同一であっても，発明Ｂを先願とし，発明Ａを後願としたときに後願発明Ａと
先願発明Ｂとが同一でない場合（例えば，発明Ａが「バネ」であり，発明Ｂが「弾性
体」である場合）は，審査官は，本願発明と同日出願発明とが「同一」でないと
判断する。

　上記審査基準によると，出願日が異なる場合には，両出願に相違点がない完
全同一の場合だけでなく，両者の発明に広狭があり，先願発明が下位概念であ
る場合（例えば，先願発明が「弾性体」で後願発明が「バネ」），先願発明との差異が
微差である場合，単なるカテゴリーが相違する場合も，「同一」であると判断
されます。
　一方，同日出願の場合，同一性があるとされるのは，実質同一の場合に限ら
れます。したがって，両発明が広狭関係にある場合，同一と判断されず，協議
の対象とはなりません。単なるカテゴリーの相違は同一発明とされますが，同
日出願発明の装置の使用方法が本件発明の方法に限定されない場合，装置の使
用方法が本件発明の方法との同一部分は一部分の関係となるため，同一と判断
されませんでした（「建築物の骨組構築方法事件」☆1）。ただし，一方の出願がマー
カッシュ形式のように選択肢で特定されている場合には，選択肢の一部が他方
の出願と同一であれば同一とみなす扱いとしています（審査ハンドブック附属書
Ａ６の事例１）。

4 　請求項に係る発明が引用発明と部分的に重複する場合

　基本的な技術的思想が同一の場合において，先願が下位概念を開示してい
て，後願の請求項に係る発明が上位概念である場合，後願は特許法39条，29条
の２の拒絶理由を有することになります。この場合，重複部分を除くように請
求項を補正（除くクレーム）することで，上記拒絶理由を解消することが可能と

なります。

　同一性の判断は，技術的思想としての同一性を意味することから，技術的思想が異なる場合，実施例のような具体的態様が同一であっても先願主義の適用はありません。例えば，先願発明が「陽イオンとしてNaイオンを含有する無機塩を主成分とする鉄板洗浄剤」であり，後願発明が「陰イオンとしてCO_3イオンを含有する無機塩を主成分とする鉄板洗浄剤」である場合，両出願の実施例として$NaCO_3$が開示されていたとしても，発明の技術的思想が相違（前者は陽イオン，後者は陰イオンに着目した発明）するので，両発明は同一とはされません。しかしながら，拡大先願の適用があるため，後願は特許法29条の2の拒絶理由を有することになります。この場合も，重複部分を除くように，請求項を補正することで，拒絶理由を解消することが可能です。

〔神谷　惠理子〕

=== ■判　例■ ===

　☆1　東京高判平14・11・14（平11（行ケ）376号）裁判所ホームページ〔建築物の骨組構築方法事件〕。

=== ●参考文献● ===

　(1)　逐条解説の該当条文の箇所。

第2章◇特許要件
第5節◇先願・冒認

 冒　認

(1) 特許出願をしていたところ，出願人名義が無断で第三者に変更されてしまいましたが，出願人の名義を元に戻す方法はありませんか。
(2) 第三者を特許権者とする特許権が登録されてしまった場合はどうでしょうか。
(3) また，発明者でない無権利者が特許出願した場合も同様でしょうか。
(4) 共同出願違反があった場合，その特許にどのような影響が生じますか。共有者が同意してくれた場合でも，どうしようもないでしょうか。

(1) 特許庁における出願人名義の変更は，出願名義人変更届に「権利の承継を証明する書面」を添付して提出することにより，新名義人が単独で行うことができます。そして，特許を受ける権利を確認する判決書とその確定証明書は，この場合の添付書面として認められています。したがって，現名義人の第三者を被告として特許を受ける権利を有することの確認請求訴訟を提起して勝訴すれば，出願人名義を元に戻すことができます。
(2) 自ら出願をした後に，第三者に名義変更され，特許権が登録されてしまった場合，当該第三者を被告として特許権移転登録手続請求訴訟を提起し，勝訴すれば，判決書とその確定証明書によって特許庁に対して単独で特許権の移転登録申請ができます。
(3) 発明者でない者であって，特許を受ける権利を承継していない者が特許出願をして，特許権が登録された場合，発明者又は特許を受ける権利を承継した者は，特許権者に対して特許権移転請求訴訟を提起し，勝訴すれば，判決書とその確定証明書によって特許庁に対して単独で特許権の移転登録申請ができます。
(4) 共同出願違反は特許の無効理由となります。しかし，共同出願人となるべきであった者が特許権者に持分の移転を請求し，応じ

てもらえなければ，特許権持分移転請求訴訟を提起して勝訴し，判決書とその確定証明書によって特許庁に対して単独で特許権の移転登録申請ができます。共同出願違反の結果が解消されれば，遡って無効理由も消滅します。

☑キーワード

冒認，共同出願，名義変更，特許権移転

解　説

1　冒認出願に対する特許法の規定

特許法123条1項に列挙されている特許の無効理由には，特許が特許法38条の共同出願の規定に違反してされたとき（2号）と，発明者でない者であって，その発明について特許を受ける権利を有しない者の特許出願に対してされたとき（6号）が含まれています。これらの無効理由に係る特許出願を冒認出願といいます。

冒認出願は，被害者本人に限って無効理由として主張することができます。したがって，特許発明の発明者と無関係な第三者は無効理由として主張できません。

特許が無効になれば，その発明を自由に実施できるという意味では，発明者や，特許を受ける権利を承継した者に対する救済になります。第三者との関係で，その発明の実施を独占することに意味がないような場合には，冒認を理由とする無効審判請求にも意味があります。実際にも，共同出願違反を理由に無効審判請求をした例[1]，不正競争行為（虚偽事実陳述）差止等請求事件[2]及び無効審判事件[3]において，共同出願違反による特許無効を主張した例もあります。

しかし，自ら実施することよりも，第三者との関係でその発明の実施をする

第2章◇特許要件
第5節◇先願・冒認

ことに利益がある場合には，冒認出願に係る特許を無効にするよりも，正当な権利を取り戻すことが必要になります。かつては，自ら特許出願をしていない以上，独占権を主張することはできないという考え方から，冒認出願の被害者による特許権移転請求を認めなかった判決[4]もありましたが，現在では，冒認出願を理由に特許権移転請求が認められるようになりました（特74条，平成23年改正）。

2　自ら特許出願をした場合の取扱い

　発明者又は特許を受ける権利を承継した者が自ら特許出願をした場合には，特許出願の時点で出願人としての地位を取得しています。したがって，自ら特許出願をしていない以上，独占権を主張することはできないという，従来の考え方の下でも，本来の地位を取り戻すことを認めることは，特許法の趣旨に反しないと考えられてきました。ただし，出願名義の変更と，特許権者の変更とは，特許庁における手続が異なることから，手続の段階によって，訴訟を提起する場合の請求内容が異なりました。

　まず，特許出願が特許庁に係属中であれば，出願名義の変更を行うことになります。特許庁における出願名義の変更は，現出願名義人と新出願名義人の共同申請という手続がとられず，新出願名義人が特許を受ける権利について「権利の承継を証明する書面」を添付して届け出るという手続になっています。形式上，現名義人の手続は不要ですので，現名義人を被告として名義変更手続請求訴訟を提起しても，現名義人が行うべき手続が存在しないという理由で請求が棄却されてしまいます。しかし，特許庁では，特許を受ける権利の存在確認訴訟の判決書と確定証明書を「権利の承継を証明する書面」として取り扱っていますので，現名義人を被告として，特許を受ける権利の存在確認訴訟を提起し，勝訴すればよいことになります[5]。なお，判決書と確定証明書以外でも，現名義人が新名義人が特許を受ける権利の正当な承継人であることを認める内容の和解調書，調停調書でも名義変更届の添付書類として認められます（方式審査便覧45.25）。

　これに対して，特許権が登録されてしまった場合には，登録原簿上の特許権

者の登録を変更しなければなりません。そして，変更申請は，現特許権者と新特許権者の共同申請を必要とします。特許出願が特許庁に係属している場合と異なり，現特許権者が手続に関与することが必要であるために，特許権移転登録手続請求が認められます☆6。したがって，この場合には，現特許権者を被告として，特許権移転登録手続請求訴訟を提起し，勝訴すれば，判決書と確定証明書を特許庁に提出することにより，単独申請でも特許権の移転登録申請ができることになります。これは，不動産登記で判決による単独申請が認められるのと同じです。現特許権者が特許権移転登録手続を行うことが明記されていれば，和解調書，調停調書でも単独申請が認められます。

　正当な権利者への名義の回復が特許の登録前に行われる場合でも，登録後に行われる場合でも，もともとは，正当な権利者が特許出願を行っています。そして，その後に不正な名義変更が行われたわけです。このような場合，正当な権利者は，出願後に行われた名義変更が不正な名義変更であったことの主張立証責任は負わないと考えられています。これは，民事訴訟の一般原則に従って，権利の移転については，権利の移転によって利益を受ける当事者がその主張立証責任を負うことになるからです。なお，ここでいう主張立証責任とは，当事者双方が主張立証を尽くしても，最終的に真偽不明になった場合には，権利の移転がなかったと裁判所が判断するということです。正当な権利者は何もしなくても勝訴できるという意味ではありません。

3　自ら特許出願を行わなかった場合の取扱い

　発明の事実によって特許を受ける権利が発生しますが，特許出願をしなければ，特許を取得することはありません。他人が冒認出願をしたからといって，自ら特許出願をしなかった者に特許を取得させる必要はなく，他人の特許を無効にできれば十分であるという考え方も成り立ちます。すでに述べたとおり，平成23年の特許法改正までは，この考え方が正しいとされてきました。

　しかし，自ら出願しなかった事情は様々であり，このことについて冒認出願の被害者を非難できない場合も多いでしょう。また，出願によって発明の内容が公開されたことによって社会が利益を受けている以上，冒認出願によって真

第2章◇特許要件
第5節◇先願・冒認

の権利者が不利益を被ることもやむを得ないとする理由もありません。さらに，諸外国でも冒認出願について特許権の移転請求を認める制度が存在しているとされています。こうした理由から，現在は，冒認出願に係る特許権について，特許権の移転請求を認める制度が採用されています。

　特許権の移転請求が認められるのは，次の2つの場合です。

①　特許が，発明者でない者であってその発明について特許を受ける権利を有しない者の特許出願についてなされたとき

②　特許を受ける権利が共有に係るときに，他の共有者と共同せずにされた特許出願についてなされたとき

　上記2つの場合に，特許に係る発明について特許を受ける権利を有する者は，特許権者に対して特許権の移転を請求できます（特74条1項）。ここで重要なことは，自ら特許出願をした後に，名義が変更された場合とは異なり，冒認の被害者の名前は特許庁の記録のどこにも表れていないことです。したがって，自らが特許を受ける権利を有することについて，冒認を主張する当事者が主張立証責任を負います。発明者Aから会社が特許を受ける権利を承継していた場合を想定して，この点を具体的に述べると次のようになります。

　まず，以下の説明において，「原告」は，特許権移転手続請求訴訟の原告，「被告」は特許権者です。この場合，上記①の場合に該当するためには，特許が発明者Aの発明に対してなされており，かつ，被告が発明者Aから特許を受ける権利を承継していないことが必要です。被告が発明者Bの発明について勝手に特許出願し，たまたま，発明者Bの発明の内容が発明者Aの発明の内容と同じであったという場合，被告が冒認出願をしたことは事実であっても，原告は，「当該特許に係る発明について特許を受ける権利を有する者」には該当しません。したがって，原告が主張立証しなければならない事実は，以下のとおりになります。

(i)　発明者Aが発明をしたこと

(ii)　原告が発明者Aから特許を受ける権利を承継したこと

(iii)　被告が発明者Aから直接又は間接に発明の内容を知ったこと

　このように，自ら出願をした後に，不正な名義変更がされた場合とは異なり，原告は重い主張立証責任を負うことになります。したがって，実際の訴訟

では，発明の経緯，冒認出願に至る事情など，広範な立証が必要になります[7]。

〔近藤　惠嗣〕

■判　例■

☆1　知財高判平28・7・28裁判所ホームページ。
☆2　東京地判平29・2・17裁判所ホームページ。
☆3　知財高判平28・2・24裁判所ホームページ。
☆4　東京地判平14・7・17判時1799号155頁。
☆5　東京地判昭38・6・5下民集14巻6号1074頁。
☆6　最判平13・6・12民集55巻4号793頁。
☆7　東京地判平30・10・25裁判所ホームページ。

第 3 章

職務発明

33　職務発明(1)――改正の経緯

(1)　最近，職務発明制度がいろいろ変わったように新聞報道がなされていたのですが，何がどう変わったのか，概要を教えてください。
(2)　職務発明規程を改正しようと思いますが，注意すべき点を教えてください。附則でこの改正規程を遡及させることは認められるでしょうか。

　　特許法は，平成16年と平成27年に，職務発明制度の予見性を高めることなどを主たる目的として2度の法改正が行われました。平成27年法は，①職務発明に係る特許を受ける権利の使用者原始帰属を認め，②金銭以外の経済上の利益を与えることも含まれるようにするために「相当の対価」を「相当の金銭その他の経済上の利益」（「相当の利益」）に変更し，③契約等で定めたところにより相当の利益を与えることが不合理であるか否かの判断に当たっての考慮要素を明確化するため経済産業大臣が指針（ガイドライン）を定める旨を規定しました。

☑キーワード

職務発明，平成27年改正，使用者原始帰属，相当の利益，経済産業大臣の指針

第 3 章◇職務発明

解　説

1　職務発明制度の意義と 2 度の改正の経緯

(1)　職務発明制度の意義

　職務発明とは，従業者，法人の役員，国家公務員又は地方公務員（以下「従業者等」といいます）が，その性質上その使用者，法人，国又は地方公共団体（以下「使用者等」といいます）の業務範囲に属し，かつ，その発明をするに至った行為がその使用者等における従業者等の現在又は過去の職務に属する発明をいいます（特35条 1 項）。職務発明制度は，職務発明について使用者等と発明者の間の権利関係を定める制度であり，従業者等に発明のインセンティブを与えることで発明を奨励し，もって，「産業の発達」（特 1 条）に寄与することを目的としています。

　日本では，この10年余りの間に 2 度の職務発明制度に関する法改正が行われました（平成16年改正，平成27年改正）。知的財産法の分野において 1 つの制度が短期間に 2 度も改正されるのは珍しいことです。

(2)　平成16年改正前の法制度

平成16年改正前の職務発明制度の骨格は，次のとおりです。

①　職務発明についての権利（特許を受ける権利）は発明者たる従業者等に原始的に帰属する（従業者原始帰属）。

②　職務発明について特許を受けたときは，使用者等は，その特許権について（無償の）通常実施権を有する。

③　発明者たる従業者等が，職務発明についての権利を使用者等に承継させたときは，使用者等より相当の対価を受ける権利を有する。

　この仕組みは，大正10年に制定された旧特許法から昭和34年制定の現特許法に受け継がれ，ほとんど変わらないまま長らく維持されてきました。

(3)　平成16年改正

　しかし，平成12年ごろから，「相当の対価」の多寡をめぐって使用者等と発

246

明者との間で訴訟に発展するケースが徐々に増えてきました。そして，平成15年，オリンパス光学事件最高裁判決[1]は，使用者等が定めた「職務発明規程」に基づく報奨金の支払額が裁判所からみて不足している場合には，発明者は不足額の支払を判決で認めてもらうことができる旨を判示したため，さらに職務発明訴訟が頻発するようになり，実務に大きな影響を与えました。企業があらかじめ定めて従業者等に適用していたルールが裁判所によって事後的に否定されてしまう状況下では，使用者等が予見可能性をもって事業活動を行うことに支障を来すため，産業界から，制度改正の必要性が唱えられました。このような状況を踏まえ，平成16年に特許法が改正されることになりました。

(4)　平成16年改正とさらなる制度改正の要請

　平成16年法は，上述の①から③の骨格を維持しつつ，「相当の対価」を決定する際のプロセス，具体的には，(a)相当の対価を決定するための基準の策定に際して使用者等と従業者等との間で行われる協議の状況，(b)策定された当該基準の開示の状況，(c)相当の対価の決定について行われる従業者等からの意見の聴取の状況等が合理的であれば，裁判所は原則として会社の決めた額を否定できないようにしました。また，定めがない場合又はその定めたところにより相当の対価を支払うことが不合理であると認められる場合には，相当の対価の額は，その発明により使用者等が受けるべき利益の額，その発明に関連して使用者等が行う負担，貢献及び従業者等の処遇その他の事情を考慮して定めなければならない旨が規定されました。

(5)　さらなる制度改正の要請

　しかしながら，「『協議』，『開示』及び『意見の聴取』をどこまで周到に行えば不合理とされないのか」，「条文に『等』と規定されているため，手続が妥当であっても，金額次第で不合理とされることもあるのか」などといった点がなお不明確で，合理性判断の法的予見可能性が低いとの指摘が産業界からなされました。また，職務発明の対価について，使用者等から発明者に対して「相当の対価」という金銭の給付だけに限らず，金銭以外の給付（例えば，昇進や海外留学など）も認められるべきとの意見もありました。さらに，発明者に発明に係る権利を原始的に帰属させているため，使用者等とそれ以外の第三者への権利の二重譲渡も可能な平成16年法においては，権利の帰属に不安定性が残るの

第3章◇職務発明

ではないか等の指摘もなされました。そこで，これらの問題点を解消すべく，平成27年改正が行われることになりました。

2 平成27年改正法の概要

平成27年改正法の概要は，次の3点です。

(1) 特許を受ける権利を使用者等の原始帰属とすることが可能

平成27年改正により，使用者等は，特許を受ける権利の原始的な帰属先を使用者等とするか，発明者とするか，自ら選択することができるようになりました（特35条3項）。

使用者原始帰属とするためには，自社の職務発明規程に，「職務発明については，その発明が完成した時に，会社が特許を受ける権利を取得する」などの定めを置くことが必要となりますが，従業者等との協議や従業者等の同意を得る等の手続は法律上必要ではありません。ただ，使用者原始帰属としたことを従業者等に何らかの方法で周知することが望ましいと考えられており，実際にイントラネット等で周知を図っている企業が多いと思われます。

(2) 「相当の対価」から「相当の利益」へ

平成27年改正により，発明者に付与するのは，発明に対するインセンティブであることが明確になるとともに，金銭以外の経済上の利益を認めるという趣旨から，従前の「相当の対価」から「相当の利益」（「相当の金銭その他の経済上の利益」）へと改められました（特35条4項）。金銭以外の経済上の利益としては，使用者等負担による留学機会の付与，ストックオプションの付与，金銭的処遇の向上を伴う昇進又は昇格，法令及び就業規則所定の日数・期間を超える有給休暇の付与などが想定されています。「相当の利益」について定める場合に，「協議」，「開示」，「意見の聴取」というプロセスが重視されるべき点では，平成16年法から変更はありません（特35条5項）。

(3) 経済産業大臣の指針（ガイドライン）

平成27年改正では，経済産業大臣が，発明を奨励するため，産業構造審議会の意見を聴いて，特許法35条5項の規定により考慮すべき状況等に関する事項について指針（以下，「本指針」といいます）を定め，これを公表するものと規定

しています（特35条6項）。本指針は，現在特許庁のホームページで公開されています*1。本指針では，「相当の利益」を決定するための社内ルールについて，その策定や改定に当たっての従業者等との「協議」，従業者等に対する周知としての「開示」，個別の利益付与における従業者等からの「意見聴取」というプロセスにおいて，使用者等は具体的にどのようなことに気を付けるべきかが記載されています。

本指針は，不合理性の判断について，「契約，勤務規則その他の定めに基づいて職務発明に係る相当の利益の内容が決定されて与えられるまでの全過程が総合的に判断されることとなる。全過程における諸事情や諸要素は，全て考慮の対象となるが，その中でも特に同項（筆者注：特35条5項）に例示される手続の状況が適正か否かがまず検討されることが原則である。」と規定しており，本指針に従って，「協議」，「開示」，「意見の聴取」の手続を踏めば，原則として，「相当の利益」の内容の妥当性について司法が踏み込んで判断することはなくなるものと想定されています。

3　職務発明規程改正の留意点

次に，使用者等が職務発明規程を平成27年改正法を受けて改正する場合の留意点について若干説明しておきます。なお，「相当の利益」の算定方法については，**Q37**を参照してください。

(1)　平成27年改正法の経過措置

平成27年改正法では，経過措置は定められていませんが，同改正法が施行されても，従来法（昭和34年法，平成16年改正法）の効力が遡及的に失われることになるわけではありません。職務発明に関する平成27年改正法のうち，特許を受ける権利の帰属を定める第3項は，平成28年4月1日以降に発生した発明に適用されることとされ，「相当の利益」を定める第4項は，同日以降に使用者等が取得した発明に適用されることとされ，いずれも遡及は認められていません*2。したがって，使用者原始帰属とすることは，平成28年4月1日以降になされた発明について可能となり，同日以降に会社に帰属する発明について「相当の利益」を与え得ることになります（今後も，平成17年3月31日以前に使用者

第 3 章◇職務発明

等に承継された職務発明については昭和34年法が適用されます。また，平成17年4月1日以後に承継され平成28年3月31日までになされた発明については平成16年改正法が適用されます（平成16年改正法附則2条))。

(2) 改正後の職務発明規程の遡及適用の可否

それでは，平成28年4月1日以降に自社の職務発明規程における報奨制度を改正して遡及適用することとし，従来の職務発明規程を廃止して新規程に一本化できるでしょうか。

この点，本指針は，個々の従業者等との間で個別に「合意」している場合と，改定後の規程を適用しても従業者等にとって「不利益とならない」場合にのみ，制度を一本化することが認められると規定しています。これは，従前の規程に基づき発明者が取得した利益は「既得権」であり，あとから一方的に奪うことはできないためと考えられます。したがって，「合意」については，使用者等と従業者等とが十分な情報に基づき共通の認識に立った上で，自由な意思に基づき形成されることが必要であり，「不利益とならない」かどうかは，規程が適用されるすべての従業者等にとって実質的に不利益が生じないかを慎重に判断することが必要でしょう。

(3) 新入社員・中途社員との「協議」

職務発明規程を整備した後に入社した新入社員・中途社員（以下「新入社員等」といいます）は，当然のことながら策定時の協議の相手方に含まれていませんが，規程策定時と同様の「協議」を行うのは現実的ではありません。そこで，本指針は，新入社員等との「話し合い」を推奨しています。「話し合い」の形態としては，当該社内ルールをそのまま適用することを前提に使用者等が新入社員等に対して説明を行うとともに，質問があれば回答するという方法が挙げられています。また，「話し合い」は異なる時点で入社した新入社員等に対してまとめて行うこともできるとされています。なお，これは新入社員等に限ったことではありませんが，上述した「開示」や「意見聴取」をしっかり行うこと重要です。具体的な方法については，本指針を参照してください。

(4) 派遣社員への職務発明規程の適用

特許法35条における「使用者等」は，平成27年法下において職務発明を自身に原始的に帰属させることができる（昭和34年法及び平成16年改正法下において発明

者から承継取得することができる）とともに，発明者に対して「相当の利益」（ない
し「相当の対価」）を支給する義務を負います。特許法35条の「使用者等」に該
当する否かは，発明者の給与を実質的に負担するとともに，職務発明がなされ
るに当たって当該従業者等に対して指揮命令をなし，また投資リスクの負担や
研究施設，研究補助者の提供をした者は誰かといった点を総合的に勘案して判
断されるのであって，必ずしも雇用契約上の使用者に限定されないとする立場
が有力です＊３。派遣社員には様々な実態があるため，派遣社員が派遣先で発
明をなした場合，誰が35条の「使用者等」なのかの判断が一概にはつきにくい
ケースも起こり得ます。そこで，派遣期間中に発明がなされる可能性がある場
合には，本指針が推奨するように，派遣元企業，派遣先企業及び派遣社員の間
で発明の取得方法を含めた職務発明の取扱いを明確化しておくことが望ましい
と考えられます。なお，出向社員についても，必要に応じて派遣社員のときと
同様に，出向期間中になされた発明の取扱いを明確化しておいたほうがよいで
しょう。

(5)　**退職者への対応**

　本指針では，退職者に対し，特許登録時や退職時に相当の利益を一括して与
えること，及び退職者に対して行う意見の聴取を退職時に行うことは可能であ
る旨が規定されました。こうした配慮をすることなく，退職しなければ継続し
ていたはずの相当の利益の支給を退職を理由に中止するといった制度は，合理
性の有無が問題となり得るため，導入しようとする場合は慎重に手続を進める
必要があると考えられます。

〔服部　　誠〕

═══ ■判　例■ ═══

☆１　最判平15・４・22民集57巻４号477頁〔オリンパス光学事件〕。

═══ ■注　記■ ═══

＊１　https：//www.jpo.go.jp/seido/shokumu/files/shokumu_guideline/guideline_02.
　　　pdf
＊２　特許庁総務部総務課制度審議室編『平成27年特許法等の一部改正　産業財産権法

第3章◇職務発明

　　の解説』20頁。
＊3　　中山信弘『特許法〔第3版〕』58頁等。

34　職務発明(2)──成立要件

(1)　会社から命じられた業務として発明をした場合，私が出願人になって特許を取得することは可能ですか。
(2)　会社での担当業務を離れた後，会社の了解を得ずに終業後に会社の施設を使って前の業務に関する発明をした場合はどうですか。
(3)　A社で研究した成果を利用して，転職先のB社で発明を完成させた場合，その発明は誰に帰属しますか。

(1)　あなたが完成させた発明は職務発明になりますので，契約や勤務規則などで特許に関する権利を会社に取得させるなどの特別の定めがない限り，あなたは権利者として特許出願人になって特許を取得することができます。
　　事前に会社との間で，完成した発明に関する特許を受ける権利等の帰属に関して契約をしている場合は，当該権利は会社に譲渡されたり，あるいは原始的に会社に権利が発生しますので，あなたは出願人になることはできず，特許を取得することはできません。
(2)　同一企業内での業務の変更であること，会社の施設を使用していることからすれば，特別な事情がない限りあなたの発明は職務発明になり，上記(1)があてはまります。会社の了解を得ていないことは必ずしもこれを否定する根拠にはなりません。
(3)　職務発明における「使用者等」が誰かは，発明が完成した時をもって判断します。あなたは転職先のB社で発明を完成させたということなので，B社との関係の職務発明になり，B社における契約や勤務規則などが適用されます。

第3章◇職務発明

☑キーワード

職務発明の成立要件，業務範囲，職務発明の完成時，発明者主義と使用者
主義

```
解　説
```

1 職務発明の定義

　従業員は諸々の場面で発明をなすことがありますが，特許法は35条に1ヵ条
のみ職務発明に関する条文を置いて，職務発明の権利の帰属，従業者等への報
奨等について規定しています。1項は，「従業者等が，その性質上当該使用者
等の業務範囲に属し，かつ，その発明をするに至つた行為がその使用者等にお
ける従業者等の現在又は過去の職務に属する発明」を職務発明という旨定義し
ています。

　なお，従業員がなした発明にはこのほかに，使用者等の業務に属しているが
職務発明には該当しない業務発明や，使用者等の業務とは一切関係がなくなさ
れた自由発明と呼ばれるものがあります。

2 職務発明の成立要件

(1)　職務発明の成立要件

特許法35条1項の定義に該当する発明が職務発明なので，職務発明の成立要
件は次のようになります。

①　従業者等による発明であること

②　発明がその性質上当該使用者等の業務範囲に属していること

③　その発明をするに至った行為がその使用者等における従業者等の現在又
　は過去の職務に属する発明であること

(2) 「従業者等」の範囲

(a) 1項は，「従業者，法人の役員，国家公務員又は地方公務員（以下「従業者等」という。）」と規定しています。発明者と使用者等との間に雇用関係がある場合は発明者は従業者であるといえますが，正社員に限られるものではなく，嘱託やパート従業員等も含まれます。出向者や派遣社員についてどのように考えるべきかは，**Q35**を参照してください。また，法人の役員や大学の教職員も「従業者等」に含まれます。

(b) 知財高判平30・6・5[1]は，被告の子会社の従業員であった原告が職務発明の対価を親会社に請求した事案で，本件発明に対する親会社の関与を検討して，「控訴人が本件発明の特徴的部分に関して着想し，その具体化を行った時期において，控訴人と被控訴人との間には雇用関係がなく，控訴人は被控訴人から給与の支払も受けていないこと，控訴人が被控訴人から，直接，指揮命令を受けることがあったとは解されず，人的物的資源の提供を受けたとも認められないことからすれば，本件発明は，被控訴人における従業者の発明に当たるということはできない。」と判示しました。

(3) 「使用者等の業務範囲」の意義

発明が使用者等の業務範囲に属しているかは，形式的に判断することはできません。事業活動を行っている使用者等の業務は広範囲にわたっていること，会社の定款の目的事項の解釈も柔軟になされていることからして，職務発明の要件としての「使用者等の業務範囲」は，定款記載の目的事項に限定されません。

東京地判平14・9・10[2]は，被告の元従業員であった原告が，本件発明は被告に在職中の発明ではあるが，原告の職務とは関係なく独自に発明したものであるから職務発明ではないと主張した事案において，原告の社内における部署異動経歴，担当業務内容，発明のアイディアの会社への報告，被告の許可を得て勤務時間内に実験を実行した等具体的事実を詳細に検討して，「従来の問題点を解決する本件発明を発案しそれを完成する活動を行うことは，使用者との関係で一般的に予定され期待されていたものといえる」とし，本件発明は原告の職務に属すると判示しました。

第 3 章◇職務発明

(4) 「現在又は過去の職務に属する発明」の意義

(a) 発明行為の長い過程のどの時点をとらえて「現在」あるいは「過去」の業務との比較検討を行うかですが，発明が完成した時点をもって判断するとされています。転職した場合は，発明が完成した時点が転職前の会社在職中か，転職後の会社かにより，特許法35条の「使用者」がどちらの会社かに分かれます。

(b) **裁 判 例**

(ア) 名古屋地判平 8 ・ 9 ・ 2 [☆3]は，「発明が完成された」という時点の考え方について，最判昭44・ 1 ・28[☆4]を引用して，次のように述べています。

「発明が完成されたというためには，その創作された技術内容が，その技術分野における通常の知識・経験をもつ者であれば何人でもこれを反復実施してその目的とする技術効果を上げることができる程度にまで具体化され，客観化されたものでなければならず，その技術内容がこの程度に構成されていないものは，発明として未完成であるというべきである。」

また同判決は，「現在又は過去の職務」について，「同一企業内での現在又は過去の職務と解すべきであり」と述べており，この考えが通説になっています。

(イ) 東京地判平14・ 9 ・19〔日亜化学工業事件〕[☆5]は，元従業員から提起された特許権持分確認等請求事件の中間判決であり，在職中に社長の命令に反して発明をしたものであるから職務発明には当たらないとの原告の主張に対して判決は次のとおり判示して，職務発明であることを認めました。

「被告会社は，蛍光体や電子工業製品の部品・素材の製造販売及び研究開発等を目的とする会社であり，原告は，被告会社で半導体発行素子等の研究・開発に従事していたものである。そして，本件発明は，平成 2 年 9 月ころ，原告が被告会社の従業員として在職中にしたものであり，窒素化合物半導体結晶膜の成長方法に関する発明である。以上によれば，本件発明は，被告会社の業務範囲に属し，その従業員である原告の職務に属する行為として行われたものであるから，特許法35条にいう職務発明に該当する。

原告は，本件発明は，被告会社社長の青色発光ダイオードの研究を中止して高電子移動度トランジスタの研究をするようにとの業務命令に反して，原告が

行ったものであるから，職務発明に該当しないと主張する。

（中略）しかしながら，原告は，原告の被告会社における勤務時間中に，被告会社の施設内において，被告会社の設備を用い，また，被告会社従業員である補助者の労力等をも用いて，本件発明を発明したのであるから，原告主張のような事情が存在するとしても，本件発明を職務発明に該当するものと認定する妨げとなるものではない。」

3 職務発明の権利の帰属（発明者主義）──特許法35条2項

(1) 職務発明に係る権利帰属の基本的考え

職務発明の権利の帰属に関しては，特許法35条2項と3項に規定があります。2項は発明の権利はまずは自然人である従業者等に発生するとの発明者主義を規定しており，平成27年の法改正で3項の使用者主義が追加になるまでは，長い間発明者主義がとられていました。本項では2項について述べることとして，3項については次項で述べます。

(2) 発明した当該従業員に帰属した権利が維持されている場合

特許法35条2項は，「その発明が職務発明である場合を除き，あらかじめ，使用者等に特許を受ける権利を取得させ，使用者等に特許権を承継させ，又は使用者等のため仮専用実施権若しくは専用実施権を設定することを定めた契約，勤務規則その他の定めの条項は，無効とする。」と定めており，職務発明の場合は事前に使用者等に権利を譲渡するなどの契約をすることができるとされています。言い換えれば，発明完成時においては権利は従業員に帰属する考えを基本としていることがわかります。したがって，特許を受ける権利の取得や特許権の承継等に関する事前の定めがない場合は，職務発明であっても，発明者である従業員に権利は帰属します。なお，この場合の定めは黙示でもよいとされています。

(3) 発明した当該従業員に帰属した権利が，規定等により使用者等に譲渡・承継された場合

特許を受ける権利の取得や特許権の承継等に関する事前の定めがある場合は，それに従った権利移動がなされます。なおその場合，従業員等は，特許法

第3章◇職務発明

35条4項により，「相当の金銭その他の経済上の利益」を受けることができます。平成27年改正時に，4項も変更になり，それまでは従業員が受ける利益は「相当の対価の支払を受ける権利」とされていましたが，上記のとおり金銭に限られることなく幅広くなりました。詳しくは**Q36**を参照してください。

4 職務発明の権利の帰属（使用者主義）──特許法35条3項

(1) 特許法35条3項制定の意義

職務発明の権利の帰属については，上記**3**で述べたとおり，自然人である従業者が原始的に権利を取得する発明者主義が基礎とされてきました。しかし，権利の帰属について発明者主義をとった場合，発明者が会社と合意した手続によらずに第三者に権利を譲渡した場合の問題や，他社との共同発明の場合の譲渡承認の際の問題，相当の対価の金額に関する紛争等，従業者と使用者との紛争が多岐・多数になるにつれて，企業の事業運営にも諸々の支障が出るようになりました。これらの点を踏まえて，平成27年に職務発明に関する規定が改正され，3項で，法人を含めた使用者等が原始的に発明に係る権利を取得できる道を新設したのです。ただし，あくまでも3項が規定する条件を満たした場合に使用者が権利を原始的に取得するという建付けなので，発明者主義という大前提は維持されていると考えます。

(2) 要 件

特許法35条3項は，「従業者等がした職務発明については，契約，勤務規則その他の定めにおいてあらかじめ使用者等に特許を受ける権利を取得させることを定めたときは，その特許を受ける権利は，その発生した時から当該使用者等に帰属する。」と規定しています。

使用者が原始的に職務発明の権利を取得するためには，下記の2点が必要です。

① 契約，勤務規則その他の定めがあること

使用者主義の適用を希望する使用者等は就業規則や職務発明規程などでこれに関する規定を定める必要がありますが，その場合の留意点は**Q35**を参照してください。

②　上記の定めは「あらかじめ」なされていること

「あらかじめ」なされているか否かの判断は，定めがなされたのが「発明の完成」より前か後かで判断されます。発明の完成時点は，上記**2**(4)(b)(ア)で述べたことと同じに解釈されます。

5　ま　と　め

従業員等がなした発明が職務発明に該当する場合は特許法35条の諸条項の適用がありますので，職務発明該当性の有無に疑義が生じないように規程の整備充実が必要です。

〔加藤　幸江〕

─■判　例■─

☆1　知財高判平30・6・5判例秘書登載。
☆2　東京地判平14・9・10判例秘書登載。
☆3　名古屋地判平8・9・2判タ927号244頁。
☆4　最判昭44・1・28民集23巻1号54頁。
☆5　東京地判平14・9・19判タ1109号94頁〔日亜化学工業事件〕。

第3章◇職務発明

 35　職務発明(3)──職務発明規程

(1) 従業員がした発明を勤務規則等でどのように取り扱えばよいか思案しています。当面は当社の従前の取扱いを維持して従業員の発明を会社に移転させようと思いますが，注意点について教えてください。
(2) 平成27年改正特許法では法人帰属にすることもできるようなのですが，その場合は，勤務規則や職務発明規程をどのような規定にすればよいのでしょうか。
(3) A社には出向者や派遣社員が多数勤務していますが，彼らが発明した場合，常にA社の職務発明となりますか。

(1) 現行特許法35条の規定に沿った職務発明規程の制定・改訂により，職務発明対価（相当利益）請求に関する紛争の極小化が図れます。なお，従業員との協議等が行われているかは重要です。
(2) 特許庁から職務発明規程のひな形が公表されており，それを参考にして，自社の職務発明規程の見直しなどが可能です。
(3) 出向者や派遣社員との関係については，明確に契約で定めておくことで大切でしょう。

☑キーワード
　就業規則，職務発明規程，相当の利益，法人帰属，出向者，派遣社員

Q35◆職務発明(3)—職務発明規程

```
解　説
```

1 　職務発明を会社に移転させる意義

(1)　契約，勤務規則等による職務発明に関する規程の必要性

(a)　**法定通常実施権とその限界**

　平成27年改正特許法35条4項は，「従業者等は，契約，勤務規則その他の定めにより職務発明について使用者等に特許を受ける権利を取得させ，使用者等に特許権を承継させ，若しくは使用者等のため専用実施権を設定したとき，……は，相当の金銭その他の経済上の利益（……「相当の利益」という。）を受ける権利を有する。」と規定しています。

　従業員等が職務発明をした場合，使用者等は，自動的に通常実施権（法定通常実施権といいます）を取得しますが（同条1項），仮に，発明者従業員が当該発明の特許を受ける権利を第三者（特に競業者）に譲渡した場合，使用者等は，当該発明を自ら実施はできるものの，競業者も実施できることにより，ビジネス上，独占的な地位を得ることが困難となることが予想されます。また，従業者等が使用者に譲渡した後に他人に二重譲渡した場合，登録の有無により当該発明を実施できないという事態が発生してしまう可能性もあります（特98条1項1号）。

(b)　**個別契約の問題**

　そこで，企業等は，従業員が創作した発明についての特許を受ける権利の譲渡を受けることを希望しますが，発明ごとに譲渡契約を締結することは可能なものの，譲渡の条件や支払うべき相当の利益の基準等を定型的に定めたほうが簡便で安定的です[1]。また，産学連携で共同開発契約がなされ成果物として他社との共同発明が生じた場合には，特許を受ける権利が共有にかかるときは持分譲渡に他の共有者の同意が必要となっていることとの関係で（特33条2項），法人帰属のほうが相手方としても処理や確認が簡便となるでしょう。

　なお，職務発明規程等が存在しない場合には，従業員等は特許法35条7項で

第3章◇職務発明

相当の利益を請求できることとなります。また，従業員との協議等（特35条5項）をしないまま制定した規程を適用した場合には，裁判所が算定した相当の利益より少ないときに差額について支払義務が発生することがあります[☆1]。

(c)　勤務規則等で定める場合の問題

職務発明の帰属などについては，雇用契約，労働協約，就業規則などの勤務規則等で職務発明に関する章等を定めることもできますが，この場合は，労働基準法上の労働者への意見聴取義務（労基90条）や周知義務（労基106条）等が適用されるので，他の規定との整合性にも留意することが必要です。

実務上は，別途，社内規程として，職務発明に特化した職務発明規程等を設ける場合が多いと思われます。

(d)　職務発明規程の例

特許庁が，中小企業向け職務発明規程ひな形（2016年4月1日）を参考として公表していますので，図表1に紹介します（職務発明を使用者等に当然承継させる例）。この規定を参照しながら，企業等の実情に合わせて修正すべき点や付加すべき点をチェックすることが有用でしょう。

(2)　職務発明規程等を設ける際の留意事項

法人帰属の規定の仕方や従業者等の範囲についての規定の仕方については，設問(2)，(3)の解説で説明しますので，それ以外の留意点を説明します。

(a)　従業員等との協議等の必要性

特許法35条7項は，「相当の利益についての定めがない場合又はその定めたところにより相当の利益を与えることが第5項の規定により不合理であると認められる場合には，第4項の規定により受けるべき相当の利益の内容は，その発明により使用者等が受けるべき利益の額，その発明に関連して使用者等が行う負担，貢献及び従業者等の処遇その他の事情を考慮して定めなければならない。」とし，同条5項は「契約，勤務規則その他の定めにおいて相当の利益について定める場合には，相当の利益の内容を決定するための基準の策定に際して使用者等と従業者等との間で行われる協議の状況，策定された当該基準の開示の状況，相当の利益の内容の決定について行われる従業者等からの意見の聴取の状況等を考慮して，その定めたところにより相当の利益を与えることが不合理であると認められるものであつてはならない。」と規定しています。

262

Q35◆職務発明(3)─職務発明規程

図表1　中小企業向け職務発明規程ひな形（2016年4月1日）

A株式会社職務発明取扱規程（案）
（中小企業用）

（目的）
第1条　この規程は，A株式会社（以下「会社」という。）において役員又は従業員（以下「従業者等」という。）が行った職務発明の取扱いについて，必要な事項を定めるものとする。

（定義）
第2条　この規程において「職務発明」とは，その性質上会社の業務範囲に属し，かつ，従業者等がこれをするに至った行為が当該従業者等の会社における現在又は過去の職務範囲に属する発明をいう。

（届出）
第3条　会社の業務範囲に属する発明を行った従業者等は，速やかに発明届を作成し，所属長を経由して会社に届け出なければならない。

2　前項の発明が二人以上の者によって共同でなされたものであるときは，前項の発明届を連名で作成するとともに，各発明者が当該発明の完成に寄与した程度（寄与率）を記入するものとする。

（権利帰属）
第4条　職務発明については，その発明が完成した時に，会社が特許を受ける権利を取得する。

（権利の処分）
第5条　会社は，職務発明について特許を受ける権利を取得したときは，当該職務発明について特許出願を行い，若しくは行わず，又はその他処分する方法を決定する。

2　出願の有無，取下げ又は放棄，形態及び内容その他一切の職務発明の処分については，会社の判断するところによる。

（協力義務）
第6条　職務発明に関与した従業者等は，会社の行う特許出願その他特許を受けるために必要な措置に協力しなければならない。

（相当の利益）
第7条　会社は，第4条の規定により職務発明について特許を受ける権利を取得したときは，発明者に対し次の各号に掲げる相当の利益を支払うものとする。ただし，発明者が複数あるときは，会社は，各発明者の寄与率に応じて按分した金額を支払う。

263

第3章◇職務発明

　　一　出願時支払金　　○円
　　二　登録時支払金　　○円
　　　（注）　第7条第1項はあくまで一例であり，必ず出願時支払金や登録時支払金という形で
　　　　　　相当の利益を与えなければいけないということではない。これ以外の相当の利益の付
　　　　　　与方法として，例えば，職務発明に係る実施品の売上げやライセンス料収入に応じて，
　　　　　　いわゆる実績補償を行うことも可能である。
　　　　　　例1：会社は，利益発生時支払金として，職務発明に係る実施品の年間売上高のうち
　　　　　　　　　○％を当該職務発明の発明者に支払う。
　　　　　　例2：会社は，職務発明に係る実施品の年間利益が○円を超えたときは，当該職務発
　　　　　　　　　明の発明者に対し，○円を支払う。
　　　（注）　金銭以外の相当の利益として，海外留学の機会の付与，ストックオプションの付与，
　　　　　　特別有給休暇の付与等の措置を執ることも可能である。
　2　　発明者は，会社から付与された相当の利益の内容に意見があるときは，その
　　相当の利益の内容の通知を受けた日から60日以内に，会社に対して書面により
　　意見の申出を行い，説明を求めることができる。
　　　（注）　第7条第2項はあくまで一例であり，各社の事情に応じて日数を決めることも可能
　　　　　　である。

（支払手続）
第8条　前条に定める相当の利益は，出願時支払金については出願後速やかに
　　支払うものとし，登録時支払金については登録後速やかに支払うものとする。

（実用新案及び意匠への準用）
第9条　この規程の規定は，従業者等のした考案又は意匠の創作であって，そ
　　の性質上会社の業務範囲に属し，かつ，従業者等がこれをするに至った行為が
　　当該従業者等の会社における現在又は過去の職務範囲に属するものに準用す
　　る。
　　　（注）　第9条はあくまで一例であり，実用新案及び意匠については，例えば相当の利益の
　　　　　　内容を職務発明の場合とは異なるものとする等，職務発明とは異なる規定を設けるこ
　　　　　　とも可能である。

（秘密保持）
第10条　職務発明に関与した従業者等は，職務発明に関して，その内容その他会
　　社の利害に関係する事項について，当該事項が公知となるまでの間，秘密を守
　　らなければならない。
　2　　前項の規定は，従業者等が会社を退職した後も適用する。

（適用）
第11条　この規程は，○○○○年○月○日以降に完成した発明に適用する。

したがって，従前の職務発明規程の「相当の利益の内容を決定するための基準」が「協議の状況」，「基準開示の状況」，「意見聴取の状況」を考慮して不合理と認められないものとしておく必要があります。

例えば，古くからの職務発明規程のままであって，会社が一方的に制定したもの（平成16年改正特許法によりこの協議の手続を踏むこと等が定められましたので，その時に改正法の趣旨に従った職務発明規程を改正していない使用者等は注意が必要です）が現在も存在する場合には，それだけで不合理と認められ相当な利益を求める紛争が発生する可能性が高まります[☆2]。

なお，同条5項の「考慮すべき状況等に関する事項」については，同条6項を受け，指針（ガイドライン）が公表されています[*2]。このガイドラインに従っておれば，相当の利益を与える規程が不合理だといわれる可能性（訴訟リスクも）は相当低くなります。

(b) 検討課題例

職務発明規程等では，前掲図表1「中小企業向け職務発明規程ひな形」の（注）でコメントされている以外にも，例えば，①「相当の利益」について，出願時報奨，登録時報奨以外に，自社実施をしている場合の実施報奨，他社にライセンス許諾している場合や排他権を行使した場合の実績報奨，等をどの範囲でどの程度定めるべきか，②外国出願による報奨をどうするのか，③相当の利益として金銭以外に何かを定めるのか，④退職者にも支払うのか，等を検討課題とすることが考えられます[*3]。

2 法人帰属についての規定の仕方

(1) 新たに法人帰属とする場合とすでに法人帰属の予約承継規定がある場合

従業員等が職務発明をした場合に，すべて法人帰属とすべきかについて立法過程で議論されましたが，それは採用されませんでしたので，この前提で考える必要があります（全部を法人帰属にしてしまうと，場合によれば，出願の可否の検討も大変となり得ます）。

職務発明規程を新たに設ける場合や，従前の規定が特許を受ける権利を使用者等の意思表示により移転させる内容となっていた場合には，これを法人帰属

第3章◇職務発明

とするには，例えば，前掲**図表1**「ひな形」4条「職務発明については，その発明が完成した時に，会社が特許を受ける権利を取得する。」というような規定例が考えられます。

一方，すでに法人帰属にするという予約承継（同条2項）規程を定めていた場合には，特に規程の改訂は必要がないともいえましょうが，例えば，「職務発明については，その発明が完成した時に，会社が特許を受ける権利を承継する。」というように特許法35条4項の文言に合わせ「取得」を「承継」と改訂することも考えられます。

この程度の文言の改訂では，改めて従業員等との協議は不要と思われます。

法人帰属への改訂をする場合，外国出願との関係で，「全世界の特許を受ける権利は，発生時から会社が取得する」と規定することが考えられます。ただ，法人帰属を認めていない国もあるので，「譲渡証」や「帰属確認書」（例えば，帰属確認書に「会社が職務発明にかかる全世界の特許を受ける権利を取得すること（会社が取得していない国があるときは，本書により会社に譲渡すること）を確認します。」というような内容のもの）を徴求しておくのが無難です（さらに，前掲**図表1**「ひな形」6条の協力義務条項も有用でしょう）。

なお，「発明者は，職務発明を完成させたときは，会社に直ちに届け出なければならない」という趣旨の規程も管理上必要な場合がありますが，それに続けて，「会社が前項の職務発明にかかる権利を取得する旨を発明者に通知した時は，会社は当該権利を承継する」というような規定にしてしまうと，法人帰属と解されないおそれがありますので留意すべきです。

(2)　法人帰属規程とその他の規定との関係

(a)　共同発明との関係

共同で職務発明がなされたときには，会社への発明届にその持分の記載を求めることとなります（なお，持分の記載がない場合は，民法250条で持分は半分ずつと推定）。相当の利益は原則的に特許権について発生する関係で，出願過程で複数請求項の一部が削除されたり補正された場合には，持分が変更されることがあり，かかる場合への対応をどうするかという課題があります。

(b)　出願の裁量

法人帰属の場合，職務発明の全部が法人帰属となるので，出願の採否（ある

いは営業秘密として別個に取り扱うか）は会社の判断に委ねられる（前掲**図表1**「ひな形」5条2項参考）という規程もセットして定めておくべきです。

(c) 異議申立手続

従業員等からの意見聴取の一手段として，異議申立制度を設けておくことが好ましいといわれています（必須の制度ではありませんが）。少なくとも質問制度の充実は重要と考えられます。なお，かかる制度に弁護士等の第三者の関与を規定することも検討されるべきでしょう。

(d) 施行期日

一般的には，「○○○○年○月○日以降に完成した発明に適用する」（前掲**図表1**「ひな形」11条参照）と規定します。新しい規程をそれ以前に遡及させることができるかについては，意見が分かれていますが，従前の規定と比較して不利益変更にならない限り規定されてもよいのではないかと思われます（ガイドライン「第三の二2」参照）。

3 出向者や派遣社員と職務発明

(1) 従業者等

職務発明をした従業者等で相当の利益を請求できる者として，特許法35条1項は「従業者，法人の役員，国家公務員又は地方公務員（以下「従業者等」という。）」と規定しており，委任契約関係にある法人の役員や理事等も従業者等となります。嘱託[3]，臨時雇い，パートタイマーも含まれると解され，個人会社の代表者も該当します[4]。

(2) 出向者や派遣社員

企業の雇用形態等が多様化してきており，出向社員や派遣社員が職務発明の場面に登場する事態が生じています。雇用契約の存在を重視するのか，給与や物的施設の提供を重視するのか，指揮命令関係を重視するのか，必ずしも明確な解はないといえます[5]。

出向社員については，出向元から給与の支払われている場合に（実質的にどこから支払われているのかが異なる場合も考えられます），雇用関係を重視する立場と具体的な指揮命令関係を重視する考えの違いにより結論に影響すると思われま

第3章◇職務発明

す。さらに，派遣社員については，「職務発明の取扱いを明確化する観点から，派遣元企業，派遣先企業，派遣労働者といった関係当事者間で……契約等の取決めを定めておくことが望ましい」とされています（ガイドライン「第三の三6」）。例えば，派遣労働者を使用する場合に，派遣元（派遣会社）がどのように対応しようとしているのか，特許を受ける権利の派遣元への移転，派遣元から派遣先企業への再譲渡等について，派遣労働者も同意しているのか，等を慎重にチェックしておくことが将来の紛争の極小化につながると思われます。

〔小松　陽一郎〕

■判　例■

- ☆1　最判平15・4・22裁判所ホームページ〔オリンパス事件〕。
- ☆2　知財高判平27・7・30裁判所ホームページ〔野村証券事件〕。
- ☆3　東京地判平14・1・28裁判所ホームページ〔日本システムデザイン事件〕。
- ☆4　大阪地判昭47・3・31判時678号71頁〔日東産業事件〕。
- ☆5　東京地判平20・1・20裁判所ホームページ〔アルプス技研事件〕。

■注　記■

- ＊1　企業等が職務発明制度にどのように対応しているかについて，例えば，「企業等における新たな職務発明制度への対応状況に関する調査報告書」（（一社）知的財産研究教育財団　知的財産研究所，平成29年3月）が詳しい。また，「特許法35条改正を活かした社内報奨制度改定の動向・取組」知管67巻5号（2017年）1177頁参照。
- ＊2　URL（https：//www.jpo.go.jp/seido/shokumu/files/shokumu_guideline/guideline_02.pdf）。
- ＊3　なお，職務発明等に係る報奨金の所得税の取扱いについて」の国税庁の下記URL参照（https：//www.nta.go.jp/about/organization/hiroshima/bunshokaito/joto-sanrin/003/besshi.htm）。

36 相当な利益(1)

(1) かつては従業員がした職務発明を会社（使用者等）に帰属させた場合，給料以外に対価として金銭などを支払う必要があると聞いておりましたが，どのような金額の決め方がありますか。

(2) 新しい法律では，従業員に交付するものは金銭以外のものでもかまわないと規定されたようですが，何でもよいのでしょうか。昇進させるとか海外へ留学させるなどの優遇措置でよいのでしょうか。

(3) 職務発明規程を改訂しようと思います。付則で改訂以前の発明や出願にも改訂後の規程を適用するように定めたいと思いますが，可能でしょうか。

　職務発明に関して，その特許を受ける権利又は特許権を使用者等に帰属させた場合には，従業者等は，使用者等から相当の対価の支払あるいは相当の経済上の利益を受けることができます。

　相当の対価の支払に関する算定の方法や基準の決定，あるいは相当の対価以外に相当の経済上の利益の提供を受けることができるか否かは，その発明がなされた時期や，適用される特許法の規定の変遷によって相違します。

　したがって，詳しくは　以下の解説を一読してください。

　また，職務発明規程の改訂に当たり，改訂前になされた発明に対しても効果を遡及させる付則を設けた場合の効果については，改正法の遡及適用を禁止した法律の趣旨や職務発明規程の性格・策定過程により種々の考え方が成り立ちますが，予防法務の観点からは，原則として，個別従業者に不利益な内容の改訂職務発明規程の効力を遡及させることは，不利益を被る従業者の同意を得なければ難しいと考えたほうがよいでしょう。

第 3 章◇職務発明

☑キーワード

相当の対価，相当の金銭その他の経済的利益，超過利益，仮想実施料算定
方式，クロスライセンス

解　説

1　職務発明に対する対価等をめぐる特許法の規定の変遷

　現行特許法（平成28年法律第51号）は，従業者，法人の役員，国家公務員又は
地方公務員（以下「従業者等」といいます）が，契約，勤務規則，その他の定めに
より職務発明について使用者，法人，国又は地方公共団体（以下「使用者等」と
いいます）に，特許を受ける権利を取得させ，あるいはこれを承継させるとき
等には，「相当の金銭その他の経済上の利益」（以下「相当の利益」といいます）を
受ける権利を有する旨を定めています（特35条4項）。

　この「相当の利益」に係る部分は，平成27年に特許法が改正される以前は，
「相当の対価の支払」と規定されていました。

　しかし，平成27年の特許法改正に当たり，主に経済界から

①　平成16年の特許法改正後も職務発明に関する特許を受ける権利又は特許
　　権の承継に対して，「相当の対価を支払う」との文言が残っており，手続
　　が不合理となれば多額の対価を支払うことが求められること

②　共同研究者間で相当の対価の内容について合意を取り付けることが現実
　　的に困難であること

③　「相当の対価の支払」が金銭的補償を意味すると理解されているため，
　　企業が職務発明に対して多様なインセンティブを提供するという施策を実
　　現することが困難であること

等種々の理由から，平成27年改正前特許法35条3項の廃止，あるいは同条の
「相当の対価の支払」に代わる新しい基準の導入が強く要請されました。

　その結果，平成27年の改正では，金銭的な対価に限らず，経済的な利益を含

む趣旨を明らかにする意味で，「相当の金銭その他の経済上の利益」との文言に変更されました。いずれの規定の下でも，職務発明承継の対価として「金銭」が含まれることは明らかですから，上記設問(1)に関する解説では，主に「金銭」の対価を前提として，「相当な対価」の決定基準について説明し，設問(2)に関する解説では，金銭以外の対価（経済上の利益）を前提としてその内容を説明することにします。

2 設問(1)（金銭による「相当の対価の支払」）について

(1) 平成16年改正前の職務発明に対する「相当の対価」

(a) 「相当の対価」請求の根拠

平成16年改正前の特許法35条は，「従業者等は契約，勤務規則その他の定めにより，職務発明について使用者等に特許を受ける権利若しくは特許権を承継させ，又は使用者等のために専用実施権を設定したときは，相当の対価の支払を受ける権利を有する」（同3項）と定めると同時に，その算定に当たっては「前記の対価の額は，その発明により使用者等が受くべき利益の額及びその発明がされるについて使用者等が貢献した程度を考慮して定めなければならない」（同4項）との規定のみを設けていたため，契約や勤務規則等で，職務発明に関する特許を受ける権利等の承継に際して使用者等が従業者等に支払う「相当の対価」の金額を一方的に定めることができるのか，またこのような定めがあったとしてもその額が「相当の対価」として不相当であるときには裁判所が事後に判決等によりその額を超える対価を決定することができるのかについて解釈上の疑義がありました。

この点について，最高裁判所が，「使用者等は，職務発明について特許を受ける権利等を使用者等に承継させる意思を従業者等が有しているか否かにかかわりなく，使用者等があらかじめ定める勤務規則その他の定め（以下「勤務規則等」という。）において，特許を受ける権利等が使用者等に承継される旨の条項を設けておくことができるのであり，また，その承継について対価を支払う旨及び対価の額，支払時期等を定めることも妨げられることがないということができる。しかし，いまだ職務発明がされておらず，承継されるべき特許を受け

第3章◇職務発明

る権利等の内容や価値が具体化する前に，あらかじめ対価の額を確定的に定めることができないことは明らかであって，上述した同条の趣旨及び規定内容に照らしても，これが許容されていると解することはできない。換言すると，勤務規則等に定められた対価は，これが同条3項，4項所定の相当の対価の一部に当たると解し得ることは格別，それが直ちに相当の対価の全部に当たるとみることはできないのであり，その対価の額が同条4項の趣旨・内容に合致して初めて同条3項，4項所定の相当の対価に当たると解することができるのである。したがって，勤務規則等により職務発明について特許を受ける権利等を使用者等に承継させた従業者等は，当該勤務規則等に，使用者等が従業者等に対して支払うべき対価に関する条項がある場合においても，これによる対価の額が同条4項の規定に従って定められる対価の額に満たないときは，同条3項の規定に基づき，その不足する額に相当する対価の支払を求めることができる」☆1と判示したことから，以後，職務発明規程等において「相当の対価」の額やその算定基準に関する定めがあると否とを問わず従業者等から使用者等に対して「相当の対価」の支払を請求する事件が急増し，多数の下級審判決がなされました。

このような下級審判決においても，相当の対価算定の基準となる「使用者等の受けるべき利益」，すなわち特許を受ける権利若しくは特許権が使用者に承継されたことによって生じる「独占的な利益」（以下「独占的利益」あるいは「超過利益」といいます）をどのように算定するかをめぐって種々の考え方が存在します。

(b) 「使用者等が受けるべき利益」

このように，職務発明に係る特許を受ける権利又は特許権の承継（以下これを「職務発明の承継」といいます）に当たり，支払われる「相当の対価」の額を決定するには，まず「使用者等が受けるべき利益」の額を算定しなければなりませんが，その額の算定についても承継した職務発明に係る特許権の実施の態様によって種々の算定の方法が存在します。

まず，使用者等が自ら特許発明を実施せず第三者に実施許諾を行った場合の実施料については，これが前記の「超過利益」に該当することについては，多くの判決がこれを認めています☆2。

Q36◆相当な利益⑴

　また，使用者等が職務発明に係る特許権と実施被許諾者（ライセンシー）の有する特許権を相互に実施許諾（クロスライセンス）した場合には，原則として使用者等が相手方の特許発明を実施するに当たり支払を免れた実施料相当額が「使用者等が受けるべき利益」に該当すると考えられます。ただ，包括的クロスライセンスの場合にはライセンス交渉において当該職務発明が寄与した割合や，相手方による職務発明の実施の規模等の実情を考慮して，裁判所が合理的に算出した実施料相当額をもって当該職務発明の承継による独占的利益の額と推定される場合もあります[3]。

　これに対して，使用者等が自ら職務発明を実施している事案では，何が職務発明の承継による「超過利益」に当たるかをめぐって下級審の判決も分かれています。

　比較的有力な算定方法としては，いわゆる「仮想実施料算定方式」があります。

　これは，使用者等が職務発明の実施製品市場で得られた市場占有による利益（あるいは「売上」）のうち，職務発明の承継がなければ他者の参入によって奪われる市場（売上）の割合（あるいは額）を想定し，当該他者の参入によって奪われる可能性のあった実施製品市場における売上のうち職務発明が貢献した割合を特定し，これに当該発明の相当実施料率を乗じて得られた金額を「使用者等の得た利益」として算定する方式です[4]。

　この他，これに類する算定方式として当該製品の売上高に対して，使用者が職務発明を承継することに起因する部分を認定し，当該職務発明の寄与部分に実施料を乗じた金額をもって「使用者の得たる利益」であるとする判決[5]や，やや特殊な例として，特許権等による独占の利益とは特許権等を得たために売り上げることのできた売上額（超過実施分）に相当の実施料を乗じた額であるとの前提に立ちつつ，当該商品（ガス栓）の購買先がガス供給事業者に限られ，ガス供給事業者はガス栓の保安維持の責任上，その購買先を信頼できるメーカーに限定し開発指示や品質確保指導を行っている等のガス栓市場の特殊な性質が，市場への新規参入を妨げる大きな要因となっているため，職務発明の承継によって得られた特許権等の存在が他者の新規参入を妨げている効果はさほど大きなものではないこと等を根拠に，前記「超過実施分」を売上高の30％と

273

第3章◇職務発明

認定し、これに相当実施料を乗じて「使用者等の得た利益」を算定した判決[6]があります。

このような判例の流れに対して、従前から特許発明の実施により使用者等が得た利益のうちから何らかの基準により職務発明の寄与した部分を特定し、これをもって「使用者等が受けるべき利益」を算定する考え方があります。このような考え方に立つものとして、超過実施分（超過売上高）に当該製品の利益率を乗じ、これに当該発明の貢献度を乗じて「使用者等の得た利益」を算定した判決[7]などが存在します。

これに対して、職務発明を承継した者が、当該発明を自己実施も他者に対して実施許諾もしていない場合における職務発明の対価の算定は困難です。

従来、係争となった多くの事例が使用者等の職務発明規程等に「実績補償」として対価の支払が定められている事案であるため、「実績補償」の対象とならない使用者等による不実施の事案についてはあまり先例が見当たりません。

このような場合でも、職務発明の承継により事実上他の競争事業者による市場参入が抑止され、使用者等が当該職務発明の実施製品と市場において代替関係が存在する別製品を販売できた場合には、代替関係にある別製品の売上のうち特許権の存在によって競争事業者の新規参入が排除されたことによって得られた部分に当該特許権に関する相当の実施料率を乗じて得られた額をもって前記のような「超過利益」を算定したとしても、あながち不当とはいえないように思われます。ただ、実際には特許法102条1項のような推定規定が存在しないため、特許製品と別製品の市場における代替性や特許権の存在による競争事業者の参入阻害効果を証明することは困難でしょう。

(c) 使用者等の貢献

従業者等が発明を完成するまでに受けた使用者等の物的・人的支援、例えば研究開発施設の提供、研究・開発費用の負担、研究・開発に従事する補助者の派遣等が、「使用者等の貢献」に該当することはほぼ争いがありません。

これに対して、発明が完成した後に、使用者等が発明を権利化するに際して負担した出願費用や、当該発明を自己実施あるいは第三者に対して実施許諾する等の事業化を行うに当たって提供した労力や要した費用等が「使用者等の貢献」として評価されるべきか否かについては、下級審判決でも判断が分かれ

ています☆8。

　また，使用者等が発明完成後に従業者等に対して付与した昇進，昇給や研究費の増額，留学といった優遇措置が「使用者等の貢献」として，「相当の対価」の算定に当たり斟酌されるかという点に対しては，平成16年改正後の35条4項のように明確な条文上の根拠が存在しないこともあり，これを明確に肯定する判例は見当たりません☆9。

(2)　平成16年改正後平成27年改正前の職務発明に対する「相当の対価」

(a)　「相当の対価」の決定に関する契約，勤務規則の位置付けの変化

　平成16年改正前特許法の下における「相当の対価」算定については，前記のように「オリンパス事件」の最高裁判決（前掲☆1）の「使用者等が職務発明に関する契約，勤務規則等により，『相当の対価』の額やその算定方法（算定基準）を定めている場合でも，その対価の額が特許法35条4項の趣旨，内容に照らして算定された『相当の対価』の額に足らないことが認められれば，従業者等は使用者等に対してその差額を請求することができる」旨の判示を前提として解釈・運用されてきました。

　しかし，このような特許法35条4項の解釈に対して，主に経済界からは，職務発明をめぐって従来労使間で行われてきた対価の決定や支払に関する慣行に合致せず，しかも，その後の判決例によって示された相当の対価の算定基準が必ずしも明確とはいえずその予測が困難であることや，その結果，相当の対価の支払をめぐる係争が増加し企業にとって重い負担となっているとの批判が存在しました。

　そこで，平成16年改正では，同改正特許法35条3項では従来どおり職務発明の承継に対して従業者等が相当の対価の支払を受ける権利があることを定めるとともに，同条4項では契約，勤務規則その他の定めにおいて，「相当の対価」について定める場合には，「対価を決定するための基準の策定に際して使用者等と従業者等との間で行われる協議の状況，策定された当該基準の開示の状況，対価の額の算定について行われる従業者等からの意見の聴取の状況等を考慮して，その定めたところにより対価を支払うことが不合理と認められるものであってはならない」とする旨の規定を設け，さらに同条5項では，改正前の35条4項を「前項の対価についての定めがない場合又はその定めたところに

第 3 章◇職務発明

より対価を支払うことが同項の規定により不合理と認められる場合には，第 3
項の対価の額は，その発明により使用者等が受けるべき利益の額，その発明に
関連して使用者等が行う負担，貢献及び従業者等の処遇その他の事情を考慮し
て定めなければならない」と改めることにより，契約，勤務規則の定めによる
対価の額を算定することが「不合理と認められる場合」でない限り，この定め
が 5 項に列挙された事情を考慮して算定される「相当の対価」に優先すること
を明らかにしました。

(b) 「相当の対価」の決定基準の合理性

上記のように，平成16年改正特許法35条 4 項では，契約，勤務規則で相当の
対価を決定するための基準を策定する場合の合理性の有無に関する判断の要素
として，①策定に際して使用者等と従業者等との間で行われる協議の状況，②
策定された当該基準の開示の状況，③対価の額の算定について行われる従業者
等からの意見の聴取の状況等の 3 点をあげています。

しかし，これらは，「相当の対価」決定基準の策定手続に関する主要な考慮
要素を列挙したものであり，「その定めたところにより対価を支払うこと」が
不合理か否かは，本来当該基準の策定手続からその基準を適用して具体的な対
価が支払われるまでの全過程の合理性を意味します。したがって，不合理か否
かの判断に当たっては，上記のような基準の策定とこれに基づく具体的な対価
の額の決定過程などの手続的な側面だけでなく，対価決定基準の内容や決定さ
れた対価の額などの実体的要素も考慮の対象となります。ただ，不合理と認め
られるか否かの判断に当たっては，実体面の要素が手続面の要素に比較して補
完的に考慮されるにとどまるといわれています（特許庁総務部総務課制度改正室
『平成16年特許法等の一部改正／産業財産権法の解説』（発明協会，平16）149頁）。

なお，この点に関して，新しい職務発明制度の立法趣旨を明確にするととも
に，実際に手続が円滑に行われることを意図して，特許庁により平成16年 9 月
付で『新職務発明制度における手続事例集』（以下「手続事例集」といいます）が
公表されています。同手続事例集に示された解釈や運用例には法的拘束力があ
りませんが，平成16年改正法下における職務発明に関して新たに職務発明規程
等を策定する際には実務上の参考にすることができるでしょう。

276

Q36◆相当な利益(1)

(c) 平成16年改正後の契約・勤務規則に定められた相当の対価をめぐる判例

平成16年改正後の特許法35条4項及び5項の規定は，同改正の施行後にした特許を受ける権利若しくは特許権の承継又は専用実施権の設定に係る対価について適用され，同改正法施行前にした特許を受ける権利若しくは特許権の承継又は専用実施権の設定に係る対価については同改正前の特許法35条の規定が適用されます（平成16年特許法等の改正に関する法律附則2条）。

しかも，改正法の下で策定される決定基準は，前述のような手続面及び実体面において不合理と認められるものでなければならないため，改正前の職務発明規程をそのまま改正後の職務発明に対する相当の対価の決定に適用できるわけではありません。

以上のような事情から，平成16年特許法改正後に同法35条4項，5項に基づく職務発明の対価の算定が争点となった判例はそう多くはありません。

その中で，特許法35条4項の適用に関係する判決例としては，使用者の就業規則中に「従業員が会社における自己の現在又は過去における職務に関連して発明，考案をした場合で会社の要求があれば，特許法，実用新案法，意匠法等により特許，登録を受ける権利又はその他の権利は，発明者及び会社が協議のうえ定めた額を会社が発明者である従業員に支払うことにより，会社に譲渡又は承継されるものとする。」との規定が存在する事例について，他に職務発明について支払われるべき相当の対価に関する協議が調っていないことを理由として，同条5項の規定に基づき使用者の受けるべき利益に使用者等の貢献の程度等を考慮して相当の対価の額を決定した判決☆10，あるいは使用者の策定した「発明又は考案に関する規程」（以下「被告発明規程1」といいます）において，出願時，権利取得時，実施時に報奨金が支払われることを定めており，さらに「経費に関する定め」と題する規程（以下「被告発明規程2」といいます）では，出願時，報奨金，取得時報奨金について各々具体的な金額を定めるとともに実施時の報奨金については，使用者等の法務部長，人事部長，発明者の所属する部門の長らにより構成される協議委員会による協議によって決定すること及び決定する際の協議内容，考慮要素等を列挙していた事案について，特許法35条4項による相当の対価の算定基準が不合理であるか否かは，「［1］対価決定のための基準の策定に際しての従業者等との協議の状況，［2］基準の開示の状

第3章◇職務発明

況，［3］対価の額の算定についての従業者等からの意見聴取の状況，［4］その他の事情を考慮して判断すべきものとされている。そうすると，考慮要素として例示された上記［1］～［3］の手続を欠くときは，これら手続に代わるような従業者等の利益保護のための手段を確保していること，その定めにより算定される対価の額が手続的不備を補って余りある金額になることなど特段の事情がない限り，勤務規則等の定めにより対価を支払うことは合理性を欠くと判断すべきものと解される。これを本件についてみるに，上記認定事実によれば，［1］被告は，被告発明規程の策定及び改定につき，原告と個別に協議していないことはもとより，他の従業員らと協議を行ったこともうかがわれないし（上記［1］ア），［2］被告において対価の額，支払方法等について具体的に定めているのは被告発明規程2であるが，これは原告を含む従業員らに開示されておらず（同イ），［3］対価の額の算定に当たって発明者から意見聴取することも予定されていない（同ウ）というのである。さらに，［4］その他の事情についてみるに，まず，対価の支払に係る手続の面で，被告において上記［1］～［3］に代わるような手段を確保していることは，本件の証拠上，何らうかがわれない。」と判示して手続面における不合理性を指摘したうえで，さらに対価の額及び支払条件等の実体面に関して被告発明規定2の定める出願時報奨金，取得時報奨金，実施時報奨金の額及び内容についても検討を加え，それがいずれも他の企業と比較して格別高額なものとはいえないこと，及び実施時報奨金については被告発明規程2が対象となる発明について特許権等の取得を要件としたこと等の根拠も本件の証拠上明らかでないとして，使用者が従業者に対して上記被告発明規程の定めにより対価を支払うことは不合理であると判断し，特許法35条3項及び5項によって相当の対価の請求の可否を判断した判決[11]があります。

3 **設問(2)（経済上の利益）について**

（1）平成27年改正特許法35条4項・5項の趣旨

特許法35条の職務発明承継の対価に関して平成27年度改正が行われた背景は上記**1**で説明したとおりです。

すなわち，同改正の目的は，改正前の特許法35条4項が「相当の対価」と定めており，金銭的な対価を前提としていたのに対して，これを「相当の金銭その他の経済的な利益（次項及び第7項において「相当の利益」という。）」との文言に変更することにより，使用者等が従業者等に対して職務発明承継の対価として金銭以外の経済的な利益の付与をすることが可能にしたことにあります。

しかし，どのような経済的な利益が「相当の利益」に該当するかについては，条文では明確ではありません。

そこで，後述するように，特許庁は，改正後の特許法35条6項により使用者等と従業者等が契約・勤務規則等で「相当の利益」を定める際に行う協議等の手続に関して，本改正法が施行された後の平成28年4月に「特許法35条6項の指針（ガイドライン）」を経済産業省告示第131号として公表していますが，その中で，この「相当の利益」の内容につき，例として「㈠使用者等負担による留学の機会の付与　㈡ストックオプションの付与　㈢金銭的処遇の向上を伴う昇進又は昇格　㈣法令及び就業規則所定の日数・期間を超える有給休暇の付与㈤職務発明に係る特許権についての専用実施権の設定又は通常実施権の許諾」等を挙げています（同指針第三，一，3）。

条文上の文言が「経済的な利益」である以上，表彰や顕彰等のように客観的に経済的価値のないものは除かれるでしょう。

上記のような「相当の利益」は，職務発明承継の対価として付与されるものであるから，少なくとも従業者等が職務発明をなし，これを使用者等に承継させたこととの牽連関係が認められなければならないでしょう。

他方，その経済的な価値は職務発明の価値（とりわけその承継による使用者等の超過利益）とのバランスは必ずしも必要ではないと思われますが，その内容が職務発明の内容や価値と著しくバランスを欠くときは，そのような定めは5項により実体面において「不合理」と認められる場合があるでしょう。

(2)　相当の利益に関する契約・勤務規則の定め

平成27年改正前特許法35条4項と同様に，上記のような定めが，基準策定に関し使用者等と従業者等との間で行われる協議の状況，策定された当該基準の開示の状況，相当の利益の内容の決定について行われる従業者等からの意見の聴取の状況等を考慮して，その定めたところによる相当の利益を与えることが

第 3 章◇職務発明

不合理であると認められるものであってはなりません（平成27年改正特35条5項）。

　もし不合理な場合あるいはこのような定めがない場合には，発明により使用者等が受けるべき利益の額，その発明に関連して使用者等が行う負担，貢献及び従業者等の処遇その他の事情を考慮して，具体的な相当の利益の内容が決定されます（平成27年改正特35条7項）。

　なお，経済産業大臣は，産業構造審議会の意見を聴いて，平成27年改正特許法35条5項により考慮すべき状況等に関する事項について指針を定めることができることになり（平成27年改正特35条6項），上述したように平成28年4月に「特許法35条6項の指針（ガイドライン）」を策定し公表しています。

　しかし，この内容については，紙幅の関係上，ここでは詳しく解説することができませんので，関連する他の設問（**Q37**）を参照してください。

4 　設問(3)（職務発明規程の遡及的適用）について

(1)　改正法の遡及的な適用

　すでに上記 **2** (2)で述べたように，平成16年改正特許法35条の4項，5項の規定は同改正法の施行前にした特許を受ける権利若しくは特許権の承継又は専用実施権の設定に関する対価には適用されないことは，同改正の際の経過規定（同特許法等の改正に関する法律附則2条）により明文で明らかにされていました。これに対して，平成27年改正特許法35条4項ないし7項に関してはこのような経過規定は設けられていません。

　しかし，平成16年改正に際して上述のような経過規定が設けられた趣旨が，すでに改正前の特許法の下で職務発明に関する特許を受ける権利等の承継が行われたことにより従業者等が取得した相当の対価請求権を，その後の法改正によって遡及的に侵奪することは，財産権の不可侵を保障する憲法の趣旨に反することなどが考慮された結果であるといわれています（木村陽一「新たな職務発明制度」L&T24号4頁）。

　かような前記平成16年改正附則2条の立法趣旨は，おそらく平成27年特許法改正においても妥当するものと思われます。

　したがって，明文の規定は存しないが平成27年改正特許法35条4項ないし7

項も同法施行前に行われた職務発明の承継に関する対価請求には適用されない
ものと解するのが相当でしょう。

(2) 職務発明規程の遡及的な適用

設問のように，職務発明規程の附則で，同発明規程の施行前に行われた職務
発明の承継についても適用しようとする場合に，まず問題となるのは，このよ
うな規定が職務発明に関する特許法改正前の発明に適用されるとすれば，上記
の経過規定の趣旨の潜脱に当たらないかということでしょう。

1つの考え方としては，すでに発生した相当の対価請求権については従業者
等が自由な意思で放棄したり変更したりすることができるのであるから，少な
くとも契約により当事者が上記のような遡及的適用を行うことは許されるとい
う解釈があり得るでしょう（中山信弘＝小泉直樹編『新・注解特許法〔第2版〕
（上巻）』615頁〔飯塚卓也＝田中浩之〕）。なお，このほかに平成16年改正前特許法35
条3項・4項の強行法規性に関して限定的に解釈する見解（長谷川浩二「オリン
パス事件最高裁判例重要判例解説」L＆T21号68頁）を前提として，契約により上記条
項と異なる合意ができる可能性を示唆する見解（木村洋一「新たな職務発明制度」
L＆T24号4頁）もあります。

ただ，このような見解に立ったとしても，個々の従業者等との合意によらず
職務発明規程で上記のような遡及適用を行うことを上記の場合と同一に解釈す
ることはできません。

この点は，職務発明規程の性格や特許法上の職務発明に関する対価請求との
関係をどのように解するかにより結論が異なってくるでしょう。

1つの考え方として，職務発明規程は就業規則と同じく労働条件等に関する
労働協約的な性格をもつものであると考え，労働組合若しくは労働者等の過半
数を代表する者との間で適法に合意されたものであれば，すべての労働者を拘
束するのであるから，当該規程においてその内容に遡及的な効力を定めても有
効であるとの考え方があり得ます。

しかし，労働協約といえども，すでに法律によりあるいは従前の協約により
認められた労働条件を合理的理由もなく労働者に対して不利益に変更すること
は許されず，このような変更はその適用を受ける個別労働者の同意を有すると
の考え方も成り立ち得るでしょう。

第3章◇職務発明

　後者の場合には，職務発明規程がその成立以前の職務発明に適用されることが，すでに従業者等が取得した相当の対価（あるいは利益）請求権の内容に不利益な変更を加えるおそれがあるか否かによって結論を異にするでしょう。

〔松村　信夫〕

━━━■判　例■━━━

☆1　最判平15・4・22民集57巻4号477頁〔オリンパス事件（上告審）〕。

☆2　東京地判平16・2・24判時1853号38頁〔味の素アスパルテーム事件〕，東京地判平15・8・29判時1835号114頁〔日立金属窒素磁石事件〕，東京高判平16・4・27判時1872号95頁〔日立金属窒素磁石（控訴）事件〕。

☆3　東京地判平14・11・29判時1807号33頁〔日立製作所・光ディスク事件〕，東京高判平16・1・29判時1848号25頁〔日立製作所・光ディスク事件（控訴審）〕，東京地判平18・6・8判時1966号102頁〔三菱電機・フラッシュメモリー事件〕，知財高判平21・2・26判時2053号74頁〔キヤノン・ゴースト像を除去する走査光学系事件〕等。

☆4　大阪地判平5・3・4知財集26巻2号405頁〔ポリエチレンテレフタレートモノフィラメントの製造法（ガットの製造法）事件〕，知財高判平21・6・25判時2084号50頁〔ブラザー工業ラミネートラベルライター事件〕。なお，その評価には争いがありますが，東京地判平16・1・30判時1852号36頁〔LED事件（終局判決）〕も基本的には仮想実施料算定方式によるものと考えられます。

☆5　大阪地判平6・4・28判時1542号115頁〔象印マホービンステンレス鋼製真空二重容器及びその製造方法事件〕，前掲☆2・東京地判平16・2・24〔味の素アスパルテーム事件〕，東京高判平16・9・29判時1887号99頁〔油圧作動型カッター事件〕。

☆6　大阪地判平17・7・21判タ1206号257頁〔ガスコンセント事件〕。

☆7　東京地判平19・6・27（平17（ワ）2997号）裁判所ホームページ〔東芝・X線イメージ管事件〕。

☆8　肯定する判決例として，前掲☆2・東京地判平15・8・29〔日立金属窒素磁石事件〕，前掲☆3・東京高判平16・1・29〔日立製作所・光ディスク事件（控訴審）〕，前掲☆2・東京高判平16・4・27〔日立金属窒素磁石事件（控訴審）〕，前掲☆2・東京地判平16・2・24〔味の素アスパルテーム事件〕，否定する判決例としては，前掲☆4・東京地判平16・1・30〔LED事件（終局判決）〕。

☆9　ただ，使用者等が，職務発明をした従業者について発明者であることを人事上評価して昇任させることにより事実上の昇給の利益を得させた結果，その給与も平均的社員と比べて増額されていることを使用者等の貢献として評価したものとして，前掲☆2・東京地判平15・8・29〔日立金属窒素磁石事件〕があります。

☆10　東京地判平24・9・28（平23（ワ）6904号）裁判所ホームページ〔LED照明装置事件〕，知財高判平25・2・14（平24（ネ）10081号）裁判所ホームページ〔LED照

明装置事件（控訴審）〕。

☆11　東京地判平26・10・30（平25（ワ）6158号）裁判所ホームページ〔野村証券・リスクチェックの実行を伴う証券取引所コンピュータに対する電子注文の際の伝送遅延時間を縮小する方法に関する発明事件〕。

第3章◇職務発明

  相当な利益(2)

(1) 職務発明の相当な利益はどのように算定されるのでしょうか。裁判例の傾向を教えてください。
(2) 私の会社では，職務発明規程で，従来の裁判例の傾向と異なる相当の対価の算定方法を定めていますが，それは有効でしょうか。

---

(1) 職務発明の相当な利益（特に金銭的対価）は，合理的な契約や職務発明規程等に基づく場合は，該規程等に従って算定された額になります。ただ，合理的な契約や職務発明規程等がない場合や，あっても不合理な場合は，裁判所が認定した使用者等の得た利益に従業者等の職務発明に関する貢献度（割合）を乗じて算出されますが，使用者等の得た利益は，職務発明の特許権の実施品を製造販売することにより使用者等が得た利益の額ではなく，独占権により得られる利益を意味し，使用者等の自社実施のみの場合や他者にライセンス契約を締結している場合等でその算式は異なります。また，従業者等の職務発明に関する貢献度（割合）は使用者等の研究整備・研究費の多寡等の諸事情が考慮されます。

(2) 職務発明規程で，従来の裁判例の傾向と異なる相当の対価の算定方法を定めても，職務発明規程の策定手続において，従業者等と協議し，相当な利益の基準を開示し，また，従業者等より意見の聴取をした等の適正な手続を踏んで策定されている場合は合理的な規程として有効になります。

キーワード
職務発明規程，使用者利益，従業者貢献度，指針（ガイドライン）

Q37◆相当な利益(2)

解 説

1 設問(1)について

(1) 裁判所による対価算定

　従業者等のなした職務発明に係る特許を受ける権利を使用者等に取得させたり，特許権を承継させたりした場合（他に専用実施権，仮専用実施権の設定等）は，従業者等は「相当の利益」（「相当の金銭その他の経済上の利益」ですが，本解説では金銭的対価を中心に説明します）を受ける権利を有します（特35条4項）。この「相当の利益」の算定方法につき，契約や勤務規則等（以下「職務発明規程等」といいます）に定めがない場合や，その定めが同条5項の規定により不合理であると裁判所により判断された場合は，該発明により使用者等が受けるべき利益の額，該発明に関連して使用者等が行う負担，貢献及び従業者等の処遇その他の事情を考慮して，裁判所がその内容を決定することになっています（同条7項）。そして，職務発明規程等の条項に基づく対価の支払があったとしても，その額が裁判所が決定した額に満たない場合は，その不足額の支払を請求することができます☆1。なお，以下の解説で引用する裁判例は，いずれも平成16年改正前法を前提とした裁判例ですが，現行法（平成27年改正法）の解釈に適用されると考えられています。

(2) 相当な利益の算定方法

　「相当な利益」，特に金銭的対価の具体的な額の算定方法については，条文上規定されていませんので，次のような，いわば判例法が構築されています。

(a) 使用者等の受けるべき利益の額

　特許法35条7項では，まず，「相当な利益」の算定で考慮すべき要素として「使用者等の受けるべき利益の額」（以下「使用者利益」といいます）が挙げられていますが，この利益の額とは，特許の実施品を製造販売することにより使用者等が得た利益の額ではありません。特許権（特許を受ける権利，ノウハウとして保持されている場合を含みます。以下も同じ）の独占権によって得られる利益の額と考

第3章◇職務発明

えられています。特許権の内容を独占権（特100条）と実施権（特68条）に分けますと，特許の実施品を製造販売することにより使用者等が得た利益の額は，独占権と実施権とを合わせた額ということになりますが，使用者等は職務発明の実施につき無償の実施権を有しますので（特35条1項），特許権から実施権を引いた独占権により得られる利益を算定することになります。では，特許の独占権によって得られる利益の額とは，どのような利益をいうかですが，ライセンス契約に基づくライセンス（実施料）収入と考えられています。ライセンス契約とは他者に実施許諾（合意された範囲で独占権を解除）することであり，また，ライセンス料は独占権を解除する対価，言い換えれば，独占権の対価として得た収入ということになるからです。これが使用者利益の算定の基本となります。仮に使用者等が他者よりライセンス収入を得ているなら，その全額が使用者利益となります。では，使用者等が他者に実施許諾せずに実施しているだけの場合は，つまり使用者等が職務発明につき自社実施のみをしている場合は，どのように算定すべきでしょうか。上記のライセンス収入がある基本的な場合と同等となるように算定します。つまり，使用者の実施品の売上額のうち，特許権の独占権により売り上げられたと想定できる額（超過利益額，この額の売上額の割合を「独占率」などといいます）に，他者に実施許諾すると仮定した場合の，仮想の実施料率を乗じた額を使用者利益とします☆2。例えば，使用者等が実施許諾していなかったとしたら実施品の売上は100になるが，他者にライセンス契約を締結して実施許諾していた場合は，売上は70に減少すると予想できるなら，その差の30が独占権による超過利益（独占率は30％）になります。つまり，使用者等が自社実施のみしている場合，実施品の売上額に独占率を乗じ（他者に実施許諾していた場合の他者の実施品売上額に相当します），さらに，想定実施料率を乗じることで，他者より得ると想定されるライセンス収入を算出しているのです。独占率，想定実施料率は，職務発明の技術的範囲の広狭，代替技術の有無，関連業界の実施料率の水準等を考慮して裁判所が決定しています。

　次に，特許権が他者に譲渡された場合は，その譲渡対価が使用者利益となるものではありません。譲渡対価は独占権と実施権とを合わせた額だからです。この場合も独占権の対価である譲渡対価に該特許権の独占率を乗じた額を使用者利益とします。上記のように，使用者等が他者よりライセンス収入を得てい

286

るなら，その全額が使用者利益となりますが，クロスライセンスの場合はどう算定するのでしょうか。使用者等には差額調整金が支払われる場合もありますが，現金収入がない場合です。この場合は，他者の該特許権を実施することで使用者等が他者に支払うべき仮想ライセンス料（逆からみれば，他者が使用者等の職務発明を実施することで使用者等に支払うべき仮想ライセンス料）を免れるという利益がありますので，上記の基本的な場合と同等となるように使用者等の他者特許権の実施品売上額に仮想実施料率を乗じた額を使用者利益と算定することになります。ただ，訴訟では「他者の使用者特許の実施品売上額」はわからないことも多いので，「使用者等の他者特許権の実施品売上額」に換えて算定します。クロスライセンスの場合，両者は等価と考えられるからです。さらに，複数の特許同士を包括してクロスライセンスする場合には，対象となっている職務発明に係る特許権の他の特許権に対する寄与率を乗じるとともに，他者が現実に実施してるか否かが不確実な場合は一定の減額調整（民訴248条参照）をしています☆3。

（b）　使用者等の貢献した程度

特許法35条7項では，「相当な利益」の算定で考慮すべき要素として使用者利益のほか，職務発明に関連した「使用者等が行う負担，貢献及び従業者等の処遇その他の事情」が挙げられています。具体的な内容としては，使用者等の過去からの蓄積技術，研究整備・研究費の多寡，従業者等の地位・処遇（発明を期待されている者か否か），自主的研究又は使用者等よりテーマを与えられた研究か，特許出願，ライセンス契約交渉の際の知財部の努力等が挙げられます。なお，裁判例では使用者等の貢献の程度より，従業者等の貢献の程度という用語が使用されることが多いので，本解説でも従業者貢献度という用語を使用します（使用者等の貢献度が90％なら，従業者貢献度は10％ということになります）。

（c）　ま　と　め

「相当な利益」の金銭的対価額は，使用者利益に従業者貢献度（割合）を乗じて算出されます。職務発明が複数の従業者等により共同発明の場合は，以下の算式にさらに各発明者の貢献割合を乗じて各人の対価額が算出されます。

第3章◇職務発明

㈦　自社実施の場合

> **使用者等の実施品売上額×独占率×想定実施料率×従業者貢献度**

　裁判例では独占率は10〜40％程度，想定実施料率は1〜5％程度，従業者貢献度は1〜10％程度と考えられます。そして，結論として，使用者等の実施品売上額の0.01〜0.02％程度が金銭的対価額と多くの裁判例で認定されていると考えられます。

㈦　ライセンス契約を締結している場合

> **使用者等のライセンス収入×従業者貢献度**

㈦　特許権の譲渡の場合

> **譲渡対価×独占率×従業者貢献度**

㈦　クロスライセンスの場合

> **使用者等の他者特許の実施品売上額×仮想実施料率×従業者貢献度**
> **又は**
> **他者の使用者等の特許の実施品売上額×仮想実施料率×従業者貢献度**

2　設問(2)について

　職務発明規程で，従来の裁判例の傾向と異なる相当の対価の算定方法（基準）を定めるとは，具体的には，相当の利益の内容が売上高等の実績に応じて決定されるのではなく，特許出願時等に発明を実施することによる期待利益を評価し，これを前提に相当の対価を決定していたが，当該期待利益と実際に使用者等が得た利益が結果的に乖離した場合とか，算定方法（基準）に上限額を定めている場合が考えられます。つまり，従来の裁判例の傾向は，期待利益ではなく売上高等の実績に基づき算定し，また，上限額を認めるような裁判例はないこと，言い換えれば，従来の裁判例より「実体的」に低い算定方法（基準）を定めた場合，その規程は有効となるかということですが，結論からいえ

ば，そのような規程でも直ちに不合理な規程（特35条５項・７項参照）で無効と評価されることにはなりません。すなわち，職務発明規程の合理性は「基準の策定に際して使用者等と従業者等との間で行われる協議の状況，策定された当該基準の開示の状況，相当の利益の内容の決定について行われる従業者等からの意見の聴取の状況等」を考慮して決定されるとされています（特35条５項）。つまり，「実体的」ではなく，「手続的」に適正に策定されたか否かが検討されます。基準の策定時に，合意までには至らなくても，従業者等（その代表を含みます）と十分に話し合い（書面や電子メール等によるものを含みます），従業者等がその基準を見ようと思えばいつでも見られる状態にし，かつ，具体的に特定の職務発明に係る相当の利益の内容を決定する場合に，その決定に関して，当該職務発明をした従業者等から，意見（質問や不服等を含みます）を聴く機会を与えていれば，合理的な規程と評価されます。詳しくは，特許法35条６項の指針（平成28年４月22日公表のガイドライン，経済産業省告示131号）を参照されることをお勧めします☆4。

〔松本　　司〕

■判　例■

☆１　最判平15・４・22民集57巻４号477頁〔オリンパス光学事件〕。
☆２　東京地判平18・６・８判時1966号102頁〔三菱電機事件〕等。
☆３　知財高判平21・６・25判時2084号50頁〔ブラザー事件〕。
☆４　なお，平成16年改正法下で，傍論ですが，規程が「合理的」か否かを判示した裁判例として知財高判平27・７・30裁判所ホームページ〔野村證券事件〕があります。この判決は「平成16年……特許法35条の改正の趣旨は，同改正前の旧35条４項に基づく相当対価の算定が，個別の使用者等と従業者等間の事情が反映されにくい，相当対価の額の予測可能性が低い，従業者等が職務発明規程の策定や相当対価の算定に関与できていないとの問題があるという認識を前提に，相当対価の算定に当たっては，支払いに至る手続面を重視し，そこに問題がない限りは，使用者等と従業者等であらかじめ定めた自主的な取決めを尊重すべきであるというところにある。」としています。

第3章◇職務発明

 38 外国の特許を受ける権利

わが社はグローバルに展開しているメーカーなので，職務発明について日本だけでなくマーケットの大きい諸外国でも特許をとっています。幸い世界各地でそれなりに利益があがっているのですが，そのような場合，特許法35条所定の「相当の利益」は，日本の売上に基づく利益だけで計算しておけば足りるのでしょうか。

　平成18年最高裁判決によって，外国の特許を受ける権利を承継した使用者が従業員に支払うべき対価の要否については，当事者の黙示の合意を前提として日本法が準拠法とされ，かつ特許法35条が類推適用されることから，特許法35条5項及び7項によって，従業者への金銭支払や利益の供与が「不合理」と判断される場合には相当利益請求権が発生することになります。よって，例えば外国の特許権に基づき発生した利益を考慮しない，あるいは一律低額な金額（例えば1000円等）で計算するとの合意がなされた場合には「不合理」と判断される可能性が高いです。しかし，特許法35条6項に基づく経済産業大臣のガイドラインに従った適正手続により「相当の利益」の基準が策定されていれば，必ずしも海外の売上実績を基準とせずに期待利益を評価し，その評価に応じた相当の利益を権利承継時又は権利登録時等に一括して支払う方式であっても合理性が認定される可能性が高いと思われます。
　また，外国特許法に準拠するとの合意が労使間で有効になされている場合には，日本の特許法35条の適用は排除されますが，その結果が日本の公序良俗に反するものであった場合には，法の適用に関する通則法（以下「通則法」といいます）42条により外国法が適用されないことに注意が必要です。

Q38◆外国の特許を受ける権利

☑ キーワード

　準拠法，属地主義，特許独立の原則，公序則，期待利益

解　説

1 問題の所在

(1) 特許法35条の構造

　特許法35条では従業者がその職務として発明した特許を受ける権利を使用者に承継させた場合に，従業者が使用者に対して「相当の利益」の支払を求めることができる権利を定め（特35条4項），「相当な利益」は不合理であってはならず（特35条5項），仮に不合理であると認められる場合には，裁判所が種々の事情を総合考慮して相当の利益額を決定する（特35条7項）との構造となっています。

(2) 渉外的要素，属地主義の原則，特許独立の原則

　日本企業の事業のグローバル化に伴い日本で発明された技術が日本のみならず，むしろ日本以外の海外において幅広く実施され，大きな収益を上げる時代となっています。これに伴って日本だけでなく外国においても特許権を積極的に取得し，市場シェアを維持向上したり，あるいは他社に実施許諾をするなどの手法により現地での利益を最大化する特許戦略がとられます。

　属地主義及び特許独立の原則（**Q8**を参照）からすれば，日本での特許を受ける権利（及び特許権）と外国の特許を受ける権利（及び特許権）とはまったく別個独立の権利であることから，日本での特許を受ける権利の譲渡における法律関係とは別に外国での特許を受ける権利の譲渡（移転・帰属）及び従業員への対価の要否及び相当性に関する法律関係をどのように処理するかが問題となるところ，平成18年10月17日最高裁第三小法廷判決〔日立製作所・光ピックアップ事件〕[1]が，下記のとおり判示しています。

291

第 3 章◇職務発明

2 最高裁判例

(1) 最高裁判決以前の議論の状況

平成18年最高裁判決以前では，外国の特許を受ける権利や特許権の譲渡対価の算定について，日本の特許法35条の適用があるのかについては肯定する立場☆2と否定する立場☆3の下級審裁判例の対立がみられました。

(2) 最高裁の判断内容

平成18年最高裁判決は，外国における特許を受ける権利の移転・帰属の問題及び移転後にどのような対価を支払うべきかの問題についての準拠法及び日本特許法35条の適用の可否について，以下のとおり判断しました。

(a) 準拠法について

最高裁は，外国における特許を受ける権利に関する移転，帰属及び内容等のような準物権的内容については，権利が登録されている国の法律によって定められるとしました。すなわち「譲渡の対象となる特許を受ける権利が諸外国においてどのように取り扱われ，どのような効力を有するのかという問題については，譲渡当事者間における譲渡の原因関係の問題と区別して考えるべきであり，その準拠法は，特許権についての属地主義の原則に照らし，当該特許を受ける権利に基づいて特許権が登録される国の法律であると解するのが相当である。」と判示しました。

次に，譲渡の原因関係となった使用者と従業員の債権的関係については，「外国の特許を受ける権利の譲渡に伴って譲渡人が譲受人に対しその対価を請求できるかどうか，その対価の額はいくらであるかなどの特許を受ける権利の譲渡の対価に関する問題は，譲渡の当事者がどのような債権債務を有するのかという問題にほかならず，譲渡当事者間における譲渡の原因関係である契約その他の債権的法律行為の効力の問題であると解されるから，その準拠法は，<u>法例7条1項（現在の法の適用に関する通則法7条：筆者加筆）の規定</u>により，第1次的には当事者の意思に従って定められると解するのが相当である。」と判示し，いわゆる国際私法，つまり準拠法選択の問題として法例7条（現行法では通則法7条）によって処理するとの立場を明らかにしました。

292

(b) 特許法35条の適用について

最高裁は以下のとおり，特許法35条4項の「特許を受ける権利」に外国の特許を受ける権利が含まれると解釈することは文理上困難であり，35条の直接適用ではなく類推適用しました。すなわち「我が国の特許法が外国の特許又は特許を受ける権利について直接規律するものではないことは明らかであり……，特許法35条1項及び2項にいう『特許を受ける権利』が我が国の特許を受ける権利を指すものと解さざるを得ないことなどに照らし，同条3項にいう『特許を受ける権利』についてのみ外国の特許を受ける権利が含まれると解することは，文理上困難であって，外国の特許を受ける権利の譲渡に伴う対価の請求について同項及び同条4項の規定を直接適用することはできないといわざるを得ない。しかしながら，同条3項及び4項の規定は，職務発明の独占的な実施に係る権利が処分される場合において，職務発明が雇用関係や使用関係に基づいてされたものであるために，当該発明をした従業者等と使用者等とが対等の立場で取引をすることが困難であることにかんがみ，その処分時において，当該権利を取得した使用者等が当該発明の実施を独占することによって得られると客観的に見込まれる利益のうち，同条4項所定の基準に従って定められる一定範囲の金額について，これを当該発明をした従業者等において確保できるようにして当該発明をした従業者等を保護し，もって発明を奨励し，産業の発展に寄与するという特許法の目的を実現することを趣旨とするものであると解するのが相当であるところ，当該発明をした従業者等から使用者等への特許を受ける権利の承継について両当事者が対等の立場で取引をすることが困難であるという点は，その対象が我が国の特許を受ける権利である場合と外国の特許を受ける権利である場合とで何ら異なるものではない。そして，特許を受ける権利は，各国ごとに別個の権利として観念し得るものであるが，その基となる発明は，共通する一つの技術的創作活動の成果であり，さらに，職務発明とされる発明については，その基となる雇用関係等も同一であって，これに係る各国の特許を受ける権利は，社会的事実としては，実質的に1個と評価される同一の発明から生じるものであるということができる。また，当該発明をした従業者等から使用者等への特許を受ける権利の承継については，実際上，その承継の時点において，どの国に特許出願をするのか，あるいは，そもそも特許出願を

第3章◇職務発明

することなく，いわゆるノウハウとして秘匿するのか，特許出願をした場合に
特許が付与されるかどうかなどの点がいまだ確定していないことが多く，我が
国の特許を受ける権利と共に外国の特許を受ける権利が包括的に承継されると
いうことも少なくない。ここでいう外国の特許を受ける権利には，我が国の特
許を受ける権利と必ずしも同一の概念とはいえないものもあり得るが，このよ
うなものも含めて，当該発明については，使用者等にその権利があることを認
めることによって当該発明をした従業者等と使用者等との間の当該発明に関す
る法律関係を一元的に処理しようというのが，当事者の通常の意思であると解
される。そうすると，同条3項及び4項の規定については，その趣旨を外国の
特許を受ける権利にも及ぼすべき状況が存在するというべきである。したがっ
て，従業者等が特許法35条1項所定の職務発明に係る外国の特許を受ける権利
を使用者等に譲渡した場合において，当該外国の特許を受ける権利の譲渡に伴
う対価請求については，同条3項及び4項の規定が類推適用されると解するの
が相当である。」と判示しました。

3 　最高裁以後の下級審裁判例[☆4]

　上記最高裁判決の後，同様の論点について争われた下級審裁判例は多数に上
りますが，概ね最高裁判例が引用されています。中でも平成19年1月30日の東
京地裁におけるキヤノン職務発明事件は特筆すべきです。なぜなら，被告によ
れば，従業員と使用者が対等な立場で，極めて丁寧に使用者と従業員が協議を
行い定めた発明等の取扱規程が合理的であると被告が主張したにもかかわら
ず，裁判所が一蹴したからです。当該事件は平成16年の特許法35条の改正前の
事件でしたので，手続保障に重きを置いている現行特許法が適用される事件で
同様の主張をした場合に，いかなる判断がなされるかは興味深いところです。

4 　今後の運用

(1)　対価等請求権に関する準拠法選択の限界について
　上記の最高裁判決では，外国における特許を受ける権利について，私的自治

の観点から当事者に準拠法の選択を認める旧法例7条（ないし通則法7条）の適用を認めておりますので，当事者の合意によって職務発明に基づく対価請求権の発生を認めない国の法律を準拠法として選択することも可能となり，結局，特許法35条4項以下の対価等請求権の適用が排除される可能性も存在しています。この点，指定された準拠法を適用した結果が日本の公序良俗に反する内容であり，かつ，それが国内の法秩序と関連を有すると解される場合には，法の適用に関する通則法42条の公序則により当該指定準拠法の適用は排除されると理解されています。例えば，日本企業の日本人の従業者が日本で行う研究開発活動について，専ら対価等請求権の発生を回避させるために外国法が準拠法として指定された場合には，内国法秩序への牽連性の高さを重視して，特許法が保護しようとする従業者などの利益を不当に害する脱法行為として公序則を適用し，指定準拠法の適用が排除される可能性が高いと考えられます。

(2) 事後的な売上等を基準とする必要について

　また，準拠法は日本法としつつも，使用者と従業員の協議の結果，外国の権利について別異に扱と定めた場合には，かかる内容の妥当性が，特許法35条6項に基づく経済産業大臣によるガイドラインに沿うものか否かが吟味されることとなります（詳しくは**Q35 ～ Q37**を参照）。同ガイドライン第二の一3(二)では，「相当の利益の内容が売上高等の実績に応じた方式で決定されなければ，不合理性の判断において不合理と認められるというわけではない。例えば，特許出願時や特許登録時に発明を実施することによる期待利益を評価し，その評価に応じた相当の利益を与えるという方式であっても，直ちに不合理性を肯定する方向に働くことはない。」という部分が参考になります。よって，日本における特許を受ける権利とは異なる扱いをすることの合理性が認められ，かつ期待利益の評価に応じた利益（金銭のみならず昇進や留学なども可能）を与える場合には売上を基準とする必要がないことになります。

〔生沼　寿彦〕

━━■判　例■━━

☆1　最〔3小〕判平18・10・17（平16（受）781号）民集60巻8号2853頁〔日立製作所・光ピックアップ事件〕。

第3章◇職務発明

☆2　東京高判平16・1・29（平14（ネ）6451号）判時1848号25頁〔日立製作所・光
ピックアップ事件控訴審〕。

☆3　東京地判平14・11・29（平10（ワ）26832号・平12（ワ）5572号）判時1807号33
頁〔日立製作所・光ピックアップ事件第1審〕，東京地判平18・9・8（平17（ワ）
14399号）判時1988号106頁〔大塚製薬事件〕。

☆4　東京地判平29・3・27（平26（ワ）15187号）裁判所ホームページ，東京地判平
26・10・30（平25（ワ）6158号）裁判所ホームページ，東京地判平25・10・30（平
23（ワ）21757号）裁判所ホームページ，知財高判平23・9・5（平22（ネ）10068
号）裁判所ホームページ，東京地判平22・6・23（平18（ワ）23550号）裁判所ホー
ムページ，東京地判平20・9・29（平19（ワ）10469号）判時2027号143頁，東京地
判平19・6・27（平17（ワ）2997号）裁判所ホームページ，東京地判平19・1・30
（平15（ワ）23981号）判時1971号3頁〔キヤノン職務発明事件〕。

39 ノウハウ等と相当の利益

　従業員がした職務発明がノウハウとして特許出願されていない場合，特許出願中の場合，又は無効理由がある場合でも，特許法35条所定の「相当の利益」を支払わなければならないでしょうか。

　　特許法35条4項は，「従業者等は，……職務発明について使用者等に特許を受ける権利を取得させ……たときは，相当の利益を受ける権利を有する。」と定めていますので，現に特許出願をしたことや特許要件を具備することは明示の要件ではありません。したがって，「ノウハウ」や「（無効事由を含む）発明」（以下両者を合わせて「ノウハウ等」ともいいます）も職務発明である以上，本来的には相当の利益を与える対象とするべきです。
　　そして，ノウハウ等をどう扱うか（職務発明制度をどのように設計するか）につきましては，平成16年改正及び平成27年法改正の趣旨に照らしますと（特35条5項～7項，**Q33**・**Q35**～**Q37**），使用者等の知財戦略に応じて柔軟な対応が許容されますが，そのためには，ノウハウ等も含むすべての職務発明を対象として，必要な協議，開示，意見聴取を経て職務発明規定等を定めておくことが肝要です。

　☑キーワード
　　職務発明，相当の利益，ノウハウ，特許を受ける権利

第 3 章◇職務発明

解　説

1　特許法35条の文理と問題の所在

　「特許を受ける権利」は，特許法29条 1 項柱書に「産業上利用することがで
きる発明をした者は……その発明について特許を受けることができる。」と規
定されています。つまり，発明がなされた瞬間，特許を受ける権利が発生し，
発明者に原始帰属し（特29条 1 項柱書），又は所定の職務発明は使用者等に原始
帰属します（特35条 3 項）。

　そして，特許法35条 4 項は，「従業者等は，契約，勤務規則その他の定めに
より職務発明について使用者等に特許を受ける権利を取得させ，使用者等に特
許権を承継させ……たときは，……『相当の利益』……を受ける権利を有す
る。」と規定しています。

　このように，特許法上，従業者等は，使用者等に特許を受ける権利を取得等
させさえすれば，相当の利益を受ける権利を得るのであって，特許出願された
ことや登録査定されたことが要件となっているわけではありません。

　他方で，使用者等は，職務発明について法定通常実施権を有していますので
（特35条 1 項），「ノウハウ」を「使用者等が社内で実施のみしている発明」とと
らえますと，特許を受ける権利の取得（承継）とは異なり相当の利益を支払う
必要がないとも考えられます。また，「特許を受ける権利」というからには，
すでに世の中で実施されているなど，特許を受けられない発明（無効事由の存す
る発明）は対象ではないのではないかとも考えられます。

2　「特許を受ける権利」の知財戦略上の位置付け

(1)　特許出願による公開

　使用者等が特許を受ける権利を取得し，それに基づき，特許出願をします
と，特許出願から 1 年 6 ヵ月を経過すると，出願公開され（特64条），補償金請

298

求権が発生し（特65条），後願等が排除されますが（特29条1項3号・39条），特許に至らない場合であっても，当該発明の内容が世間に知られることとなります。

つまり，特許出願には，メリット（権利化による独占，公知化による他社独占の排除，事実上のけん制等）もありますが，デメリット（公開による模倣，権利期間満了後の第三者による自由実施，権利化費用等）もあります。

(2) 特許出願かノウハウ（秘匿化発明）かの選択

職務発明規定に基づいて従業員等から取得した特許を受ける権利の活用方法としては，特許出願が最善とは限りません。例えば，①製造方法の発明や製造装置の発明のように他者の実施を把握することが困難な発明，②物の発明であっても市場で入手した実施品からは当該発明の構成を具備することが困難な発明，③自己が実施するうえでは有用であっても他者は実施しないと見込まれる発明，の場合，一般には権利行使が困難ですので，特許出願するよりもノウハウとして秘匿しておくほうが（不競2条6項参照），使用者等の利益に資することもあります。

使用者等は，上記(1)に記載した特許出願のメリット・デメリットのほか，事業全体における当該発明の位置付け，権利化見込み，権利行使可能性，費用対効果等の複数の要素を考慮したうえで，特許出願するか／しないか／いつするか／何を特許請求の範囲とするかを判断・選択します。また，特許出願後も，審査請求するか，どのような補正をするか，拒絶査定不服審判や審決取消訴訟等の手続をとるか，特許をいつまで維持するか等の様々な選択・判断が必要です。

これらの判断は，まさに使用者等の知的戦略の重要な側面ですから，使用者等が行い，通常，発明者である従業員等には選択・判断権はありません。

(3) 意識的な選択の対象とならないノウハウ

平成27年特許法改正により，職務発明の特許を受ける権利を使用者等に原始帰属させることが可能となりました（特35条3項，**Q33・Q35**）。

しかし，日々の研究・開発のなかで生み出される発明を，生まれたその瞬間に客観的に特定することは困難です。従業者等が使用者等に対して発明届をした場合や，特許出願した場合には，使用者等は発明を言語化された内容で特定

第3章◇職務発明

し把握できますが，多くの職務発明は，日々生まれ，使用者等が受ける権利を取得することとなります。このような発明に関しては，特許を受ける権利を使用者等が取得してはいるけれども，その権利の中身は必ずしも言語化されていないという状況が生じ得ます。

なお，平成27年特許法改正前，職務発明規定で予約承継を定めていた場合も，このような特定されていない職務発明について，通常，従業員がこれを無断で特許出願することはなく，特許を受ける権利は使用者等に属しているという認識が一般的であったかと思います。

3 ノウハウ等と相当の利益

(1) ノウハウ等の価値

上記**2**のとおり，特許出願するか，（意識的かどうかはともかく）ノウハウとして秘匿するかは，使用者等の知財戦略等によるものですから，使用者等への貢献度や発明としての価値とは必ずしも関係ありません。それにもかかわらず，従業者等は，使用者等が戦略上特許出願を選んだ場合には相当の利益を得られて，秘匿を選んだ場合には何の利益も得られないというのでは，あまりにバランスを欠きます。

同様に，無効理由に関しても，無効理由の有無は特許請求の範囲の広狭や記載方法に依存しますが，特許出願の際に特許請求の範囲をどう規定するか，どのように訂正するかは，使用者等の知財戦略によるところです。加えて，潜在的には無効理由を有していても，当該特許権の存在を不都合とする第三者が無効審判請求しなければ，無効理由が顕在化せず，無効になりません（権利範囲が狭いがゆえに権利期間満了まで存続する権利もあるでしょうから，無効にならない特許が使用者の独占に常に寄与しているともいえません）。このように結果として無効になった場合とならなかった場合とを区別して，前者の場合に一律に相当の利益が得られないとする合理性は見出せません。

条文上も，従業者等は，使用者等に特許を受ける権利を取得等させた場合，相当の利益を受ける権利を有するとあり，「出願した場合」や「特許された場合」（特許発明）ではありませんし（特35条4項），特許を受ける権利自体，特許

300

法上，特許要件を真に具備しているかどうかとは無関係に定められています（特29条1項柱書・30条・33条等）。そして，発明の奨励という職務発明制度の法目的に照らしても，特許出願されなかったことや特許権が設定登録されなかったこと（無効理由があること）の一事をもって相当の利益を与えなくてよいという解釈は困難と思われます。

(2) 裁 判 例

裁判例も，特許出願しなかった職務発明や無効理由を有する特許に係る職務発明について，特許法35条4項（平成27年改正前特35条3項）が適用されるとの前提に立っています。

(a) クラッド板事件判決

クラッド板事件判決（昭和34年特許法適用事案）[1]は，特許法35条の職務発明が特許発明に限定されていないことから（同条1条），ノウハウについても，発明の実質を備えるものであれば，35条の職務発明となり得，従業者のした発明をノウハウとして秘匿し使用者においてのみ独占的に実施する旨の使用者と従業者間の合意は，特許を受ける権利を支配下において，これを使用者の意思によってあえて特許出願をしないものだから，かかる合意のときに特許を受ける権利の承継があるものと同視してよいとし，ノウハウとして秘匿すれば，発明の実施を排他的に独占し得る地位を事実上取得できるとして，使用者等が秘匿により当該発明を独占し得る地位を取得したことによる利益を前提とした相当の対価の支払義務を認めました（かかる地位は，使用者が特許権を有することで取得する地位とは異なるとして利益の額において考慮しています）。

なお，本事案は，役員会で，当該発明について審議し特許出願せずにあえて秘匿することが決められた事案です。

(b) 写真支持体職務発明事件判決

また，写真支持体職務発明事件判決（昭和34年特許法適用事案）[2]は，特許法が「発明」と「特許発明」とを書き分けており（特2条1項・2項・29条・32条），特許を受ける権利は「発明」をすることにより原始的に生ずるもので，特許を受ける権利の取得に特許要件を備えることまで要求しておらず，平成16年改正前特許法35条4項が「その発明により使用者等が受けるべき利益の額」と規定し，「その特許発明により……」と規定していないこと等を理由に，承継した

第3章◇職務発明

特許を受ける権利について特許要件があることを，相当の対価請求権発生のために要求してはいないとしました。また，「発明」である限り，ノウハウについても特許を受ける権利は生じ，これについても特許法35条が適用されることは当然であるとも述べています（ただし，原告から被告に対する特許を受ける権利の承継があったと認められず，被告は実施しておらず事実上の独占の利益もないとして請求は棄却されています）。

（c）　ブラザー工業職務発明事件判決

ブラザー工業職務発明事件判決（昭和34年特許法適用事案）[☆3]は，「（従業員ら（一審原告ら）から）特許を受ける権利の譲渡を受けた使用者（一審被告）が特許権とすべくその後自らの責任において出願し取得した特許権につき，職務発明報酬請求訴訟において上記特許権につき無効事由があると主張することは，譲渡契約時に予定されていなかった事情に基づき譲渡契約の効力を過去に遡って斟酌しようとする点で背理であり，譲渡人たる従業者が特許無効事由があることを知りながら譲渡した等の特段の事情がない限り，許されないと解されるが，他方，上記職務発明報酬債権は『相当額』の支払を内容とするものであって，相当額の算定に際しては，上記特許を受ける権利ないしその発展的権利としての特許権により譲受人たる一審被告が現実に取得した利益を斟酌してなされるものであるから，相当額算定の一事情として特許権の無効事由を考慮することは許される」，「特許権に無効事由があったとしても，当該特許権の行使の結果生じる独占の利益を享受できることは当然のこととして許容される」と判示し，無効理由がある発明（無効審決は確定していません）にも，権利満了期間まで「独占の利益」（他社に実施許諾していた場合に予想される売上高と比較してこれを上回る売上高（＝「超過売上」）を得たことに基づく利益）が発生しているとして，相当の対価を計算しています（無効理由があることは，仮想実施料率の算定において考慮しているにすぎません）。

（d）　野村證券株式会社判決

野村證券職務発明事件は，平成16年改正特許法適用下，使用者等における職務発明規定により相当の対価を算定することは不合理であるとして，平成16年改正特許法35条5項に基づき相当の対価を算定した結果，「本件発明に基づく独占的利益は生じておらず，将来的に生じる見込みもない」として，元従業員

からの請求を棄却した事案です。

そのなかで，判決[4]は，傍論ですが「独占的利益は，法律上のものに限らず，事実上のものも含まれるから，発明が特許権として成立しておらず，営業秘密又はノウハウとして保持されている場合であっても，生じ得る」と判示しています。

(3) 近時の改正とノウハウ等の扱い

平成16年改正により，「相当の利益」（平成16年改正時は「相当の対価」）を定める手続が重視されることとなりました（平成27年改正特35条5項）。また，平成27年改正により，「相当の対価」が「相当の利益」に改められ（同条4項），手続の「不合理性」に係る法的予見可能性を向上させるために，相当の利益を付与する手続の不合理性に関する考慮事項（同条5項）について，経済産業大臣が定める指針を公表する旨が規定されました（同条6項）。

かかる改正の趣旨に照らしますと，使用者等が自己の戦略に応じて講じるインセンティブ施策が一定程度尊重され，指針等に則り必要な手順を踏んで，勤務規則等の定めたところにより「相当の金銭その他の経済上の利益」を付与している場合には，特許法35条5項の不合理性が否定され，使用者等は免責され，特許法35条7項の適用は受けないものと思われます。

したがって，協議対象の勤務規則案に，ノウハウも含むすべての職務発明について，何にどのような経済上の利益を付与するのか（対象，認定方法，相当の利益の算出方法）を具体的に定めた上で，協議しておくことが重要です。逆に，協議対象から漏れていた場合には，「相当の利益についての定めがない場合」に該当し，35条7項により裁判所が金額を決定することになるリスクがあります。

上記**2**(3)で触れたとおり，ノウハウとされる発明には，特許を受ける権利について言語化による特定がなされていないものも存在します。そこで，例えば，ノウハウの相当の利益の支払については，社内で所定の発明届出（発明の構成，効果，従来技術との差異，実施の予定等についての届出）をしたことを要件とする，又は届出内容をしかるべき部署（知財部門等）が審査し一定の基準に基づき認定したことを要件とする，（使用者等の事業形態によっては）特許出願したことを要件とするといった制度設計も可能と思われます。

第3章◇職務発明

なお，相当の利益の付与について特許出願を要件とすること（ノウハウを対象から除外すること）については，前記各裁判例において特許出願をしなくても（ノウハウにも），事実上の独占の利益が発生し得るとされていることからしますと，使用者自身が実施しており，秘匿により第三者の実施が妨げられ使用者等に独占の利益が発生しているような場合には，慎重にならざるを得ません。「指針に関するQ&A」のQ21（https://www.jpo.go.jp/seido/shokumu/files/shokumu_guideline/faq.pdf）も，前記野村證券事件判決を引用して，特許出願せずに営業秘密又はノウハウとしたときであっても，発明者に相当の利益を付与する必要があり得るとしています。

ただし，前記野村證券事件は，協議等の手続に不備があるとされた事案ですので，適正手続を踏んだ勤務規則を予め定めてその勤務規則に従って支払っていた場合の相当の利益付与の必要性について示した裁判例はまだありません。裁判所は，指針に拘束されませんので，その点も留意が必要です。

（4）ま　と　め

以上のとおり，ノウハウ等も，特許法35条4項の相当の利益付与の対象ととらえたうえで，ノウハウ等の扱いを明示した勤務規則案等を作成し，特許法35条5項の協議等に付するほうがよいでしょう。

特に，ノウハウ等の場合，対象発明を特定することや使用者等における利益の算出に工数を要することも考えられます。職務発明対応（使用者等の内向きの仕事）に割かれる工数を発明の創作に適切に振り向け，使用者等の事業特性や知財戦略に沿った制度を運用するためにも，勤務規則等を定める手続は慎重に広めに行うことで職務発明に関する被訴訟リスクを低減させることが肝要です。

〔藤野　睦子〕

> ■判　例■
>
> ☆1　東京地判昭58・12・23無体集15巻3号844頁。
> ☆2　東京地判平18・1・26判時1943号85頁。
> ☆3　知財高判平21・6・25判時2084号50頁。
> ☆4　知財高判平27・7・30裁判所ホームページ。

消滅時効

　特許法35条所定の「相当の利益」の消滅時効はどうなるのでしょうか。平成27年改正では、これまでのように、対価として一定の金銭を給付するということではなくなったとお聞きしていますが、消滅時効の起算点については、これまでと同様に考えておけば足りるでしょうか。

　　平成27年法は、金銭以外の経済上の利益を与えることも含まれるようにするため、「相当の対価」を「相当の金銭その他の経済上の利益」(「相当の利益」)に変更しましたが、消滅時効の起算点については、基本的にこれまでと同様に考えておけば足りるといえます。具体的には、発明者が「相当の利益」を請求できる時期から10年（民法（債権法）改正適用下においては、(i)債権者が権利を行使できることを知った時から5年、(ii)権利を行使できる時から10年のうち、いずれか早いほう）で時効は完成すると考えられます。使用者が「相当の利益」について社内職務発明規程において定めていない場合には、使用者が職務発明を取得した時が時効の起算点になると考えられます。

☑キーワード
　相当の利益，消滅時効，起算点，時効期間，債務の承認

第 3 章◇職務発明

解 説

1 職務発明の相当の対価請求権の消滅時効についての従前の考え方

　まず，平成27年法以前から議論されていた職務発明の相当対価請求権の消滅時効についての考え方を説明します。

(1) 起算点についての考え方

　権利の消滅時効は，権利行使の法的障碍が消滅した時から進行します（民166条1項）。したがって，請求権の履行期の定めがないときは，当該請求権の消滅時効の起算点は請求権の発生時であり，履行期の定めがあるときは，当該履行期の到来した時が起算点となります。そこで，企業内の職務発明規程等により相当の対価に相当する金員の支払時期の定めがなければ，発明が使用者に承継された時に請求権が発生するため，消滅時効の起算点は承継時ということになり，他方，職務発明規程等に支払時期の定めがあれば，同支払時期の到来した時点が起算点となります[1]。

　相当の対価請求権の時効の起算点については，**図表1**のとおり，具体的な職務発明規程の内容に応じて多くの裁判例が集積しています。時効の起算点を判断する際は，職務発明規程等の条項と趣旨に照らし，その法的意味を把握することが必要です。

(2) 時効期間についての考え方

　相当対価請求権の時効期間については，5年説，10年説の争いがあり，最高裁判例が確定しているわけではありませんが，下級審裁判例は10年説を採用しており，学説上も多数説です[9]。なお，2020年4月1日を施行日とする債権法改正（民法の一部を改正する法律（平成29年法律第44号））適用下においては，(ⅰ)債権者が権利を行使できることを知った時から5年，(ⅱ)権利を行使できる時から10年のうち，いずれか早いほうとなり，多くの事案において(ⅰ)により5年の時効期間に服することになるのではないかと考えられます。債権法改正附則は，施行日以後に生じた債権について同法が適用されるとしています（同附則10条4

306

Q40◆消滅時効

図表1

	企業内の職務発明規程	時効の起算点
支払規定が存在しない場合	職務発明規程がない場合あるいは職務発明規程はあるが対価支払の定めがない場合	権利承継時[2]
支払規定が存在する場合	実績に対応する対価の支払期日が定められている場合	その翌日（一定期間ごとに実績に応じた額を支払う旨の定めがある場合は各期間の実施に対応する支払時期毎に進行）[3]
	実績に対応する対価の支払期日の定めがない場合	実施開始時ないし特許登録時のいずれか遅いほう等[4]
	「会社業績に著しく貢献した場合」等と対価支払の時期の定めがあいまいな場合	実施時[5]ないし特許設定登録後実施時[6]
	職務発明規程等が改訂され，支払時期等につき異なる定めがされた場合	権利承継時の規程が適用[7]
	職務発明規程等が改訂され，支払時期が新たに設けられた場合	権利承継時[8]

項)。

(3) 時効援用権の消滅について

　時効完成後に債務者が債務承認行為をした場合，時効完成の事実を知らなかったときでも，信義則上，その債務について時効を援用することはできないことから[10]，消滅時効完成後に職務発明規程に基づく補償金の支払が行われた事案において，これを職務発明対価の一部弁済があったものと認定し，その一部弁済をもって時効完成後の債務承認行為ととらえて，時効援用は許されないとする裁判例が存在します[11]。他方，一定期間ごとに実績補償が支払われる旨の職務発明規程があり，後の時期の実績補償の支払をもって，前の時期の債務の承認に当たるか否かが争われた事例において，民法147条3号所定の「承認」とは，時効の利益を受ける当事者が，時効によって権利を失う者に対し，その権利の存在していることを知っている旨を表示することをいい，被告が実施補償金の支払をした際に，原告が，特許法35条3項に基づいて，本件各発明に係る特許を受ける権利の相当の対価の支払を求める権利を有すること，すなわち，被告規程による上記補償金額が同条4項の規定に従って定められる

307

第3章◇職務発明

額に満たないことを知っていたとは認められないから，被告による実施補償金の支払は民法147条3号所定の「承認」には当たらない，と判示する裁判例があります☆12。

　したがって，時効完成前後を通じて分割金や報奨金等の支払の事実等がある場合は，どのような趣旨でその支払がなされたかを確認する必要があります。

2 平成27年改正法における「相当の利益」請求権と消滅時効

　平成27年改正により，発明者に付与するのは，発明に対するインセンティブであることが明確になるとともに，金銭以外の経済上の利益を認めるという趣旨から，従前の「相当の対価」から「相当の利益」（「相当の金銭その他の経済上の利益」）と改められました（特35条4項）。金銭以外の経済上の利益としては，使用者等負担による留学機会の付与，ストックオプションの付与，金銭的処遇の向上を伴う昇進又は昇格，法令及び就業規則所定の日数・期間を超える有給休暇の付与などが想定されています。もっとも，筆者が知る限り，ほとんどの企業においては従前どおり金銭により「相当の利益」を支給しているようです。

　昭和34年法及び平成16年改正法下における相当対価請求権は，発明者が，職務発明に係る特許を受ける権利又は特許権を使用者等に承継させたことの対価でした。これに対し，平成27年改正法において，職務発明が使用者に原始的に帰属する場合，「相当の利益」請求権は，発明に対するインセンティブ付与策として，特許法が特に定めた請求権であることになります。このように「相当対価請求権」と「相当利益請求権」は，法的な性格は異なる側面がありますが，時効に関しては変わるところはありません。すなわち，上述のとおり，消滅時効は，「権利を行使することができる時」から進行するため（民166条1項），職務発明規程において支給時期の定めがある場合には，その定めに従って請求が可能となった時から時効が進行します。これに対し，定めのない場合（特35条7項）には，使用者が権利を取得した時から請求が可能となり*1，具体的には，特許を受ける権利を原始的に使用者等に帰属させているのであれば（原始使用者帰属），職務発明について特許を受ける権利が発生した時，すなわち，職務発明の完成時から進行し，原始的に従業者等に帰属させたうえで使用者等へ

の予約承継を定めている場合（原始従業者帰属）には，使用者等への権利の承継時から進行すると考えられます。具体的な事案において時効の起算点を判断する際は，職務発明規程の条項と趣旨に照らし，その法的意味を把握することが重要である点においても，従前と変わりはありません。

〔服部　　誠〕

■判　例■

☆1　最判平15・4・22民集57巻4号477頁〔オリンパス光学工業・ピックアップ装置事件〕は，「勤務規則等に，使用者等が従業者等に対して支払うべき対価の支払時期に関する条項がある場合には，その支払時期が相当の対価の支払を受ける権利の消滅時効の起算点となる」と判示します。

☆2　大阪地判平5・3・4知財集26巻2号405頁〔ゴーセン・釣糸事件〕等多数。

☆3　東京地判平18・5・29判時1967号119頁〔NTTアドバンステクノロジ・ホイールカセット型プリンタ事件〕，知財高判平18・11・21裁判所ホームページ〔大塚製薬・テトラゾリルアルコキシカルボスチリル誘導体事件〕，東京地判平19・8・28裁判所ホームページ〔日立製作所・f-V変換器事件〕，大阪地判平24・10・16裁判所ホームページ〔ニプロ・血液保存用バッグ事件〕等。なお，使用者等が特許権を第三者に譲渡した場合，当該譲渡利益に対応する特別事情補償金の弁済期を起算点とした裁判例として東京地判平16・9・30判タ1181号333頁〔東芝・温水器用ステンレス鋼製缶体事件〕。

☆4　大阪地判平17・4・28判時1919号151頁〔住友化学・変性重合体の製造法事件〕は，実施の開始時期が特許権の設定登録後であった事案において，実施開始時を起算日と判示し，前掲☆3・知財高判平18・11・21〔大塚製薬・テトラゾリルアルコキシカルボスチリル誘導体事件〕は，実施の開始時期が特許権の設定登録時よりも前であった事案において，設定登録時を起算点と判示しました。

☆5　前掲☆4・大阪地判平17・4・28〔住友化学・変性重合体の製造法事件〕。

☆6　大阪高判平17・6・28裁判所ホームページ〔大塚製薬・メプチン事件〕，東京地判平20・2・29裁判所ホームページ〔三菱化学・（3－アミノプロポキシ）ビベンジル類事件〕，東京地判平20・9・29判時2027号143頁〔ソニー・半導体レーザ装置事件〕。

☆7　東京地判平19・1・17裁判所ホームページ〔三共有機合成・塩素含有樹脂の安定化法事件〕。

☆8　改正後の発明規程において「本規程の施行前に出願された発明であっても，顕著な実績を上げた場合は，改正後の規程に従って実績分に対応支払価の支払を認める」と定められていた事案に関し，東京地判平19・4・18裁判所ホームページ〔ブラザー工業・簡易レタリングテープ作成機事件〕は，施行前については実績分に対応する対価支払の定めはないから上記規程は適用されないとし，権利承継時を起算

第 3 章◇職務発明

点としています。

☆9　知財高判平21・6・25裁判所ホームページ〔ブラザー工業・簡易レタリングテープ作製機等事件〕等多数。

☆10　最判昭41・4・20民集20巻4号702頁。

☆11　東京地判平14・11・29判時1807号33頁〔日立製作所・光ディスク事件〕，東京地判平16・2・24判時1853号38頁〔味の素・アスパルテーム事件〕等。

☆12　前掲☆3・東京地判平18・5・29〔NTTアドバンステクノロジ・印字装置事件〕。

■注　記■

＊1　中山信弘『特許法〔第3版〕』84頁。

第 4 章

特許出願・審査

41　出　願(1)——出願書類

(1) 特許出願をしようと考えていますが，どういった書類を作成し提出すればよいですか。また，各書類にはどのようなことを書けばよいでしょうか。書類作成上の注意点も含めて教えてください。
(2) 「ジェプソンタイプ・クレーム」，「マーカッシュ・クレーム」，「スイスタイプ・クレーム」といった言葉を聞いたことがありますが，どういうことでしょうか。

(1) 特許出願するためには，原則として，願書に加えて，特許請求の範囲，明細書，要約書，及び必要に応じて図面を作成して，特許庁長官に提出する必要があります（特36条1項及び2項）。願書は出願人及び発明者を特定する書類，特許請求の範囲は特許を受けようとする発明を特定するための書類，明細書は特許請求の範囲に記載された発明の内容を詳細に説明するための書類，要約書は出願に係る発明の概要を記載した書類です。図面は，機械や装置などの構造物の理解を助けるために添付される書類であり，発明の種類によっては必ずしも必要ではありません。さらに，必要に応じて提出する書類として，微生物受託証（特施規27条の2），新規性喪失の例外証明書（特施規27条の3の2），パリ条約による優先権等の主張の証明書（特施規27条の3の3）等があります。

(2) 「ジェプソンタイプ・クレーム」，「スイス・タイプ・クレーム」，及び「マーカッシュ・クレーム」はいずれもクレームの記載形式を示す表現です。なお，「クレーム（Claim）」とは，欧米に倣って，特許請求の範囲（the claims）及びそれを構成する各請求項（a claim）を指す総称として慣用的に使用されている用語です。

313

第4章◇特許出願・審査

☑キーワード

特許請求の範囲（請求項，クレーム），明細書，ジェプソンタイプ・クレーム，マーカッシュ・クレーム，スイスタイプ・クレーム

解　説

1　特許出願の書類

（1）　願　　書

特許を受けようとする意思を表示した書類であり，①特許出願人の氏名又は名称，及び住所又は居所，②発明者の氏名，及び住所又は居所を記載することが義務付けられています（特36条1項）。その他の記載事項，及び願書の記載様式は，特許法施行規則23条様式第26に具体的に記載されていますので，参照してください。

（2）　特許請求の範囲（Claim）

特許を受けようとする発明を記載した書類です。権利化前は，審査対象の発明を特定する役割を担い，新規性（特29条1項），進歩性（特29条2項），先後願（特39条），及び明確性（特36条2項）等の特許要件の判断基準となる書類です。権利化後は，特許権の権利範囲（特許発明の技術的範囲）を特定する役割を担い（特70条1項），特許権の侵害の有無の判断基準となる書類です。このため，その記載の適否や巧拙は，特許権の成否，権利範囲の広狭，及び権利行使の有無を決することになります。なお，特許請求の範囲の記載は，特許法36条5項，6項，及び特許法施行規則24条の3，24条の4様式第29の2により規定されています。

（3）　明　細　書

特許請求の範囲に記載されている発明の内容を説明するための書類です。特許制度は，新規で有用な発明の公開の代償として，特許出願人（特許権者）に，一定期間，特許発明の独占的実施を認める制度ですが，特許請求の範囲には発

314

明を特定するための必要事項しか記載されていません。そのため，それだけで
は，発明の詳細が明らかにならず，発明を公開したことになりません。そこ
で，それを補うための書面が発明の解説書としての役割を担う明細書です。明
細書の記載項目としては，発明の名称，図面の簡単な説明（任意），及び発明の
詳細な説明が挙げられますが（特36条3項），なかでも重要なのは発明の詳細な
説明です。なお，微生物に係る発明については，言語による開示に限界がある
ため，それを補完するための制度として微生物の寄託制度があります（特施規
27条の2）。その詳細は**Q15**を参照してください。また明細書は，特許成立後
は，特許発明の技術的範囲を解釈するための書類として機能します（特70条2
項）。このため，明細書の記載の適否や巧拙は，特許請求の範囲の記載と同様
に，特許権の成否，権利範囲の広狭，及び権利行使の有無を決することになり
ます。明細書の記載は，特許法36条4項，及び特許法施行規則24条様式第29,
24条の2により規定されています。

(4) 要 約 書

要約書の主たる目的は，公開公報の利便性を高めることにより特許出願の情
報検索を迅速かつ容易にすることです。400字以内の字数に制限され，平易か
つ簡潔であることが要求されています。このため，特許発明の技術的範囲の認
定に際して参照することが禁じられています（特70条3項）。要約書の記載は，
特許法36条7項，及び特許法施行規則25条の3様式第31により規定されていま
す。

(5) 図 面

発明の技術的内容を理解するための補助機能を果たす書類です。前述したよ
うに，機械や装置などの構造物に関する発明の理解を助けるために添付されま
すが，化学物質の発明のように文書だけで説明できる場合は必ずしも必要とさ
れていません。図面の記載は，特許法施行規則25条様式第30により規定されて
います。

(6) 使用言語

前述する書類は，原則，日本語で作成されなければなりません（特施規2条1
項）。しかし，外国人の利便性に配慮して，特許請求の範囲，明細書又は要約
書に相当する書面や必要な図面の説明文については，外国語（英語）で記載し

第4章◇特許出願・審査

た書面を願書に添付して出願することが認められています（特36条の2，特施規25条の4）。このような外国語書面による出願を外国語書面出願といいます。その出願がされると，そのときに特許出願されたものとみなされますが，発明の内容が確定するわけではありません。特許出願日から所定の期限内に提出された日本語による翻訳文が特許請求の範囲，明細書，要約書及び必要な図面とみなされます（特36条の2第2項・7項）。なお，期限までに翻訳文の提出がない場合は，出願は取り下げられたものとみなされます（特36条の2第5項）。

2 「特許請求の範囲」の記載方法

(1) 「特許請求の範囲」の記載の基本

(a) 特許法36条5項

前記条文には，特許請求の範囲の記載に関して，次の3つの事項が規定されています。

① 出願に係る発明を請求項（クレーム）ごとに区分して記載する。

② 請求項には，出願人が，特許を受けようとする発明を特定するために必要と認める事項を過不足なく記載する。

③ 同じ発明を複数の請求項に記載してもよい。

この規定により，出願人は，一の技術的思想に基づく発明を，独立形式，従属形式にかかわりなく，多面的で自由な表現によって複数の請求項に記載することが可能になります。このため，発明の単一性要件（特37条）を満たす限り，抽象と具体，上位概念と下位概念，上流と下流，コンビネーションとサブコンビネーション，物とその製造方法や使用方法等の関係になる一群の発明について，各請求項が同一又は別発明を表現しているか否かを問うことなく，1つの出願として特許出願することができます。このように，所定の関係にある複数の発明を請求項ごとに区分して，まとめて1出願とする制度を多項制といいます。多項制を利用することで，一定の技術開発の流れの下で完成した相互に関係する一群の発明を多面的又は多層的に記載することができますので，漏れのない権利取得が可能になります。なお，新規性及び進歩性等の特許要件は個々の請求項ごとに独立して判断されます。また，特許後は請求項ごとに特許があ

316

るとみなされることになります（特185条）。

(b) 留意点

特許請求の範囲は，発明の詳細な説明に記載したものでなければならず，また明確である必要があります（特36条6項1号及び2号）。前者をサポート要件（**Q42**参照），後者を明確性要件（**Q43**参照）といい，いずれも拒絶理由（特49条4号），異議理由（特113条1項2号）及び無効理由（特123条1項4号）になっています。

各請求項は，特許を受けることができるように従来技術との相違点を明確にするとともに，広くかつ強力な権利になるように記載します。一般的に，請求項に発明特定事項（構成要素）をたくさん記載するほど権利範囲が狭くなりますので，十分吟味して必要かつ最小限の記載にとどめます。例えば，従来技術Xが「AとBからなる」発明であるとき，出願発明Yを，これと差別化するためには，請求項に「AとBとCを有する」と記載し，「C」を出願発明Yの特徴部とします。出願発明Yが，Cに加えてDという特徴部を備える場合は，当該Dが発明Yの成立に不可欠であるか否かを検討し，ベストモードであるものの必須ではないと判断した場合は，Dを前記独立項に組み込むのではなく，「さらにDを有する請求項1記載の……」等の記載により，Dを有する発明を前記独立項の従属項として記載することができます。また，請求項において，特に独立項では，発明特定事項はできるだけ上位概念を表す用語で表現します。例えば，警報装置の発明について，「警報を発するためのブザー」ではなく，「警報を報知する報知手段」と記載することで，警報装置にブザーなどの音響装置だけでなく，ランプなどの視覚的に知らせる装置を含めることができます。

(c) 多項制の活用

(ア) 多項制のもとでは，拒絶理由は請求項ごとに示されます。このため，出願人は，拒絶理由通知により，各請求項ごとに特許性を知ることができます。したがって，同じ発明を複数の請求項に様々な表現で記載することで特許性を確認しながら権利化することが可能になります。例えば，ある組成からなる物質に関する発明をその構成成分（組成と配合割合）の組み合わせで表現した請求項では権利範囲が広く特定できない場合，それとは別に，同じ発明を機能や特性等を用いて表現した請求項を作成しておくと，仮に記載要件（明確性，サポー

第4章◇特許出願・審査

ト要件，実施可能要件）が懸念される場合であっても審査官の判断を仰ぐことができ，構成成分の組み合わせからなる発明よりは広い権利が取得できる場合があります。

　(イ)　また以下の点に留意しながらクレームドラフティングすると，広くて強い権利の取得が可能になります。

　　(i)　広いクレーム（抽象・上位概念）と，それよりも狭い複数のクレームを多段階又は多層的に逆ピラミッド型に作成する。

　クレームの広さと特許性の強さとは反比例の関係にあります。審査で拒絶されなくても，特許後に取消又は無効になる可能性もあります。こうした場合に備えて，広いクレームと狭いクレームとその中間にあるクレームとを多段階また多層的に作成しておくことが望ましいでしょう。

　　(ii)　カテゴリーが異なるクレームを作成する。

　例えば，物質発明について，別途その製造方法やその使用方法に関するカテゴリーが異なる発明をクレームしておくと，物質発明について権利化できない場合であっても，製造方法やその使用方法で権利化できる場合があります。また，物質発明やその製造方法では広い範囲が取得できない場合でも，使用方法で広く権利化できる場合があります。さらに，製造方法クレームでは侵害の立証ができない場合でも，物質クレームがあると侵害の立証が容易になる場合があります。

　　(iii)　将来の自己の実施形態や第三者の実施形態を想定して多面的にクレームを作成する。

　例えば，食品添加剤などBtoB事業者の製品をカバーする発明だけでなく，BtoC事業者が製造販売する食品（例えば容器詰め飲料）をカバーする発明までクレームしておくことで，他社BtoB事業者の参入を阻止しながら，BtoC事業者に広く自社の製品（食品添加剤）を販売することが可能になります。また，第三者の実施形態を想定して多面的にクレームを作成することで，不確かな間接侵害の規定（特101条）に頼らずに権利行使が可能になるというメリットもあります。

(2) クレームの記載形式

(a) ジェプソンタイプ・クレーム

これは前提部（preamble）と特徴部とに分けて記載する形式のクレームであり，欧州では二部形式（Two Part Form）ともいわれています。前提部には「～において」又は「～であって」等の表現を使用して，従来から公知の部分を記載します。特徴部には「～を特徴とする」の表現を用いて発明の特徴部を記載します。

> (例) 生分解性ポリマーを含有する樹脂を原料とする包装用延伸フィルムであって，前記樹脂が，ポリ乳酸樹脂20～40質量％及び樹脂X60～80質量％からなることを特徴とするフィルム。

ジェプソンタイプ・クレームは，従来技術に対する発明の特徴部分が一目瞭然でわかりやすいという利点を有します。しかし，前提部に記載されている事項は公知技術であると解釈される可能性がありますので，前提部に新規事項を記載したり，また公知技術であるかが不明な事項を記載することは避ける必要があります。したがって，クレームに記載する発明特定事項のすべてが発明の特徴部である場合や各発明特定事項の結合によって発明が成立している場合は，ジェプソン形式による記載はお勧めできません。

(b) マーカッシュ・クレーム

これは複数の構成要素から形成されるグループ（群）の中から任意に１つ以上の構成要素を選択するように記載する形式のクレームです。例えば，「a，b，c及びdからなる群より選択される少なくとも１つ」という記載により表現されます。「少なくとも１つ」とは「１以上」と同義であり，a，b，c及びdのそれぞれ単独，並びにa＋b，a＋b＋c，及びa＋b＋c＋d等の任意の２以上の組み合わせが含まれます。なお，マーカッシュ形式で表現された群は明示された構成要素のみからなり，他の構成要素が含まれると解釈されることはありません。マーカッシュ・クレームは，複数の構成要素を上位概念で包括的に表現できない場合や，上位概念で包括的に規定した請求項（独立項）に対して，それに含まれる複数の構成要素を従属項で規定するクレーム形式として有用です。

第4章◇特許出願・審査

（例）
【請求項１】 植物油を有効成分とする血管強化用組成物。
【請求項２】 前記植物油が，米糠油，アボガド油，アーモンド油，オリーブ油，及びゴマ油よりなる群から選択される少なくとも一種の可食性油である，請求項１記載の血管強化用組成物。

（c）　スイスタイプ・クレーム

　これは，従前，EPCで第２医薬用途のクレーム表現として認められてきた形式のクレームです。例えば，「疾患Xの治療剤を製造するための化合物Aの使用（Use of Compound A for the manufacture of a medicament for the treatment of disease X.）。」という記載により表現されます。医薬品として公知の化合物Aに新たに疾患Xの治療効果を見出した場合に，「化合物Aを用いて疾患Xを治療する方法」と記載することは産業上利用可能性（特29条１項柱書）を欠くとして認められません。このような場合，「化合物Aを有効成分とする疾患Xの治療剤」という物の発明として規定するのが一般的ですが，Use claimも使用できることから，スイスタイプのクレーム形式も許容されています。ただし，その権利解釈は不明であり，実効性がどの程度あるかは疑問視されています[1]。したがって，スイスタイプのクレームを記載する場合であっても第２医薬用途の物質クレームと併記することをお勧めします。なお，現在欧州では，EPC2000により法的安定性に欠けるという理由でこのクレーム形式は禁止されています（欧州特許庁拡大審判部判決G02/08）。他国でスイスタイプ・クレームで第２医薬用途に保護が認められる国は中国，台湾，シンガポール，マレーシア等です（独立行政法人工業所有権情報・研修館のホームページ：新興国等知財情報データバンク）。

3　「明細書」の記載方法

　明細書は，特許請求の範囲に記載されている発明の内容を，一般の人に公開し，特許を取得したい発明を特定する技術説明書であるとともに，その発明が特許として成立した場合は，特許請求の範囲とともに，その権利範囲を定める権利書になるものです。したがって，特許法で定められた記載要件（特36条４項及び６項）を満たすとともに，特許成立後は，広くかつ強力な発明であると

320

Q41◆出　願⑴—出願書類

解釈されるように記載することが求められます。

(1)　明細書の構成

明細書には，大項目として，「発明の名称」（必須），「技術分野」（必須），「背景技術」，「先行技術文献」，「発明の概要」（必須），「図面の簡単な説明」，「発明を実施するための形態」，「産業上の利用可能性」，「符号の説明」，「受託番号」，「配列表フリーテキスト」，及び「配列表」を記載する必要があります。さらに前記「発明の概要」として，「発明が解決しようとする課題」（必須），「課題を解決するための手段」（必須），「発明の効果」を記載し，「発明を実施するための形態」には，「実施例」を記載する必要があります（特施規24条様式第29）。実務的には，「発明が解決しようとする課題」，「発明の効果」及び「発明を実施するための形態」の記載が重要であり，特に化学・バイオ分野では「発明を実施するための形態」として「実施例」の記載が最も重要になります。

(a)　発明の名称

発明の名称は，発明を分類，整理，調査するうえでインデックスとしての役割をも担うため，発明の内容を簡明に記載することが求められています。例えば，「化合物」や「装置」などのように漠然とした名称や，逆に長すぎる名称も好ましくないとされています。

(b)　技術分野

特許請求の範囲に記載した発明がどの技術分野に属するものであるかを簡潔に記載します。例えば，「この発明は，……に関する。」等の記載が例示されます。発明の具体的な構成や特徴を記載する必要はありません。

(c)　背景技術

文献公知発明を含め，特許請求の範囲に記載した発明に関連する従来公知の技術を記載することが求められています。従来公知の技術は，その出典を特許文献と非特許文献とに分けて，例えば下記のように記載することが推奨されています（審査基準第Ⅱ部第1章第3節）。

背景技術の欄には，公知技術のうち本願発明にできるだけ近いものを記載します。関連性の低いものを多数記載することは無意味であり，逆に従来技術に対する本願発明の位置付けが不明瞭になってしまいます。また，この欄に公知であるか否かが明確でない従来技術を記載することは好ましくありません。出

321

第４章◇特許出願・審査

願人が明細書中で従来技術の公知性を認めている場合は，出願当時の技術水準を構成するものとして進歩性が判断されてしまう可能性があるからです（審査基準第Ⅲ部第２章第２節3.3(4)参照）。また，公開された自社の先願発明を従来技術として記載する場合，不用意に当該先願発明の権利が限定解釈されないように，その記載ぶりには注意が必要です。またこの場合，製造物責任法（PL法）をも考慮し，安全性に関してネガティブな記載をすることは避けたほうがよいでしょう。

【先行技術文献】
　【特許文献】
　　【特許文献１】特開2018－○○○○号公報
　　【特許文献２】国際公開第○○／○○○○○○号
　【非特許文献】
　　【非特許文献１】○○○著「△△△」××出版，2018年２月１日発行，p.12
　　－34
　　【非特許文献２】新崎準，他３名，"新技術の動向"，［on line］，平成10年
　　４月１日，特許学会，［平成11年７月30日検索］，インターネット
　　（URL:http://tokkyo.shinsakijyun.com/information/newtech.html）

(d)　発明が解決しようとする課題

　この欄には，本願発明が解決しようとする課題を従来技術との関係において記載します。当業界でどのようなことが望まれていたのか，従来技術ではどんな課題があったか等について記載します。この欄の記載は進歩性の主張及び認定に重要になりますが，あまり詳細に記載しすぎると記載に応じたサポートが求められ，サポート要件（特36条６項１号）のハードルが上がりますので，書きすぎないことも必要です。

(e)　課題を解決するための手段

　この欄には，発明の課題を解決するために，どのような技術的手段を採用したのかを簡潔に記載します。具体的には，請求項に記載した文言を用いて，請求項に係る発明に対応した内容を説明します。すべての請求項の内容を記載することもできますが，請求項の数が多い場合は，最も広い範囲を規定した独立項などの主たる請求項に対応する記載のみを記載することもできます。

Q41◆出　願(1)―出願書類

（f）　**発明の効果**

　この欄には，請求項に係る発明の構成によって得られる特有の効果を記載します。発明の効果は課題が解決された結果により得られるものですので，「発明が解決しようとする課題」の欄に記載した課題との一貫性が必要になります。この欄に，従来技術と比較して有利な効果を記載しておくと進歩性の判断に有利に働きます。しかし，発明の効果を書きすぎたり，根拠のない効果を記載すると，それらの効果をすべて発揮するものが発明であると限定解釈される結果，権利範囲が狭まり，侵害訴訟で不利に働きますので注意が必要です。したがって，この欄には，請求項ごとに請求項の記載に対応してその構成により得られる効果のみを記載し，他の構成により得られる効果は，例えば，実施例等の欄で具体的な実施態様ごとに記載する等といった工夫をすることをお勧めします。

（g）　**図面の簡単な説明**

　この欄は，図面を添付した場合にのみ設ける任意の記載欄です。図の説明ごとに行を改めて，例えば「【図1】平面図，【図2】立面図，【図3】断面図」等のように記載します。

（h）　**発明を実施するための形態**

　この欄には，当業者が請求項に係る発明を実施することができるように発明の実施の形態を記載します。物の発明である場合は，その物を作ることができ，かつその物を使用できるように記載します。具体的には，請求項に記載した発明特定事項のすべてについて，例えば，請求項に記載した用語の意味内容やそれに含まれる具体的な態様，入手先や製造方法，使用量，配合割合，反応条件などを，各請求項に係る発明ごとに説明します。各要件は網羅的また多段階的に記載しておくと，将来，補正や訂正が必要になった場合にその根拠とすることができますので便利です。1つの発明に関して複数の具体的な構成が考えられる場合は，それらをすべて記載します。また，請求項で機能的又は作用的記載により物を特定した場合は，その機能・作用を実現するための具体的な手段を記載します。その具体例が多ければ権利範囲が広がるといえます。装置などの構造物の発明については，図面を利用しながら装置を構成する部材がどのように関連（接続関係など）し，どのように稼働するのかを動作の具体例に則

323

第4章◇特許出願・審査

して説明します。方法の発明の場合は，各段階においてどのような処理を行うのかを具体的に説明します。特にコンピュータプログラムによる動作の場合，フローチャートを図示して説明するようにします。

（i）**実施例**

この欄は，発明の実施の形態を具体的に示すものです。実施例を用いなくても，当業者が明細書や図面の記載並びに出願時の技術常識に基づいて発明を実施できるように発明の詳細な説明を記載することができる場合は不要とされています（審査基準第Ⅱ部第1章第1節2(3)）。しかし，化学物質等のように一般に物の構造や名称からその物をどのように作り，どのように使用するかを理解することが比較的困難な技術分野（例えば，化学・バイオ分野）に属する発明については，通常，1つ以上の代表的な実施例が必要とされています。この場合，理想的にはクレーム範囲全体をカバーする複数の実施例があることが好ましいですが，必ずしも全範囲の実施例が求められるわけではありません[☆1]。

（j）**産業上の利用可能性**

この欄は任意記載です。特許を受けようとする発明の産業上利用可能性が明らかでない場合に，その産業上の利用方法，生産方法又は使用方法をなるべく記載することが推奨されています。

（k）**符号の説明**

この欄は，図面を記載した符号の説明を記載する欄であり，任意とされています。

（l）**受託番号**

微生物に係る発明について，当該微生物を寄託している場合は，寄託した微生物の受託番号を記載します。

（m）**配列表**

特許請求の範囲，明細書又は図面に，10以上の核酸からなる塩基配列又は4以上のアミノ酸からなるアミノ酸配列を記載する場合には，この欄に所定の配列表を記載します。配列表の作成は「塩基配列又はアミノ酸配列を含む明細書等の作成のためのガイドライン」に従って作成する必要があります。

（n）**その他**

明細書中の各項目において，化学式，数式，表を記載する場合は，その記載

324

位置に，【化1】，【数1】，【表1】というインデックスを設けます。数字は記載順序を示す連続番号です。

　以上説明した出願書類のひな形は，独立行政法人工業所有権情報・研修館のホームページ（https://www.pcinfo.jpo.go.jp/site/2_appl/index.html）から入手することができますので，参照してください。

〔中野　睦子〕

■判　例■

　☆1　知財高判平21・3・31（平20（行ケ）10065号）。

■注　記■

　＊1　細田芳徳『化学・バイオ特許の出願戦略〔改訂8版〕』614頁。

第4章◇特許出願・審査

42　出　願(2)──サポート要件など

(1) サポート要件や実施可能要件とはどのような内容でしょうか。具体例を示して教えてください。

(2) サポート要件違反や実施要件違反の指摘があった場合，補正で対応することは可能でしょうか。

(1) サポート要件（特36条6項1号）は，特許請求の範囲に記載した発明が明細書の発明の詳細な説明に記載したものであることを求める特許請求の範囲の記載要件で，明細書の記載を超える発明を排除するための要件です。一方，実施可能要件（特36条4項1号）は，当業者が発明の実施をすることができる程度に明確かつ十分な記載を求める明細書の発明の詳細な説明の記載要件で，発明の公開を担保する要件と考えられます。

　例えば，樹脂配合用酸素吸収剤事件[☆1]では，「樹脂」として実施例にはエチレン-ビニルアルコール共重合体の記載しかありませんでした。裁判所は，発明の詳細な説明に，その余の樹脂について課題が解決されると認識し得る程度の記載がないためサポート要件違反であり，その余の樹脂について作用効果を奏することを裏付ける程度の記載がないため実施可能要件違反であると判断しています。

(2) サポート要件や実施可能要件に違反するとの指摘を受けた場合，不備の内容によっては，出願人は，補正要件の範囲内において，特許請求の範囲や明細書の記載を補正することにより拒絶理由に対応することができます。

Q42◆出　願(2)—サポート要件など

☑️キーワード

サポート要件，実施可能要件，委任省令要件，補正

　　　　　解　説

1　サポート要件

(1)　特許請求の範囲の記載要件であること

　サポート要件とは，「特許を受けようとする発明が発明の詳細な説明に記載したものであること」（特36条6項1号）という特許請求の範囲の記載に求められる要件の1つです。

　特許請求の範囲は，特許を受けようとする発明の範囲を画しています。発明の公開の代償として独占権を付与するというのが特許制度の趣旨ですが，発明の詳細な説明に記載していない発明を特許請求の範囲に記載すれば，公開していない発明について独占的排他的な権利が発生することになってしまいます。サポート要件は，請求項に係る発明が発明の詳細な説明の記載によって十分に裏付けられたものであることを要求することにより，公開されていない範囲に及ぶ特許請求の範囲の記載を許容せず排除するものです。

　サポート要件に適合することの証明責任は，特許出願人又は特許権者が負うものとされています。サポート要件違反は，拒絶理由になり（特49条4号），特許無効の理由となります（特123条1項4号）。

(2)　サポート要件の判断基準

　サポート要件について，過去には，特許請求の範囲に記載された事項と同じ文言が発明の詳細な説明に形式的に記載されていればそれで足りるという運用がされていた時期もありました。しかし，平成6年の特許法改正によって，特許請求の範囲の記載として機能的クレームやパラメータクレーム等も許容されるようになり，抽象的・多義的となり得る記載に基づいて広すぎる権利を認めることがないかが問題となってきました。そこで，平成15年以降の審査基準で

第4章◇特許出願・審査

は，特許請求の範囲の記載と発明の詳細な説明の記載との表現上の整合性のみでは足りず，特許請求の範囲に記載されている発明が発明の詳細な説明に実質的に開示されているかどうか，実質的な対応関係の検討が必要とされています（審査基準第Ⅱ部第2章第2節2.1）。

　サポート要件の判断基準について，平成17年の大合議判決☆2は，「特許請求の範囲に記載された発明が，発明の詳細な説明に記載された発明で，発明の詳細な説明の記載により当業者が当該発明の課題を解決できると認識できる範囲のものか否か，また，その記載や示唆がなくとも当業者が出願時の技術常識に照らし当該発明の課題を解決できると認識できる範囲のものであるか否かを検討して判断すべきもの」との一般論を示しました。これは，実質的な対応関係をも要するとする上述の審査基準を基本的に是認するものと考えられます。

　サポート要件に適合するかの検討に当たっては，まずは発明の課題を特定したうえで，特許請求の範囲の記載と発明の詳細な説明の記載とを対比して，形式的な対応関係と実質的な対応関係の両方を判断することになります。

（3）　サポート要件違反の類型

　審査基準には，サポート要件違反の類型として，①請求項に記載されている事項が発明の詳細な説明に記載も示唆もされていない場合，②請求項及び発明の詳細な説明に記載された用語が不統一で，対応関係が不明瞭となる場合，③出願時の技術常識に照らしても，発明の詳細な説明に開示された内容を請求項に係る発明の範囲まで拡張又は一般化できるとはいえない場合，④発明の詳細な説明に記載された発明の課題を解決する手段が請求項に反映されておらず，発明の詳細な説明に記載した範囲を超えて特許を請求することになる場合が挙げられています（審査基準第Ⅱ部第2章第2節2.2）。

　実務的には，③について，発明の詳細な説明に記載された事項や実施例を特許請求の範囲の記載においてどこまで拡張・一般化できるかが問題となることが多いのですが，その程度は技術分野により異なり，例えば，物の構造とその有する機能，特性等の関係を理解することが困難な技術分野（生物・化学等）に比べて，その関係を理解することが比較的容易な技術分野（機械等）では，拡張・一般化できる範囲は広くなる傾向にあると考えられます。

(4) 具体例

上述の大合議事件で，裁判所は，パラメータ発明がサポート要件に適合するためには，その数式が示す範囲と得られる効果（性能）との技術的な意味が具体例の開示がなくとも当業者に理解できる程度に記載されるか，特許出願時の技術常識を参酌して数式が示す範囲であれば所望の効果（性能）が得られると当業者が認識できる程度に具体例を開示して記載することを要すると判示しています。そして，熱水中の完溶温度Xと平衡膨潤度Yという2つの技術的な変数を用いた数式により特定されるPVAフィルムを用いる発明について，発明の詳細な説明に実施例，比較例が各2つ記載されているが，数式が示す範囲であれば課題を解決できることが上記4データにより裏付けられていると当業者が認識することは技術常識を参酌しても不可能と認定し，サポート要件に適合することはできないと結論付けています。

もっとも，課題の解決に至る因果関係やメカニズムが開示されていたり，明らかだったりする場合には，実施例が数例であってもサポート要件に適合するとされることもあり得ると解されていますし[3]，硬質材料の切断に用いるソーワイヤ用のワイヤについての発明では，数例の実施例から一定の傾向が読み取れるため，実施例が数値範囲全体にわたるものでなくてもサポートされていると判断されています[4]。

発明に係る化学物質について発明の詳細な説明に活性を裏付ける具体的なデータが記載されていなかったベンゾイルシクロヘキサンジオン事件[5]では，裁判所が，従来の除草剤物質との化学構造の共通性から，当該化学物質が課題を解決できることを推認し，新規な化学物質に関する発明であるから，医薬や農薬といった物の用途発明のように具体的な実験データの開示を求めることは相当でないとしてサポート要件違反でないと結論付けており，注目されます。

2 実施可能要件

(1) 発明の詳細な説明の記載要件であること

特許法36条4項は，明細書の発明の詳細な説明の記載要件を規定しています。実施可能要件は，その中の「その発明の属する技術の分野における通常の

第 4 章◇特許出願・審査

知識を有する者がその実施をすることができる程度に明確かつ十分に記載した
ものであること」（同項 1 号）という要件です。

　明細書の発明の詳細な説明に，当業者が特許請求の範囲に記載されている発
明を実施できる程度に発明の構成等が記載されていない場合には，発明が公開
されていないことになり，特許法の規定する独占的権利を付与する前提を欠く
ため，このような規定が設けられたと解されています☆6。

　実施可能要件の充足性についても，特許出願人又は特許権者がその立証責任
を負担するとされています。また，この要件の違反も，拒絶理由になり（特49
条 4 号），特許無効の理由となります（特123条 1 項 4 号）。

　実施可能要件については，厳しく適用するあまりパイオニア発明を適切に保
護できないことのないよう留意すべきことがしばしば指摘されています。

(2)　実施可能要件の判断基準

　実施可能要件を充足するには，当業者が，過度の試行錯誤や高度な実験等を
行わなくても，明細書及び図面並びに出願時の技術常識に基づいて，請求項に
係る発明を実施できることが求められます。

　実施可能というためには，まず，請求項に係る発明が把握できなければなり
ません。そして，「物の発明」においては，当該発明の構成要件を満たす物が
生産でき，かつ，その物を使用できるように記載されていることが必要となり
ます。「方法の発明」では，当該方法を使用できるように，「物を生産する方法
の発明」では，その方法により物を生産でき，かつ使用できるように記載され
ていることが必要となります。使用できるか否かについて，技術分野によって
は，用途だけではなく目的とする作用効果や機能をもたらすように記載されて
いるかが問われることがあります。

(3)　具 体 例

　特定の式を満たす特性値等で規定された積層セラミックコンデンサー用ニッ
ケル超微粉の発明について，裁判所は，物の発明では，明細書及び図面並びに
出願時の技術常識に基づきその物を製造できる場合を除き，具体的な製造方法
が記載されなければならないとしたうえで，本件では，明細書に記載された塩
化ニッケル蒸気濃度及び反応温度によって請求項記載の特性を満たす物ができ
るとは限らず，当業者はほかに様々な条件を設定・変更して不相当に多くの試

330

行錯誤をしなければならないことが明らかであるとして実施可能要件違反を認定しています[7]。

　また，フルオロエーテル組成物事件[8]で，裁判所は，組成物の発明及び組成物の調製法の発明では，組成物を構成する各物質名及びその割合が示されたとしても，それのみによっては作用効果を奏するか否かを予測することが困難であるため当該組成物を容易に使用できないから，そのような発明において実施可能要件を満たすためには，発明の詳細な説明に，当該組成物がその所期する作用効果を奏することを裏付ける記載を要するものと解しています。そして，「少なくとも150ppmの水を含む」との特許請求の範囲の数値限定に関して，発明の詳細な説明に当該量の水を含むことにより所期の作用効果を奏したことを裏付ける記載があるものと認めることはできず，本件各発明の少なくとも各一部について，発明の詳細な説明に当業者がその実施をすることができる程度の記載があるとはいえないと判断しています。

　(4)　サポート要件との関係

　実施可能要件は，サポート要件と重複して適用されることが多く，冒頭の回答に挙げた樹脂配合用酸素吸収剤事件のように，実施可能要件違反とサポート要件違反の両方が指摘される事案が少なくありません。その関係については，2つの要件を表裏一体と考える説と区別する説の両方があると理解されています。

　上述のとおり，実施可能要件とサポート要件は各々異なる趣旨を有しており，観念的には別の観点からの判断が要請されるものであろうと考えます[9]。

　(5)　委任省令要件

　なお，特許法36条4項1号の「経済産業省令で定めるところにより」との要件は委任省令要件と呼ばれ，経済産業省令には，同号の記載は，発明が解決しようとする課題及びその解決手段その他の当業者が発明の技術上の意義を理解するために必要な事項を記載することによりしなければならないと定められています（特施規24条の2）。

　この委任省令要件は，実施可能要件の実効性を担保するための間接的な判断要素であり，独立した要件ではありません。また，明細書及び図面並びに出願時の技術常識に基づいて当業者が発明の技術的意義を当然に理解できれば，発

第4章◇特許出願・審査

明の属する技術の分野や課題，解決手段について明示的な記載がなくてもよい
と解されています。

　もっとも，明細書の記載及び出願時の技術常識を考慮しても発明の課題を理
解できないため，発明の詳細な説明の記載は，経済産業省令の規定に適合せず
実施可能要件を充足しない，また，特許請求の範囲の記載もサポート要件に適
合しないと判断された裁判例☆10もあり，委任省令要件にも留意する必要があ
ります。

3　拒絶理由に対する補正の可否

(1)　補正の要件

　サポート要件や実施可能要件に不備があった場合，特許出願人は，事件が特
許庁に係属している間に限り，特許請求の範囲や明細書の記載を補正すること
ができます（特17条以下）。もっとも，その時期には限定があります（特17条の2
第1項各号）。

　その場合，明細書，特許請求の範囲又は図面についての補正は，願書に最初
に添付した明細書，特許請求の範囲又は図面に記載した事項の範囲内において
しなければなりません（新規事項の追加の禁止，特17条の2第3項）。

　また，最初に拒絶理由通知を受けた後は，新規性・進歩性等の特許要件につ
いて判断が示された発明については，発明の特別な技術的特徴を変更する補正
が認められず（特17条の2第4項），最後の拒絶理由通知を受けた場合等の補正
は，請求項の削除，特許請求の範囲の限定的減縮，誤記の訂正，明瞭でない記
載の釈明を目的とする補正に限定されます（特17条の2第5項）。さらに，上記
の減縮の場合，独立特許要件を満たすことも求められます（特17条の2第6項）。

(2)　サポート要件違反・実施可能要件違反への対応

　したがって，サポート要件違反や実施可能要件違反の拒絶理由通知を受領し
た場合に，上記のような要件の範囲内であれば補正を行うことができます。

　実施例を追加したり，当初明細書等の記載から自明に導き出すことができる
以外の事項を追加したりすることは，新規事項の追加に当たりますので許容さ
れませんが，サポート要件や実施可能要件の違反の内容によっては，請求項の

削除，新たな技術的事項を導入しない請求項の限定，誤記，不整合記載や明瞭でない記載を解消する補正等による対応が考えられます。

　例えば，発明の詳細な説明に記載した範囲を超える請求項については，発明の詳細な説明に開示された内容を拡張又は一般化できる範囲に限定する補正を行うこと，発明の詳細な説明に開示された課題を解決する手段が反映されていない請求項については，当該手段を請求に反映する補正を行って，サポート要件違反の拒絶理由を解消することが考えられます。

〔辻　　　淳子〕

■判　例■

☆1　知財高判平21・8・18判時2094号92頁。

☆2　知財高判（大合議）平17・11・11判時1911号48頁〔偏光フィルムの製造法事件〕。

☆3　知財高判平20・6・12裁判所ホームページ〔被覆硬質部材事件〕。

☆4　知財高判平20・3・27裁判所ホームページ〔ソーワイヤ用ワイヤ事件〕。

☆5　知財高判平30・1・22裁判所ホームページ。

☆6　知財高判平27・8・5裁判所ホームページ〔活性発泡体事件〕。

☆7　知財高判平17・6・30裁判所ホームページ。

☆8　知財高判平21・4・23裁判所ホームページ。

☆9　知財高判平29・2・2裁判所ホームページ〔葉酸代謝拮抗薬の組み合わせ療法事件〕参照。

☆10　知財高判平29・12・26裁判所ホームページ〔エチレン-酢酸ビニル共重合体ケン化ペレット事件〕。

第 4 章◇特許出願・審査

 出　願(3)──明確性要件

(1) 明確性要件とはどのような内容でしょうか。どのようなクレームが不明確で駄目だとされるのでしょうか，お教えください。
(2) 「約」，「略」，「程度」，「付近」等の用語をクレームに書いても問題はないでしょうか。

　　　明確性要件とは，特許請求の範囲（クレーム）の記載要件の1つであり，「特許を受けようとする発明が明確であること」（特36条6項2号），具体的には一の請求項の記載に基づいて，一の発明が明確に把握できることを要求するものです。
　　特許請求の範囲に記載された発明を技術的に特定できなければ，発明の要旨を認定することができず，新規性，進歩性の有無等を審査できませんし，特許されたとしても具体的な物や方法が特許発明の範囲に含まれるか否かも判断することができないため，第三者に不測の不利益を及ぼしかねません。
　　明確性要件は，発明の要旨を認定し，又特許発明の技術的範囲を定めるという特許請求の範囲の機能を担保する重要なものです。
　　そのため，明確性要件の違反は拒絶理由（特49条4号），異議理由（特113条4号），無効理由（特123条1項4号）となっています。
　　なお，記載要件としては，他にサポート要件（特36条6項1号），実施可能要件（特36条4項1号）等があります。

☑キーワード

記載要件，発明特定事項，発明の要旨，特許発明の技術的範囲，特許請求の範囲の機能

Q43◆出　願(3)―明確性要件

解　説

1　明確性要件の内容

(1)　規定内容

明確性要件は次のように規定されています。

（特許出願）

第36条　（略）

2〜5　（略）

6　第2項の特許請求の範囲の記載は，次の各号に適合するものでなければならない。

一　（略）

二　特許を受けようとする発明が明確であること。

三〜四　（略）

7　（略）

---

(2)　理解のポイント

(a)　明確性要件を理解するためには，特許請求の範囲の記載内容（特36条5項），発明の要旨認定（特29条2項等），特許発明の技術的範囲（特70条1項）との関係を考えてみるとよいでしょう。その一助として，これらの関係を図式化した上で，明確性要件について説明します（**図表1**参照）。

(b)　特許請求の範囲の記載内容は，「請求項に区分して，各請求項ごとに特許出願人が特許を受けようとする発明を特定するために必要と認める事項のすべてを記載しなければならない」と規定されています（特36条5項）。「特許出願人が……（略）……必要と認める事項」と規定されていることから明らかなように，特許請求の範囲の各請求項は出願人が自らの意思と判断に基づいて，特許を受けることによって保護を求める発明を特定するための事項を記載するものです。何をもって発明特定事項とするかは出願人の判断に委ねられているため，発明特定事項の記載内容（特36条5項）は拒絶理由でも無効理由でもありま

335

第4章◇特許出願・審査

図表1　明確性要件と特許請求の範囲の機能等との関係

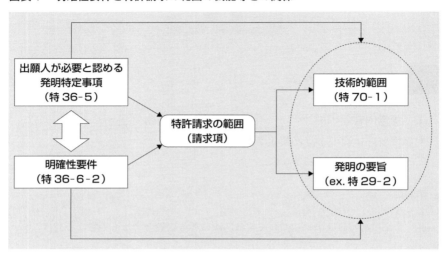

せん。そのため，請求項に記載されている事項はすべて発明特定事項として扱われますし，また請求項に記載されていない内容は，いかに明細書に記載されていたとしても発明特定事項として扱われることはありません。

(c) このような性質に基づき，特許請求の範囲は，新規性，進歩性等の特許要件を判断するために発明の要旨を認定し，また特許発明の技術的範囲を定める（特70条1項），という重要な機能を有しています。この機能を発揮するためには，出願人が特定する特許を受けようとする発明の外延が技術的に明確に把握できる必要があります。

(d) そこで，特許請求の範囲の請求項は，出願人が自らの意思と判断に基づいて記載するという原則を確立した上で，その機能を担保するために，明確性要件という制約を加味したものと捉えることができます。

(3) 明確性の判断

(a) 特許を受けようとする発明は，解決課題があって初めて，その意義が明らかとなるものです。そのため，一の発明が明確であるといい得るためには，解決課題を解決するために必要な発明特定事項が請求項に記載されていることが必要といえます。

336

(b) そのため，明確性要件の審査は，請求項に記載された発明特定事項に基づくものの，発明特定事項の意味するところや技術的意味を解釈する場合には，特許請求の範囲の機能を担保するという観点から，請求項の記載のみにとどまらず，明細書，図面の記載や出願時の技術常識を考慮して行われます。

(c) 明確性要件の趣旨及び判断手法については，知財高裁において概ね次のように判示されています☆1。

> 「特許請求の範囲に記載された発明が明確でない場合には，特許が付与された発明の技術的範囲が不明確となり，第三者に不測の不利益を及ぼすことがあり得るので，そのような不都合な結果を防止することにある。そして，特許を受けようとする発明が明確であるか否かは，特許請求の範囲の記載だけではなく，願書に添付した明細書の記載及び図面を考慮し，また，当業者の出願当時における技術常識を基礎として，特許請求の範囲の記載が，第三者に不測の不利益を及ぼすほどに不明確であるか否かという観点から判断されるべきである。」

(4) 明確性要件違反に対する対応策

(a) 明確性要件違反として拒絶理由通知を受けた出願人は，該当する表現を補正したり，あるいは意見書において，明細書，図面の記載や出願時の技術水準を示して，特許請求の範囲を技術的に特定できる旨を主張することができます。

(b) 特許後に無効審判の請求を受けたような場合にも，訂正請求によって該当する表現を訂正したり，答弁書において明細書，図面の記載や出願時の技術水準を示して，特許請求の範囲を技術的に特定できる旨を主張することができます。

(5) 明確性要件違反の類型

(a) 明確性要件については，審査基準に「類型Ⅰ：記載自体不明確」，「類型Ⅱ：技術的な不備」，「類型Ⅲ：カテゴリー不明」，「類型Ⅳ：選択肢で表現」，「類型Ⅴ：曖昧表現」といった発明の範囲が不明確となる類型を挙げて説明されていますので，参照してみてください（審査基準第Ⅱ部第2章第3節2.2）。

(b) 「類型Ⅴ：曖昧表現」は，発明特定事項を表現する文言として，範囲を曖昧にし得る表現がある結果，発明の範囲が不明確となる場合であって，設問(2)に該当します。

第4章◇特許出願・審査

(6) 諸外国における明確性要件

明確性要件は，欧州，米国，中国，韓国等の諸外国においても，特許請求の範囲の記載要件として要求されています。わが国の明確性要件と多くの点で一致していますが，具体的な規定内容やその判断は国によって差異がありますので，注意が必要です。

---

2 「約」，「略」，「程度」，「付近」等の用語の使用の可否について

(1) 範囲を曖昧にし得る表現

(a) 設問の「約」，「略」，「程度」，「付近」等は，範囲を曖昧にし得る表現といわれるものであり，類似の用語として「低」，「高」，「小さな」，「近傍」，「ほぼ」，「比較的」，「僅かな」，「およそ」，「実質的に」，「本質的に」等の比較の基準や程度に関する表現や「上限又は下限のみの数値限定」，「0を含む表現」，「否定的表現」，「明細書や図面の代用表現」等があります（以下，これらの用語をまとめて「曖昧表現」といいます）。

(b) 曖昧表現は，一定の範囲（幅）を有する概念であって，日常的に馴染みがあり，技術的事項の説明においても用いられていますので，請求項における発明特定事項として用いる場合には明確性要件との関係が問題となります。そこで，曖昧表現と明確性要件との関係について具体的に検証します。

(2) 理解のポイント

(a) まず理解しておきたいのは，曖昧表現を用いることが，直ちに明確性要件に違反することではないことです。すなわち，曖昧表現と明確性要件違反とが直結しているわけではありません。

(b) 曖昧表現を用いることによって，結果として特許請求の範囲を技術的に特定することができず，発明の要旨の認定や技術的範囲を定めるという特許請求の範囲の機能を担保できない場合に明確性要件違反となるものです。審査基準にも「……結果，発明の範囲が不明確となる場合」と記載されています（同第Ⅱ部第2章第3節2.2(1)）。

(c) そのため，曖昧表現を用いたとしても，明細書，図面の記載や出願時の技術水準を基礎として，特許請求の範囲に記載された発明を技術的に特定する

ことができ，第三者に不測の損害を及ぼすことがないようであれば，明確性要件に違反することにはなりません。

(3) ケース・メソッドⅠ——明確性要件を満たすと判断されたケース

(a) **上限だけを示す数値範囲限定**☆2

(ア) 【請求項3】

「……（略）……かつ，表面粗さは0.4μm以下であることを特徴とする半導体装置のテスト用プローブ針。」

(イ) 0.4μm以下という上限だけを示す数値限定に対して，知財高裁は，「本件発明3は表面粗さを『0.4μm以下』とする構成を採用することにより，このような効果を達成しようとしたものであるから，『0.4μm以下』が，この範囲で技術的に可能な限り表面粗さを小さくすることを意味することは明らかである。」と説示して明確性要件を具備すると判断しています。下限の数値限定が請求項に記載されていなくとも，明細書の記載に基づけば，「0.4μm以下」が意味するところは，技術的に特定可能と判断されたケースです。

(b) **程度が不明確な表現**☆3

(ア) 【請求項1】

「丸編機によって筒編して得たくつ下が，その爪先部における最先端位置が親指側に偏って位置する非対称形であって，該くつ下の爪先部の形状が，親指が他の指よりも太い人の足の形状に近似するように，……（略）……を特徴とするくつ下。」

(イ) 「近似する」という程度が不明確な表現に対して，知財高裁は，「本件訂正発明の爪先部の形状が，こうした一般的な人の足の形状に似ていることや，一般的な人の足の形状に倣った形状であることは，当業者であれば十分に理解できるものであって，その近似の程度が具体的かつ詳細に示されていないからといって，当該発明を把握することができないということはない。」と説示して明確性要件を具備すると判断しています。出願時の技術水準に基づけば，「近似する」が意味するところは，技術的に特定可能と判断されたケースです。

第4章◇特許出願・審査

(c) **程度が不明確な表現**☆4

(ア) 【請求項1】

「金属板を円筒状に曲成しその両端部を接合することにより形成した胴部
と，……（略）……その上下の全長より<u>充分に小さな</u>寸法の隙間を前記バラン
スリング又は底板との間に余すことを特徴とする洗濯機の脱水槽。」

(イ) 「充分に」という程度が不明確な表現に対して，知財高裁は，「本件発明
の『充分に小さな寸法』とは，『フィルタ部材の上下の全長』を基準とした比
較において『充分に小さな寸法』をいうことが明らかであり，基準となる長さ
が明示されている以上，『充分に』なる用語が用いられていることをもって，
比較の基準又は程度が不明確であり，殊更に不明確な表現が用いられていると
いうこともできない。……（略）……技術的意義を明らかにするために本件明
細書の記載を参酌することは，特定された構成の説明を本件明細書の記載に求
めるにすぎず，当然に許容される。」と説示して明確性要件を具備すると判断
しています。明細書の記載に基づけば，「充分に」が意味するところは，技術
的に特定可能と判断されたケースです。

(4) **ケース・メソッドⅡ──明確性要件に違反すると判断されたケース**

(a) **比較の基準が不明確な表現**☆5

(ア) 【請求項9】

「前記外層(2)は，ポリプロピレンホモポリマー，ポリプロピレンブロックコ
ポリマー，<u>低エチレン含有量</u>のポリプロピレンランダムコポリマー，好ましく
はポリプロピレンランダムコポリマーを含む請求項1～8のいずれか1項に記
載のフィルム。」

(イ) 「低エチレン含有量」という比較の基準が不明確な表現に対して，知財
高裁は，「……請求項9記載の『低エチレン含有量』の意義については，特許
請求の範囲中には格別の記載がない。……（略）……『低エチレン含有量』
は，段落【0050】の『低から中くらい』の『低』に相当するとしても，それが
どの程度のエチレン含有量をいうのかは，明確に特定することができない。」
と説示して明確性要件に違反すると判断しています。明細書の記載を参酌した
としても，「低エチレン含有量」が意味するところを技術的に特定できないと
判断されたケースです。

340

Q43◆出　願(3)—明確性要件

(b)　**程度が不明確な表現**☆6

(ア)　【請求項1】

「……（略）……本体側の装置本体に可動な係止手段を設け，該係止手段が地震のゆれの力で開き戸の障害物としてロック位置に移動し<u>わずかに</u>開かれる開き戸の係止具に係止する内付け地震時ロック装置を……（略）……前記係止後使用者が閉じる方向に押すまで閉じられずわずかに開かれた前記ロック位置となる開き戸の地震時ロック方法。」

(イ)　「わずかに」という程度が不明確な表現に対して，知財高裁は，「本件明細書の発明の詳細な説明の記載と図面とを参酌した上で，……（略）……本件明細書の発明の詳細な説明にも，その『わずかに』で表わされる程度を説明したり，これを示唆するような具体的な記載はない。」と説示して明確性要件に違反すると判断しています。当業者の技術常識を参酌したとしても明細書の記載から「わずかに」が意味するところは，技術的に特定できないと判断されたケースです。

(c)　**程度が不明確な表現**☆7

(ア)　【請求項1】

「茶，紅茶及びコーヒーから選択される渋味を呈する飲料に，スクラロースを，該飲料の0.0012～0.003重量％の範囲であって，<u>甘味を呈さない量</u>用いることを特徴とする渋味のマスキング方法。」

(イ)　「甘味を呈さない量」という程度が不明確な表現に対して，極限法という特定の官能検査を用いて甘味閾値を測定するのが一般的であると判断した審決に対して，知財高裁は，「極限法は人の感覚による官能検査であるから，測定方法等により閾値が異なる蓋然性が高いことを考慮するならば，特許請求の範囲に記載されたスクラロース量の範囲である0.0012～0.003重量％は，上下限値が2.5倍であって，甘味閾値の変動範囲（ばらつき）は無視できないほど大きく，『甘味の閾値以下の量』すなわち『甘味を呈さない量』とは，0.0012～0.003重量％との関係でどの範囲の量を意味するのか不明確であると認められるから，」と説示して明確性要件に違反すると判断しています。味覚について判定のばらつきを統計処理し，感覚を数量化して客観的に表現する官能検査が争点となったケースです。

第4章◇特許出願・審査

3 明確性要件に関する最高裁判例

(1) プロダクト・バイ・プロセス・クレームの場合

プロダクト・バイ・プロセス・クレーム（以下，「PBPクレーム」といいます）の場合，技術的範囲の確定においても，要旨の認定においても「当該製造方法により製造された物と構造，特性等が同一である物として確定されるものと解するのが相当である。」として物同一説をとるべきとし，明確性要件を満たすためには，「出願時において当該物をその構造又は特性により直接特定することが不可能であるか，又はおよそ実際的でないという事情（「不可能・非実際的事情」）が存在するときに限られると解するのが相当である。」との最高裁判決が存在します（プラバスタチンナトリウム事件☆8，☆9）。

(2) 明確性要件の判断原則

最高裁判決により，PBPクレームは物の発明として捉えられることとなり，技術的範囲は広くなるものの，原則として明確性要件に違反し，拒絶理由や無効理由が存在することとなるため，権利取得や権利行使に際しては充分な配慮が必要です。

(3) 明確性要件の審査

最高裁判決を受けて，特許庁はPBPクレームに関して審査ハンドブックを策定し，順次改訂を加えて，PBPクレームに該当するか否かについての判断，PBPクレームの審査における留意事項，PBPクレームの審査における「不可能・非実際的事情」についての判断の項目を設け，具体的な事例とともに審査の指針を示しています。例えば，「『その物の製造方法が記載されている場合』の類型，具体例に形式的に該当したとしても，明細書，特許請求の範囲，及び図面の記載並びに当該技術分野における出願時の技術常識を考慮し，『当該製造方法が当該物のどのような構造若しくは特性を表しているのか』が明らかであるときには，審査官は，『その物の製造方法が記載されている場合』に該当するとの理由で明確性要件違反とはしない。」等としていますので，参照してみてください（審査ハンドブック2203，2204，2205）。

〔田中　幹人〕

Q43◆出　願(3)─明確性要件

━━━■判　例■━━━

☆1　知財高判平27・11・26（平26（行ケ）10254号）裁判所ホームページ。
☆2　知財高判平19・10・30（平19（行ケ）10024号）裁判所ホームページ。
☆3　知財高判平23・9・15（平22（行ケ）10265号）裁判所ホームページ。
☆4　知財高判平25・11・28（平25（行ケ）10121号）裁判所ホームページ。
☆5　知財高判平19・5・30（平17（行ケ）10799号）裁判所ホームページ。
☆6　知財高判平21・12・10（平21（行ケ）10272号）裁判所ホームページ。
☆7　知財高判平26・3・26（平25（行ケ）10172号）裁判所ホームページ。
☆8　最〔2小〕判平27・6・5（平24（受）1204号）裁判所ホームページ。
☆9　最〔2小〕判平27・6・5（平24（受）2658号）裁判所ホームページ。

第4章◇特許出願・審査

　出　願(4)──**審査手続**

(1)　特許出願の審査手続の流れについて教えてください。
(2)　早期審査や優先審査もあると聞きましたが，どのような制度ですか。公開特許公報の発行時期よりも先に登録されてしまったら，公報類の発行はどうなるのでしょうか。

> (1)　出願人は出願日から3年以内に審査請求を行う必要があり，これにより特許庁の審査官が特許出願の審査を行います。審査官は，拒絶理由を発見した場合，これを出願人に通知します。出願人は補正書や意見書を提出することができ，特許出願が特許要件を満たすことを主張します。拒絶理由が最初から存在しない場合，又は補正書等によりこれが解消した場合，特許査定されます。拒絶理由が解消しない場合は拒絶査定され，出願人は拒絶査定不服審判を請求することができます。
> (2)　早期審査と優先審査は，一定の要件の下，審査を通常に比べて早く行う制度です。早期審査には，出願のタイプに応じて異なる要件が存在し，優先審査の場合，第三者による出願発明の実施等が要件となります。早期審査が行われると，出願公開の時期より先に特許出願が登録される場合があり，その場合は特許公報が先に発行され，後に公開特許公報が発行されます。

☑キーワード

審査請求，早期審査，優先審査，拒絶理由，公開特許公報

Q44◆出　願(4)―審査手続

1 特許出願の審査手続

(1)　審査請求

　出願人は，特許出願をした後，特許庁で審査を受けるために，出願日から３年以内に審査請求をする必要があります（特48条の３）。この期間内に審査請求がない場合，特許出願は取り下げられたものとみなされるからです（特48条の３第４項）。また，正当な理由がある場合には，その理由がなくなった日から２ヵ月以内で期間の経過後１年以内に限り，審査請求することができます（特48条の３第５項）。なお，審査請求は，出願人以外（何人も）でも行うことができます（特48条の３第１項）。

　分割出願の場合（出願日は原出願日となります），上記期間の経過後であっても，分割出願した日から30日以内に審査請求ができます（同条２項）。なお，優先権主張を伴う特許出願（特41条）や国際出願（特184条の３）の場合，それら出願をした実際の出願日が，審査請求期限の起算日となります。

(2)　審査官による審査

　審査請求がされると，審査官が特許出願の審査を行いますが（特48条の２），請求後に直ちに審査が開始されるわけではありません。通常，審査官は複数の手持ち案件を順次処理しており，１回目の拒絶理由が通知されるまで，平均で10ヵ月程度（2017年実績）かかります。

　審査官は，まず本願発明を理解した上で，本願発明に近い公知技術を探すための先行技術調査を行います。当該調査として，外部の調査機関の調査結果を利用する場合もあります。調査により複数の先行技術文献等が引用文献の候補に挙げられ，審査官はそれらの内容に基づいて，拒絶理由が存在するか否かについて審査します。また，出願書類（特許請求の範囲や明細書）が適法に記載されているか否か（記載要件）についても審査します。

　その結果，拒絶理由が存在しない場合には，特許をすべき旨の査定（特許査

第4章◇特許出願・審査

定）がされ（特51条），拒絶理由が存在する場合には，最初の拒絶理由が出願人（代理人がいる場合は代理人）に通知されます（特50条）。

　最初の拒絶理由に対して，出願人は，特許請求の範囲を減縮等する補正書や，特許性を主張するための意見書を提出することができます。提出の期限は，拒絶理由の発送日から60日以内という期間が，通常指定されます（在外者の場合3ヵ月）。この期間は，出願人の請求により，無条件で2ヵ月延長（在外者の場合3ヵ月）することが可能です。

　審査官は，補正書等により拒絶理由が解消したか否かを更に審査し，解消していない場合は拒絶査定をします（特49条）。拒絶理由が解消している場合，他の拒絶理由が存在するかについてさらに審査します。その際，必要に応じて，追加の先行技術調査がされます。他の拒絶理由が存在しない場合，特許査定されます。

　他の拒絶理由が存在する場合，2回目以降の拒絶理由通知を「最後の拒絶理由通知」とすべきか，「最初の拒絶理由通知」とすべきか，審査官が検討します。「最初の拒絶理由通知」に対する応答時の補正によって通知することが必要になった拒絶理由のみを通知する拒絶理由通知は，通常「最後の拒絶理由通知」となります。いずれの拒絶理由通知に対しても，出願人は補正書と意見書を，指定期間内に提出することができます。

　審査官が「最後の拒絶理由通知」とすべきと判断した場合，2回目の拒絶理由通知は「最後の拒絶理由通知」となり，補正の内容が制限されます（特17条の2第5項）。また，「最後の拒絶理由通知」に対して，補正後の本願発明が，補正要件や独立特許要件（特17条の2第6項で準用する特126条7項）を満たさない場合には，補正が却下され（特53条），補正がないものとして取り扱われる結果，通常，出願は拒絶査定となります。補正後の本願発明が，補正要件や独立特許要件を満たし，かつ，他の拒絶理由がない場合，特許査定されます。

　(3)　不服申立て

　出願人は，拒絶査定に対して，拒絶査定不服審判を請求することができます（特121条）。請求期間は，通常，その査定の謄本の送達日から3ヵ月以内であり，責めに帰することができない理由がある場合に限り，請求による延長が認められています（同条2項）。

Q44◆出　願(4)—審査手続

審判請求の際には，特許請求の範囲を補正することができ（特17条の2第1項4号），補正した場合には，同じ審査官が再び審査（前置審査）を行います（特162条）。この前置審査において，拒絶査定の理由が解消していると審査官が判断した場合，特許査定されます。しかし，審査官が解消していないと判断した場合，特許庁長官に報告がなされ，これに基づいて，審判官の合議体による審理（審判手続）がなされます。

2　審査手続の促進について

(1)　早期審査

早期審査は，一定の要件の下，出願人からの申請を受けて，審査を通常に比べて早く行う制度です。以下の情報は，特許庁が平成30年7月に公表した「特許出願の早期審査・早期審理ガイドライン」に基づくものです。早期審査を申請した出願の平均審査順番待ち期間は，早期審査の申請から平均3ヵ月以下となっており（2017年実績），通常の出願と比べて大幅に短縮されています。

早期審査の対象になる出願としては，①実施関連出願，②外国関連出願，③中小企業，個人，大学，公的研究機関等の出願，④グリーン関連出願，⑤震災復興支援関連出願，⑥アジア拠点化推進法関連出願が存在します（2018年時点）。各タイプに応じて，異なる要件を満たす必要があります。

早期審査の申請には，「早期審査に関する事情説明書」の提出が必要となります。事情説明書には，原則として，早期審査を申請する事情，先行技術文献の開示及び対比説明などを記載します。特許庁の費用は無料ですが，審査請求（有料）がされている必要があります（審査請求手続と早期審査申請の手続は同時にできます）。

大企業が出願人の場合，②外国関連出願としての申請が多く利用されており，日本国特許庁以外の特許庁又は政府間機関へも出願している特許出願（国際出願を含む）であれば，申請が可能です。日本語で国際出願している特許出願において，国際調査見解書又は国際予備審査報告書が得られている場合には，それらを早期審査に関する事情説明書に添付することにより，先行技術の開示及び対比説明の記載を省略することができます。

347

第4章◇特許出願・審査

　大企業以外の出願人の場合，③中小企業，個人，大学，公的研究機関等の出願，又は①実施関連出願としての申請が比較的よく利用されています。前者（③の出願）の場合，先行技術の開示に当たり先行技術調査を改めて行うことは必要ではありませんが，出願人が知っている先行技術文献との対比説明が必要となります。

　後者（①の出願）の場合，製品を実際に製造販売している場合や，早期審査申請から2年以内に生産開始を予定している場合などが該当しますので，その実施状況を記載する必要があります。また，先行技術の開示の際の先行技術調査，及び対比説明の両方が必要ですが，明細書において，先行技術・関連技術の調査結果が文献名・公報番号などを挙げて適切に開示され，かつ対比説明も適切に記載されている場合は，簡略記載が可能となります。

　他のタイプの出願については，前述の「特許出願の早期審査・早期審理ガイドライン」に要件が詳細に記載されていますので，それを参照してください。

（2）　スーパー早期審査

　スーパー早期審査は，前述の早期審査より，さらに審査を早く行う制度です。申請の要件として，「①実施関連出願」かつ「②外国関連出願」であること，又はベンチャー企業による出願であって「①実施関連出願」であることなどがさらに追加されます。

　また，拒絶理由通知書の発送の日から30日以内（在外者の場合は2ヵ月以内）に応答がなされなかった場合，通常の早期審査扱いになり，通常の早期審査でも十分審査が早いため，現在はそれほど利用されていません。

（3）　優先審査

　優先審査は，出願公開後，第三者がその特許出願に係る発明を業として実施しており，出願人と実施者の間で生じている紛争を早期に決着する必要がある特許出願が対象となります（特48条の6）。優先審査にも事情説明書の提出が必要ですが，実施の状況，第三者による実施等による影響等を記載し，警告状の写し，第三者が実施している事実を証明する書類等を添付する必要があるなど，手続も煩雑となるため，あまり利用されていません。

Q44◆出　願(4)─審査手続

3 公報類の発行について

(1) 通常の場合

　特許法上，出願公開は，出願日（優先権主張を伴う場合は優先日）から１年６月を経過したときに行われます（特64条１項）。しかし，現実には，公開特許公報の場合，１年６月から約１〜２週間程度遅れて，公報が発行され，国内優先権主張出願における公開特許公報の発行については，さらに１ヵ月弱を要します。また，特許公報の場合，設定登録から３〜４週間程度経過した後に，発行されています（特許庁ホームページ「公報に関して」（https：//www.jpo.go.jp/torikumi/kouhou/kouhou 2 /koho_faq.htm#anchor 1 - 3 ））。

　特許庁ホームページ（https：//www.jpo.go.jp/torikumi/kouhou/kouhou 2 /hakko.htm）の公報発行予定表で，これらの公報類の発行予定日を確認することができます。

(2) 早期登録の場合

　早期審査の申請が適法にされると，申請から最初の拒絶理由通知までの期間が平均で３ヵ月以下（2017年実績）となります。このため，早期審査された結果，出願公開の時期より先に特許出願が登録される場合が多くあります。その場合は特許公報が発行され，後に公開特許公報が発行されます。このような場合，過去には特許公報のみが発行されていましたが，平成９年に公報発行の基準について見直しがなされ，現在では，特許公報を発行した場合でも，行政サービスとして公開特許公報が発行されます（特許庁ホームページ「公報に関して」（前掲URL））。

(3) 出願公開されない場合

　通常，出願公開は，出願日から１年６月を経過したときに，その出願が特許庁に係属していた場合に行われます（特64条１項）。このため，出願公開前に出願が取り下げ，放棄又は却下され若しくは拒絶査定が確定している場合には，原則，公開特許公報は発行されません。したがって，早期審査等により早期に拒絶査定が確定したり，出願が取り下げられると，出願公開されない場合が生じます。

第4章◇特許出願・審査

(4) 早期に出願公開される場合

　出願人は，通常の出願公開時期より早く出願が公開されることを，特許庁に請求（早期公開請求）することができます（特64条の2）。早期公開請求をした場合，公開特許公報の発行時期は案件によって異なりますが，①出願と同時に請求を行った場合は約5ヵ月程度，②出願の方式審査が完了し，特許分類の付与がなされている段階に，請求を行った場合は約2ヵ月ないし3ヵ月程度で，通常，公開特許公報が発行されます。

〔梶崎　弘一〕

出　願(5)──補正

(1) 出願後，明細書の記載に誤記を発見しましたが，どのように対処すればよいですか。その誤記が元の中国特許出願の誤訳だった場合はどうでしょうか。
(2) 当社の出願書類を見てライバル会社がクレームの一部を変更した製品を製造したという場合，補正によって対処することは可能でしょうか。

　　誤記・誤訳を発見した場合，手続補正書を提出してその訂正をすることができます。ただし，補正が認められる時期，範囲に制限があります。特に，特許権が成立した後は，実質上特許請求の範囲を拡張したり変更したりする訂正は認められません。
　　出願当初の明細書等にライバル会社の製品の構成が開示されていれば，当該構成を含めるように請求項（クレーム）を補正し，ライバル会社の製品が技術的範囲に入るようにすることが可能です。ただし，補正が認められる時期，範囲に制限があります。場合によっては分割出願を行うことも有効です。

キーワード
　誤記の訂正，誤訳の訂正，補正，訂正，技術的範囲

第 4 章◇特許出願・審査

解　説

1　**設問(1)について**

（1）　誤記・誤訳の訂正の意義

　明細書の記載に誤記がある場合，翻訳文に誤訳がある場合，手続補正書・誤訳訂正書を提出することによって訂正することができます。ただし，訂正が認められる時期，範囲に制限があります（特17条の２）。

　先願主義の下において当初から完全な出願書類を準備することは難しく，発明の適切な保護のために，出願後に明細書などの補正が認められています。

　また，所定期間内に日本語による翻訳文を提出することを条件に，外国語にて出願（外国語書面出願）を行うことができます（特36条の２）。外国語でされた国際特許出願（外国語特許出願）についても所定期間内に日本語による翻訳文を提出する必要があります（特184条の４第１項）。このように，翻訳文については提出期限が定められているので，完全な翻訳文を準備することは難しく，誤訳の訂正が認められています。

　しかし，補正は出願時に遡って効果をもつ（遡及効）ため，無制限に認めると先願主義に反し，第三者の利益を害するだけでなく，審査の負担もいたずらに増えることになります。

　そこで，明細書などについて，補正のできる時期，範囲について，出願手続の進行段階に従った一定の制限が設けられています。

（2）　誤記・誤訳の訂正をすることができる時期

　特許査定謄本の送達前であれば，明細書などについて誤記・誤訳の訂正ができます。ただし，拒絶理由通知を受けた後は，次の①〜④の場合に限り補正ができます（特17条の２第１項）。

①　最初の拒絶理由通知を受けた際に指定された意見書提出の期間内（同項１号）

②　拒絶理由通知を受けた後，先行技術文献の開示が不十分であるとの通知

352

を受けた際に指定された意見書提出の期間内（同項2号）

③　最後の拒絶理由通知を受けた際に指定された意見書提出の期間内（同項3号）

④　拒絶査定不服審判の請求と同時（同項4号）

したがって，最初の拒絶理由通知を受けるまでは，自発的に補正書を提出して明細書の誤記を訂正したり，翻訳文の誤訳を訂正することができます。その後は，意見書提出期間内や拒絶査定不服審判請求時に限って，誤記・誤訳の訂正を行うことができます。

なお，特許登録後は，訂正審判（特126条1項），訂正請求（特134条の2第1項・120条の5第2項）によって誤記・誤訳の訂正をすることができます。

⑶　誤記の訂正をすることができる範囲

誤記とは，発明をした者の内心の意思と明細書などによる表示との間に錯誤がある場合をいうものです（東京高判昭41・3・29[1]）。誤記に該当する場合，すべてに補正が認められるわけではなく，出願当初の明細書などに記載された事項の範囲内でなければなりません（新規事項の追加禁止。特17条の2第3項）。したがって，補正前の記載が誤りで補正後の記載が正しいことが，明細書などの記載又は当業者の技術常識などから明らかである場合に限り，誤記の補正が許されることになります。

最後の拒絶理由通知に対する補正や，拒絶査定不服審判請求時の補正を除いて，補正の目的に制限は設けられていませんので，誤記を修正する補正も認められます。また，最後の拒絶理由通知に対する補正や，拒絶査定不服審判請求時の補正においては，補正の目的に制限が設けられていますが，「誤記の訂正」が明示的に許されています（特17条の2第5項3号）。したがって，補正をすることが許されている時期の全般において，新規事項の追加に当たらない誤記の補正を行うことができます。

特許登録後には，訂正審判，無効審判における訂正請求にて「誤記の訂正」をすることができます（特126条1項・134条の2第1項・120条の5第2項）。ただし，実質上，特許請求の範囲を拡張したり変更したりすることはできません（特126条6項）。

記載自体によって記載が誤っていることが明らかな場合や，他の書面との関

第4章◇特許出願・審査

係で記載が誤っていることが明らかな場合であって，しかも，正しい記載が明細書などから自明に定まる場合には，特許請求の範囲の拡張・変更には該当しません（審判便覧〔第17版〕38-03の3(3)）。

　一方，出願当初の明細書などを参照して初めて正しい記載が定まる場合には，訂正前と訂正後を比較して，特許請求の範囲の拡張・変更に該当するかどうかが判断されます（審判便覧〔第17版〕38-03の3(3)）。したがって，この場合，特許権者にとって記載を誤ったことが事実であったとしても，特許請求の範囲を拡張したり変更したりする訂正は認められません。明細書・特許請求の範囲等の記載を信頼する第三者に不測の不利益を与えることのないようにするためです。

　最判昭47・12・14[☆2]においては，特許請求の範囲中の「甲は分枝を有するアルキレン基」を「甲は分枝を有することあるアルキレン基」と訂正することが許されるかどうかが争われました。裁判所は，これが誤記であることは当事者間において争いのないところであるとはいえ，本件における特許請求の範囲の項に示された「甲は分枝を有するアルキレン基」とする記載は，それ自体きわめて明瞭で，「甲は分枝を有するアルキレン基」という記載のままでも発明所期の目的効果が失われるわけではなく，当業者であれば何人もその誤記であることに気付いて，「甲は分枝を有することあるアルキレン基」の趣旨に理解するのが当然であるとはいえない。したがって，かかる訂正は，特許請求の範囲の表示を信頼する第三者の利益を害することになるものであって，実質上特許請求の範囲を拡張するものであり許容できない，として訂正を認めませんでした。

　このように，特許権成立後は，誤記であったとしても第三者の利益に配慮して，その訂正が認められない場合があることに注意が必要です。

(4)　誤訳の訂正をすることができる範囲

　誤訳の訂正とは，翻訳により外国語書面（又は外国語特許出願の原文）における意味とは異なる意味を有するものとなった記載を，外国語書面等における意味を表す記載に訂正することをいいます（審判便覧〔第17版〕38-03の4）。誤訳訂正においては，新規事項の追加禁止は適用されません（特17条の2第3項）。しかし，外国語書面等に記載した範囲を超える事項を明細書などに持ち込むことは

Q45◆出　願(5)―補正

できませんので（特49条6号），誤訳訂正もその範囲に制限されることになります（原文新規事項の禁止）。

　したがって，誤訳であることが，翻訳文や外国語書面等の記載又は当業者の技術常識などから明らかである場合に限り，誤訳の訂正が許されることになります。なお，誤訳の訂正を行う場合には，手続補正書ではなく誤訳訂正書を提出します。

　特許登録後には，訂正審判，無効審判における訂正請求にて「誤訳の訂正」をすることができます（特126条1項・134条の2第1項・120条の5第2項）。ただし，実質上，特許請求の範囲を拡張したり変更したりすることはできません（特126条6項）。

　知財高判平28・8・29☆3においては，「燐酸」を「ホスホン酸」に誤訳訂正することが認められるかどうかが争われました。裁判所は，当業者が請求項1の「燐酸」が「ホスホン酸」の誤訳であると認識する可能性があるとしながらも，「燐酸」という記載自体が明瞭であり，これを「ホスホン酸」の趣旨に理解することが当然とはいえないとし実質上特許請求の範囲を変更するものであって，誤訳訂正は認められないとしました。

　このように，特許権成立後は，誤記と同じように誤訳であったとしても第三者の利益に配慮して，その訂正が認められない場合があることに注意が必要です。

　(5)　効　　果

　訂正の効力は出願時に遡及し（特128条），訂正された内容によって出願がなされたものとみなされます。したがって，誤記や誤訳の訂正によって当初より誤記・誤訳のない権利が成立したものとみなされます。また，誤記・誤訳に起因する記載不備等の拒絶理由を解消することができます。

　審査の段階において，誤記・誤訳の訂正が認められなくとも，これに対して直接的に不服を申し立てることはできません。誤記・誤訳の訂正が認められなかったことに起因して拒絶理由が生じた場合，当該拒絶理由を解消するために意見を述べたり拒絶査定不服審判の請求を行うことができます。

　訂正を認めない審決に不服がある特許権者は，審決取消訴訟（特178条）によって争うことができます。

355

第 4 章◇特許出願・審査

2　設問(2)について

(1)　特許発明の技術的範囲

　特許発明の技術的範囲は，特許請求の範囲の請求項（クレーム）に基づいて
判断されます（特70条）。ライバル会社が貴社請求項に記載した構成要件を外す
ような変更を行って製品を製造した場合，特許権を得たとしても，ライバル会
社の製品は技術的範囲から外れており特許権侵害とはなりません。

　したがって，ライバル会社の製品が技術的範囲に入るように請求項を補正で
きるかどうかを検討し，可能であれば補正した請求項によって権利を取得する
ことが好ましいでしょう。

(2)　補正の可能な時期と範囲

　特許査定謄本の送達前であれば，特許請求の範囲などについて補正ができま
す。ただし，拒絶理由通知を受けた後は，次の①～④の場合に限り補正ができ
ます（特17条の 2 第 1 項）。

①　最初の拒絶理由通知を受けた際に指定された意見書提出の期間内（同項
　　1 号）

②　拒絶理由通知を受けた後，先行技術文献の開示が不十分であるとの通知
　　を受けた際に指定された意見書提出の期間内（同項 2 号）

③　最後の拒絶理由通知を受けた際に指定された意見書提出の期間内（同項
　　3 号）

④　拒絶査定不服審判の請求と同時（同項 4 号）

　出願当初の明細書などに記載した事項の範囲を超える補正（新規事項の追加）
はできません（特17条の 2 第 3 項）。また，最後の拒絶理由通知に対する補正，
拒絶査定不服審判請求時の補正は，請求項の削除や，請求項を限定的に減縮す
る補正等しか行うことができず，たとえ新規事項の追加でなくとも請求項を拡
張したり変更したりする補正は行うことができません（特17条の 2 第 5 項）。

　設問の状況であれば，請求項の拡張・変更をする補正を行う必要があります
ので，最後の拒絶理由が出された後は補正による対応は難しくなります。以下
では，最後の拒絶理由通知が出される前であるとして，補正による対応を検討

します。

　ライバル会社が貴社請求項の構成要件a，b，cのうち，bをfに変更して実施したとします。この場合，出願当初の明細書にa，f，cを構成要件とする発明が記載されていれば，請求項をa，f，cに補正することができます。例えば，明細書中に構成要件bに代えてfを用いてもよいとの記述があれば補正後の発明が記載されていたことになるでしょう。また，このような記載が明示的にされていなくとも，構成要件fが記述されており，これが構成要件bに代わるものであることが当業者に自明であれば，補正後の発明が記載されていたことになるでしょう。

　構成要件fが明細書に記載されていない場合には，上記のような補正を行うことは新規事項の追加になりますので認められません。この場合，構成要件a，cによる発明が出願当初の明細書に記載されていれば，請求項から構成要件bを削除し，構成要件a，cによる発明に補正することができます。これにより，ライバル会社の製品を技術的範囲内とすることが可能です。ただし，従来技術に対する新規性・進歩性がなくなる可能性があり，権利取得が難しくなる点に留意する必要があります。

　明細書において構成要件bはなくともよいとの明示的な記載があれば，上記補正は可能です。また，かかる記載がなくとも当業者に自明であれば，補正が可能でしょう。

　なお，ライバル会社の製品を技術的範囲に入れるための補正は当該出願では行わずに権利取得を目指し，別途，分割出願を行って当該分割出願によって上記補正を行うという方策をとることもできます。これは，当初の目論見である内容の権利取得を目指しつつ，ライバル会社の製品に対応するための権利取得を分割出願によって目指すものです。

　また，前述のように，最後の拒絶理由通知が出された後や特許査定，拒絶査定が出された後は，上述のような請求項を拡張したり変更したりする補正を行うことができません。この場合，分割出願を行い当該分割出願によって上記補正を行うことができます。

〔古谷　栄男〕

第4章◇特許出願・審査

＝　■判　例■　＝

☆1　東京高判昭41・3・29（昭39（行ナ）159号）民集26巻10号1926頁〔あられ菓子
　　の製造方法事件〕。

☆2　最判昭47・12・14（昭41（行ツ）1号）民集26巻10号1888頁〔フェノチアジン誘
　　導体の製法事件〕。

☆3　知財高判平28・8・29（平27（行ケ）10216号）裁判所ホームページ。

シフト補正等

(1) シフト補正とはどのようなことでしょうか，教えてください。
(2) 特許出願をしたところ，拒絶理由通知を受けたので，特許請求の範囲を「……（ただし，……を除く。）」という，いわゆる「除くクレーム」に補正した場合，それは認められますか。

(1) シフト補正とは，発明の特別な技術的特徴を変更する補正をいいます。より具体的には，補正前の特許請求の範囲の発明のうち拒絶理由通知において特許を受けることができないものか否かについての判断が示された発明と，拒絶理由通知後に補正された発明とが，同一又は対応する特別な技術的特徴を有さないことにより，発明の単一性の要件を満たさなくなるような補正をいいます。

シフト補正は，平成18年法改正により新設された特許法17条の2第4項により禁止されています。本規定は，平成19年4月1日以降の出願に適用されます。

(2) いわゆる「除くクレーム」とは，特許・実用新案審査基準によれば，「請求項に記載した事項の記載表現を残したままで，請求項に係る発明に包含される一部の事項のみを当該請求項に記載した事項から除外することを明示した請求項をいう。」と定義されています。「除くクレーム」とする補正は，通常の補正の場合と同様，補正の要件（時期的要件及び実体的要件）を満たす限りは認められます。

☑キーワード

発明の単一性，特別な技術的特徴，補正却下，除くクレーム，新規事項の追加，補正，新たな技術的事項

第 4 章◇特許出願・審査

解　説

1　設問(1)について

(1)　シフト補正を禁止する意義

特許出願を行った後，最初の拒絶理由通知等を受けるまでは，シフト補正の制限がなく，新規事項を追加しない限り明細書等を補正することができます。

しかし，いったん審査が開始され，拒絶理由通知が出された後，シフト補正がなされると，すでになされた先行技術調査，審査の結果を有効に活用できなくなる場合があります。その結果，審査官が先行技術調査又は審査をやり直すこととなるため，迅速，的確な権利付与に支障をもたらすことになります。また，出願間の取扱いの公平性も十分に確保できなくなります。

そこで，これらの点を改善するために，平成18年法改正によりシフト補正の禁止に関する特許法17条の2第4項が新設されるに至っています。

(2)　シフト補正の内容

(a)　特許法17条の2第4項の規定

同項には「前項に規定するもののほか，第1項各号に掲げる場合において特許請求の範囲について補正をするときは，その補正前に受けた拒絶理由通知において特許をすることができないものか否かについての判断が示された発明と，その補正後の特許請求の範囲に記載される事項により特定される発明とが，第37条の発明の単一性の要件を満たす一群の発明に該当するものとなるようにしなければならない。」と規定されています。

(ア)　同項では「第1項各号に掲げる場合において」と規定されていますので，最初に拒絶理由通知を受けるまでに行われる補正には適用されません。例えば，出願審査請求前又は請求時にするような補正には適用されません。

(イ)　同項では「特許請求の範囲について補正をするときは」と規定されていますので，明細書又は図面の補正には適用されません。

(ウ)　同項にいう「拒絶理由通知」は，「50条（159条2項（174条2項において準用

Q46◆シフト補正等

する場合を含む。）及び163条２項において準用する場合を含む）の規定による通知」であり（特17条の２第１項１号），審査段階で通知されたものだけでなく，前置審査，拒絶査定不服審判及び再審において通知されたものも含みます。

㈔　同項の「拒絶理由通知において特許をすることができないものか否かについての判断が示された発明」とは，拒絶理由通知の際に特許請求の範囲に記載されていた発明のうち，新規性，進歩性等の特許要件を満たしているか否かの判断が示されなかった発明を除いたものをいいます。

(b)　発明の単一性について

上記(a)のとおり，特許法17条の２第４項で規定されている「発明の単一性の要件」（特37条）を基準にシフト補正の判断が行われます。

ここに，発明の単一性とは，特許要件（特49条）の１つであり，複数の発明を１つの願書で特許出願する場合に各発明が一定の技術的関係を有することを要求するものです。これは，主として，特許請求の範囲に記載された２以上の発明が同一の又は対応する特別な技術的特徴を有しているか否かによって判断されることになります。したがって，シフト補正であるか否かの判断においても「特別な技術的特徴」は，重要な役割を果たします。

ここに「特別な技術的特徴」とは，発明の先行技術に対する貢献を明示する技術的特徴（先行技術との対比において発明が有する技術上の意義）をいいます（特施規25条の８第２項）。この「特別な技術的特徴」は，明細書，特許請求の範囲及び図面の記載並びに出願時の技術常識に基づいて把握されます。

ただし，「特別な技術的特徴」とされたものが，事後的に否定される場合があります。つまり，発明の先行技術に対する貢献をもたらすものでないことが明らかとなった場合は，その技術的特徴が「特別な技術的特徴」であることが事後的に否定されます。具体的には，下記のいずれかに該当するような場合は事後的に否定されることになります。

①　「特別な技術的特徴」とされたものが先行技術の中に発見された場合

②　「特別な技術的特徴」とされたものが一の先行技術に対する周知技術，慣用技術の付加，削除，転換等であって，新たな効果を奏するものではない場合

③　「特別な技術的特徴」とされたものが一の先行技術に対する単なる設計

361

第4章◇特許出願・審査

変更であった場合

(c) シフト補正に該当するか否かの判断手順

(ア) 判断手順の基本　　シフト補正の審査に当たり，審査官は，以下の(i)から(iii)までの手順により，補正が発明の特別な技術的特徴を変更する補正（シフト補正）であるか否かを判断します。

　(i)　補正後の特許請求の範囲に記載される事項により特定されるすべての発明が，拒絶理由通知において特許をすることができないものか否かについての判断が示されたすべての発明の後に続けて記載されていたと仮定する。

　(ii)　そのように仮定した場合において，補正後の発明が，審査基準第Ⅱ部第3章「発明の単一性」の2. に照らして，37条の要件以外の要件についての審査対象となるか否かを判断する。すなわち，補正後の発明が発明の単一性の要件を満たす場合は，37条の要件以外の要件についての審査対象とされる。

　(iii)　(ii)の判断の結果，審査対象とならない発明があった場合は，当該補正は，発明の特別な技術的特徴を変更する補正であると判断する。また，(ii)の判断において，審査対象となる発明を，17条の2第4項以外の要件についての審査対象とする。

(イ)　審査実務での具体的な取扱い　　前記(ア)のとおり，補正前の特許請求の範囲の新規性・進歩性等の特許要件についての審査が行われたすべての発明と，補正後の特許請求の範囲のすべての発明とが同一の又は対応する特別な技術的特徴を有している場合には，当該補正後のすべての発明について，特許法17条の2第4項以外の要件（すなわち，新規性，進歩性等）についての審査対象（以下「審査対象」といいます）とされます。

　これに対し，補正前の特許請求の範囲の新規性，進歩性等の特許要件についての審査が行われたすべての発明と，補正後の特許請求の範囲のすべての発明との間に同一の又は対応する特別な技術的特徴を見出すことができない場合には，補正後の特許請求の範囲の中で，補正前の特許請求の範囲の新規性・進歩性等の特許要件についての審査が行われたすべての発明と同一の又は対応する特別な技術的特徴を有しない発明については新規性，進歩性等の審査の対象とせず，それ以外の発明については審査対象とします。この場合には，審査対象となった発明についての審査結果とともに，17条の2第4項違反の拒絶理由

（特49条1号）が通知されます。

【例1】 適法な補正

（補正前）――――――――――――→（補正後）
【請求項1】 A＋B＋C　　　　　　　【請求項1】 A＋B＋E
【請求項2】 A＋B＋D　　　　　　　【請求項2】 A＋B＋C＋E
【請求項3】 A＋B＋C＋D　　　　　 【請求項3】 A＋B＋D＋E

【例2】 不適法な補正（シフト補正）

（補正前）――――――――――――→（補正後）
【請求項1】 A＋B＋C　　　　　　　【請求項1】 A＋B＋E
【請求項2】 A＋B＋D　　　　　　　【請求項2】 A＋E
【請求項3】 A＋B＋C＋D　　　　　 【請求項3】 A＋D＋E

　【例1】では，補正前の特許請求の範囲の新規性・進歩性等の特許要件についての審査が行われたすべての発明（請求項1～3）が特別な技術的特徴であるA＋Bが補正後の請求項1～3のいずれにも存在していますので適法な補正として取り扱われます。

　これに対し，【例2】では，特別な技術的特徴であるA＋Bが補正後の請求項1には存在しますが，補正後の請求項2～3には存在していませんので，補正後の請求項1に対しては審査結果が示され，補正後の請求項2～3は新規性，進歩性等についての審査がなされずに17条の2第4項違反が通知されます。

　(3)　シフト補正の禁止の規定に違反した場合の取扱い

　シフト補正の禁止の規定に違反した場合は，原則として拒絶理由になります（特49条1号）。つまり，そのようなシフト補正を含む出願自体が拒絶されることになります。

　また，最後の拒絶理由通知に対する応答時にシフト補正を行った場合は補正却下（特53条）となります。

　なお，シフト補正の禁止の規定に違反しているにもかかわらず，そのような補正が受け入れられて特許が付与された場合であっても，無効理由（特123条）

363

第4章◇特許出願・審査

にはなりません。これは，発明の特別な技術的特徴を変更する補正がなされた
としても，発明に実体的な不備がなければ，出願人が補正後のすべての発明に
ついて審査を受けるためには，出願の分割をして2以上の特許出願とすべきで
あったという手続上の不備にすぎないためです。

2　シフト補正に対する実務上の対応

　シフト補正の制限に違反した場合は，補正又は分割出願により対応すること
が可能であり，また無効理由にも該当しないことから，通常は致命的な欠陥に
はならないと考えられますが，分割出願等による対応は権利化の遅れ，新たな
審査請求料の負担等を招くことにもなります。このため，拒絶理由通知に対す
る補正時はもとより，その前の段階でも対策を講じておくことが望ましいとい
えます。

　(1)　出願前の段階

　特許法17条の2第4項の審査においては，前記のとおり「発明の特別な技術
的特徴」の有無がポイントになりますので，クレームのドラフティングに際し
ては，先行技術調査を入念に行った上で，出願に係る発明の特別な技術的特徴
を明確にし，さらに発明の単一性（特37条）を意識したクレーム構成を行うこ
とが重要です。

　(2)　出願後かつ最初に拒絶理由通知が発せられる前の段階

　前記**1**(1)(a)のとおり，特許法17条の2第4項の規定は，拒絶理由通知前の補
正には適用されませんので，それまでに必要な補正をしておくことが賢明とい
えます。特に，出願審査請求時又はそれ以前の段階において，特許請求の範囲
を17条の2第4項の視点に立って検証し，必要な補正を予め行った上で，審査
を受けることが好ましいかたちといえます。この場合，発明の単一性がないと
考えられる発明の権利化を迅速にするために，必要に応じて分割出願を行うこ
とも検討しておくべきです。

　(3)　拒絶理由通知を受けた後

　新規事項の追加の禁止のほか，シフト補正禁止の要件も課されますので，特
許請求の範囲を補正する場合はシフト補正と認定されないように慎重に補正す

ることが必要です。

なお，シフト補正の有無の検討（特に「特別な技術的特徴」の考え方）に際しては，審査基準第Ⅱ部第3章「発明の単一性」の6.1「請求項に係る発明間に特定の関係がある場合の判断類型」のほか，審査ハンドブックの附属書A「特許・実用新案事例集」の2「発明の単一性（特許法第37条）」等も参考にすることができます。

3 設問(2)について

(1) 「除くクレーム」とする補正の意義

特許出願する場合，その出願前に先行技術調査を行い，近接する従来技術との重複を回避した特許請求の範囲を記載するのが基本です。しかし，先行技術調査が不十分であったために特許請求の範囲に記載された発明と先行技術とが重複してしまった場合，十分な先行技術調査を実施したが審査段階で予期しない先行技術（特に特許法39条・29条の2における先願）との重複が見つかった場合等において，その先行技術との重複部分を回避するための補正が必要となります。その他にも，出願に係る発明が特許要件違反となる技術事項を包含していて，その技術事項を削除する必要がある場合にも補正が必要となります。

これらの場合の補正の方法としては，出願当初の明細書等に記載されている技術事項を追加することにより特許請求の範囲を限定する方法のほか，選択肢の一部を削除する方法等が一般的ですが，その他にも「除くクレーム」とする補正方法によって対応することも可能です。

「除くクレーム」とする補正の実務上の意義は，特に，(i)除く部分が出願当初の明細書等に記載されていなくても補正が認められること，(ii)当該重複部分のみを除くだけなので最大限の広さの特許請求の範囲を確保できること等が挙げられます。このため，「除くクレーム」とする補正は，実務上しばしば用いられています。

(2) 「除くクレーム」とする補正

前記(1)で触れましたように，「除くクレーム」とする補正は，補正の要件を満たせば認められますが，各種の補正の要件の中でも，特に新規事項の追加に

第4章◇特許出願・審査

該当するかどうか（特17条の2第3項）が実務上重要になります。

　(a)　**「除くクレーム」とする補正と新規事項の追加に関する考え方**

　現行の審査基準において「補正前の請求項に記載した事項の記載表現を残したままで，補正により当初明細書等に記載した事項を除外する『除くクレーム』は，除外した後の『除くクレーム』が<u>新たな技術的事項</u>を導入するものではない場合には許される。」とされています（同第Ⅳ部第2章3.3.1(4)）。

　ここに，前記の「新たな技術的事項」という表現は，「ソルダーレジスト」事件☆1の大合議判決を受けて審査基準で新たに採用された表現です。

　同事件では，特許後の訂正において，裁判所は「除くクレーム」とすることが新規事項の追加に該当するか否かついて争われましたが，「例えば，特許請求の範囲の減縮を目的として，特許請求の範囲に限定を付加する訂正を行う場合において，付加される訂正事項が当該明細書又は図面に明示的に記載されている場合や，その記載から自明である事項である場合には，そのような訂正は，特段の事情のない限り，新たな技術的事項を導入しないものである」と判示したうえで，本件訂正は新たな技術的事項を導入するものではないから新規事項の追加に当たらないとの結論が示されています。

　そこで，審査基準においても，①当初明細書等に明示的に記載された事項にする補正，②当初明細書等の記載から自明な事項にする補正は，新たな技術的事項を導入しない補正（すなわち，新規事項の追加に該当しない補正）というかたちで表記されるに至っています（同第Ⅳ部第2章3）。

　さらに，審査基準における「除くクレーム」の解説部分においても，下記(i)，(ii)に該当するような場合は，従前は「例外的に」当初明細書等に記載した事項の範囲内でするものと取り扱うと記述されていましたが，現行の審査基準では，同判決を受けて「例外的に」という表現を用いないかたちで解説されています（同第Ⅳ部第2章3.3.1(4)）。

　(i)　請求項に係る発明が引用発明と重なるために新規性等（特29条1項3号・29条の2又は39条）が否定されるおそれがある場合に，その重なりのみを除く補正

　(ii)　請求項に係る発明が，「ヒト」を包含しているために，特許法29条1項柱書の要件を満たさない，又は特許法32条に規定する不特許事由に該当す

366

る場合において，「ヒト」のみを除く補正

(b) 「除くクレーム」とする補正に関する他の要件

「除くクレーム」とする補正を行う場合，上記(a)の点（新規事項の追加）のほかにも，通常の補正と同様の補正の要件が課される場合は，それらの要件を満たす必要があります。

したがって，補正する時期によっては（例えば最後の拒絶理由通知に対する応答時の補正など），「除くクレーム」とする補正は，特許法17条の2第3項（新規事項の追加に該当しないこと）の要件に加え，特許法17条の2第4項〜6項に規定する要件もすべて充足することが必要となります。

(3) 「除くクレーム」とする補正の実務上の留意点

「除くクレーム」とする補正を行う場合に実際に問題になりやすい点は，請求項に係る発明からいかなる技術事項が除かれるかという内容（除かれる内容）の問題です。一般に，除かれる内容は，対象となる先行技術に示されている表現を用いて特定することができますが，その表現自体が不明確であれば，その表現を用いた「除くクレーム」も不明確になる結果，記載不備（特36条違反）の問題が生じます。

これに関し，審査基準においても，例えば発明が不明確（特36条6項2号違反）になる場合の事例として「否定的表現（「〜を除く」，「〜でない」等）がある結果，発明の範囲が不明確となる場合」が掲げられており，その中では「否定的表現によって除かれるものが不明確な場合（例えば，「引用文献1に記載される発明を除く。」）は，その表現を含む請求項に係る発明の範囲は不明確となる。しかし，請求項に否定的表現があっても，その表現によって除かれる前の発明の範囲が明確であり，かつ，その表現によって除かれる部分の範囲が明確であれば，通常，その請求項に係る発明の範囲は明確である。」と解説されています（審査基準第II部第2章第3節「明確性要件」2.2(5)a）。

このように，先行技術の表現を利用して形式的に「除くクレーム」を起案したとしても，内容的に「除くクレーム」が不明確になれば，補正の要件を満たしているかどうかはさておき，記載要件違反になるおそれがあることに留意する必要があります。

これに関し，例えば，「研磨しうる弾性体」なる技術事項を除くクレームが

第4章◇特許出願・審査

発明不明確及びサポート要件違反と認定された事例[2]があります。本判決によれば，「本件補正後の請求項1の記載によれば，本願補正発明の『金属板又は合成樹脂板』及び『樹脂凸版を構成するその他の材料』は，そのうちから『研磨しうる弾性体』が除かれている。前記アのとおり，『一般的な固体の物質』は『研磨しうる弾性体』としての性質を有するから，『金属板又は合成樹脂板』及び『樹脂凸版を構成するその他の材料』から『研磨しうる弾性体』即ち『一般的な固体の物質』を除いた後に，どのような性質のものが残るかを想定することは困難である。したがって，本願補正発明の『金属板又は合成樹脂板』及び『樹脂凸版を構成するその他の材料』の意味は明確でない。そして，前記ア(ア)のとおり，『研磨しうる弾性体』について，本件補正後の請求項1，本願補正明細書に定義や説明の記載はないし，『研磨しうる弾性体』でない『金属板又は合成樹脂板』及び『樹脂凸版を構成するその他の材料』のいずれについても，本件補正後の請求項1，本願補正明細書に定義や説明の記載はない。」と判示されています。

　また例えば，特定の組成及び用法を含む経皮吸収製剤に係る「除くクレーム」が不明確であると認定された事例[3]があります。この事例では，「ただし，目的物質が医療用針内に設けられたチャンバに封止されるか，あるいは縦孔に収容されることによって基剤に保持されている経皮吸収製剤，及び経皮吸収製剤を収納可能な貫通孔を有する経皮吸収製剤保持用具の貫通孔の中に収納され，該貫通孔に沿って移動可能に保持された状態から押出されることにより皮膚に挿入される経皮吸収製剤を除く」と規定した発明が技術的に明確とはいえないとして，そのような除くクレームとする訂正は，特許請求の範囲の減縮を目的とするものとは認められないと判断されています。

　このように，除く内容（表現）が形式的に先行技術に記載されたものであったとしても，その内容が実体的に明確になっていなければ，その表現を引用した結果として「除くクレーム」の内容も不明確になることになりますので，「除くクレーム」のドラフトに際しては，除く内容そのものの技術内容についても慎重に検討することが必要といえます。

〔藤井　　淳〕

Q46◆シフト補正等

━━ ■判　例■ ━━━━━━━━━━━━━━━━━━━━━━━━

☆1　知財高判平20・5・30（平18（行ケ）10563号）裁判所ホームページ〔ソルダー
　　レジスト事件〕。

☆2　知財高判平21・12・10（平21（行ケ）10272号）裁判所ホームページ。

☆3　知財高判平27・3・11（平26（行ケ）10204号）裁判所ホームページ。

第 4 章◇特許出願・審査

 特殊な出願

(1) 分割出願あるいは出願変更の手続と効力について教えてください。明細書作成上の注意点は補正の場合と違いがありますか。
(2) 分割出願違反を認めた裁判例を紹介してください。

(1) 分割出願は，2以上の発明を包含する特許出願（以下「原出願」といいます）の一部を新たな特許出願とする手続です。出願変更は，特許出願，実用新案登録出願又は意匠登録出願（以下これらを「原出願」といいます）のいずれかの出願形式で出願した後，実体的な内容を変えることなく，その出願形式を別の出願形式に変更する手続です。分割出願及び出願変更のいずれも，適法になされた場合は，その出願日は原出願の日まで遡及するという効果が得られます。
(2) 適法な分割出願として認められるためには分割の要件を満たす必要がありますが，それを満たしていない分割出願は，出願日の遡及効が認められない等の取扱いがなされます。これらの取扱いの是非について，実際に裁判所で争われたケースもいくつかあります。

☑キーワード

原出願，出願日の遡及効，新規事項の追加，直前明細書

Q47◆特殊な出願

解　説

1　設問(1)について

(1)　手続の内容とその効力

(a)　**分割出願**

　分割出願は，実務的には，例えば①発明の単一性を満たさない場合に各発明について権利化を行う必要がある場合，②審査段階で拒絶理由のない請求項と拒絶理由のある請求項が生じた時に，前者のみで早期権利化を図るために，後者を分割出願することで別途に審査を受ける場合，③最後の拒絶理由通知に対する応答時等において，発明の詳細な説明又は図面のみに記載されている発明を権利化する場合等に利用される手続です。

　(ア)　分割の要件　　適法な分割出願と認められるためには，以下の3つの要件をすべて満たす必要があります。

　　(i)　主体的要件　　特許出願の分割をすることができる者は，原出願の出願人であることが必要です（特44条1項）。すなわち，原出願の出願人と分割出願の出願人とは，特許出願の分割時において一致していることが必要です。

　　(ii)　時期的要件　　以下に示すいずれかの時期に分割出願することができます。

　　①　明細書，特許請求の範囲又は図面（以下「明細書等」という）について補正をすることができる時期（特44条1項1号）

　　②　特許査定の謄本送達日から30日以内（同項2号）

　　③　最初の拒絶査定の謄本送達日から3ヵ月以内（同項3号）

　　(iii)　内容的要件　　以下の要件1～要件3をすべて満たすことが必要となります。

　　①（要件1）　原出願の分割直前の明細書等に記載された発明の全部が分割出願の請求項に係る発明とされたものでないこと

　　②（要件2）　分割出願の明細書等に記載された事項が，原出願の出願当

371

第4章◇特許出願・審査

初の明細書等に記載された事項の範囲内であること

③（要件3） 分割出願の明細書等に記載された事項が，原出願の分割直前の明細書等に記載された事項の範囲内であること

ただし，原出願の明細書等について補正をすることができる時期に分割出願された場合は，（要件2）が満たされれば，（要件3）も満たされるものとして取り扱われます。これは，原出願の分割直前の明細書等に記載されていない事項であっても，原出願の出願当初の明細書等に記載されていた事項については，補正をすれば，原出願の明細書等に記載した上で特許出願の分割をすることができるからです。

これらの要件のうち，実務的に最も問題となりやすい要件が（要件2）となります。つまり，分割出願の明細書等に記載された事項が，原出願の<u>出願当初</u>の明細書等に記載された事項の範囲内とすることが重要であります。

ここに，出願当初の明細書等に記載された事項の範囲内であるか否かは，補正の新規事項の追加に関する基準が適用されます（審査基準第Ⅳ部第2章5.参照）。すなわち，分割出願の明細書等が「原出願の出願当初の明細書等」に対する補正後の明細書等であると仮定した場合に，その補正が「原出願の出願当初の明細書等」との関係において，新規事項を追加する補正であるか否かという基準で判断されることになります。

(iv) その他（手続的要件） 特許法施行規則23条4項様式第27に従って，願書に特記事項を設け，原出願の出願日及び出願番号を特定したうえで出願手続を行います。

また，原出願について提出された書面又は書類であって，分割出願について新規性喪失の例外（特30条3項），国内優先権主張（特41条4項），パリ優先権主張（特43条1項及び2項）の規定により提出しなければならないものは，分割出願と同時に特許庁長官に提出されたものとみなされます（特44条4項）。したがって，これらの書面又は書類は，分割出願の際には提出を省略することができます。

(イ) 分割の効力 分割の要件を満たす手続を行うことによって，その分割出願は，原特許出願の時にしたものとみなすという効力を得ることができます（特44条2項）。すなわち，分割出願の出願日が原出願の出願日まで遡及すると

Q47◆特殊な出願

いう効力を得ることができます。

　これに対し，上記「(i)主体的要件」又は「(ii)時期的要件」を満たさない分割出願は，却下の対象（特18条の2）となります（方式審査便覧15.20「不適法な出願書類等に係る手続の却下の取扱い」参照）。

　また，上記「(iii)内容的要件」を満たさない場合は，出願日は実際の分割出願の日となり，原出願の出願日までの遡及効果は認められません。すなわち，出願日の遡及効が得られなくなります。このため，分割出願の出願日が遡及できなくなる結果，原出願の出願公開よりも後の出願日となる場合は，原出願が出願公開された事実をもって分割出願に係る発明の新規性又は進歩性が否定される可能性が高くなります。

(b)　出願変更

　出願変更は，例えば，①出願形式（特許出願，実用新案登録出願又は意匠登録出願）の選択を誤った場合，②もとの出願を出願した後に事業計画を変更した等の理由により，出願後に他のより有利な出願形式で権利化を望む場合等に利用される手続です。

　なお，出願変更は上記のとおり，特許出願，実用新案登録出願又は意匠登録出願の相互間で認められており，変更後の出願形式が特許出願である場合は特許法46条，変更後の出願形式が実用新案登録出願である場合は実用新案法10条，変更後の出願形式が意匠登録出願である場合は意匠法13条にそれぞれ規定されています。本項では，特許法46条（変更後の出願形式が特許出願である場合）を中心に説明します。

　(ア)　出願変更の要件　　出願変更は，変更の要件を満たす手続を行うことによって，その変更後の出願は，もとの特許出願の時にしたものとみなすという効力を得ることができます（特46条4項）。変更の要件としては，以下の3つの要件をすべて満たす必要があります。

　（i）　主体的要件　　出願の変更をすることができる者は，その出願の出願人です（特46条1項）。すなわち，原出願の出願人と変更出願の出願人とは，出願の変更時において一致していることが必要です。

　（ii）　時期的要件　　時期的要件としては，実用新案登録出願から特許出願に変更する場合は，以下の①～②の時期を除くほかは，出願変更することがで

373

第 4 章◇特許出願・審査

きます。

　①　実用新案権の設定登録後

　②　実用新案登録出願の日から 3 年を経過した後

　また，意匠登録出願から特許出願に変更する場合は，以下の①〜③の時期を除くほかは，出願変更することができます。

　①　意匠権の設定登録後

　②　意匠登録出願の最初の拒絶査定の謄本送達日から 3 ヵ月を経過した後

　③　意匠登録出願の日から 3 年を経過した後（最初の拒絶査定の謄本送達日から 3 ヵ月以内の期間を除く）

　(iii)　内容的要件　　実用新案登録出願から特許出願への変更は，以下の（要件 1）が満たされる必要があります。また，変更出願が原出願の時にしたものとみなされるという出願の変更の効果を考慮すると，以下の（要件 2）も満たされる必要があります。

　①（要件 1）　変更出願の明細書，特許請求の範囲又は図面に記載した事項が，変更直前の原出願の明細書，実用新案登録請求の範囲又は図面（以下「明細書等」という。）に記載した事項の範囲内であること

　②（要件 2）　変更出願の明細書，特許請求の範囲又は図面に記載した事項が，原出願の出願当初の明細書等に記載した事項の範囲内であること

　また，意匠登録出願から特許出願に変更する場合は，前記（要件 1）及び（要件 2）において，「明細書，実用新案登録請求の範囲又は図面」を「願書の記載又は願書に添付した図面等」と読み替えて適用されることになります（審査基準第Ⅵ部第 2 章5.参照）。

　(iv)　その他（手続的要件）　　特許法施行規則23条 4 項様式第28に従って，願書に特記事項を設け，原出願の出願日及び出願番号を特定したうえで出願手続を行います。

　また，原出願について提出された書面又は書類であって，変更出願において提出しなければならないものは，分割出願の場合と同様，変更出願と同時に特許庁長官に提出されたものとみなされます（特46条 4 項）。

(c)　出願変更の効力

　出願変更の要件を満たす手続を行うことによって，その変更出願は，原出願

の時にしたものとみなされるとともに，原出願は取り下げられたものとみなされます（特46条4項）。

これに対し，上記(i)「主体的要件」又は(ii)「時期的要件」を満たさない変更出願は，却下の対象（特18条の2）となります（方式審査便覧15.20「不適法な出願書類等に係る手続の却下の取扱い」参照）。

また，上記(iii)内容的要件を満たさない場合は，出願日は実際の変更出願の日となり，原出願の出願日までの遡及効果は認められません。すなわち，出願日の遡及効が得られなくなりますが，出願自体は有効なものとして扱われます。ただし，遡及効が得られなくなる結果，原出願の出願公開よりも後の出願日となる場合は，その出願公開の事実をもって新規性又は進歩性が否定される可能性が高くなります。

(2) 明細書作成上の注意点

(a) 分割出願

上記で示した各分割要件を満たすように明細書等を作成することが必要となります。

形式的な注意点としては，分割出願の時期が補正できる期間内である場合は，原出願の出願当初の明細書等の範囲内で分割出願の明細書等を作成できるのに対し，分割出願の時期が補正できない期間内である場合（例えば，特許査定後の分割出願）は，原出願の明細書等ではなく，分割出願する直前の原出願の明細書等（いわゆる直前明細書）の範囲内で明細書等を作成する必要があります。したがって，原出願において特定の技術事項が削除されているような場合は，その技術事項が削除された後の明細書等が直前明細書となりますので，その範囲内で分割出願の明細書等を作成することが必要です。

実体的な注意点としては，特に原出願の出願当初の明細書等に記載された範囲内で分割出願の明細書等を作成することが重要です。後記に示す裁判例のように，例えば，①原出願に係る発明の必須要件を削除した発明（必須要件を任意要件化した発明），②原出願に係る発明の必須要件を上位概念化した発明等を分割出願とした場合には，新規事項の追加に該当し，よって分割要件違反とされるおそれが高くなります。

このため，特に以下の点に留意する必要があります。

第 4 章◇特許出願・審査

(ア) 原出願の明細書等の作成段階　　前記のように，分割出願で新規事項を導入するものと認定された背景には，不十分な先行技術調査が起因して最大限の特許請求の範囲を確保しないまま原出願がなされたことが考えられます。このため，理想的には原出願の出願前に入念に先行技術調査を実施したうえで最大限の発明範囲を確保した明細書等を作成することが重要といえます。また，実務上は先行技術調査に限界があるのも事実ですので，それを考慮して明細書等を限定的に解釈されないような表現で作成する工夫も必要です。

(イ) 分割出願の明細書等の作成段階　　原出願に係る発明が必須としている技術内容（特に課題との関係で必須となっている発明特定事項）から逸脱しないような特許請求の範囲の起案等が重要になります。特に，必須要件の任意要件化又は上位概念化をした請求項は，新規事項の追加に該当するものと認定される傾向にあることを踏まえたうえで，慎重に各請求項をドラフトすることが必要です。

(b)　**出願変更**

　分割出願の場合と同様，特に，原出願の明細書等に記載された事項の範囲内で出願変更に係る明細書等を作成することが必要となります。

　特許出願と実用新案登録出願の相互間での変更は，出願書類が共通していますので，原出願の明細書等を援用することが可能です。

　これに対し，意匠登録出願から特許出願に変更する場合，原出願となる意匠登録出願では「願書の記載又は願書に添付した図面等」が基礎となりますが，文章による説明（情報量）が限られているため，それに基づいて明細書を作成する場合は，新規事項の追加に該当するおそれが高くなるため，細心の注意を払う必要があるといえます。これに関し，意匠登録出願から実用新案登録出願に変更したところ，変更の要件を満たしていないために出願日の遡及効が得られなかった事案[1]においても，「意匠登録を受けようとする意匠を記載した図面等においては，その性質上物品の形状，構造又はその組合せの記載は限定的とならざるを得ないから，変更後の実用新案登録出願に記載された考案が容易に意匠登録出願に記載されていると認められないことになる（いわゆる動的意匠出願の場合には，意匠法 6 条 5 項（現：4 項）により当該意匠に係る物品の機能の説明が書面に記載されるから，他の意匠出願に比べ，技術的思想の創作と認められる可能性は相対的

376

に高くなる。）が，意匠登録出願に係る物品が技術的思想の創作といえるのは，その図面等に具体的に特定された物品の形状，構造又はその組合せから技術的思想の創作が明らかに認識できるからであり，変更出願に当たり実用新案登録出願の明細書に記載することを要する事項について，意匠登録出願に添付された図面等から認識できる程度，内容を超えて，実用新案法5条2項3項の規定（平成2年法律第30号による改正前の規定）が定める考案の目的・構成・効果の記載を許容するとすれば，出願人に不当な利益を与えることになり，実用新案法7条に規定するいわゆる先願主義の趣旨に反する結果を将来するおそれがあることは明らかである。そうすると，実用新案登録出願の明細書に記載すべき実用新案登録請求の範囲，当該考案の目的・構成・効果の内容も当業者において意匠登録出願に添付された図面等から認識できる程度，内容のものでことを要するというべきである。」と判示されています。

また，特許出願から実用新案登録出願（実10条）又は意匠登録出願（意13条）に変更する場合は，各法の保護対象にも留意する必要があります。実用新案法では物品の形状等が保護対象であり（実1条），また意匠法では物品の外観が保護対象ですので（意2条1項），例えば原出願である特許出願に記載の方法の発明，組成物の発明等は，保護対象外になりますので，実用新案登録出願又は意匠登録出願に変更することはできません。

2 設問(2)について

分割出願違反を認めた裁判例としては，例えば，(i)原出願に係る発明の発明特定事項（必須要件）を任意要件化又は上位概念化したことで分割要件違反とされた事例，(ii)原出願で比較例又は従来技術として記載された技術事項を本発明の発明特定事項として導入することで分割要件違反とされた事例，(iii)時期的要件違反とされた事例等に大きく分類することができます。

上記(i)としては，例えば「シリカ系被膜形成用組成物」事件[2]，「細断機」事件[3]，「フルオロエーテル組成物」事件[4]，「酵素によるエステル化方法」事件[5]，「発光ダイオード」事件[6]，「レンズ駆動装置」事件[7]，「接触端子」事件[8]，「揺動型遊星歯車装置」事件[9]，「ピタバスタチンカルシウムの

第4章◇特許出願・審査

新規な結晶質形態」事件[10]等があります。

　前出「シリカ系被膜形成用組成物」事件では，原出願が(a)成分，(b)成分及び(c)成分の3成分を必須とする発明に対して分割出願は(a)成分及び(b)成分の2成分のみを必須とする点につき，「そうすると，(c)成分は，耐熱性，機械特性等のほか，更なる低比誘電率と熱処理工程の短縮という，上記発明が解決しようとする課題との関係で，重要な役割を果たすものとされていることは明らかである。そして，(c)成分を含まない組成物が，上記課題を解決するに足る充分な性能を有するものであることは，原出願当初明細書等を精査しても，これを把握することはできない。したがって，原出願当初明細書等には，本願発明1のうち，(a)成分，(b)成分及び(c)成分を含有する態様（前記(1)ア記載の態様②）は記載されているが，本願発明1のうち，(a)成分及び(b)成分を含有し，(c)成分を含有しない態様（前記(1)ア記載の態様①）が記載されているということはできない。」と判示し，(c)成分を必須としない態様を包含する分割出願の適法性を否定しています。このように，原出願の必須要件を任意要件化した発明については，原出願の課題解決手段とは理解できず，よってそのような発明を包含する分割出願は分割要件に違反するという判断がなされます。

　上記(ii)としては，例えば「アンモニア冷凍装置」事件[11]，「開き戸の地震時ロック方法」事件[12]等があります。前出「アンモニア冷凍装置」事件では，原出願の比較例を包含する技術事項を分割出願に係る発明としている点について，「しかしながら，比較例7及び8の化合物に対しては，原明細書において『冷凍サイクルに使用できないものである』という否定的な評価が明確に与えられているのであり（原明細書15頁3行），このようなものを取り上げて，逆に，実施例としての位置付けを与えることは，原明細書に接したその発明の属する技術分野における通常の技術的知識を有する者の理解の範囲を超えるものであるといわざるを得ない。したがって，かかる比較例7及び8が原明細書に記載されていたことは，原明細書において本件化合物を用いた冷凍装置が『その発明の属する技術分野における通常の技術的知識を有する者においてこれを正確に理解し，かつ，容易に実施できる程度に記載されている』ことを根拠付けるものでないことは明らかである。」と判示し，たとえ原出願の明細書等に記載されている事項であっても，原出願における課題を解決できない技術事項を含

378

めることは分割要件に違反することになると認定しています。

　なお，この「アンモニア冷凍装置」事件では，上記認定の前提として最高裁判決☆13の判示「特許法44条1項に基づいてもとの出願から分割して新たな出願とすることのできる発明は，もとの出願の願書に添付した明細書の特許請求の範囲に記載されていたものに限られず，その要旨とする技術的事項のすべてが，その発明の属する技術分野における通常の技術的知識を有する者がこれを正確に理解し，かつ，容易に実施できる程度に記載されている場合には，同明細書の発明の詳細な説明ないし図面に記載されているものであっても差し支えない（最高裁昭和56年3月13日第二小法廷判決・裁判集民事132号225頁参照）から，本件の争点は，本件化合物を潤滑油として用いる冷凍装置の発明が上記の程度に原明細書に記載されていたといえるか否かであると解される。」を引用し，分割出願に係る発明は「その要旨とする技術的事項のすべてが，その発明の属する技術分野における通常の技術的知識を有する者がこれを正確に理解し，かつ，容易に実施できる程度に記載されている」ことが分割要件の判断基準として位置付けられています。

　このように，たとえ原出願の明細書等に形式的に記載されている事項であっても，原出願に係る発明の範囲外となるような事項を含めることは，分割要件違反になるおそれが高くなるといえます。

　上記㈢の事例としては，特願2006-119595号特許出願却下処分取消請求事件☆14，特願2011-27458号特許分割出願却下処分取消請求控訴事件☆15等があります。

〔藤井　　淳〕

■判　例■

☆1　東京高判平10・1・20（平6（行ケ）153号）裁判所ホームページ。
☆2　知財高判平19・7・25（平18（行ケ）10247号）裁判所ホームページ〔シリカ系被膜形成用組成物事件〕。
☆3　知財高判平21・10・2（平21（行ケ）10049号）裁判所ホームページ〔細断機事件〕。
☆4　知財高判平22・1・9（平20（行ケ）10276号）裁判所ホームページ〔フルオロエーテル組成物事件〕。

第4章◇特許出願・審査

☆5　知財高判平22・4・14（平21（行ケ）10065号）裁判所ホームページ〔酵素による
　　エステル化方法事件〕。

☆6　知財高判平24・9・27（平23（行ケ）10391号）裁判所ホームページ〔発光ダイ
　　オード事件〕。

☆7　知財高判平26・2・26（平25（行ケ）10070号）裁判所ホームページ〔レンズ駆
　　動装置事件〕。

☆8　知財高判平29・4・18（平28（行ケ）10212号）裁判所ホームページ〔接触端子
　　事件〕。

☆9　知財高判平29・5・10（平28（行ケ）10114号）裁判所ホームページ〔揺動型遊
　　星歯車装置事件〕。

☆10　知財高判平30・1・15（平28（行ケ）10278号）裁判所ホームページ〔ピタバス
　　タチンカルシウムの新規な結晶質形態事件〕。

☆11　東京高判平17・3・9（平16（行ケ）5号）裁判所ホームページ〔アンモニア冷
　　凍装置事件〕。

☆12　知財高判平21・12・10（平21（行ケ）10272号）裁判所ホームページ〔開き戸の
　　地震時ロック方法事件〕。

☆13　最判昭56・3・13（昭53（行ツ）140号）裁判所ホームページ〔アンモニア冷凍
　　装置事件〕。

☆14　東京地判平21・4・28（平20（行ウ）696号）裁判所ホームページ〔特許出願却
　　下処分取消請求事件〕。

☆15　知財高判平25・9・10（平25（行コ）10001号）裁判所ホームページ〔特許分割
　　出願却下処分取消請求控訴事件〕。

第 5 章

審判・判定

異　　議

(1) 異議の制度が復活したと聞きましたが，どういうことでしょうか。無効審判とどこが異なるのでしょうか。異議手続のメリットは何でしょうか。
(2) 異議手続の結果についての不服申立ての手続は，どうなるのでしょうか。

(1) 平成27年4月に特許異議申立制度が開始されました。特許異議申立制度は，特許付与後の一定期間（特許掲載公報発行の日から6月以内）に限り，広く第三者に特許の見直しを求める機会を付与し，申立てがあったときは，特許庁自らが当該特許処分の適否について審理し，当該特許に瑕疵があるときは，その是正を図ることにより，特許権の早期安定化を図る制度です。特許無効審判制度との相違点は，特許権が消滅した後の請求の可否，申立人の意見陳述（口頭審理）の機会の有無，特許庁での面接対応等があります。異議手続のメリットの1つは，利用しやすさ（申立人について利害関係の要否，特許庁費用）といえます。
(2) 異議手続においては，特許権が取り消された場合のみ，特許権者が特許庁長官を被告として知財高裁に取消訴訟を提起できます。無効審判が，成否にかかわらず（一部）敗訴当事者が相手当事者を被告として知財高裁に取消訴訟を提起できる制度であるのと対照的に，異議は，訂正請求あり又はなしの維持決定に対し申立人が不服を申し立てる途がなく，申立人は無効審判を提起するほかありません。

第5章◇審判・判定

☑ キーワード

異議，無効審判，参加，利害関係，統計

解　説

1　設問(1)について

(1)　統　　計

平成27年4月に特許異議申立制度が復活し，開始されました。特許異議の申立ての件数は，特許庁発表による統計によれば，平成29年12月末時点で累計2,828件となり，そのうち1,927件（約68.1％）が最終処分に至っています（対象特許権の数）。

最終処分のうち，取消決定は9.5％（＝183/1927），訂正請求ありの維持決定は45.6％（＝879/1927），訂正請求なしの維持決定は43.2％（＝833/1927）となっています。実務家の間では，特許異議は取消率が低いという声もありますが，訂正請求なしで維持される事案は半分以下です。

もっとも，特許無効審判と比較すると，同時期の平成27年〜平成29年の請求成立率が約30％（＝131/430）であることから（審決／決定の予告制度が存在することも同じ条件です），特許異議申立ては，無効審判請求よりも認められ難いという傾向はありそうです。この点は，当事者主義をとる無効審判のほうが請求人に主張・立証の機会が多く，リソースも多く投入することも理由の1つではないかと思われます。それにもかかわらず，特許異議申立ての件数が無効審判請求と較べて約5倍であることは，特許庁費用及び対応コストが安価な制度として特許異議申立制度が認知されているためと考えられ，復活した意義はあったといえそうです。

(2)　無効審判との相違点（制度趣旨，手続）

特許異議申立制度は，特許付与後の一定期間（特許掲載公報発行の日から6月以内）に限り，広く第三者に特許の見直しを求める機会を付与し，申立てがあっ

たときは，特許庁自らが当該特許処分の適否について審理し，当該特許に瑕疵があるときは，その是正を図ることにより，特許権の早期安定化を図る制度です（特113条）。この点，特許無効審判制度が，特許の有効性に関する当事者間の紛争解決を図ることを制度趣旨としていることと対照的です。それ故，特許権が消滅した後は，特許異議は申し立てできませんが，無効審判は特許権消滅後でも請求できます。

　また，異議は査定系手続（原則として，特許庁と特許権者との間で進められる）であり，書面審理とされているため申立人に意見陳述の機会は原則としてありません（訂正請求があった場合には意見書提出の機会があります）。無効審判が当事者系手続（審判請求人と特許権者との間で進められる）であり，口頭審理が行われることが多いことと対照的です。このため，異議よりも無効審判のほうが請求人に主張・立証の機会が多く，リソースも多く投入できるため，当事者間で紛争が顕在化しているときは，無効審判が選択されることも実務上多くみられます。

　他方，異議の利点は利用しやすさです。すなわち，異議は何人も申し立てることができるため，ダミーを立てて申し立てることが可能です。他方，無効審判は，「利害関係人」でなければ請求できなくなったため（平成26年特許法改正），真の請求人が誰であるかを隠すことができなくなりました。この「利害関係人」要件の該否について，知財高判平29・10・23〔パンツ型使い捨ておむつ事件〕[1]は，「原告は，製造委託等の方法により，原告発明の実施を計画しているものであって，その事業化に向けて特許出願（出願審査の請求を含む。）をしたり，試作品（サンプル）を製作したり，インターネットを通じて業者と接触をするなど計画の実現に向けた行為を行っているものであると認められるところ，原告発明の実施に当たって本件特許との抵触があり得るというのであるから，本件特許の無効を求めることについて十分な利害関係を有するものというべきである。」と判示して，個人の無効審判請求人が「利害関係人」に当たらないとして却下した審決を取り消しました。同判決の認定に照らしても，一定程度の「利害関係」を立証する必要があります。

　なお，異議理由は，①公益的事由（新規性，進歩性，明細書の記載不備等）に限定されているため，②権利帰属に関する事由（冒認出願，共同出願違反）や，③特許後の後発的事由（権利享有違反，条約違反）を理由とする場合は無効審判を請求

第 5 章◇審判・判定

する必要があります。

　特許庁費用の面においても，特許異議申立ては「16,500＋（申し立てた請求
項の数×2,400)」円であり，無効審判請求は「49,500＋（請求した請求項の数
×5,500)」円であるため，特許異議申立てのほうが安く設定されています。

　最後に，面接についても，異議申立人と特許権者とで対応が異なります。ま
ず，異議は査定系手続であるため，審査や拒絶査定不服審判と同様に，特許権
者は審理期間中少なくとも一度は面接する機会が与えられ，異議申立人は同席
できません。他方，異議申立人には原則として面接の機会が与えられず，合議
体が技術説明の必要があると判断したときに限り面接が行われることがあるに
とどまります。このような特許権者及び異議申立人に対する扱いの差異は，電
話・ファクシミリ等による応対についても同様です。このような実務上の原則
を踏まえて，特許権者は積極的に面接を要請するべきである場合が多く，他
方，異議申立人としては，積極的に技術説明の必要性を訴えるという方針が考
えられます。

（3）　無効審判との共通点

　(a)　特許異議申立ても，無効審判請求も，請求項ごとに可能です。これに対
する合議体の判断も請求項ごとになされ，知財高裁への不服申立ても請求項ご
とに行います。決定／審決の確定単位も請求項ごとです。

　特許異議手続における訂正請求の確定については，請求項ごとに特許異議の
申立てがなされた場合であって，一群の請求項ごとに訂正の請求がなされたと
きの決定については，当該一群の請求項ごとに確定し，請求項ごとに訂正の請
求がなされたときの決定については，当該請求項ごとに確定します（特120条の
7）。この点は，無効審判手続における訂正請求の確定についても同様です（特
167条の2）。訂正審判請求においても同様ですが，一群の請求項ごとに確定す
るという制約を考慮すると，従属項を独立項形式に訂正して従属関係を解消
し，一群の請求項でない関係にする訂正請求も一考の価値があり，実務上行わ
れています。

　(b)　特許異議が申し立てられ，合議体が取消理由があると考えた場合は，取
消理由通知が発せられ，これに対する特許権者からの意見書，訂正請求を踏ま
えても（訂正請求があった場合は特許異議申立人の意見書も踏まえても）なお取消理由

が解消しない場合には，合議体は「決定の予告」を出します。この「予告」制度は，無効審判においても「審決の予告」が出される点で同様です。

この「予告」に対しては，特許権者は意見書の提出とともに，訂正請求を行うことができます。

ここで，特許異議申立ても，無効審判請求も，異議／無効審判の対象とされた請求項については，訂正要件は次の①，②，③です。

---

① 訂正の目的（特120条の5第2項）
 a. 特許請求の範囲の減縮
 b. 誤記又は誤訳の訂正
 c. 明瞭でない記載の釈明
 d. 請求項間の引用関係の解消
② 新規事項追加の禁止（特120条の5第9項で準用する特126条5項）
③ 特許請求の範囲の実質拡張・変更禁止（特120条の5第9項で準用する特126条6項）

他方，異議／無効審判の対象とされていない請求項について訂正請求する場合は，訂正要件として①，②，③に加えて，④独立特許要件（特120の5第9項で準用する特126条7項）も必要となります。

（c） 特許異議の決定も，無効審判の審決も，（請求項ごとに）取消決定／無効審決が確定したときは，当該請求項に係る特許権は初めから存在しなかったものとみなされます（特114条3項・185条）。

これに対し，維持決定／不成立審決が確定したときの効力について，どちらも対世効（第三者効）がないという限りでは同じです。

無効審判の審決について一事不再理効を規定する特許法167条は，平成23年改正前は「何人も……同一の事実及び同一の証拠に基づいてその審判を請求することができない。」と規定していましたが，同改正後は「……当事者及び参加人は，同一の事実及び同一の証拠に基づいてその審判を請求することができない。」と規定され，特許無効審判の確定審決の効力が「当事者及び参加人」にのみ及ぶことになりましたので，第三者は，同一の事実及び同一の証拠に基づいて無効審判を請求することは妨げられません。

なお，特許異議については，そもそも維持決定に一事不再理は働きませんの

第5章◇審判・判定

で，異議申立人が，維持決定を受けて無効審判を請求することも妨げられません。

（d）　特許権についての権利を有する者（例えば，専用実施権者・通常実施権者），その他特許権に関して利害関係を有する者は，特許権者を補助するために，特許異議の申立てについての決定があるまでの期間，その審理に参加することができます（特119条1項）。

補助参加人は，特許権者を補助するため，攻撃防御の方法の提出，その他一切の特許異議の申立てに係る手続をすることができます（特119条2項・148条4項）。

2　設問(2)について

異議手続においては，特許権が取り消された場合のみ，特許権者が特許庁長官を被告として知財高裁に取消訴訟を提起できます。この点は，無効審判が，成否にかかわらず（一部）敗訴当事者が相手当事者を被告として知財高裁に取消訴訟を提起できることと対照的です。すなわち，異議は，訂正請求あり又はなしの維持決定に対し申立人が不服を申し立てる途がなく，申立人は無効審判を提起するほかありません。

異議の結果についての知財高裁への不服申立てを申立人から見ると，別の問題が見えてきます。特許庁は職権で証拠収集・判断を行いますが（職権主義），裁判所は当事者の主張・立証の範囲で判断しますから（弁論主義），特許要件の欠如を主張する者が主張・立証を尽くす必要があります。しかしながら，申立人の主張が認められて取消決定が出されたケースにおいて特許権者が審決取消訴訟を提起した場合，知財高裁における被告は特許庁長官であり，指定代理人である審判官3名が出廷することになります。この段階で，ある無効理由（例えば，文献Aに基づく拡大先願（特29条の2）違反）について指定代理人が主張し得る事項を主張せずに無効理由なしと判断されると，当該無効理由が成り立たない旨の判決が出てしまいます。

例えば，知財高判平29・11・29〔「ポリアリーレンスルフィド樹脂組成物」異議取消決定取消事件〕☆2は，拡大先願（特29条の2）違反において「同一」と「実質同

388

図表1　特許異議申立制度の手続フロー

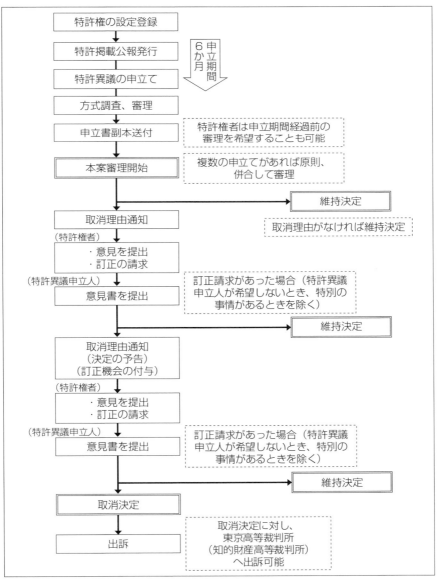

（資料出所）特許庁ホームページ

第 5 章◇審判・判定

一」とは異なる論点であることを確認する文脈において、「一致点・相違点の認定（相違点 1）は、……当事者間に争いはない。そこで、相違点 1 に係る構成、すなわち、PAS樹脂に対し0.01～1,200ppmの範囲となる割合でヨウ素原子を含有することが実質的な相違点ではなく、先願明細書発明Bに記載されているに等しい事項であるといえるか否か（発明の同一性）について検討する。なお、被告は、決定は相違点 1 について周知慣用技術の付加、転換、削除（いわゆる実質同一）に相当すると判断したものではない……としているから、この点は判断の対象にならない。……」と判示しており、指定代理人が「実質同一」を主張せず「同一」のみを主張したため、弁論主義に基づいて「実質同一」については判断されませんでした。もちろん、当該事案においては「実質同一」が成り立たないと考えた上での主張方針であると思われますが、異議申立人と見解が異なることは十分にあり得るところです。

　上述のとおり、取消決定が取り消され、差戻し後に維持決定が出されても（無効とは異なり）一事不再理効はありませんが、当該論点について判断した判決の事実上の影響は否定できませんから、重要案件において取消決定が出され、特許権者が知財高裁に出訴した場合には、異議申立人としては、知財高裁において利害関係人として補助参加することができます☆3。

〔外村　玲子〕

──── ■判　例■ ────

☆ 1　知財高判平29・10・23（平28（行ケ）10185号）裁判所ホームページ〔パンツ型使い捨ておむつ事件〕。

☆ 2　知財高判平29・11・29（平28（行ケ）10225号）裁判所ホームページ〔「ポリアリーレンスルフィド樹脂組成物」特許取消決定取消請求事件〕。

☆ 3　知財高判平30・10・17（平29（行ケ）10232号）裁判所ホームページ〔いきなりステーキ事件〕。

49　審　判(1)──概要

(1) 審判請求の種類と手続について教えてください。
(2) 無効審判請求後に新たな無効理由を発見しましたが，どのように対処したらよいですか。
(3) 訂正請求において，特許請求の範囲はそのまま，明細書の発明の詳細な説明を一部削除した場合，特許権の効力に何か影響が及びますか。

(1) 特許に関する審判には，拒絶査定不服審判，訂正審判，無効審判，延長登録無効審判の4種類があります。いずれも，当事者が審判請求書を提出して審判請求をすることにより手続が開始され，合議体により審理がなされ，審決によって請求の成立・不成立の判断がなされます。
(2) 審判請求では，請求後に請求の趣旨・請求の理由について要旨を変更することは，原則として認められません。そのため，要旨の変更により審判請求書の補正が認められない場合には，新たな無効審判を別途請求することになります。
(3) 訂正請求において，特許請求の範囲はそのまま，明細書の発明の詳細な説明を一部削除した場合，訂正後の発明の要旨が縮小される場合があります。

☑キーワード

拒絶査定不服審判，訂正審判，無効審判，延長登録無効審判

第5章◇審判・判定

解　説

1　審判の種類

(1)　審判の意義

　特許法は，審査における処分や権利の有効性に関する争訟を扱う制度として，審判制度を設けています（特121条〜170条）。審判制度は，争訟について公正かつ的確な審理を行うために，特許庁長官が指定した合議体により，法令に定められた手続に従って審理が進められ，審決がなされるものです。

　審決の判断については，不服申立ての手段として，審決取消訴訟の制度が設けられています（特178条〜184条）。

(2)　審判の種類

　特許法では，①審査官が行った拒絶査定（特許出願に対する拒絶査定（特49条，存続期間延長登録出願に対する拒絶査定（特67条の3））に対する不服申立手段である拒絶査定不服審判（特121条），②特許権の有効性を利害関係人が争う特許無効審判（特123条），③特許権の存続期間の延長登録がなされた場合に，その有効性を利害関係人が争う延長登録無効審判（特125条の2），④特許登録後に，特許権者が願書に添付した明細書，特許請求の範囲又は図面の訂正を求める訂正審判（特126条），の4種類の審判が定められています。

　これらの審判は，請求人（利害関係人）と被請求人（特許権者）との二者対立構造のもとで審理がなされる「当事者系審判」と，審査官の査定に対し再審理を求める「査定系審判」とに大別されます。当事者系審判には，特許無効審判及び延長登録無効審判があり，拒絶査定不服審判は査定系審判に分類されます。訂正審判は，当事者系審判に分類されることも，査定系審判に分類されることもあり，また，いずれの類型にも属さないとされることもあります。

　実用新案法では，実用新案登録無効審判（実37条）のみが定められています。

392

2 審判の手続

(1) 審判請求

(a) 請求人

審判は，請求人が審判請求することによって手続が開始されます（特131条）。

審判請求の請求人適格について，拒絶査定不服審判は，拒絶査定を受けた者に限り請求することができます（特121条1項）。

他方，無効審判及び延長登録無効審判は，利害関係人に限り請求することができます（特123条2項・125条の2第2項）。無効審判の請求人適格については，平成26年改正法において異議申立制度が再導入されたことにより，利害関係人に限り請求人適格が認められるようになりました。冒認出願及び共同出願違反に対する無効審判については，当該特許にかかる発明について特許を受ける権利を有する者だけが請求することができます（特123条2項括弧書）。

特許権あるいは特許を受ける権利が共有の場合は，共有者の全員が共同して審判請求を行わなければなりません（特132条3項）。また，共有の特許権者に対し審判を請求する場合は，共有者の全員を被請求人として請求しなければなりません（特132条2項）。

(b) 審判請求の時期的制限

審判請求の期限については，拒絶査定不服審判は，拒絶査定の謄本の送達のあった日から3ヵ月以内に審判請求を行わなければなりません（特121条1項，なお，同条2項の例外あり）。

無効審判及び延長登録無効審判については，請求の時期的制限はなく，特許権の消滅後も請求することができますが（特123条3項・125条の2第3項），特許権侵害に基づく損害賠償請求権が消滅時効及び除斥期間（民724条）にかかった後の審判請求に実益はないでしょう。

訂正審判については，特許異議の申立て又は特許無効審判が特許庁に係属した時から決定又は審決が確定するまでの間は，請求することができません（特126条2項）。

第5章◇審判・判定

(2) 審理の流れ

審判請求書が特許庁に受理されると，3名又は5名の審判官が指定され，そのうちの1名が審判長に指定され，この合議体によって審理が行われます（特136条〜138条）。

無効審判では，請求書副本が被請求人に送達されるとともに，被請求人に対し，所定の期間内に答弁書を提出するよう指令がなされます（特134条1項）。被請求人は，答弁書の提出期間内に，訂正請求を行うことができます（特134条の2）。被請求人から答弁書が提出されると，その副本は請求人に送達しなければならず（特134条3項），これと併せて弁駁書の提出が請求人に指令されることもあります（特施規47条の3）。

無効審判では，民事訴訟とは異なり，本来独占権を付与すべきではない瑕疵ある特許は消滅させなければならないという公益的側面があるため，合議体は，請求人が申し立てていない無効原因についても独自に調査することができます（職権探知主義，特153条1項）。請求人が主張していない無効理由について審理する場合には，不意打ちを防止するため，職権無効理由通知として，当事者に通知がなされ，応答の機会が付与されます（特153条2項）。

また，無効審判では，口頭審理を行うのが原則とされています（特施規51条）。口頭審理は，合議体と当事者が口頭で直接にやりとりをすることによって，主張や証拠の整理がなされ，また，合議体から当事者に対し説明や意見が求められたりします。

(3) 審理終結・審決

特許無効審判以外の審判では，審判長は，事件が終結するのに熟したとき，当事者に審理の終結を通知して，審決をします（特156条1項・157条）。また，特許無効審判で，審判の請求に理由がないと認める場合にも，当事者に審理の終結を通知して，審決をします（特156条1項・157条）。

他方，特許無効審判で，事件が審決をするのに熟し，審判の請求に理由があると認める場合，審判長は審決の予告をします（特164条の2第1項）。審決の予告がなされた被請求人は，指定された期間内に訂正請求をすることができます（特164条の2第2項）。訂正請求に対しては，請求人に弁駁の機会が与えられ，その後，事件が審決をするに熟したとき，審理の終結の通知がなされ，審決が

なされます（特156条1項・157条）。

3 無効審判請求後に新たな無効理由を発見した場合

(1) 要旨の変更

　審判請求書には，請求の理由（無効理由）を記載しなければなりません（特131条1項3号）。審判請求後に新たな請求の理由（無効理由）を発見した場合には，審判請求書に記載した請求の理由（無効理由）の補正が認められるか否かが問題となります。

　この審判請求書の補正については，要旨を変更するものであってはならないと定められています（特131条の2第1項）。ですから，審判請求後に新たな無効理由を発見した場合には，要旨を変更しない限りで，請求の理由の補正が認められることになります。

　また，要旨を変更するものであっても，補正が審理を不当に遅延させるおそれがないことが明らかなものであり，かつ，①訂正請求がなされ，その訂正請求により請求の理由を補正する必要が生じた場合（特131条の2第2項1号）（例えば，無効審判請求に対し，発明の詳細な説明に記載された実施例から特定の構成をクレームアップする訂正請求がなされたため，これに対し，この構成を開示する公知資料を追加して無効理由を補正する場合），②補正にかかる請求の理由を審判請求書に記載しなかったことについて合理的な理由があり，被請求人が補正に同意した場合（同項2号）には，審判長は，決定により，補正を許可することができます。

(2) 要旨変更となる例

　当初の審判請求書に記載していた無効理由の根拠法条とは異なる根拠法条に基づく無効理由を追加的に主張したり，あるいは異なる根拠法条に基づく無効理由に差し替えたりすることは，請求の理由の要旨を変更する補正となります。例えば，当初の審判請求書では，進歩性（特29条2項）欠如を根拠とする無効理由を主張していたが，その後に明細書の記載要件違反を根拠とする無効理由を追加して主張するような補正は，要旨変更に該当するので，認められません。

　また，当初の審判請求書に記載した「権利を無効にする根拠となる事実」そ

第5章◇審判・判定

れ自体を差替え・追加・変更する補正は，通常は要旨変更となります。例え
ば，当初の審判請求書では，明細書の記載要件違反の無効理由の根拠として，
明細書中の特定箇所Aの記載が記載要件を満たさない旨主張していたのを，他
の特定箇所Bの記載が記載要件を満たさない旨の主張に変更するような補正
は，要旨変更に該当するので，認められません。

その他，当初の審判請求書に記載した「権利を無効にする根拠となる事実」
を立証するための「直接証拠」を差替え・追加して，無効主張を変更するよう
な補正は，要旨変更となります。例えば，進歩性欠如の無効理由の引用文献を
追加するような補正は，要旨変更に該当し，認められません（ただし，上記(1)の
訂正請求に対応する補正の場合は，認められます）。

(3) 要旨変更とならない例

これに対し，周知技術や技術常識が存在する事実を追加的に主張したり，そ
の事実を立証する証拠（例えば周知技術や技術常識を示す先行技術文献等）を提出す
ることは，通常は，請求の理由の要旨変更とはなりません。

4 訂正請求において特許請求の範囲はそのままで明細書の発明の詳細な説明を一部削除した場合

発明の要旨の認定では，特許請求の範囲の記載の文言の技術的意義が一義的
に明確ではない場合には，特許請求の範囲の記載のみではなく，発明の詳細な
説明の記載や図面が参酌されます[1]。

そのため，特許請求の範囲の記載の技術的意義が一義的に明確とはいえず，
発明の要旨の認定に際して，明細書の発明の詳細な説明や図面の参酌が許され
る場合，特許請求の範囲の記載が従前のとおりであっても，参酌がなされた発
明の詳細な説明を一部削除する補正がなされることにより，発明の要旨の認定
が変動（縮小）する場合があります[2]。もっとも，これは，削除後の発明の詳
細な説明の記載では，削除された記載が示す構成を含まない発明と理解される
というものであり，発明の詳細な説明を一部削除することによって，そのよう
に発明の理解の変動が生じるという場合ですから，事例としては限られるもの
と思われます。

〔森本　純〕

Q49◆審　判(1)─概要

■判　例■

☆1　最判平3・3・8民集45巻3号123頁。

☆2　最判平3・3・19民集45巻3号209頁。

第5章◇審判・判定

 審　判(2)——複数の審判請求人の一部による審決取消訴訟

　物の発明に係る請求項が1つのY特許について，甲・乙・丙がそれぞれA，B刊行物を引用して特許無効の審判を請求して，それぞれ請求不成立の審決がなされました。これを不服として，甲のみ審決取消訴訟を提起しましたが，乙・丙は審決取消訴訟を提起しませんでした。甲と乙・丙の間にどのような影響がありますか。

　　甲の審決取消訴訟は，乙・丙の請求不成立審決の確定の影響を受けずに，有効に行うことができます。
　　甲の審決取消訴訟の結果，無効審決が確定した場合は，無効審決の遡及効及び対世効により，乙・丙にとってもY特許権が初めから存在しなかったことになります。一方，請求不成立審決が確定した場合は，乙・丙にとっては現状に変わりがないので影響がないことになります。

☑キーワード

無効審判，審理の併合，共同審判，一事不再理

Q50◆審 判(2)— 複数の審判請求人の一部による審決取消訴訟

解 説

1 無効審判と審決取消訴訟

(1) 無効審判

特許が新規性又は進歩性を欠く場合に，利害関係人は，特許無効審判を特許庁に請求することができます（特123条1項2号・2項）。

設問では，甲・乙・丙は，それぞれA，B刊行物を引用してY特許の特許無効審判を請求していますが，これは，A，B刊行物のいずれかの記載からY特許の新規性が欠如すること（特29条1項3号），又は，A，B刊行物を組み合わせることにより進歩性が欠如すること（特29条2項）を主張したものと考えられます。

甲・乙・丙の特許無効審判は，別個の手続で進行したようですが，当事者の双方又は一方が同一である2以上の審判について，審判官は裁量に基づき職権で審理を併合することができます（特154条1項）。甲・乙・丙の特許無効審判は，いずれもY特許を対象にしており，しかも，引用例が同じであることから，併合審理の目的に合致しているといえます（審判便覧〔第17版〕51-09「無効審判の審理の方式」5(3)参照）。

また，甲・乙・丙が共同で特許無効審判を請求することもできます（特132条1項）＊1。

(2) 審決取消訴訟

甲・乙・丙のそれぞれの主張はいずれも認められず請求不成立の審決がなされています。この場合，甲・乙・丙は，それぞれ請求不成立審決を不服として審決取消訴訟を提起することができます（特178条1項）。

甲は，審決取消訴訟を提起していますが，乙・丙は，審決取消訴訟を提起しなかったので，請求不成立審決の謄本の送達があった日から30日を経過した日に審決が確定することになります（特178条3項）。

399

第5章◇審判・判定

2　確定審決の審決取消訴訟への影響

（1）　一事不再理

　甲・乙・丙の特許無効審判請求は，それぞれ別個の手続ですので，それぞれの手続の結果が別の手続に影響を及ぼすことはありません。

　ただし，各特許無効審判請求が同一の証拠を用いていることから，それぞれの無効原因の主張が同じであれば，乙・丙に対する請求不成立審決が確定したことにより，乙・丙は，同一の事実及び同一の証拠による無効審判請求が制限されることになります（特167条）。この規定の趣旨は，排他的独占的権利である特許権（特68条）の有効性について複数の異なる判断がくだされるという事態及び紛争の蒸し返しが生じないように特許無効審判の一回的紛争解決を図るために，当事者及び参加人に対して一事不再理効を及ぼすものと解されます。

　この規定により，乙・丙は制限を受けますが，甲は，確定審決の当事者ではないので，同条の制限を受けないことになります。

　したがって，乙・丙の確定審決が甲の審決取消訴訟に影響はないことになります。この点については，旧法下での最高裁判決の考え方も参考になりますので，以下において概観します。

（2）　旧法下での一事不再理

　一事不再理の規定は，平成23年の特許法改正（平成23年法律第63号）により，審決の効力が「当事者及び参加人」に改正されたものですが，改正前は，「何人も」同一の事実及び同一の証拠による無効審判請求ができませんでした。

　改正前の特許法167条においては，一事不再理効の及ぶ範囲が「何人も」とされており，先の審判にまったく関与していない第三者による審判請求の権利まで制限するものであったにもかかわらず，第三者への効力の拡張の必要性や第三者の手続保証が十分ではなかったことから，審決の効力が及ぶ範囲を当事者及び参加人に限定することにしました。

　旧法下で，併合審理された複数の特許無効審判請求について，一個の請求不成立審決がされたところ，一部の請求人が審決取消訴訟を提起したものの，残りの請求人が審決取消請求を提起しなかった事案につき，審決の効力の及ぶ範

囲が争われました[1]。

　審決取消訴訟を提起せずに請求不成立審決が確定して登録された場合に，審決取消訴訟を提起した請求人の審判請求の利益が遡って失われるか否かが争点となりました。

　学説としては，審決確定登録前になされた別人の無効審判請求は有効とする説（請求時説），審決確定登録前に別人の審決がなされなければ有効とする説（審決時説），審決確定登録前に別人の審決が確定していなければ有効とする説（審決確定時説）がありました。

　最高裁は，請求時説を採用して，「甲無効審判請求がされた後にこれと同一の事実及び同一の証拠に基づく乙無効審判請求が成り立たない旨の確定審決の登録がされたとしても，甲審判請求が不適法となるものではないと解するのが相当である。」[2]と判断しました。

　この最高裁判決は，「審判が併合され一通の請求不成立判決がされた場合において，請求人の一部が提起する審決取消訴訟が適法であること，審決取消訴訟を提起しなかった請求人との関係では審決が確定することを当然の前提としている。」[2]とする見解があります。

　共同して特許無効審判が請求され，請求不成立審決がされた場合に，審判請求人の一部の者のみが審決取消訴訟を提起できるかが争われた事件で，最高裁は，「このような場合，審決の取消しを求める訴えは，無効審判の請求をした者の全員が共同して提起することを要すると解すべき理由はないから，本件訴訟は適法である。」[3]と判断しています。

　これらの判決から，共同審判や審理が併合された場合でも，審判手続が同一手続内で行われて判断の統一が図れるものの，複数の審判請求人が審決取消訴訟を提起するかどうかは各請求人が他の請求人の制約を受けずに判断できることがわかります。

　設問の事案は，共同審判や審理の併合もされていない事案であり（そうであっても影響はないですが），しかも，一事不再理の条項が改正された後の事案ですので，請求不成立審決の影響はないと考えられます。

第5章◇審判・判定

3　審決取消訴訟の確定審決への影響

（1）　無効審決が確定した場合

　甲が審決取消訴訟を提起して，審理の結果，請求不成立審決が取り消されて最終的にＹ特許の無効審決が確定した場合，Ｙ特許権は初めから存在しなかったものとみなされます（特125条）。

　このＹ特許権が初めから存在しなかったという効力（遡及効）は，特許無効審判請求の当事者である甲のみならず第三者に対しても及びますので（対世効），乙・丙に対しても影響があります。

（2）　請求不成立審決が確定した場合

　一方，甲の審決取消訴訟が奏功せず，請求不成立審決が確定した場合は，Ｙ特許権は存続しているため，乙・丙に対して何ら影響はないことになります。

〔松本　好史〕

　■判　例■

☆１　東京高判平7・2・8判時1558号121頁。

☆２　最判平12・1・27民集54巻1号69頁。上記☆1判決の上告審。

☆３　最判平12・2・18判時1703号159頁。

　■注　記■

＊１　逐条解説〔第20版〕437頁では，共同審判は，類似必要的共同訴訟に該当するとされていますが，反対説もあります（後記＊2・6頁）。

＊2　「甲無効審判請求がされた後に当該特許について同一の事実及び同一の証拠に基づく無効審判請求が成り立たない旨の確定審決の登録がされた場合における甲無効審判請求の帰すう」判時1700号3頁。

無効審判と訂正審判・訂正請求

(1) 特許無効審判と訂正審判の関係について説明してください。
(2) 無効審判手続中に訂正できる機会について説明してください。
(3) 審決の予告とはどういうことですか。
(4) 特許無効審決が確定すると係属していた訂正審判手続はどうなりますか。

　訂正審判は明細書，特許請求の範囲，図面を訂正する手続であり特許権者がいつでもできるものですが，特許無効審判の係属中に独立して訂正審判を請求することは許されていません（特126条）。その代わり，特許無効審判の手続内において，訂正請求という形で特許請求の範囲等を訂正する機会が特許権者（無効審判被請求人）に認められています。訂正請求の機会はいくつかありますが，その１つが審決の予告に対する応答期間内にできる訂正請求です。審決の予告とは，事件が審決をするに熟したとの心証が形成されたときに審判長が発する中間判断です。すでに訂正審判手続が係属していた場合，特許無効審判請求をすると訂正審判手続は中止され無効審判手続を優先審理するのが運用ですが，その結果，無効審決が確定すると，対象権利を失った訂正審判は不適法なものとして却下されることになります。

☑キーワード
　訂正審判，訂正請求，審決の予告，キャッチボール現象

第5章◇審判・判定

解　説

1　特許無効審判と訂正審判の関係

（1）　特許無効審判

　特許無効審判請求とは，特許権が特許法123条1項各号の事由（無効理由）を含む場合に，その特許を無効にすることについて認められている手続です。特許無効審判は請求項ごとに行うことができ（特123条1項柱書二文），例えば，複数の請求項のうち一部について，被疑侵害者の実施行為が特許権侵害に問擬され，侵害差止訴訟等の権利行使を受けている場合，権利行使の根拠（請求の原因）となる当該特許の請求項についてのみ選択的に特許無効審判を請求することも可能です。

　特許無効審判は，被疑侵害者等の利害関係人（特123条2項参照）が請求人となり，特許権者が被請求人となる，当事者対立構造の手続であることから，延長登録無効審判（特125条の2）と並んで当事者系審判と呼ばれています。

（2）　訂正審判

　訂正審判とは，願書に添付した明細書，特許請求，図面について，特許法126条1項ただし書1号ないし4号の事項を目的として行うことが認められている，これらの書類の内容を修正する手続です。例えば，被疑侵害者に対して警告を発したところ，新規性喪失（特29条1項ただし書各号），進歩性欠如（同条2項）による現請求項に係る特許の無効を抗弁された場合（裁判外であるとを問いません。特許侵害訴訟の係属中に特許法104条の3第1項の権利行使制限の抗弁を提出された場合なども含みます），無効原因となる部分（例えば，数値限定特許のうちのパラメータの一点）を除き無効原因を克服するために，特許請求の範囲の減縮（特126条1項ただし書1号）を目的として行うことができます。訂正審判請求は特許無効審判請求と同様，請求項ごとに行うことができますが，特許請求の範囲に記載された複数の請求項のうち一群の請求項（独立請求項とこれに従属する請求項）があるときは，当該一群の請求項ごとについてしか訂正審判を請求することはできま

404

せん（特126条3項）。

　訂正審判は，相手方のない審判手続であり，拒絶査定不服審判と並んで査定系審判と呼ばれています。

(3)　特許無効審判と訂正審判の関係

　訂正審判を請求できる時期には，以下のような制限があります。すなわち，特許権者は，権利の設定の登録があった後において，訂正審判を請求することができますが，特許異議の申立て又は無効審判が特許庁に係属した時からその決定又は審決が確定するまでの間は，訂正審判を請求することはできません（特126条1項・2項）。なお，一部の請求項について特許異議の申立て又は無効審判がされているときは，当該特許異議の申立て又は無効審判がされていない請求項についても，当該特許異議の申立て又は無効審判が特許庁に係属した時からその決定又は審決が確定するまでの間は，訂正審判を請求することはできません（審判便覧〔第17版〕54-03）。

　特許異議の申立て又は特許無効審判の請求後，その係属中は，取消理由通知における取消理由又は無効審判請求人の主張する無効理由を回避すべく明細書等の訂正によって防御する必要がありますが，この場合は特許異議の申立て又は無効審判の手続中において審判長の指定する期間に「訂正の請求」をすることができるので，別途訂正審判を請求することはできないこととされているのです。

　しかし，無効審判が請求され請求書副本が被請求人に送達される前に，訂正審判が請求されたときには，無効審判と訂正審判が特許庁に同時に係属する事態が起こり得ます。そして，このようなときは，原則として無効審判を優先して審理することになっています（審判便覧〔第17版〕51-22）。一方の審判の審理を優先したときは，必要に応じて他方の審判の審理を中止します（特168条1項）。このようにする理由は，無効審判の係属中は無効審判手続の中でそれまでの全事情を考慮して訂正の請求をすることが可能であり，その訂正の請求を審理することが権利者の意図に沿うとともに，当事者対立構造の無効審判においては請求人が訂正の請求についての反論を述べることができ，より的確な審理に資するからです。

第5章◇審判・判定

2　特許無効審判手続中で訂正請求ができる機会

(1)　訂正請求

　訂正請求は，特許無効審判で請求人が主張する無効理由（例えば新規性喪失）を克服するために用いられる審判被請求人（特許権者）がとり得る対抗手段です（特134条の2）。査定系手続である訂正審判との対比でいえば，訂正審判請求では訂正の原因として請求の理由に挙げる自白引例（訂正前の請求項に係る特許無効理由）を審判請求人が自由に選べるのに対し，当事者系手続内で行われる訂正請求では，審判請求人が主張する無効理由に対抗する必要があるため，例えば主たる引用発明を特許権者が選んだうえで訂正後の特許請求の範囲が当該発明から想到非容易（進歩性あり）というようなシナリオで特許性を維持することはできません。それだけ，特許権者にとっては，訂正請求は訂正審判請求に比べて高いハードルが設けられているといえるでしょう。

　なお，新規事項の追加禁止（特126条5項）のほか複数の訂正審判請求における規制が，訂正請求において準用されています（特134条の2第9項）。

(2)　訂正請求のできる時期

　訂正審判が特許無効審判係属中以外ならいつでも請求できるのに対し，当事者対立構造をとる無効審判手続の中でいつでも訂正請求ができるとしたのでは，手続は収拾のつかないものになります。訂正請求ができる時期（期間）は，以下の時期に限られています。

①　無効審判請求書副本の送達に伴う答弁書提出期間（特134条1項）。
②　審判長が審判請求書の「請求の理由」の要旨を変更する補正を許可したときにおいて，その審判請求書の手続補正書の副本送達後における答弁書提出期間（特134条2項）。
③　審決取消訴訟において権利維持審決が判決により取り消されたときに権利者の求めに応じて行う訂正の請求のための指定期間（特134条の3）。
④　職権によりされた無効理由通知に対する意見書提出期間（特153条2項）。
⑤　審決の予告に対する訂正の請求のための指定期間（特164条の2第2項）。
　これらの時期は，願書に添付した明細書，特許請求の範囲をそのまま放置し

406

ておくと無効審決が出る蓋然性が高いため，特許権者に付与された防御手段として訂正の機会を保障する必要性が高い時期を，制度化したものです。

3 審決の予告

(1) 審決の予告とは

平成24年4月1日以降に請求された特許において，事件が審決をするのに熟した場合において，省令で定めるとき（審判の請求に理由があると認めるとき，訂正の請求を認めないとき，等）には，「審決の予告」がされます（特164条の2第1項）。

「審決の予告」をしないときには，審理を終結して審決をします（特156条2項・4項）。

「審決の予告」に対して，被請求人は訂正の請求又は訂正明細書等の補正ができますが（特164条の2第2項），これらがされないときには，審理を終結して審決をします（特156条2項・4項）。

審決の予告には，審決と同じ事項が記載されます（特164条の2で準用される特157条2項）。結論及び理由には，すべての訂正事項についての適否判断と，審判請求されたすべての請求項についての有効性の判断を，審決と同程度に詳細に記載します。このうち，有効性の判断に当たっては，原則としてすべての理由（請求人が申し立てた理由及び職権で無効理由を通知していたときはそれに記載した理由）を審理判断し，審決の予告に記載することになっています。

手続上の位置付けは中間判断ですが，内容的には終局審決と同じものとなっているのです。

これに対し，審判被請求人（特許権者）に訂正の機会が付与されることは前記のとおりです。

(2) 趣　旨

平成23年改正前特許法の下では，特許無効審決に対して審決取消訴訟を提起し，提訴から90日以内に訂正審判請求をすることが認められていたところ，審決取消訴訟の受訴裁判所はさらに事件を特許無効審判で審理をさせるのが相当と認めるときは，決定により審決を取り消し審判官に事件を差し戻すという（上記改正前特181条2項），いわゆる裁判所と特許庁とのキャッチボール現象が顕

第 5 章◇審判・判定

在化していました。審決の予告はこのようなキャッチボール現象の発生を抑止し，審判合議体が審理の結果，無効心証を得た場合には，いきなり審決せず「予告」をするワンクッションを設け，審判被請求人（特許権者）に訂正の機会を与えたものです。それでも心証が覆らず，あるいは訂正請求に対する審判請求人の弁駁が功を奏して再度の無効心証が形成されたときには，終局的な無効審決がされます。

審判被請求人（特許権者）が不服のときは，審決の当否をめぐり取消訴訟に場所を移して攻防がされ，特許庁との非建設的なキャッチボールは起こらないというのです。

ただ，上記のキャッチボール現象とは，改正前法における，さらに特許無効審判において審理させることが相当と認めるときのみ審理を差し戻すという条文が適切に運用されなかったことに起因することに注意しなければなりません。知財高裁は，同制度下，いわゆる「自動取消し」という運用に陥っており，提訴後90日以内の訂正審判請求の内容を踏まえても審判官に事件を差し戻すに及ばない（訂正に係る特許請求の範囲等が未だ従前の無効理由を克服していない）かどうかの実体審理を知財高裁が適切に行っていれば，事件が自動的に特許庁との間で行き来しない制度となっていたはずです。

4　無効審決の確定と訂正審判の帰すう

特許無効審決が確定すると，特許権は初めから存在しなかったものとみなされます（特125条）。

したがって，仮に前記❶(3)の訂正審判と特許無効審判の同時係属の事態が発生している（前者は手続中止）状況下において，無効審判手続中の訂正も功を奏せず無効審決がされ，これが確定すると，係属中の訂正審判請求は対象を失った不適法な請求ということになり，却下されます。

職権判断（傍論）ではありますが，トレーラ実用新案事件において最高裁判決☆1は，以下のように判示しています。

「実用新案権者が実用新案法39条 1 項の規定に基づいて請求した訂正審判すなわち実用新案登録出願の願書に添附した明細書又は図面を訂正することにつ

408

いての審判の係属中に，当該実用新案登録を無効にする審決が確定した場合
は，同法41条によって準用される特許法125条の規定により，同条ただし書に
あたるときでない限り，実用新案権は初めから存在しなかつたものとみなさ
れ，もはや願書に添附した明細書又は図面を訂正する余地はないものとなる
というほかはないのであつて，訂正審判の請求はその目的を失い不適法になると
解するのが相当である。……実用新案登録を無効にする審決の確定により実用
新案権が初めから存在しなかつたものとみなされる場合については，訂正審判
の請求はその目的を失うので，右ただし書は，このような場合について訂正審
判の請求を許さないことを明らかにしたものと解されるのである。してみれ
ば，右ただし書の規定は，無効審決が確定した後に新たに訂正審判の請求をす
る場合にその適用があるのはもとより，実用新案権者の請求した訂正審判の係
属中に無効審決が確定した場合であってもその適用が排除されるものではない
というべきである。したがつて，訂正審判の請求について，請求が成り立たな
い旨の審決があり，これに対し実用新案権者が提起した取消訴訟の係属中に，
当該実用新案登録を無効にする解決が確定した場合には，実用新案権者は，右
取消訴訟において勝訴判決を得たとしても訂正審判の請求が認容されることは
ありえないのであるから，右審決の取消を求めるにつき法律上の利益を失うに
至ったものというべきである」。

　これが現在の最高裁における確定判断といえますが，理論的には異論があり
得るところです。すなわち，特許法171条は確定審決について再審を規定し，
同条2項では民事訴訟法338条1項を準用しています。民事訴訟法338条1項8
号は，判決の基礎となった行政処分が後の行政処分により変更されたことを再
審事由としており，確定無効審決が後の訂正審決（行政処分）により変更され
ることは当該無効審決に対する再審事由となり得るという見解です。

〔岩坪　　哲〕

■判　例■

　☆1　最判昭59・4・24民集38巻6号653頁〔トレーラ実用新案事件〕。

第5章◆審判・判定

　一部訂正審決

一部訂正審決はできますか。

　訂正審判（訂正請求も同じです）は，特許権全体に対して請求する方法と，請求項ごとに請求する方法がありますが，特許権全体に対して請求した場合は，複数の請求項等について訂正を求める場合でも，その一部の請求項でも訂正の要件を満たさないものがあれば，すべての訂正が認められないことになります。明細書の一部の訂正が訂正の要件を満たさない場合でも，同様にすべての訂正が認められません。

　すなわち，特許権全体に対して訂正審判を請求した場合は一部訂正審決はできないこととなります。

　他方，請求項ごとに訂正を請求した場合は，請求項ごとに訂正の認否が判断されますので，一部の請求項について訂正の要件を満たさないものがあっても，他の請求項が訂正の要件を満たすのであれば，訂正の要件を満たす請求項についての訂正は認められることとなります。

　すなわち，請求項ごとに訂正審判を請求した場合は，一部訂正審決はできるということになります。

　ただし，訂正の認否は請求項ごとに判断されるため，1つの請求項に複数の訂正事項がある場合には，そのうち1つでも訂正の要件を満たさない事項があれば，当該請求項のすべての訂正事項は一体として認められないことになります。また，訂正を請求する請求項の中に一群の請求項があるときは，一群の請求項ごとに訂正を請求する必要があり，訂正の認否も一群の請求項ごとになされることとなります。

Q52◆一部訂正審決

☑ キーワード

一部訂正審決，訂正請求，訂正審判，一群の請求項

解 説

1 訂 正 審 判

(1) 訂正審判の趣旨

訂正審判は，登録後の特許権に対し，特許権者が願書に添付した明細書，特許請求の範囲又は図面の記載内容の変更を請求する手続です（特126条1項）。発明が特許権として登録された後に，当該特許権の一部に瑕疵（無効理由等）があることや，特許請求の範囲の記載等に誤りがあることに気づくことがあります。特許の一部にのみ瑕疵があるために特許全体を無効とすることは特許権者にとっては酷であり，また，誤りのある特許請求の範囲の記載が公報に記載されていることは，第三者にとっても好ましいものではありません。

ただし，特許権は登録によりその権利範囲が確定することから，みだりにその内容の変更を認めると，第三者に不測の悪影響を及ぼすこととなります。

それゆえ，特許権者と第三者とのバランスに配慮し，一定の要件を満たす場合に限り，特許権の一部の瑕疵を是正することができるようにした制度が訂正審判制度です。

(2) 訂正請求について

なお，訂正審判と類似する制度として，訂正請求（特120条の5第2項以下・134条の2）があります。これは特許異議，特許無効審判における迅速な審理の確保のために，それぞれの手続の意見書，答弁書の提出期間内に限り，訂正審判と同一の範囲内で明細書等の訂正を請求できることとし，あわせて，特許異議の申立て又は特許無効審判の特許庁の係属から，決定又は審決が確定するまでの間は，訂正審判の請求はできないとしたものです（特126条2項）。

一部訂正についての考え方は，現行法においては訂正審判の場合も訂正請求

411

第5章◇審判・判定

の場合も同一ですので，訂正審判を前提として説明をしますが，特に断りがない限り訂正請求にも妥当するものと理解してください。

(3)　訂正審判が認められる事項

上記のとおり，訂正審判は特許権者と第三者とのバランスに配慮し，願書に添付した明細書，特許請求の範囲又は図面が訂正できる目的を，①特許請求の範囲の減縮，②誤記又は誤訳の訂正，③明瞭でない記載の釈明，④他の請求項の記載を引用する請求項の記載を当該他の請求項の記載を引用しないものとする場合に限定しております（特126条１項）。そして，誤記又は誤訳の訂正は当初明細書等の記載の範囲内，その他の目的の訂正の場合は特許がされた明細書等の範囲内でしなければならず，いわゆる新規事項の追加は認められておりません（特126条５項）。また，特許請求の範囲の実質的な拡張や変更となるような訂正も認められておらず（特126条６項），独立特許要件（訂正後における特許請求の範囲に記載されている事項により特定される発明が特許出願の際独立して特許を受けることができるものであること。特126条７項）が必要とされております。

2　一部訂正審決についての過去の状況

(1)　一部訂正の否定

後述する平成23年による特許法改正前までは，一部訂正審決は認められず，複数の請求項等について訂正を求める場合でも，その一部の請求項でも訂正の要件を満たさないものがあれば，すべての訂正が認められないものと解されていました。その理由とするところは「実用新案登録を受けることができる考案は，一個のまとまつた技術思想であつて，実用新案法39条の規定に基づき実用新案権者が請求人となつてする訂正審判の請求は，実用新案登録出願の願書に添付した明細書又は図面（以下「原明細書等」という。）の記載を訂正審判請求書添付の訂正した明細書又は図面（以下「訂正明細書等」という。）の記載のとおりに訂正することについての審判を求めるものにほかならないから，右訂正が誤記の訂正のような形式的なものであるときは事の性質上別として，本件のように実用新案登録請求の範囲に実質的影響を及ぼすものであるときには，訂正明細書等の記載がたまたま原明細書等の記載を複数箇所にわたつて訂正するもの

であるとしても，これを一体不可分の一個の訂正事項として訂正審判の請求を
しているものと解すべく，これを形式的にみて請求人において右複数箇所の訂
正を各訂正箇所ごとの独立した複数の訂正事項として訂正審判の請求をしてい
るものであると解するのは相当でない。それ故，このような訂正審判の請求に
対しては，請求人において訂正審判請求書の補正をしたうえ右複数の訂正箇所
のうちの一部の箇所についての訂正を求める趣旨を特に明示したときは格別，
これがされていない限り，複数の訂正箇所の全部につき一体として訂正を許す
か許さないかの審決をすることができるだけであり，たとえ客観的には複数の
訂正箇所のうちの一部が他の部分と技術的にみて一体不可分の関係にはないと
認められ，かつ，右の一部の訂正を許すことが請求人にとつて実益のないこと
ではないときであつても，その箇所についてのみ訂正を許す審決をすることは
できないと解するのが相当である。」とする最高裁判決☆1があったためです。

　もちろん，同最高裁判決の判示するとおり，誤記の訂正のような形式的なも
のであるとき及び複数の訂正箇所のうちの一部の箇所についての訂正を求める
趣旨を特に明示したときに限り，一部訂正審決が認められるものと解されてい
ました。

　(2)　訂正請求についての一部訂正の認容

　前掲☆1の最高裁判決の後，昭和62年改正法により改善多項制が導入され，
さらには平成5年改正法により訂正請求が導入され，特許庁に無効審判が係属
している間の訂正審判ができなくなりました。また，平成6年改正法により付
与後異議制度が導入され（平成15年改正により廃止，平成26年改正により再度導入），
異議における取消理由が通知された場合にも訂正請求が可能となりました。

　このような状況下で，改善多項制下の出願における，特許無効審判手続にお
ける訂正請求においては，訂正の認否は請求項ごとに判断すべきであり，前
掲☆1の最高裁判決は前提が異なる制度下のものであり，その射程は及ばない
との判決☆2がなされました。

　そして，最高裁は，訂正審判請求については一種の新規出願としての実質を
有することから，複数の請求項について訂正を求める訂正審判請求に関して
は，その全体を一体不可分のものとして取り扱うことが予定されているとしな
がら，特許異議申立事件における訂正請求については，請求項ごとに申立てす

第5章◇審判・判定

ることができる特許異議に対する防御手段としての実質を有することから，請求項ごとに個別の訂正が認められないと，特許異議申立事件における攻撃防御の均衡を著しく欠く等として，請求項ごとに個別に訂正の認否（許否）を判断すべきであり，一部の請求項に係る訂正事項が訂正の要件に適合しないことのみを理由として，他の請求項に係る訂正事項を含む訂正の全部を認めないとすることは許されないと判示しました☆3。なお，同判決の内容からすると，特許無効審判における訂正請求についても，請求項ごとに訂正の認否を判断すべきと解されます。

3 平成23年改正法（現行法）

(1) 問題点

前掲☆3の最高裁判決以降，①特許無効審判が請求されていない請求項についての訂正の許否判断，②複数の請求項に関連する明細書についての訂正の請求における訂正の許否判断，③訂正審判における訂正の許否判断については，依然として請求項ごとに訂正の認否を判断するのか，それとも一体不可分のものとしてすべての請求項について訂正の要件を充足しなければ，すべての請求項について訂正が認められないかが，解釈に委ねられ不明確であるということが意識されるようになりました。

また，前掲☆3の最高裁判決は訂正審判については一体不可分として取り扱うことが予定されていると判示したことから，訂正請求と一貫性のない扱いをすることは不合理であるとの批判がなされることとなりました。

そして，訂正の認否が請求項ごとに判断されると，明細書等の一覧性を欠如するとの問題も意識されるようになりました。

(2) 改正による対応

上記(1)で記載したような問題点を解消するために，平成23年改正により，訂正審判，訂正請求ともに，特許権全体に対して請求した場合は，特許請求の範囲又は明細書の一部でも訂正の要件を満たさないものがあれば，すべての訂正が認められないものと扱うこととし，請求項ごとに訂正審判，訂正請求がなされた場合（特120条の5第3項・126条3項・134条の2第2項）には，一部の請求項に

ついて訂正の要件を満たさないものがあっても，他の請求項が訂正の要件を満たすのであれば，訂正の要件を満たす請求項についての訂正を認めることとしました（特120条の7・167条の2）。

また，明細書等の一覧性を確保するため，請求項の記載を他の請求項が引用する関係その他経済産業省令（特施規45条の4）で定める関係を有する各請求項を一群の請求項として，一群の請求項があるときは，一群の請求項ごとに訂正をしなければならないとしました（特120条の5第4項・126条3項・134条の2第3項）。

このように，平成23年特許法改正により訂正審判の請求単位，確定の範囲の明確化及び明細書等の一覧性の確保が図られることとなりました。その結果，請求項ごとに訂正審判を請求した場合は，一部訂正審決ができることが明確となり，他方，特許権全体に対して訂正審判を請求した場合は，前掲☆1の最高裁判決と同様，一部訂正審決は認められません。なお，請求項ごとに訂正審判を請求した場合においても，訂正の認否は請求項ごとに判断されるため，1つの請求項内に複数の訂正事項があり，一部の訂正事項のみが訂正要件を満たさない場合であっても，当該請求項の訂正はすべて認められないこととなります。例えば，訂正前の請求項がA＋B＋Cの場合において，AをA'とする訂正事項1，BをB'とする訂正事項2，CをC'とする訂正事項3がある場合に，訂正事項2のみがサポート要件（特36条6項1号）を充足せず，独立特許要件を欠くことになる（特126条7項）と判断された場合には，訂正事項1及び訂正事項3についても訂正が認められないこととなります。

このようなときに，せめて訂正事項1及び3に基づく訂正を行うとする場合には，再度請求項をA'＋B＋C'と訂正するとの審決を求める訂正審判を請求することとなります。

〔田上　洋平〕

━━ ■判　例■ ━━━━━━━━━━━━━━━━━━━━━━

☆1　最判昭55・5・1民集34巻3号431頁。
☆2　東京高判平14・10・31判時1821号117頁。
☆3　最判平20・7・10民集62巻7号1905頁。

第5章◇審判・判定

 一事不再理

前に請求した無効審判では，進歩性欠如の立証が弱く，特許は無効にならなかったのですが，今回は，主引例はそのままで，副引例を別の刊行物に入れ替えて無効理由を構成して無効審判請求をしようと思っていますが，一事不再理を理由に門前払いされないでしょうか。

> 平成23年法律第63号による特許法改正後の特許法167条が適用される事案については，主引例が同一で，これに組み合わせる副引例が形式的に異なるだけでなく，新たな副引例が，実質的に見て，前の無効審判において主張した無効原因を基礎付ける事情以外の新たな事実関係を証明する価値を有する証拠といえるものでないと，一事不再理を理由に無効審判請求が認められないおそれがあると考えられます。

☑ キーワード
一事不再理，主引例，副引例，無効審判の確定審決の第三者効，同一事実及び同一証拠

解　説

1　一事不再理について

特許無効審判や延長登録無効審判は，特許権の設定登録後や存続期間の延長

416

Q53◆一事不再理

登録後はいつでも請求することができ（特許権の消滅後においても，請求することができます（特123条3項・125条の2第3項）），審判の請求回数及び請求期間には制限がありません。

　一事不再理とは，いったん審決が確定した審判について，同一の無効理由によって審判が繰り返されることを禁止する考え方であり，特許法167条は，「特許無効審判又は延長登録無効審判の審決が確定したときは，当事者及び参加人は，同一の事実及び同一の証拠に基づいてその審判を請求することができない。」と規定しています。

　特許法167条は，商標法56条1項によって準用されているところ，商標登録無効審判に関する審決取消請求事件ですが，特許法167条は，「当事者（参加人を含む。）の提出に係る主張及び証拠等に基づいて判断をした審決が確定した場合には，当事者が同一事項に係る主張及び立証をすることにより，確定審決と矛盾する判断を求めることは許されず，また，審判体も確定審決と矛盾する判断をすることはできない旨を規定したものである。同条が設けられた趣旨は，①同一事項に係る主張及び証拠に基づく矛盾する複数の確定審決が発生することを防止すること，②無効審判請求等の濫用を防止すること，③権利者の被る無効審判手続等に対応する煩雑さを回避すること，④紛争の一回的な解決を図ること等にあると解される。」とするとともに，「無効審判請求においては，『同一の事実』とは，同一の無効理由に係る主張事実を指し，『同一の証拠』とは，当該主張事実を根拠づけるための実質的に同一の証拠を指すものと解するのが相当である。そして，同一の事実（同一の立証命題）を根拠づけるための証拠である以上，証拠方法が相違することは，直ちには，証拠の実質的同一性を否定する理由にはならないと解すべきである。このような理解は，平成23年法律第63号による特許法167条の改正により，確定審決の第三者効を廃止することとし，他方で当事者間（参加人を含む。）においては，紛争の一回的解決を実現させた趣旨に，最もよく合致するものというべきである。」と判示した裁判例があります[1]。

　なお，特許を無効にすべき旨の審決（以下「無効審決」といいます）が確定したときは，特許権は，初めから存在しなかったものとみなされますので（特125条），一事不再理が問題となる特許無効審判や延長登録無効審判の審決は，審

417

第5章◇審判・判定

判請求が成り立たない旨の審決（以下「不成立審決」といいます）です。

　また，一事不再理効の制約（特167条）に抵触しない限り，同一人であっても再度の無効審判請求ができます。

　ところで，既判力は，同一当事者間の訴訟で，裁判所が過去の訴訟と異なる判断をしてはならないとするもので，訴え提起そのものが封じられるわけではないのに対し，一事不再理は，審判請求そのものが封じられます。

2 平成23年法律第63号による特許法改正について

　平成23年法律第63号による特許法改正前は，特許法167条は，特許無効審判又は延長登録無効審判の確定審決の登録後は，「何人も」，「同一の事実及び同一の証拠」に基づいてその審判を請求することができないと規定しており，確定審決の効力が審判の当事者及び参加人だけでなく，審判に関与していなかった第三者にも及んでいました（「無効審判の確定審決の第三者効」）。

　この点，無効審判は職権で審理されますが，請求人の主張の巧拙により審決の結論が変わる可能性は否定しきれないところ，審決が既に確定し，登録されたことを理由に，当該審判に関与していなかった第三者に対しても同一の事実及び同一の証拠に基づいて，その特許の有効性について審判で争う権利が制限されること，ひいてはその審判の審決の当否を争うことは，不合理であるという指摘がされていますが，民事訴訟における判決の効果は当事者にのみ及ぶことが原則であり，これを第三者に拡張することの強い必要性と，訴訟に参加していない第三者に対する手続保障とが要求されますが，特許法はそれらの点で必ずしも十分ではないため，審決の効力を第三者に拡張する妥当性も認められないことから，平成23年法律第63号による特許法改正に際し，特許法167条の「何人も」という文言が削除される一方，当事者及び参加人は，先の審判において主張立証を尽くすことができたものであるから，審決が確定した後に同一の事実及び同一の証拠に基づいて紛争の蒸し返しができることは不合理であって，「当事者及び参加人」についての一事不再理効は残されました*1。

　つまり，誰かが特許無効審判を請求し，不成立審決がなされたとしても，「当事者及び参加人」以外の者であれば，「同一の事実及び同一の証拠」に基づ

418

Q53◆一事不再理

いて，改めて特許無効審判を請求することができるようになりました。なお，「当事者及び参加人」以外の者であれば，「同一の事実及び同一の証拠」に基づいて，特許法104条の３の抗弁も主張できます。

3 裁判例について

　確定した請求不成立審決の登録により，その時点において既に係属している無効審判請求が不適法となるか否かが問題となった事案において，平成23年法律第63号による改正前の特許法167条の適用について，「特許法167条は，無効審判請求をする者の固有の利益と特許権の安定という利益との調整を図るため，同条所定の場合に限って利害関係人の無効審判請求をする権利を制限したものであるから，この規定が適用される場合を拡張して解釈すべきではなく，文理に則して解釈することが相当である。」と判示した最高裁判決があります☆2。

　そして，平成23年法律第63号による特許法改正前は，「無効審判の確定審決の第三者効」のような弊害を最小化するため，「同一の事実及び同一の証拠」の範囲を限定的に解すべきであるとする考え方がありました。

　また，平成23年法律第63号による特許法改正後の判決でも，「特許発明が出願時における公知技術から容易想到であったというためには，当該特許発明と，対比する対象である引用例（主引用例）に記載された発明（主引用発明）とを対比して，当該特許発明と主引用発明との一致点及び相違点を認定した上で，当業者が主引用発明に他の公知技術又は周知技術とを組み合わせることによって，主引用発明と，相違点に係る他の公知技術又は周知技術の構成を組み合わせることが，当業者において容易に想到することができたことを示すことが必要である。そして，特許発明と対比する対象である主引用例に記載された主引用発明が異なれば，特許発明との一致点及び相違点の認定が異なることになり，これに基づいて行われる容易想到性の判断の内容も異なることになるのであるから，主引用発明が異なれば，無効理由も異なることは当然である。」と判示するとともに，「主引用発明が同一であったとしても，主引用発明に組み合わせる公知技術又は周知技術が実質的に異なれば，発明の容易想到性の判断

419

第 5 章◇審判・判定

における具体的な論理構成が異なることとなるのであるから，これによっても無効理由は異なるものとなる。よって，特許発明と対比する対象である主引用例に記載された主引用発明が異なる場合も，主引用発明が同一で，これに組み合わせる公知技術あるいは周知技術が異なる場合も，いずれも異なる無効理由となるというべきであり，これらは，特許法167条にいう『同一の事実及び同一の証拠』に基づく審判請求ということはできない。」と判示したものがあります☆3。

　しかしながら，上記判決も，主引用例に組み合わせる副引用例について，異なりさえすればいかなるものであっても「同一の事実及び同一の証拠」に基づく請求に該当しないと判示しているわけではなく，「主引用発明が同一であったとしても，主引用発明に組み合わせる公知技術又は周知技術が実質的に異なれば，発明の容易想到性の判断における具体的な論理構成が異なることとなるのであるから，これによっても無効理由は異なるものとなる。」と判示しており，副引用例が実質的に異なることを要求しています。

　また，「従前は，第三者との関係もあって，『同一の事実及び同一の証拠』を厳格に解していたようであるが，第三者効が廃止されたことにより，たとえば主引用例が同一であれば，副引用例を追加する程度のことでは，特許法167条に該当すると解釈してよいのではなかろうか。今後は，この『同一の事実及び同一の証拠』をさらに広く解し，無効審判の一回的紛争解決に近づけることの第一歩となると思われる。」とする見解もあります*2。

　そして，商標登録無効審判に関する審決取消請求事件ですが，「改正前特許法167条を準用した改正前商標法56条1項の趣旨は，商標権者における応訴の繰返しによる煩わしさを避けるとともに，訴訟経済の観点から蒸し返し請求を防止し，無効審判をする者の利益と商標権の安定を図る点にあるところ，本件では，本件審判請求の請求人である原告が第一次審判請求の請求人である明治製菓株式会社の承継人であり実質的に前件と当事者が同一であるという事実関係が認められるから，第三者による再度の審判請求の場合と比較してみると，相対的には，蒸し返し請求防止の要請がより重視され，事実や証拠の同一性についてある程度緩和して解釈されてもやむを得ないというべきである。そうすると，本件審判請求が改正前商標法56条1項に反しないものとして，新たな

420

『証拠』に基づく適法な審判請求といえるためには，形式的に第一次無効審判請求で提出されたものと異なる証拠が提出されてさえいれば許されることとなるわけではなく，新たに提出された証拠が，実質的に見て，これまでの無効原因を基礎付ける事情以外の新たな事実関係を証明する価値を有する証拠といえる必要があるというべきである。」と判示した裁判例もあります☆4。

　また，平成23年法律第63号による特許法改正後の特許法167条が適用された事案について，「先の特許無効審判の当事者及び参加人は，同審判手続において無効理由の存否につき攻撃防御をし，また，特許無効審判の審決の取消訴訟が提起された場合には，同訴訟手続において当該審決の取消事由の存否につき攻撃防御をする機会を与えられていたのであるから，『同一の事実及び同一の証拠』について狭義に解するのは，紛争の蒸し返し防止の観点から相当ではない。」，「平成23年法律第63号による改正前の特許法167条においては，一事不再理効の及ぶ範囲が『何人も』とされており，先の審判に全く関与していない第三者による審判請求の権利まで制限するものであったことから，『同一の事実及び同一の証拠』の意義を拡張的に解釈することについては，第三者との関係で問題があったということができる。しかし，上記改正によって第三者効が廃止され，一事不再理効の及ぶ範囲が先の審判の手続に関与して主張立証を尽くすことができた当事者及び参加人に限定されたのであるから，『同一の事実及び同一の証拠』の意義については，……特許無効審判の一回的紛争解決を図るという趣旨をより重視して解するのが相当である。」，「確定した前件審決と主引用例が同一であり，まして，多数の副引用例も共通し，証拠を一部追加したにすぎない本件審判の請求は，『同一の事実及び同一の証拠』に基づくものと解するのが，前記アの特許法167条の趣旨にかなうものというべきである。」と判示した裁判例もあります☆5。

　したがって，平成23年法律第63号による特許法改正後の特許法167条が適用される事案については，主引例が同一で，これに組み合わせる副引例が形式的に異なるだけでなく，新たな副引例が，実質的に見て，前の無効審判において主張した無効原因を基礎付ける事情以外の新たな事実関係を証明する価値を有する証拠といえるものでないと，一事不再理を理由に無効審判請求が認められないおそれがあると考えられます。

421

第5章◇審判・判定

4 記載要件違反の一事不再理効について

　設問の事案とは異なりますが，以下，実施可能要件（特36条4項1号），サポート要件（特36条6項1号），明確性要件（特36条6項2号）等の記載要件違反の一事不再理効についても，基本的な考え方を述べておきます。

　この点，メリヤス編機事件最高裁大法廷判決[6]は，審決取消訴訟における新規性の審理範囲について判断したものであって，その判旨は審決取消訴訟における記載要件の審理範囲の判断には及ばないと解することができます。

　そこで，審決取消訴訟における記載要件の審理範囲について，法条（条項号。以下同じ）単位で考え，同一法条の範囲で無効審判において審理判断の対象とならなかった新たな違法事由の審理判断を認めるという考え方において，記載要件の審理範囲と一事不再理効を関連させ，同一法条での紛争の一回的解決という観点を重視し，前に請求した無効審判請求において審理判断の対象とならなかった違法事由についても，前に請求した無効審判請求の審決取消訴訟で審理し，紛争の一回的解決を図ることができたことから，そのような違法事由についても一事不再理効が生じることになると考えることができます。ただ，記載要件の審理範囲と一事不再理効を関連させず，記載要件の審理範囲については法条単位の範囲で無効審判において審理判断の対象とならなかった新たな違法事由の審理判断を認めるけれども，一事不再理効については前に請求した無効審判において審理判断の対象となった特定の具体的な違法事由だけに限るという考え方もあり得ます。

　他方，審決取消訴訟における記載要件について，無効審判において審理判断されなかった違法事由については，裁判所が審決取消訴訟で審理することはできず，特許庁の第一次的な判断を経るべきである（これにより特許権者に訂正の機会を確保することもできます）とし，記載要件の審理範囲については，無効審判において審理判断の対象となった特定の具体的な違法事由のみに制限されるという考え方があります。この考え方によった場合には，一事不再理効が生じるのは，前に請求した無効審判請求において審理判断の対象となった特定の具体的な違法事由のみであって，前に請求した無効審判請求において審理判断の対象

422

とならなかった違法事由については，一事不再理効が生じることはないということになると解されます。

〔平野　和宏〕

■判　例■

☆１　知財高判平26・3・13判時2227号120頁。
☆２　最〔１小〕判平12・1・27民集54巻１号69頁。
☆３　知財高判平27・8・26（平26（行ケ）10235号）裁判所ホームページ。
☆４　知財高判平26・2・5判時2227号109頁。
☆５　知財高判平28・9・28判タ1434号148頁。
☆６　最〔大〕判昭51・3・10民集30巻２号79頁。

■注　記■

＊１　特許庁工業所有権制度改正審議室編『平成23年度特許法等の一部改正　産業財産権法の解説』133頁以下。
＊２　髙部眞規子『平成23年特許法改正後の裁判実務』L＆T53号（2011年）20頁以下。

●参考文献●

⑴　髙部眞規子『実務詳説　特許関係訴訟〔第３版〕』（金融財政事情研究会，2018年）384頁以下。

第5章◇審判・判定

 54　判　　定

(1) 判定請求の手続について説明してください。判定請求の後に同じ特許権について無効審判手続が係属した場合には，判定の手続はどうなりますか。
(2) 侵害対象者を特定しないで判定請求をすることはできますか。
(3) 医薬や農薬についての特許権の存続期間が延長された場合，その延長された特許権の効力について判定を求めることはできるでしょうか。
(4) 判定請求の手続で均等論についても判断を求めることはできますか。また，相手方は特許無効の主張ができるでしょうか。
(5) 判定の結果について法的な拘束力はありますか。不服申立てはできますか。

　　判定とは，特定の侵害対象（イ号）が特許発明の技術的範囲に属するかの特許庁の見解を求める手続です（特71条）。相手方の実施品のみならず，相手方が実施しようとしている非実施品について判定を求めることもでき，相手方を特定しない判定も可能です。判定請求は法的拘束力を有する行政処分には該当せず，不服申立ても認められていないことから，法律上，特許無効審判が請求されたことを理由に手続が中止される手当てはありません。判定は特許庁の見解を求めることにより紛争の解決に資することを目的とする手続であることから，延長された特許についても，消滅した特許についても判定を請求することは可能です。技術的範囲の属否が判定の対象であるため，均等侵害を主張することはできますが，相手方において無効の抗弁を主張することはできません。

Q54◆判　　定

☑キーワード

判定の手続，判定の効力，判定と無効審判，判定と均等論

解　説

1 判定の手続

（1）概　　論

特許権者は，業として特許発明を実施する権利を専有し（特68条），その権利の効力は広く第三者にも影響を及ぼすうえ，その効力は，特許権の存続期間満了による消滅後に存続期間中の第三者の侵害行為に対する損害賠償の請求をすることができるなど，長期間にわたるものでもあります。

そして，この間に，例えば，次のようなことが生じ得ます。①特許権者が第三者の特許権又は第三者の実施の対象物などについて，それが自己の特許発明の技術的範囲に属するものであるか否かを知りたい。②特許権者でない者が開発投資ないし事業の実施の計画中あるいは現実に実施中のものについて，それが特許権者の特許発明の技術的範囲に属するか否かを知りたい。

このようなときは，訴訟によることなく，問題となっている特許発明の技術的範囲について，権威ある判断が，専門的，技術的知見を有する特許庁によってされることが必要となってきます。

このため，その特許発明に関係する者の求めに応じて，特許庁が3名の審判合議体をして（特71条2項），専門的，技術的知見を生かし，その特許発明の技術的範囲（特70条）について公的な見解を表明する制度が，特許法71条を根拠法令とする判定手続です（審判便覧〔第17版〕58-00の1参照）。

もっとも，判定とは特許庁の鑑定的見解であるため，後述するように法的拘束力はありません。

425

第5章◇審判・判定

(2) 判定と無効審判

　判定の対象は法的拘束力のない特許庁の見解であって，鑑定的性質をもつにすぎません。そのため，対象となる特許につき無効審決が確定した場合（特125条参照）は，対象となる権利を欠くものとして却下されると考えられますが（特71条3項・135条参照），審判が係属したという理由だけで手続が中止されることはないと考えられます。審判において必要があると認められるときには他の審決が確定するまで手続を中止できる旨の特許法168条1項は，判定手続に準用されていません（特71条3項参照）。

　実際，過去には，無効審判の審決があるまで審理を保留にすべき旨の被請求人の主張があったものの判定に至った事例があります（昭40判定237号）。

2　相手方を特定しない判定

　判定制度は，紛争の予防，解決に資することを付託された制度であるため，対立当事者構造（請求人と被請求人が存在する形態）が原則のようにも見られがちで，現に特許法71条3項は同法134条1項（被請求人に対する審判請求書副本の送達及び答弁書提出機会の付与）を準用しています。

　しかし，他方，判定制度では，特許権者でない者がこれから実施しようとする実施形態について，他者の権利範囲に属しないことの確認を求めるといった利用形態も予定されています。そのような場合にあえて特許権者から「属する」旨の反論を得なければ合議体において判定できないというわけでもありません。

　『審判便覧〔第17版〕』（以下単に「審判便覧」といいます）においても，判定を利用する形態によって，相手方のない例として，㋐特許権者が，自分で実施しているもの，あるいは実施しようとしているものについて，判定を求める，㋑実施者が不明なものについて，特許権者が判定を求める，㋒専用実施権者が自分で実施しているものについて，判定を求める，㋓実施者が不明なものについて，専用実施権者が判定を求める，という例を記載しています（同58−01の2⑵イ）。

　対象物件（イ号）が仮想のもの（実施しようとしているもの）でもよいことと相俟って，相手方がいない（特定されていない）判定請求も許されているのです。

426

3 延長登録された特許と判定

(1) 延長登録

特許権の存続期間は，その特許発明の実施について安全性の確保等を目的とする法律の規定による許可，例えば，医薬品，医療機器等の品質，有効性及び安全性の確保等に関する法律（以下「薬機法」といいます）14条による医薬品の製造販売承認などの処分であって当該処分の目的，手続等からみて当該処分を的確に行うには相当の期間を要するものを受けることが必要であるために，その特許発明の実施をすることができない期間があったときは，5年を限度として，延長登録の出願により延長することができます。農薬取締法2条1項の登録についても同様です（特67条4項，特施令2条）。

(2) 判定請求の可否

判定に付託された役割とは，対象物が特許発明の技術的範囲に属するか否かについて，専門官庁である特許庁の見解を示すことにより，紛争の解決に資すること，紛争を未然に防止することです。そのため，特許発明の技術的範囲への属否につき紛争があったり，そのおそれがある場合において，判定を請求することができます。

その現れとして，判定は原則として権利の設定の登録後であれば，権利が存続期間満了により消滅した後であっても，その後20年が経過し損害賠償請求権の時効消滅に至るまで（民724条参照），請求できるとされています（審判便覧〔第17版〕58-03の1(3)）。

したがって，延長登録出願により延長された特許についても，延長された登録期間満了後20年が経過するまでは判定を請求できると考えられます。

(3) 延長された特許権の効力と判定

延長された特許権については，知財高裁大合議〔アバスチン事件〕☆1で，「物」に係るものとして，「効能，効果」及び「用法，用量」によって特定された特許発明の実施の範囲で効力が及ぶとの判断が示されましたが，これは法律（特68条の2）の解釈に関する論点であり，技術的範囲の属否とは無関係であるため，判定では判断されません（判定2014-60019参照）。

427

第5章◇審判・判定

4 判定における均等論・特許無効の主張

(1) 均 等 論

判定は，対象物が特許発明の技術的範囲に属するか否かにつき特許庁が公的見解を示す手続であることから，構成要件の文言充足の成否のみならず，均等論上の属否も審理の対象となります。

審判便覧においては，「均等の法理の適用の成否については，原則として，当事者から均等の法理の適用の主張があったときのみ判断する。均等との文言を使用していなくても実質的に均等を主張していると推認できるときは，明らかに均等の要件を判断するまでもないときを除き，均等の要件を判断する」と説明されています（同58-03の1(5)ウ）。

(2) 無効主張

これに対し，特許の有効性は技術的範囲の属否の問題ではいことから，判定の対象とはされていません。

審判便覧においては，「請求の趣旨自体が『本件特許発明は無効であるから，イ号は本件特許発明の技術的範囲に属しない』という判定の請求がされたものにとどまる場合は，無効審判の請求を促すとともに，本件判定の請求は取り下げるよう要請する。これに応じないときは本件特許発明の無効等については考慮せず審理を進める」と説明されています（同58-03の1(5)エ）。

5 判定の効力

(1) 効力と不服申立て

判定は，特許発明の技術的範囲についての特許庁（合議体）の公的な見解の表明であって，鑑定的性質をもつにとどまり，それには，何らの法的拘束力はなく，行政不服審査法（行審1条）における行政庁の処分その他公権力の行使に当たる行為に当たらないとするのが判例[2]です。

最高裁は，登録実用新案の技術的範囲についての判定に対する行政不服審査法による異議申立てについての裁決取消しが求められた事件において，以下の

ように判示しています。

「判定は，特許等に関する専門的な知識経験を有する３名の審判官が公正な審理を経て行なうものではあるが，本来，特許発明又は実用新案の技術的範囲を明確にする確認的行為であって新たに特許権や実用新案権を設定したり設定されたこれらの権利に変更を加えるものではなく，また，法が，旧特許法……84条１項２号所定の特許権の範囲確認審判や旧実用新案法……22条１項２号所定の実用新案権の範囲確認審判の審決について置かれていたような，判定に法的効果を与えることを前提とする規定を設けていないこと，他方，所論のごとく判定の結果が特許権等の侵害を理由とする差止請求や損害賠償請求等の訴訟において事実上尊重されることがあるとしても，これらの訴訟に対して既判力を及ぼすわけではなくして証拠資料となり得るに過ぎず，しかも，判定によって不利益を被る者は反証を挙げてその内容を争うことができ，裁判所もまたこれと異なる事実認定を行なうのを妨げられないことに思いをいたせば，それは，特許庁の単なる意見の表明であって，所詮，鑑定的性質を有するにとどまるものと解するのが相当である」。

「されば，特許法71条所定の判定は，行政不服審査の対象としての行政庁の処分その他公権力の行使に当る行為に該当せず，従ってまた，実用新案法26条により右特許法の規定を準用してなされた本件判定も，行政不服審査の対象と」なり得ない。

(2)　手続の不備を理由とする却下の決定に対する不服申立て

これに対し，判定請求につき，手続上の不備があり，決定をもって却下されたようなときには，行政不服審査法及び行政事件訴訟法の適用が認められるとされています（審判便覧〔第17版〕58－03の３⑷イ）。

〔岩坪　　哲〕

═══■判　例■═══

☆１　知財高判（大合議）平26・５・30判時2232号３頁・判タ1407号199頁。
☆２　最判昭43・４・18民集22巻４号936頁。

第 6 章

審決取消訴訟

審決取消訴訟の概要

(1) 審決取消訴訟とは，どういう訴訟なのでしょうか　どこの裁判所に誰を相手に訴えて，どのように審理が進んでいくのでしょうか。
(2) 拒絶査定不服審判の審決取消訴訟と，無効審判の審決取消訴訟とでは，何か訴訟手続上の違いや留意点はあるのでしょうか。
(3) 特許権侵害訴訟と違う点として，何か留意しておく必要があるでしょうか。

(1) 審決取消訴訟は，特許庁が行った「審決」という行政処分の違法性一般を審理する手続であり，特許権の進歩性の存否などの具体的な特許要件を判断する手続ではありません。
　　審決取消訴訟は，審決の謄本の送達があった日から30日以内に，知的財産高等裁判所に，審判事件の相手方を被告として訴えを提起します（特178条・179条）。審理の対象は，審決の違法性一般であり，審決取消訴訟において，新たな無効理由を主張することはできません。審理は計画的に行われますので，訴訟提起後に迅速な準備をすることが重要です。
(2) 平成23年の特許法改正により，取消訴訟において特許の訂正や補正ができない点で違いはなくなりました。また，無効審判の審決取消訴訟は「当事者系取消訴訟」であり，拒絶査定不服審判の取消訴訟は「査定系取消訴訟」という違いがありますが，主張立証の方法には相違はありません。
(3) 新たな無効理由の追加が許されない審決取消訴訟と異なり，特許権侵害訴訟の控訴審では，新たな無効理由の追加ができます。ただし，時機に後れた攻撃防御方法として却下されないためには，控訴理由書で主張立証するのが妥当です。また，和解や上告等の場面でも留意するべき点があります。

433

第6章◇審決取消訴訟

☑キーワード

審決取消訴訟の審理範囲，計画審理，当事者系取消訴訟，査定系取消訴訟，無効の抗弁（特104条の3）

解　説

1　審決取消訴訟の概要

（1）　審決取消訴訟とは

審決取消訴訟は，特許庁が行った審決という行政処分の違法性一般を審理する手続であり，特許権の進歩性の存否などの具体的な特許要件を判断する手続ではありません。審決の違法性一般とは，審決の実体上の違法性及び手続上の違法性も含まれます。

無効審判，拒絶査定不服審判等の審判手続は，行政機関である特許庁の審判合議体が行う準司法手続ですが，憲法上，「行政機関は，終審として裁判を行ふことができない。」（憲76条2項）とされていますので，裁判所での司法審査の機会として審決取消訴訟が設けられています。そして，特許法は，審決に対する取消訴訟について，行政事件訴訟法の特則を設けています（特178条・179条など）。

（2）　審決取消訴訟の管轄

行政機関による審決取消訴訟は，審判手続の準司法的性格や技術的な専門家である審判合意体の審理を尊重するべきという理由から，東京高等裁判所の専属管轄とされています（特178条1項）。平成17年に東京高裁の特別の支部として東京高等裁判所が設置されたことから，知的財産高等裁判所に訴えを提起します（知的財産高等裁判所設置法2条2号）。

（3）　審決取消訴訟の当事者

審決取消訴訟の原告となる資格のある者は，「当事者，参加人又は当該……審判……に参加を申請してその申請を拒否された者」（特178条2項）とされてい

434

ます。被告については，特許法上明文規定がありませんが，審判における相手方となります（特179条）。

　具体的には，無効審判に対する審決取消訴訟では，審決に不服がある当事者（無効審決の場合には特許権者であり，請求不成立の審決の場合には請求人）が，相手方当事者を被告とします。拒絶査定不服審判に対する審決取消訴訟は，特許出願人が特許庁長官を被告として訴訟を提起することになります。

(4)　提訴期間

　審決取消訴訟の提訴期間は，審決の謄本の送達があった日から30日以内です（特178条3項）。この期間は不変期間であり，当該期間を徒過した場合，審決取消訴訟の訴えは却下されます。もっとも，遠隔地や交通不便の地にある者について，審判長が職権で附加期間を定めた場合（特178条5項）には定められた日が，原告の責めに帰さない事由により出訴期間内に提訴できなかった場合は追完することができます（民訴97条，行訴7条）。

2　審決取消訴訟の審理範囲

(1)　問題の所在

　前述のとおり，審決取消訴訟は審判の続審ではなく，審判（行政処分）の違法性一般を判断するための手続ですから，審決取消訴訟でどのような内容を審理できるかが問題となります。すなわち，審決取消訴訟では，審判において審理判断されなかった無効理由について裁判所が判断できるかどうかという点が問題となります。

(2)　昭和51年最高裁大法廷判決〔メリヤス編機事件〕[☆1]

　昭和51年3月10日最高裁判所の大法廷は，従来の判例を変更し，拒絶査定不服審判請求及び無効審判請求に対する審決取消訴訟においては，当該審判で審理判断された特定の公知事実との対比における拒絶理由ないし無効理由と別個の公知事実との対比における拒絶理由ないし無効理由を主張することは許されないと判断しました。この大法廷判決は，旧法（大正10年法）における特許無効審判抗告審判の審決に対する取消訴訟ですが，この判決の法理は現行法においても妥当すると考えられます。

435

第6章◇審決取消訴訟

　この判例によれば，審決取消訴訟では，無効審判や拒絶査定不服審判で審理判断されなかった新たな無効理由を主張することができないことになります。具体的には，審判で公知文献Aに基づく進歩性欠如（特29条2項）だけが審理判断された場合，取消訴訟において，サポート要件違反（特36条）や公知文献Bに基づく進歩性欠如の無効理由を主張することはできません。

(3)　審決取消訴訟で新たに提出できる証拠

　上記の最判に対しては，審決取消訴訟における審理範囲をより柔軟に画する必要があるのではないかとする多数の学説があり，「審判において，特定の公知事実との対比における拒絶理由ないし無効理由の存否が実質的に審理され，かつ，その審理において，当事者に対する弁明の機会が与えられているときには，審決取消訴訟において，審決の行った，特定の公知事実と当該発明との一致点・相違点に関する認定・判断，容易想到性を基礎付ける公知事実の組み合わせの選択，容易想到性の認定・判断などの点において，形式的には異なる拒絶理由ないし無効理由の存否に係る主張がされた場合であっても，一律的画一的に，当該主張を審理判断の対象とすることが許されないと解すべきではない。」とする裁判例もあります☆2。

　実務上は，審決取消訴訟で，主引例となる公知文献を新たに追加することや審判で審理されていない無効理由を新たに主張することは許されませんが，出願時の技術常識や周知技術を立証するための証拠を提出することは許容されています☆3。

3　審決取消訴訟の審理

(1)　審決取消訴訟の提起

　審決取消訴訟は，行政事件訴訟法に規定のない事項については民事訴訟法の定めるところにより行うとされており（行訴7条），原告が，知財高裁に訴状を提出することにより開始されます。訴状には，取消訴訟の対象となる審決を添付します。特許権侵害訴訟の控訴審が第1審の続審であることと異なり，審決取消訴訟は，審判の続審ではありませんので，審判において提出された主張や証拠は当然に引き継がれません。よって，審決取消訴訟では，改めて主張や証

Q55◆審決取消訴訟の概要

拠を提出することになります。実務上，審判手続で提出されたすべての証拠は
概ね訴状提出から2週間後に提出が求められます。また，必要があれば，審判
手続で提出された主張書面（審判の口頭審理で提出された口頭審理陳述要領書など）も
提出します。

　これに対して，被告は訴状送達後，速やかに答弁書を提出します。訴状には
具体的な取消理由が書いていないので，答弁書の内容は単に原告の主張を争う
旨の形式的なものでかまいません。

　書面の具体的な記載例は，知財高裁のホームページが参考になります（http://
www.ip.courts.go.jp/tetuduki/form/form_teish/index.html）。

(2)　審理方法（計画審理）

　通常の訴訟では，訴訟が提起されたとき口頭弁論が開かれますが，審決取消
訴訟では，口頭弁論を開くことなく，弁論準備手続が指定されます。第1回弁
論準備期日の指定とともに，裁判所は，第1回弁論準備手続期日までに，期限
を定めて，原告に対しては，取消事由をすべて記載した準備書面と証拠の提出
を求めます。また，被告に対して，原告の主張に対する反論の準備書面の提出
を求めることもあります。知財高裁における審決取消訴訟手続の流れは，同裁
判所ホームページに詳しい説明があります（http://www.ip.courts.go.jp/tetuduki/
form/form_youkou/index.html#nagare）。

　第1回弁論準備手続期日では，双方の当事者の主張の整理や必要に応じて被
告の反論や原告の再反論を指示し，その後の進行スケジュール（書面提出日，技
術説明会の有無等）を調整します。その後の弁論準備手続期日でも，計画的かつ
集中的に主張立証を行わせ，必要に応じて技術説明会を実施します。技術説明
会では，一般的には両当事者が，映像や模型を用いて裁判官に対し，対象とな
る特許発明の技術的な内容や無効理由の存否を説明します。また，裁判所は，
必要に応じて専門委員（民訴92条の2など）を選任し意見を求めます。一般的に
は，上記の弁論準備手続は2回程度で終了し，審理を終結するための口頭弁論
を開いたうえで，判決の言渡しを行います。

　このように，審決取消訴訟の審理は計画的になされ，訴訟が提起されてから
審理終結されるまでの期間が極めて短いので，訴訟が提起されたら，速やかに
準備を行う必要があります。

第6章◇審決取消訴訟

4 拒絶査定不服審判の審決取消訴訟と無効審判の審決取消訴訟との相違点や留意点

（1）査定系取消訴訟と当事者系取消訴訟

拒絶査定不服審判は，特許出願人が特許庁（審査官）の行った拒絶査定の是非について，特許庁（審判合議体）に再確認を求める手続ですので，審決取消訴訟の当事者は，特許出願人と特許庁長官となり，「査定系取消訴訟」と呼ばれています。これに対し，無効審判は，対象特許を無効と主張する者（請求人）と特許権者とが主張立証を戦わせて，特許庁（審判合議体）の判断を求める手続ですので，審決取消訴訟の当事者は，請求人と特許権者となり，「当事者系取消訴訟」と呼ばれています。

いずれの取消訴訟も，裁判所は，原則として，双方当事者の主張立証に基づいて審理をしますから，手続において相違点はありません。

（2）対象特許に関する訂正・補正

平成23年の特許法改正前は，無効審判の審決取消訴訟では，訴訟の提訴日から起算して90日以内は，訂正審判を提起することが許容されており（旧特126条2項），審決取消訴訟時に補正ができない点で，拒絶査定不服審判の審決取消訴訟と相違していました。

しかし，平成23年改正で，裁判所と特許庁のキャッチボール現象を解消するため，無効審判手続において審決予告の制度（特164条の2）を採用し，審決予告の際に訂正の機会を与える代わりに，審決取消訴訟においては訂正審判が行えなくなりましたので，上記の相違はなくなっています。

5 特許権侵害訴訟との相違点や留意点

（1）特許権侵害訴訟における無効の抗弁（特104条の3）

特許法の平成16年改正で，特許権侵害訴訟において，「当該特許が特許無効審判により又は当該特許権の存続期間の延長登録が延長登録無効審判により無効にされるべきものと認められるときは，特許権者又は専用実施権者は，相手方に対しその権利を行使することができない」（特104条の3）と規定されたこと

438

Q55◆審決取消訴訟の概要

から，被告は，特許庁における特許無効審判とともに，侵害裁判所において無効の抗弁を主張して，特許権の有効性を争うことができるようになりました。

(2) 特許権の有効性を争える時期

特許権侵害訴訟では，第1審と知財高裁における控訴審で，特許権の無効理由を争う機会があり，無効審判請求の審決取消訴訟では，特許庁での無効審判手続と知財高裁での審決取消訴訟で無効理由を争う機会があります。

前述のとおり，審決取消訴訟においては，新たな無効理由を追加することは許されませんから，どのような無効理由を主張するかは，無効審判請求時に確定をしておく必要があります。

これに対し，特許権侵害訴訟では，第1審で無効の抗弁を主張していない場合や第1審で主張した無効理由が認められなかった場合，控訴審で新たに無効理由を主張することができます。もっとも，控訴審で新たに提出した攻撃防御方法が，「当事者が故意又は重大な過失により時機に後れて提出したもので，これにより訴訟の完結を遅延させることとなる」ときは，時機に後れた攻撃防御方法として却下されることがあります（民訴157条1項）。そのため，特許権侵害訴訟においても，無効の抗弁は，第1審から積極的に主張立証するべきであり，事情により第1審で主張できず，控訴審で新たに無効理由を主張する場合でも，最初に提出する主張書面である控訴理由書において主張立証することが必要です。

(3) 和　　解

特許権侵害訴訟も審決取消訴訟も，当事者が和解によって訴訟を終了することができます。ただし，無効審判に対する審決取消訴訟の場合には，和解条項について注意する必要があります。すなわち，無効審判において「特許無効」の審決がなされ，それに対する審決取消訴訟がされている場合，特許権の有効性を維持しながら，請求人に対し権利行使をしないなどの内容の和解をするときは，審決取消訴訟を終了させただけでは，特許を無効とする審決が確定してしまいます。そこで，このような和解をしたい場合には，無効審判を取り下げたうえで，審決取消訴訟を終了させる必要があります。

(4) 上　　告

特許権侵害訴訟の控訴審の判断や審決取消訴訟の判決に不服がある場合，最

第 6 章◇審決取消訴訟

高裁判所に上告や上告受理申立てが行えることに，相違はありません。

　ただし，審決取消訴訟において，審判が取り消されて特許庁に審理が戻る場合，どのタイミングで上告等を行うかは注意が必要です。具体的には，無効審判（第 1 次）において，公知文献Aに基づく進歩性欠如で特許が取り消されたが，審決取消訴訟（第 1 次）において，公知文献Aに基づく進歩性欠如がないとして第 1 次審決が取り消された場合，「公知文献Aに基づく進歩欠如の有無」を上告等で争いたいと考える場合には，第 1 次審決取消訴訟の判決から 2 週間以内に上告等を行う必要があります。これを看過した場合，「公知文献Aに基づく進歩性欠如がない」との第 1 次審決取消訴訟の判断が確定し，取消後に行われる無効審判（第 2 次）に対する審決取消訴訟（第 2 次）やその上告等では，第 1 次審決取消訴訟の判断を争うことができません。

〔井上　裕史〕

■判　例■

　☆1　最〔大〕判昭51・3・10民集30巻 2 号79頁。
　☆2　知財高判平19・5・30（平18（行ケ）10260号）裁判所ホームページ。
　☆3　最判昭55・1・24民集34巻 1 号80頁。

●参考文献●

　(1)　中山信弘＝小泉直樹編『新・注解特許法〔第 2 版〕（下巻）』（青林書院，2017年）。

56　取消理由(1)

(1) 審決取消理由には，どのようなものが考えられるのでしょうか。

(2) 審決の進歩性判断において，本願発明と主引例との一致点や相違点の認定の誤りがあった場合，取消理由として，それらを個別に指摘するパターンと，進歩性判断の誤りにまとめるパターンとが考えられると思いますが，いかがでしょうか。

(1) 審決取消理由とは，行政処分たる無効審判等の特許庁の審決を取り消すべき理由（特181条1項）を意味し，行政処分を取り消す形成訴訟として，取消事由ともいわれます。審決取消訴訟の訴訟物は，行政処分である審決の違法性一般を意味するため，審決取消理由は審決を違法として取り消すべき瑕疵を意味しますが，何が審決取消理由に相当するかについては，行政事件訴訟法等の理解が必要です。審決の瑕疵は，大きく手続上の瑕疵と実体法上の瑕疵に分かれます。手続上の瑕疵は，例えば，拒絶査定時点で引用されていた文献と異なる刊行物の記載事項をもって拒絶査定を維持すべきと判断した場合に，改めて拒絶理由通知を発することなく拒絶審決をなし，出願人から補正や意見書提出の機会を奪ったと評価される例等があります。実体法上の瑕疵は，例えば，特許無効審判の審決取消訴訟であれば，明確性，サポート要件，実施可能要件，新規性，進歩性等の実体法上の特許要件に関する審決の理由中の判断の誤りが，取消理由の典型例となります。ただし，審決の理由の誤りが，単なる判断過程の誤りであり，実体要件の結論に影響のある誤りでない場合，審決取消理由に相当しません。

(2) 特許発明の進歩性は，通常，特許発明と技術分野や課題が共通する主引用発明とを対比して，その一致点と相違点とを特定した上で，主引用発明から出発して相違点に対応する技術的事

第6章◇審決取消訴訟

項を含む副引用発明や周知技術を適用することで特許発明の発明特定事項に容易に想到し得ると論理付けできるかを検討して，進歩性の有無を判断します。審決の理由のこれらの判断過程に誤りがある場合，一応，実体法上の瑕疵と位置付けられます。他方，結論に影響しない単なる判断過程の誤りは，取消理由として相当でないため，審決の理由の個々の判断過程の誤りを単独で取消理由に位置付けるよりも，例えば，特許発明と引用発明を抽出する刊行物とをもって，後述のメリヤス編機大法廷判決にいう無効理由の単位とし，その結論の誤りをもって独立した取消理由を構成する考え方があります。

☑キーワード

原処分主義と裁決主義，審判実務との連動，進歩性の判断手法，訴状モデル書式

解　説

1　行政事件訴訟としての審決取消理由の位置付け

(1)　審決取消訴訟の訴訟物

　審決取消理由とは，行政処分たる無効審判等の特許庁の審決を取り消すべき理由を意味し，行政処分を取り消す形成訴訟として，取消事由ともいわれます。

　特許法181条1項は，「裁判所は，第178条第1項（注：審決取消訴訟等）の訴えの提起があつた場合において，当該請求を理由があると認めるときは，当該審決又は決定を取り消さなければならない。」と定めており，何をもって審決取消理由になるかは，裁判所の判断に委ねていますので，審決取消訴訟の趣旨に遡って判断されます。

　審決取消訴訟の訴訟物は，行政処分である審決の違法性一般とされますの

で，審決取消理由は，審決を違法とすべき瑕疵を意味することになり，実体法上の瑕疵だけでなく，手続上の瑕疵も対象に置かれます。

ただし，具体的に何が審決を違法として取り消すべき瑕疵に当たるかは，行政事件訴訟法の取消理由一般の理解，後述のメリヤス編機大法廷判決の影響，及び紛争の一回的解決の要請といった実務の動向も踏まえ，具体的事件ごとに検討していく必要があります。

(2) 行政事件訴訟法における取消理由の考え方

(a) 原処分主義と裁決主義

無効審判請求事件等における特許庁の審決等（特許異議申立事件における取消決定等を含みます）は，無効審決にせよ不成立審決にせよ，行政処分であり，審決取消訴訟は，特許法に特則をおく行政事件訴訟法9条にいう取消訴訟に当たります。

行政事件訴訟法における取消訴訟の取消理由に関しては，原処分（特18条の手続却下処分等）に関する処分の取消しの訴え（行訴3条2項）と，裁決（行審4条の審査請求等）に関する裁決の取消しの訴え（行訴3条3項）との両方ができる場合，その裁決の取消しの訴えにおいて，裁決に固有の瑕疵のみが取消理由になり（原処分主義），原処分の瑕疵を裁決の取消理由にできないものと定める一方（行訴10条2項）[*1]，拒絶査定や特許査定等の原処分の違法性について，裁決を経て（審査請求前置主義），かつ，裁決の取消しの訴えとしてしか原処分の取消訴訟を提起できない場合，裁決の取消しの訴えにおいて，裁決の理由にその取消理由を限定することなく，原処分の違法性も取消理由にできる（裁決主義）と整理されています。

(b) 特許要件の結論に着目した審決取消訴訟の取消理由

行政不服審査法の施行に伴う関係法律の整備等に関する法律（平成26年法律第69号）により，審査請求前置主義を定めていた特許法184条の2が削除されたことで，例えば，審判請求する対象ではない特許査定等の原処分の適正手続違反等を取消理由とする場合は，審査請求を経ることなく，直接，通常の行政事件訴訟として取消訴訟を提起できる場合もあります[*2]。

ただし，特許庁に対して審判請求せざるを得ない事項に関する訴えは，審決取消訴訟として訴えを提起する必要がありますので（特178条6項[*1]），例えば，

第6章◇審決取消訴訟

　無効審判請求事件を念頭におけば，特許法123条1項各号の無効審判請求ができる実体要件である特許要件*2の特許査定の判断については，特許庁に無効審判請求を行い，審決を経てから審決取消訴訟として訴えを提起するルートに限定されており，審決の違法性だけでなく，原処分である特許査定の特許要件の判断の誤りも審決取消理由にすることができる裁決主義に従います。

　特許査定も審査官の専門的・技術的知見に基づき判断される行政処分ですが，例えば，特許法29条1項の新規性の判断は，裁判所が実体要件として判断し，審査官の要件裁量の適法性を判断しますので，実質的に羈束裁量行為*3であるため，特許要件の判断の誤り（瑕疵）が，審決取消理由になり得るものです☆3。

　なお，訂正審判請求事件の不成立審決の審決取消訴訟においては，想定すべき原処分はありませんが，訂正要件を否定する審決ですから，取消理由として独立特許要件も含めた訂正要件の判断の誤り（瑕疵）が審決取消理由になり得るのは同様です。

　裁判所の傾向としては，資料等の制約がなく，紛争の一回的解決を重視できる事案の場合，特許要件の判断の結論を重視し，取消理由の主張についても，実体法に沿って最終的に審決の結論が誤っている事実を明らかにするよう整理し，行政理由の差替えによる結論の維持については，これを許容する傾向があると理解されます☆4。

（c）　**審決の理由に着目した取消理由**

　一方，行政事件訴訟法30条は，政策判断や専門的・技術的知見に基づく判断が必要となる行政分野で，行政庁に一定の裁量を認めることを前提として，その裁量権の踰越や濫用として，行政処分の違法性を広く司法判断できることを規定する条項です。

　行政庁に一定の裁量があることを前提とする行政事件の裁判所の司法審査は，行政判断の形成過程が合理的であるかを段階を追って審査する手法をとるのが一般的で，取消理由も常に実体法の結論と一致するわけではありません。

　具体的には，行政処分の理由に，事実誤認があるか，実体要件の解釈・適用の要件裁量に濫用があるか，手続選択の裁量に濫用があるか，行政処分の効果裁量に濫用があるか，行政処分を行う時の選択の裁量に濫用があるかという観

444

点で段階的に審査し，その過誤の重要性を踏まえ，行政処分の適法性を判断します。

審決取消訴訟の対象である審判請求又は取消申立てができる事項は，各実体要件が判断されれば，特許を付与しない（拒絶審決），取り消す（取消決定），無効とする，しない（無効審決，不成立審決），訂正を認めない（訂正拒絶審決）等の行政処分をなすことが一義的に法定されていますので，適切な裁量の範囲内であるかについての判断は，事実誤認，要件裁量，及び手続裁量に対してなされます（効果裁量，時の裁量は，関係しません）。

これらの判断過程に誤りがあり，その過誤が看過できない重大な瑕疵である場合は，審決取消訴訟の取消理由になります。

ただし，審決の結論に影響を及ぼさない瑕疵については，行政事件訴訟として考えても，審決の結論自体は適法ですので，原則，取消理由には相当しません。

裁判所の傾向としては，審判段階で実質的な争点となっておらず，裁判資料等にも制約のある事案の場合，行政事件訴訟の一般的手法と同様，審決の理由の段階的判断の合理性を検討し，その判断の誤りを取消理由とする場合があります。

例えば，進歩性欠如を理由とする拒絶審決の審決取消訴訟において，相違点の看過の誤りが認められた場合，特許庁の職権調査（特153条1項）による公知文献の補充や，これに対する出願人の補正の機会（特159条2項）等への配慮から，新たな相違点に関する最終的な容易想到性の判断を示すことなく，拒絶審決を取り消す場合等が典型です。

（d）　**審決取消訴訟の実務における審決取消理由の位置付け**

審決取消訴訟では，まず，原告が，不服とする審決を訴状に添付して（証拠として提出はしません），かつ，実体法上の主張・立証責任の分配論とは別に[*4]，審決の理由を認否することが求められます。

これは，審決の結論だけでなく，審決の理由を審決取消訴訟で訴状で主張したものとした上，原告が，審決の判断の過程のいずれの誤り（瑕疵）を取消理由とするかを明らかにするための争点提示義務を果たすため定着してきた実務です。

第6章◇審決取消訴訟

特に，審決は，特許法157条2項4号により，結論及び理由を文書をもって行うと定められ，最判昭和59年3月13日〔非水溶性モノアゾ染料の製法事件〕☆5等の裁判所の指導により，判決の理由に比すべき詳細な理由の記載が求められる行政処分であり，例えば，税関における輸入差止命令等，行政理由を詳細に示さない行政処分等と比較すると，その判断過程を検証しやすい行政処分といえます。

また，平成5年の『特許・実用新案審査基準』の改訂後は，少なくとも，行政規範として審査基準に沿った判断経緯が審決の理由に示されますので，審決の理由に沿って検証を行えば，これらの判断手法に沿うことになる特徴もあります*5。

ただし，あまり細かく審決の理由の認否を行った上，審決の事実誤認等を個別に羅列しても，結論である特許要件の充足性の有無については，取消理由として把握することが難しくなる傾向があります。

このため，平成31年に知的財産高等裁判所が公表した改訂訴状モデル書式では，例えば，進歩性に係る取消理由に関しては，大見出しとして，引用発明に基づく特許発明の進歩性の判断の誤りを取消理由として，必要に応じて，小見出しとして，引用発明の認定の誤りや一致点及び相違点の認定の誤り等の判断過程の誤りを主張する方法を推奨するとともに，（大見出しでの取消理由に係る）結論に影響を及ぼさない誤りが審決取消理由に相当しないことを明記しました。

したがって，審決取消理由の実務としては，特許要件の結論と審決の理由との上記取消理由の2つの立場の止揚が図られているものです。

2 メリヤス編機大法廷判決による取消理由の制限

（1） 新証拠提出の制限からの検討事項

以上の行政事件訴訟法に基づく原則的な取消理由の考え方は，審決取消訴訟においては，最高裁大法廷昭和51年3月10日判決〔メリヤス編機事件〕☆6により重大な修正がなされています。

メリヤス編機大法廷判決は，当時の審決取消訴訟の専属管轄裁判所であった

東京高等裁判所で定着していた，特許庁で審理されていない新たな無効理由の主張を許さない実務を追認したもので，大法廷判決として判例変更を行った旧法時代の新規性の判断に関する判決です。

概要，特許庁の専門的知見に基づく準司法判断を行う審判手続を尊重して，審決取消訴訟の取消理由は，特許庁で現実に争われた特定の無効原因に関するもののみに限定されるとして，これら以外の無効原因を審決取消訴訟段階で新たに主張・立証することができないとしました。

審決取消訴訟段階の新たな証拠の提出に関しては，技術水準や技術常識等の補助事実を立証するための証拠提出[7]や，商標不使用取消審判請求事件の取消審決に対する商標の使用事実の立証[8]といった専門的な知見を必要としない事実論に関する証拠提出は許容されていますが，例えば，新規性欠如を主張するために引用発明を記載する別の刊行物を新たに提出することはできません。

メリヤス編機大法廷判決については，無効の抗弁が法定された平成16年改正以降，その射程範囲を制限すべきとの考えも有力ですが，例えば，同じ記載要件の問題として，明細書を証拠としても共通にする事案であっても，実施可能要件違反の無効理由に関する無効審判請求事件の不成立審決を念頭においた場合，その審決取消訴訟において，特許庁では判断されていないサポート要件違反等の新たな無効理由を主張できないのが実際であり，審決取消訴訟の実務全般に現在も広く影響を及ぼす先例です。

⑵　無効理由の単位としての検討事項

前記のとおり，メリヤス編機大法廷判決では，特許庁で現実に争われていない無効原因を審決取消訴訟の取消理由にすることができないと判示したものです。

この無効原因は，無効理由の単位ともいわれますが，特許庁で現実に争われた無効原因の範囲をどう考えるべきかについて，事件ごとに検討する必要があります。

特に，従前，メリヤス編機大法廷判決が判断を示した無効原因の範囲は，特許法167条の一事不再理効が及ぶ範囲であった同一事実及び同一証拠であるかに照らして，適用条項を基準に判断する考え方が主流であり[9]，判決当時の

447

第 6 章◇審決取消訴訟

審判実務との関係では，審判に提出されていない新証拠に基づく新主張ができ
ないということのほうが重要で，特許庁で主張された同一の適用条項と同一の
刊行物の範囲内であれば，特に取消理由としての適格性は議論されていません
でした。

　しかしながら，平成10年改正により，審判請求の補正について理由の変更を
審判請求の要旨変更として許容しないよう特許法131条2項（現行特131条の2第
1項3号）の改正があり＊6，平成15年改正により，審判長の裁量で審判請求の
補正が許容される場合を定めたとはいえ（現行特131条の2第2項2号）＊7，審判
請求事件中の審判請求の理由の変更や追加は極めて困難になりました。

　このため，メリヤス編機大法廷判決にいう無効原因の範囲も特許庁で実際に
主張された態様に近づけて取消理由を考えることが主流になっています。

　例えば，進歩性欠如の無効原因であれば，審判段階で，主引用発明に適用す
る周知技術として主張してきた無効理由につき，訴訟段階では，周知技術の主
張を裏付けていた複数の刊行物から1つを選択して，公知発明の副引用発明と
して適用することを容易想到と主張した事案において，特許庁で現実に争われ
た無効理由でないとして，取消理由にならないとした判決もありますし＊10，
主引用発明と副引用発明との入替えの新主張による取消理由についての考え方
も，元になるのは無効審判請求事件で主張の態様の制約があるからです（**Q60**
参照）。

　なお，審判請求の補正が困難になった関係で，審判請求時に多数の無効理由
が逆に主張されるようになる中，そのうちの1つの無効理由をとりあげ無効審
決がなされた場合は，審決取消訴訟で数多くの無効理由を取消理由として取り
扱うべきかという問題も生じています。

　例えば，無効審決を維持する棄却判決をなすに当たり，審決と同じ理由で無
効であると心証を得た場合は問題ありませんが，審決の理由は誤りであって
も，いずれか1つの無効理由が成り立つため結論が変わらないことまで常に判
断すべきか，また，無効審決を取り消す判決をなすに当たり，すべての無効理
由が成り立たないため，特許を維持する結論に変わることまで常に判断すべき
かとの問題があります。

　この場合，特許庁で他の無効理由も十分争われ，既提出証拠で心証が確定で

きるかを検討し，審判態様も含め特許庁で現実に争われた無効原因の範囲を検討した上で，事案ごとに適切な取消理由にできる範囲が決まります。

このように，メリヤス編機大法廷判決が示した特許庁で現実に争われた無効原因の範囲については，特許庁の審判実務の変化に伴って，具体的にどのような無効理由の単位として取消理由の適格性があるかを考えるかについては，事案ごとに分析する必要があるものです。

3 審決取消理由の例

(1) 手続上の瑕疵

審決の瑕疵は，大きく手続上の瑕疵と実体法上の瑕疵に分かれます。

手続上の瑕疵は，例えば，実質的に拒絶査定で引用されていた文献と異なる刊行物に記載されている事項をもって，別の刊行物に記載された発明を理由に新規性や進歩性の欠如を理由としていた拒絶査定を維持すべき拒絶審決をなすに当たり，改めて拒絶理由通知を発することなく拒絶審決をし，出願人から補正や意見書提出の機会を奪ったと評価される場合が典型例です。

手続上の瑕疵は，特許法123条1項各号で無効審判請求できる事項を定めている実体法上の瑕疵と異なり，審判請求する事項を個別に規定するものでありませんが，前述のとおり審決取消訴訟の訴訟物が，行政処分である審決の違法性一般となりますので，その手続上の瑕疵も審決取消理由になります。

なお，原処分である特許査定における手続上の違法は，審判請求できる事項として法定されていませんから，原処分主義に従うものであり，審決取消理由には当たりません。

一般的に，行政処分の取消訴訟において，手続上の瑕疵が審決の結論に影響を及ぼさない場合は取消理由にはなりませんし，審決取消訴訟にあっても同様となります☆11。

(2) 実体法上の瑕疵

実体法上の瑕疵については，すでに詳述してきたとおりですが，判断過程の認定の誤りとその結論の誤りとに分けることができ，結論の誤りが審決取消訴訟の取消理由になりますが，判断過程の誤りの場合，さらに，その誤りが結論

第 6 章◇審決取消訴訟

を変更しない誤りであるかが検討されます。

特許無効審判の審決に係る審決取消訴訟であれば，発明性，明確性，サポート要件，実施可能要件，新規性，進歩性等の実体法上の特許要件に関する審決の判断の誤りが，実体法上の誤りとしての取消理由の典型例となります。

以下，進歩性に関する争い方として，設問の審決取消理由を説明します。

(3) 進歩性欠如の審決取消理由の主張の仕方

(a) 進歩性の判断手法

特許発明の進歩性の判断に当たっては，通常，対象特許発明と技術分野や課題を共通にする主引用発明を選択し（用途発明等の進歩性の検討に当たっては，別分野から発明特定事項を共通にする引用発明を選択する場合もあり，この場合は，転用の容易想到性が検討されます），対象特許発明と引用発明とを対比し，その一致点となるべき範囲を確定させ，相違点を特定した上，他の刊行物に記載された副引用発明や周知技術を主引用発明に適用してすべての相違点を備えた発明に容易に想到し得ることを論理付けできるか否かを判断して，その進歩性の有無が判断されます。

具体的な手順としては，対象特許発明の発明の要旨認定，主引用発明の選定と認定，対象特許発明と主引用発明との対比による一致点の認定と相違点の特定，相違点に対応すべき副引用発明又は周知技術の認定，主引用発明から出発し副引用発明又は周知慣用技術を適用することで相違点を有する対象発明に想到し得ると論理付けできるかという容易想到性の判断，及び論理付けに際して阻害事由があるか否かの検討という一連のプロセスを経て判断されます。

特に，論理付けが十分であるかについては，主引用発明から出発して，副引用発明を適用することが動機付けられているかを検討するものとされており＊8，『特許・実用新案審査基準』では，技術分野の関連性，課題の共通性，作用・機能の共通性，引用発明の内容中の示唆を総合的に＊9検討することを必要としています。

(b) 進歩性に関する審決取消理由の主張の仕方

審決の理由に開示される前項の判断過程の個々の誤りは，実体法上の瑕疵として審決取消理由に位置付けられ，その結論を変更しないものであるかが検討されます。

個々の判断過程の誤りは，事実誤認や要件裁量の誤りですので，詳述してきたとおり，単独で取消理由に相当するかは，事案ごとに異なります。

類型的に取消理由に該当しやすい誤りは，設問にある一致点や相違点の誤りという事実誤認ですが（その理由が，対象特許発明の発明の要旨認定の誤りからくる場合もあれば，引用発明の抽出段階での誤りによる場合もあり，対比段階でこれら発明の技術的意義を踏まえた検討不足の場合もあります），容易想到性に関する判断に基づく最終的な進歩性の結論が変わらない場合，これらの事実誤認があっても，結論を変更しないとして取消理由にならない場合もあります。

このため，設問にあるとおり，実務的に取消理由としては，引用発明ごとの進歩性の判断の誤りとして，とりまとめておくことがわかりやすい主張の仕方となりますし，改めて進歩性の実体的な主張も可能となります。

前述のように，平成31年1月29日及び2月18日に知的財産高等裁判所で公表された審理要領・書式改訂に当たっては，訴状のモデル書式で，この考え方がとりいれられている次第です。

〔小池　眞一〕

―■判　例■―

☆1　東京地判平18・8・4裁判所ホームページ〔透析における廃液サンプル収集装置事件〕は，審査請求の期間徒過に伴う特許法18条の2に基づく却下決定に対し行政不服審査法の異議申立て（審査請求）を行ったものの同じく審査請求の期間徒過の理由で棄却決定となった事案において，取消訴訟で主張された期間徒過の判断の違法をいう取消理由に関して，原処分主義の下，異議棄却決定に固有の瑕疵（理由）でないため，行政事件訴訟法10条2項の取消理由には当たらないとして却下しています。

☆2　真意と異なる補正により得た特許査定に対して，特許権者が行政事件訴訟として取消訴訟を提起し得たとする知財高判平27・6・10判時2360号36頁〔1－〔（6，7－置換－アルコキシキノキサリニル）アミノカルボニル〕－4－（ヘテロ）アリールピペラジン誘導体事件〕。

☆3　特許に関する審決取消訴訟において，裁決主義を根拠として実体要件である無効事由がその取消理由になることは，大阪地判平27・9・17裁判所ホームページ〔常緑キリンソウフジタ事件〕でも傍論で説明されています。

☆4　知財高判平24・2・8判時2150号103頁〔電池式警報器事件〕，知財高判平29・1・17判タ1440号137頁〔物品の表面装飾構造及びその加工方法事件〕等。

第6章◇審決取消訴訟

- ☆5　最判昭59・3・13裁判集民事141号339頁〔非水溶性モノアゾ染料の製法事件〕。
- ☆6　最〔大〕判昭51・3・10民集30巻2号79頁〔メリヤス編機事件〕。
- ☆7　最判昭55・1・24民集34巻1号80頁〔食品包装容器事件〕。
- ☆8　最判平3・4・23民集45巻4号538頁〔CHEY TOI事件〕。
- ☆9　最判平4・4・28民集46巻4号245頁〔高速旋回式バレル研磨法事件〕。
- ☆10　知財高判平30・7・19裁判所ホームページ〔遊戯装置，およびその制御方法事件〕。
- ☆11　最判昭51・5・6裁判集民事117号459頁〔中空成型法事件〕，無効審判請求事件係属中に訂正審判請求事件を別途係属させることができた旧法時代の判例で，無効審判請求事件係属中の訂正認容審決があるとの経緯で，無効審判請求人に意見を述べる機会を与えずに不成立審決をなしたことを手続違反の瑕疵として取り消した事例です。独立特許要件の観点から，実際問題として，訂正を認める審決がなされた以上，無効審判請求事件でも請求不成立の審決がなされる点は明らかでしたが，メリヤス編機大法廷判決を引用して，審決取消訴訟で新たな公知例と比較して審決の結論が変わらなかったか否かを裁判所が判断できない以上，無効審判請求人に意見を述べる機会がなくても結論が変わらないと判断することもできないとしている点が特徴です。

■注　記■

- ＊1　同条項は，審判請求事項全般の裁決主義を定める根拠条文です。なお，特許法178条1項の審決取消訴訟としての東京高等裁判所（その特別支部である知的財産高等裁判所）の専属事物管轄を定める訴えの規定とは異なり，特許法178条6項の「審判を請求することができる事項」との文言には，例えば，異議申立事由（特113条各号）は該当しません。ただし，異議申立ての場合，却下決定（特許維持決定）には不服申立てができず，取消決定には，特許権者が原処分である特許査定の違法を主張する必要が通常ありませんので，（取消）決定取消訴訟で裁決主義をとらなくても，不都合が通常生じません。
- ＊2　特許法49条各号の登録要件（拒絶事由）のうち，発明の単一性要件や先行技術文献情報開示要件等は，主に審査の便宜の要件ですので，特許法123条1項各号の実体要件（無効事由）に該当しません。
- ＊3　民事訴訟である侵害訴訟で無効の抗弁（特104条の3）が制定されるまで，進歩性，実施可能要件，サポート要件などについては，審査官に一定の裁量が委ねられ，裁判所の心証と異なっていてもよいという考え方もありましたが（豊岡静男「特許庁における審理業務の在り方」特技懇239号24頁），現在，特許要件に関する特許庁の要件裁量が適法となる範囲は，実体要件の裁判所の判断と軌を一にしているものと理解してよいものです。
- ＊4　例えば，進歩性欠如の無効審決がされ，特許権者が審決取消訴訟を提起した場合を想定すれば，実体法上の主張立証責任の分配からすれば，請求人である被告が引

用発明の主張やその容易想到性の主張を行うことになりますが，無効審決を訴状に
添付し，その認否をすることで，少なくとも，無効審決の理由の範囲で主張があっ
たことになり，原告が認めた範囲で事実が確定します。

＊5　平成5年に改訂された『特許・実用新案審査基準』まで，わが国には主引用発明
と副引用発明とを区分する考え方はなく，裁判実務で定着したのは，審査基準改訂
後の東京高等裁判所及び知的財産高等裁判所の判決によるものです。

＊6　平成9年に特許庁が特許無効審判請求事件の係属期間を1年にする等の行政目的
を掲げたことで，無効審判請求のみ，その要旨変更の判断を厳格にしたものです。

＊7　同一審判請求人の複数の審判請求を避ける行政目的のため，無効審判請求の理由
の実質的補正を審判請求の要旨変更とするとの取扱いを維持しつつ，審理の不当遅
延とならず，審判請求時に記載できなかったことに合理的理由があり，かつ，被請
求人が同意することを条件として，裁量補正を認めるようにしたものです。

＊8　相違点に関して，周知慣用技術を適用することを想定する場合，設計事項の問題
として，動機付けの検討まで必要でないとの立場もありますが，そもそも審決，判
決が当事者の主張としてとりあげる周知慣用技術が，実際は公知発明を意味してい
る事案もあり，従前，そこまで厳密に区分されていなかった面もあります。また，
周知慣用技術の適用を設計事項として考える際も，そのように適用する積極的要素
を必要とする場合もあり，事案ごとの分析が必要です。

＊9　技術分野の共通性だけで適用を容易にするかのような判断に批判が高まり（塚原
朋一「同一技術分野論は終焉を迎えるか─特許の進歩性判断における新しい動きを
思う─」特研51号2頁），『特許・実用新案審査基準』の平成27年改訂の際に，動機
付けの考慮要素は総合的に判断することが明記されました（審査基準第Ⅲ部第2章
第2節3.1.1「主引用発明に副引用発明を適用する動機付け」）。

第6章◇審決取消訴訟

 57 取消理由(2)

　無効審判を請求していたところ，被請求人の主張への弁駁の機会が与えられないままに不利な審決がなされました。このような場合，手続違背として審決を取り消してもらえますか。

　　弁駁の機会を与えられなかったことは，審理不尽（手続違背）として，審判における手続的瑕疵があった場合に該当します。ただし，裁判上は，その瑕疵が当該処分の結果に影響を及ぼさないことが明らかであると認められる特別の事情があるときは，当該瑕疵は当該処分の取消原因とならないと判断されています。
　　被請求人の主張への弁駁の機会が与えられなかったとしても，実質的に被請求人の主張に対する反論があると認められる場合には，直ちに手続違背として審決を取り消してもらうのは難しいと考えます。また，審決取消訴訟で主張立証がなされている場合も当事者の利益保護に欠けることはないとして，審決が取り消されないことも考えられます。

☑ キーワード
　手続違背，防御権行使の機会，裁量権の逸脱

Q57◆取消理由⑵

```
┌─────────────────┐
│      解　説       │
└─────────────────┘
```

1 審決の取消理由

⑴　取消理由

特許法181条 1 項は，「当該請求を理由があると認めるときは，当該審決又は決定を取り消さなければならない」と規定しています。取消理由には，審判手続に違法があった場合（手続違背）の手続的取消しと，審決の具体的な内容に誤り（事実認定の誤り，法解釈の誤り，法適用の誤り）があった場合の実体的取消しがあります。詳細は，**Q56**「取消理由⑴」を参照してください。

⑵　手続違背

被請求人の主張に対する弁駁の機会が与えられなかった場合は，審判における手続的瑕疵があった場合に該当します。このような手続瑕疵を「手続違背（審理不尽）」と呼んでいます。審理不尽は，審判において十分な審理がされなかったことですから，請求人の主張に対して被請求人に反論をさせなかった場合や，被請求人の主張に対して請求人に再反論をさせなかった場合も含まれます。

もっとも，判例では，一般的にみて審決（行政処分）の結果に影響を及ぼすような性質を有する手続上の瑕疵が認められる場合でも，その瑕疵が当該処分の結果に影響を及ぼさないことが明らかであると認められる特別の事情があるときは，右瑕疵は当該処分の取消原因とならないと判断しています☆1。

そこで，審決において請求人に弁駁の機会を与えなかったことが，取消理由になるかどうかは，手続的瑕疵の内容のみならず，当事者が審判や取消訴訟でどのような主張立証を行ったかを具体的に検討する必要があります。

455

第 6 章◇審決取消訴訟

2　審決における請求人の釈明の機会の保証

(1)　拒絶査定不服審判における弁駁の機会

(a)　特許法159条 2 項で準用する特許法50条の意見提出

　拒絶査定不服審判においては，審判の相手方である特許庁が，査定の理由と異なる拒絶の理由を発見した場合，審判請求人（特許出願人）に対し，拒絶の理由を通知し，相当の期間を指定して，意見書を提出する機会を与えなければならないとしています（特159条 2 項で準用する特50条）。これは，審査段階で示されなかった拒絶理由に基づいて直ちに請求不成立の審決を行うことは，審査段階と異なりその後の補正の機会も設けられていない以上，出願人である審判請求人にとって不意打ちとなり，過酷であるからです。もっとも，「査定の理由と異なる拒絶の理由」については，実質的に判断する傾向があり，審判請求人が審決において意見を述べる機会が実質的に与えられていたと認められる場合には，審決の取消理由にはあたらないと判断されています。拒絶査定不服審判において審判官が再び拒絶理由を通知する必要があるかどうかが争点となった事案において，「改めて通知をするのでなければ，出願人の防御権行使の機会を奪い，出願人の利益保護に欠けることになるか否かを考慮して判断すべきである。」とする裁判例があります☆2。

(b)　主引例と副引例が差し替えられた場合

　主引例を差し替えることは，審決に影響を及ぼすものであり，差し替えられた主引例が拒絶査定の副引例に含まれているとしても，そのことをもって出願人の防御権を奪うものとはいえない特段の事情が存在するとはいえないとして，原告に意見書提出の機会を与えることなく主引用例を差し替えることは，容易想到性の判断に係る手続違背があるとした裁判例があります☆3。

(c)　審判合議体が釈明の機会を与えなかった場合

　また，過去の裁判例には，原告の要請にもかかわらず，審判合議体が面接及び釈明の機会を与えず，また審理を再開しなかった事案につき，「審判手続において，当事者に面接の機会や釈明の機会を与えるかどうかは，審判合議体の裁量に属するものであり，そのような機会を必ず与えなければならない法律上

456

Q57◆取消理由⑵

の義務はないから，審判合議体が原告に対して面接や釈明の機会を与えなかったことが，直ちに違法になるものではなく，また，本件において，面接や釈明の機会を与えなかったことが裁量権を逸脱した違法なものとなるような特段の事情も認められない。」としたものがあり☆4，審判合議体が釈明の機会を与えるかどうかは審判合議体の裁量の範囲であると考えられています。

⑵　**無効審判における弁駁の機会**

（a）　無効審判において，被請求人が，訂正請求を行った場合，「審判長は，第1項の訂正の請求書及びこれに添付された訂正した明細書，特許請求の範囲又は図面を受理したときは，これらの副本を請求人に送達しなければならない。」（特134条の2第4項）とされ，実務上は，審判請求人に弁駁書を提出する機会が与えられています。

（b）　その他，どのような場合に弁駁の機会を与えるかどうかの具体的な規定はありませんが，弁駁の機会を与えなかったことが手続違背として取消理由となるかどうかは，前述の裁判例の趣旨が妥当すると考えられます。すなわち，当事者に弁駁の機会を与えなかったことが，当該当事者の防御権行使の機会を奪う結果となるかどうかにより，判断されると考えられます。

よって，被請求人の反論に対し，弁駁する機会が与えられなかったとしても，被請求人の反論について，請求書に具体的な主張立証があると判断される場合には，請求人の防御権を奪うものとはいえない特段の事情が存在するとして取り消されないように思われます。具体的には，進歩性欠如の主張に対して，被請求人が，主引例と副引例を適用することに阻害事由があると反論した場合，無効審判の請求書に，当該主引例に副引例を適用する動機付けが主張立証されている場合には，請求人に対して再度弁駁する機会を与えなくとも，請求書において被請求人の主張に対して弁駁されていると判断されるように思われます。もっとも，進歩性欠如の主張に対し，被請求人が当該特許発明の顕著な効果を主張して反論した場合や，冒認の主張に対して新たな証人の陳述書などを証拠として提出して反論した場合，請求人のそれまでの主張立証には，当該被請求人の反論を前提とするものではないと思われますので，これらの反論に対し弁駁の機会が与えられなかった場合には，請求人の防御権行使の機会が奪われたと判断され得るのではないかと考えます。

457

第6章◇審決取消訴訟

(3) **審決取消訴訟において主張立証がなされている場合**

　また，審決取消訴訟において，主張立証が十分にされている場合には，当該当事者の防御権行使の機会を奪う結果とならないと判断されることもあるように思われます。裁判例には，審判において当事者に弁駁の機会を与えなかった点に手続の不備があることを認めながら，「本件訴訟において，訂正要件の有無及び各無効理由についての当事者双方の主張が十分にされているので，進んでこれらについて判断を加えることとする。」として，審決を取り消さなかった事例があります☆5。

〔井上　裕史〕

　　■判　例■

　　☆1　最判昭51・5・6（昭45（行ツ）32号）裁判集民117号459頁・判時819号35頁。
　　☆2　東京高判平13・3・22（平10（行ケ）183号）裁判所ホームページ。
　　☆3　知財高判平24・10・17（平24（行ケ）10056号）裁判所ホームページ。
　　☆4　知財高判平19・11・28（平18（行ケ）10276号）裁判所ホームページ。
　　☆5　知財高判平25・2・7（平24（行ケ）10148号）裁判所ホームページ。

　　●参考文献●

　(1)　中山信弘＝小泉直樹編『新・注解特許法〔第2版〕（下巻）』（青林書院，2017年）。

58 共有者の一部による審決取消訴訟の可否

特許を受ける権利の共有者が単独で審決取消訴訟を提起することができますか。

　特許を受ける権利の共有を前提とする設問の審決取消訴訟としては，拒絶査定不服審判請求事件においてなされた拒絶審決に対する審決取消訴訟が想定されます。この場合，一部の共有者だけでは，審決取消訴訟を提起することができず，提訴期間内に共有者が全員で訴訟提起していることが必要な固有必要的共同訴訟とされます。これは，特許査定後の共有特許に関しては，特許異議申立事件における取消決定や無効審判請求事件における無効審決に対する各（決定）審決取消訴訟において，共有者の保存行為として，共有者のいずれか単独で訴訟提起できる類似必要的共同訴訟とされることとの大きな違いです。このため，拒絶審決に対し，共有者の一方が費用問題等で審決取消訴訟の提起を拒んだ場合は，訴えを提起しようとする者は，共有持分の譲渡を受ける（届出を含む）等の対応をしてからでないと審決取消訴訟を提起できません。仮に，共有者の一部だけで拒絶審決の審決取消訴訟を提起しても，訴えは却下されますし，提訴期間経過後に，他の共有者から持分を譲り受けたり，他の共有者が当該訴訟に共同原告となるため当事者参加の申出を行ったりしても，訴訟提起時の瑕疵は治癒されず，訴えが却下されるのが原則です。

第6章◇審決取消訴訟

☑キーワード

共同出願要件，固有必要的共同訴訟，合一確定の必要性，共有者の保存行為

解　説

1　特許を受ける権利を共有にする場合の特許法の規定

(1)　共同出願要件

特許を受ける権利が共有に係るときは，各共有者は，他の共有者と共同でなければ特許出願することができません（特38条）。

特許を受ける権利は，発明とともに，発明者（特29条1項本文）又は予め定めておいた場合は使用者等（特35条3項）に原始的に発生するものですが，共同開発等の経緯により，発明者が複数で成果物である発明が一体不可分であれば，発明時点で特許を受ける権利が共有になりますし，特許を受ける権利は譲渡可能ですので（特33条1項），出願時までにその持分を譲渡等することでも共有になりますので，ともに特許法38条の共同出願要件の充足が必要になります。

共同出願に際しては，持分を明記する必要はありませんが，持分の定めがない場合は，民法250条により，各共有者の持分が等しいものと推測されます。

共同出願要件は，法文上では，出願時に充足することが必要な出願時要件ですが（特49条7号との対比），登録までの特許庁の審査手続の係属中は，実務的に出願人の名義変更届で共有者を出願人に追加すれば，その瑕疵の治癒が認められてきており，また，平成23年改正以降は，登録後も特許法74条1項による移転登録請求による瑕疵の治癒（特123条1項2号）が認められるようになっていますので，実質的には登録時要件です。

共同出願要件は，登録要件（拒絶事由）であり（特49条2号），実体法の特許要件（無効事由）ですが（特123条1項2号），当事者間の権利の帰属問題でもあるため，公益的の側面から早期の判断を要すべき特許異議申立手続の異議事由（特113

460

条各号）にはしていません。

　共同出願要件違反の無効事由は，無効審判請求としては，特許を受ける権利を有する者のみが請求できますが（特123条２項），侵害訴訟の無効の抗弁としてであれば，被疑侵害者がこれを主張できます（特104条の３第３項）。

　(2)　特許を受ける権利が共有に係るときの特許庁の共同審判の定め

　２人以上が共同する特許庁の手続では，特許出願の変更，放棄及び取下げ等の重要な手続を除いて，特段の届出がない限り，各共有者が他の共有者全員を代表するものとされ（特14条），審査過程の意見書等は共有者の１人名義で行うといった簡易な手続が可能ですが，審判請求は共同審判で行うことが必要とされ，設問にある拒絶査定不服審判請求事件も共同出願人が共同で請求する必要があります（特132条３項）。

　特許庁の審査に要する時の経過により，経済状況の変化等もあって共有者の意思を揃えることが困難になる場合や，通常手続との違いで申立時にミスも発生し得る実務の実態がありますが（共同出願人に海外企業が含まれていたり，グループ会社の共同出願の場合などは，出願代理人も主な出願人とだけ連絡をとりあう実態もあります），拒絶査定不服審判請求では，拒絶審決の謄本の送達があった日から３月以内の時期的な制限もありますので（特121条１項），仮に，共同出願人間で拒絶査定不服審判請求をする内部決定までに時間をとられ，共同審判請求を行うべき共同出願人の一部を欠いたまま拒絶査定不服審判請求をしてしまうと，方式審査が終了した時点ですでに補正の期間的余地がなくなり，特許法133条の２第１項に基づく却下決定をせざるを得ない重大な問題となり得ます。

　このため，拒絶査定に対する拒絶査定不服審判請求事件の場合，共同審判請求しなかった瑕疵の救済が困難な場合が多く，審判請求が，単独請求であるのか，実質，共同請求であるかという事実認定が決定的になることが多い次第です☆1。

2　拒絶審決に対する審決取消訴訟の場合

　(1)　固有必要的共同訴訟と類似必要的共同訴訟

　以上のように，特許を受ける権利を共有にする場合は，共同出願要件及びそ

第6章◇審決取消訴訟

の後の特許庁の共同審判の手続規制を受けるものです。そして，当該共同出願に拒絶査定がなされ，前置審査を経た拒絶査定不服審判請求事件でも拒絶審決がなされた場合の審決取消訴訟も，特許法にも行政事件訴訟法にも明文規定はありませんが，拒絶審決の名宛人である共同出願人（拒絶査定不服審判請求人）が共同で原告となって，訴訟遂行する必要がある固有必要的共同訴訟であるとされています。

　固有必要的共同訴訟とは，訴訟法上の概念であり，複数の者の権利義務関係について，個別の訴訟遂行を認めると判決の既判力が矛盾しあうため，合一に確定すべき権利義務関係等を訴訟の対象にする場合，合一確定すべき者全員を訴訟当事者として，手続保障を尽くさせるべき訴訟類型を指します。

　逆にいえば，固有必要的共同訴訟では，全員が揃って共同で原告又は被告にならないと，当事者適格が認められない不適法な訴えとなります。

　これに対して，判決の結論を合一確定する必要があっても，個別の訴訟提起はこれを認め，訴訟係属中に合一確定すべき別当事者が別訴訟を提起した場合は，訴えを併合して同一の訴訟手続でこれを解決し，別訴訟の提起の有無にかかわらず判決の効力は第三者に及ぶとする訴訟類型を類似必要的共同訴訟といい，例えば，一部の株主が提起した株主総会決議取消訴訟や無効確認の訴えといった会社の組織に関する訴えのように，判決効が第三者に及ぶ場合（会838条）が典型例です。

　固有必要的共同訴訟に当たるかどうかは，第三者のする婚姻無効確認訴訟において夫婦双方を被告にしなくてはならないと法文に明記する例もありますが（人訴12条2項），その多くは訴訟法上の解釈問題となります。

　判決の執行可能性の検討が重要で，例えば，共有持分だけを登記することが認められていないこともあり，1つの土地を複数の者が共有している中，これを争う被告が土地の登記名義を有している場合，共有関係の確認と共有者への移転登記請求訴訟については，共有者が全員で原告になる必要がある固有必要的共同訴訟とされています（最判昭46・10・7☆2）☆3。

(2)　**拒絶審決に対する審決取消訴訟（最判〔磁気治療器事件〕）について**

　前述のとおり，拒絶審決に対する審決取消訴訟は，固有必要的共同訴訟と理解されています。

462

Q58◆共有者の一部による審決取消訴訟の可否

　すなわち，最判平7・3・7〔磁気治療器事件〕☆4は，共同出願の実用新案登録請求に対する拒絶査定不服審判請求事件の拒絶審決に対して，出願人兼請求人である上告人が，出訴期間内である審決の謄本の送達を受けた日から30日以内に（実47条2項，特178条3項）拒絶審決の審決取消訴訟を提起しましたが，他の共同出願人が審判手続係属中に社員総会の決議で解散して清算結了登記をしていたとの事情がある中，当該共同出願人の持分譲渡を受けて，特許庁長官に届出（特34条4項）をなしたのが出訴期間経過後であり，共同して訴訟提起できなかったという非常に気の毒な事案でした。

　原審である東京高等裁判所☆5は，概要，実用新案登録を受ける権利を共有にする共有関係の実体法上の性質に関して，合有等の特別の共有関係とみる必要性はなく，通常の民法上の共有関係と考えることができ＊1，共同出願人の一部だけ拒絶審決に対して審決取消訴訟を提起して取消判決を得た場合を想定しても，行政事件訴訟法32条1項に第三者効がある以上，特許庁での拒絶査定不服審判請求事件に戻るだけで，訴訟提起しなかった他の共有者も審判請求人として関与するから，判断の矛盾抵触関係も生じず，合一確定の要請にも反しない以上，その訴訟提起は実用新案登録を受ける権利の共有者による保存行為（民252条ただし書）と考えることが可能であるとして，類似必要的共同訴訟として共有者による訴訟提起を適法としました。

　これに対して，磁気治療器事件の最高裁は，従前の最高裁判決☆6を引用して，原審の東京高等裁判所の判決を破棄して，審決取消訴訟につき訴えを却下すると自判しており，以後，実務もその方向で確立しています。

　共同出願人は，共同出願人間で特段の定めがない限り，特許出願を維持する，維持しないが自由＊2であり，かつ，1個の特許を付与する，しないという判断にとって共同出願要件が確固とした特許要件であるため，磁気治療器事件以後，少なくとも，拒絶審決に対する審決取消訴訟を固有必要的共同訴訟とする考え方については，批判もありますが，実務的に確立されたものです☆7。

第 6 章◇審決取消訴訟

3 無効審決等の他の審決に対する審決取消訴訟の場合

(1) 審決取消訴訟一般の伝統的な考え方

　拒絶審決に対する審決取消訴訟で詳述したとおり，産業財産権又は産業財産権を受ける権利が共有に係る場合の審決取消訴訟に関しては，共同訴訟要件を定める明文規定はないものの，訴訟法上での取扱いとして，裁判所が特有の配慮をしてきた伝統があります。

　これは，審決取消訴訟の前提となるべき審判請求事件が，詳細に共同審判請求の定めをおいており，1つの出願に対して，1個の特許を付与するか，しないか，1つの延長登録請求に対して，1個の延長登録を認めるか，認めないか，1つの訂正審判請求に対して，1つの訂正審決をするか，しないかといった産業財産権に関する処分の合一確定の必要性の原則を反映した共同審判手続規定をおいている以上，その審決取消訴訟も合一確定の必要性があるという判断に基づくもので，個別の訴訟提起を認める類似必要的共同訴訟にとどまらず固有必要的共同訴訟であるとされてきました。

　すなわち，特許を受ける権利を複数の出願人が共有する場合については前述しましたが，特許法は，審判請求事件について，複数当事者が請求人，被請求人になる場合について，特許法132条に詳細な規定を置いています。

　同一の特許権について無効審判請求又は延長登録無効審判請求をする者が複数いる場合，共同で審判請求できる旨を定めるだけでなく（特132条1項＊3），共有に係る特許権について（無効）審判請求するときは，共有者の全員を被請求人として審判請求しなくてはならず（同条2項），特許権又は特許を受ける権利を共有する者が共有に係る権利について訂正審判請求又は拒絶査定不服審判請求するときは，共有者の全員が請求人となって審判請求しなくてはならず（同条3項），共同審判請求人の一部に発生した審判手続の中断又は中止事由が審判請求人の全員にその効力が及ぶとされているように（同条4項），審判請求事件にあっては，特許に関する処分の合一確定の必要性を反映させる手続となっています。

　このため，審決取消訴訟にあっても，合一確定が要求される法分野の訴訟手

464

続として，訴訟提起，訴訟手続，判決の名宛人等につき，共同手続を必要とする固有必要的共同訴訟として，伝統的に取り扱われてきた次第です。

なお，特許異議申立手続は，取消理由通知に対する訂正請求のために特許法132条3項及び同条4項の準用はありますが（特120条の5第9項），異議申立自体は特許権を特定するだけで足り（特115条1項2号），申立時には共有特許権者すべてを特定すべき特許法132条2項の準用はありません（本質的に，申立以後は査定系手続だからで，平成15年改正前の特許付与後異議申立手続においても同様でした）。

(2) 無効審判請求事件の無効審決等の場合

以上の伝統的な審決取消訴訟を固有必要的共同訴訟とする考え方に対して，特許付与後の特許権の私権としての性格を考えた場合には，共有特許者の保存行為を認めるべき局面が審決取消訴訟にもあるのではないか，という考え方も有力でした。

すなわち，特許法は，特許発明の実施を専有する価値（特68条）が，各自の実施能力や規模により大きく異なるため，特許登録後の特許権について，特許法73条に特別の共有の定めをおき，他の共有者の同意を得ることなく，持分の譲渡や質権設定ができないとして（同条1項），専用実施権の設定だけでなく，通常実施権の許諾もできない（同条3項）として，処分行為に制限をおく一方，各共有特許権者はそれぞれ自己実施できる（同条2項）として，民法上の共有と同じく，持分に応じて共有物全部を使用収益することを認めるとともに（民249条），判例上，共有者の差止請求や損害賠償請求の単独の行使が可能とされています。

このため，いったん共有特許が付与され，無効審決となった場合を想定すると，共有者に固有の利益が損なわれることが明らかであり，その私権の防御の必要性は無効審決等に対する審決取消訴訟においても認められるべきあって，これらの審決取消訴訟では，固有必要的共同訴訟と考える必要性が低いのではないかという考えが有力なりました。

侵害訴訟において，無効の抗弁が認められるようになったことに対応して（特104条の3第1項），無効審決に関しても特許権者の防御の自由が重視されてきたことにも対応しているように思われます。

第 6 章◇審決取消訴訟

(3) 平成14年の 2 つの最高裁判決による修正

このような中，設定登録後に持分の一部移転によって共有となった商標権の
無効審決に対して，共有者の 1 人により提起された審決取消訴訟を，口頭弁論
を経ず訴えを却下した（民訴140条）原審判決に関して，最判平14・2・22
〔ETNIES事件〕☆8 は，当該審決取消訴訟の提起は，商標権の共有者が得た登録
商標を排他的に使用する権利が遡及的に消滅することを防ぐ保存行為であり，
共有者の 1 人でその審決取消訴訟を提起することは許されるとして，これを破
棄して差し戻しました。

ETNIES事件で，最高裁は，無効審決に対する審決取消訴訟を共有商標権者
が共同で訴訟提起する必要性がある固有必要的共同訴訟と理解しなくても，仮
に，審決の結論が請求棄却判決により維持されれば，他の共有者の出訴期間の
満了により，無効審決が確定するだけであり（訴えを却下すればよい），審決を取
り消す場合は，行政事件訴訟法32条 1 項によりその取消しの効力が提訴しな
かった共有商標権者にも及ぶから，最終的に無効審判請求事件で判断の統一が
図られ，合一確定の要請に反する事態が生じないと判示しており，磁気治療器
事件の高裁判決と同様の判断を示しています。

また，平成 6 年改正で出願公告後の特許付与前異議手続を廃止して導入さ
れ，平成15年改正法でいったん廃止された旧特許（付与後）異議申立事件にお
ける取消決定に対する審決取消訴訟に関するものですが，最判平14・3・25
〔パチンコ装置事件〕☆9 は，当該異議申立事件係属中に訂正請求された請求項に
係る発明が進歩性を欠くとして特許を取り消した決定に対して，共有者の 1 人
により提起された審決取消訴訟を却下した原審判決に対して，ETNIES事件と
同様に，これを取り消しました。

なお，パチンコ装置事件では，原審判決が訴えを却下する理由として，特許
法132条 3 項を準用して固有必要的共同訴訟であるとしていたことに対し，特
許権共有の場合，常に共有者の全員が共同して行動しなければならないとして
いるものでないという含みのある判断を示しています。

以上のとおり，ETNIES事件及びパチンコ装置事件の平成14年の 2 つの最高
裁判決は，共同審判事件による審決の審決取消訴訟を常に固有必要的共同訴訟
と理解してきた実務を，大きく変えたものです。

Q58◆共有者の一部による審決取消訴訟の可否

　ただ，一般的には，平成14年の２つの最高裁判決は，登録後の商標権や特許権に関する判断であり，民法上の共有の保存行為を理由とする点で共通するとしても，特許取得手続自体を保存行為とするものでなく，大法廷判決としてなされたものでないため，前掲磁気治療器事件の最高裁判決の判例変更をしたものとは理解されていません[10]。

　訂正審判における訂正拒絶審決に対する審決取消訴訟等，他の審決取消訴訟にどこまでその趣旨が及ぶかは将来の検討事項とされているところです。

〔小池　眞一〕

==========■判　例■==========

☆1　知財高判平17・6・22裁判所ホームページ〔ジアミン化合物およびこれを用いた高分子材料，該高分子材料を用いた液晶配光膜，および該配光膜を具備した液晶表示装置事件〕は，グループ会社の共同出願に対しなされた拒絶審決に関して，ミスで共同出願人の１人の単独名義でした拒絶査定不服審判請求に対して，特許法133条の２第１項により補正の余地なしとした却下決定に対する審決取消訴訟ですが，特許法132条３項の解釈の誤りがないとして，維持した例があります。ただし，拒絶査定不服審判請求事件の委任状において，全員の共同出願人の審判請求の委任事項が記載されており，審判請求書に共同出願人の名を書き落としていたにすぎないような場合（知財高判平23・5・30判時1363号191頁〔チオキサントン誘導体，およびカチオン光開始剤としてのそれらの使用事件〕），当初から出願人が共同して拒絶査定不服審判請求を行ったと理解できるとして，救済した例もあります。

☆2　最判昭46・10・7民集25巻7号885頁。

☆3　他方，共有関係の確認請求でなく，共有持分確認請求であったり，移転登記請求でなく，登記実務で対応可能な抹消登記請求を求める訴えであったりする場合，共有者の個別訴訟提起が可能です。例えば，公法上の土地区分のための境界ではなく，共有持分の及ぶ範囲の確認訴訟が個別提起も可能とされているように（最判昭40・5・20民集19巻4号859頁），共有持分は共有物の全部に及ぶからです。同様にして，第三者の違法行為に対しては，保存行為として，妨害排除請求訴訟等を個別提起できるものです。

☆4　最判平7・3・7民集49巻3号944頁〔磁気治療器事件〕。

☆5　東京高判平6・1・27判時1502号137頁〔磁気治療器事件高裁判決〕。

☆6　最判昭55・1・18裁判集民事129号43頁〔シールド工法用セグメント事件〕は，特許を受ける権利の保存行為としての審決取消訴訟の提起を否定しています。

☆7　知財高判平17・10・11裁判所ホームページ〔有機EL素子事件〕は，共同訴訟参加により，固有必要的共同訴訟として訴訟提起しなかったことの治癒を認めましたが，特段の理由を述べていません。実務的には，知財高判平27・4・13裁判所ホー

第6章◇審決取消訴訟

　　ムページ〔心血管の機能を向上する為の組成物及び方法事件〕にあるとおり，拒絶
　　審決に対する審決取消訴訟は，共同出願人の全員により訴訟提起することを必要と
　　する理解が一般的です。
☆8　　最判平14・2・22民集56巻2号348頁〔ETNIES事件〕。
☆9　　最判平14・3・25民集56巻3号574号〔パチンコ装置事件〕。
☆10　前掲☆7・知財高判平27・4・13〔心血管の機能を向上する為の組成物及び方法
　　事件〕においても，磁気治療器事件の最高裁判決が変更されていないことを確認し
　　ています。

═━　■注　記■　═══════════════════════

＊1　組合財産のように，共同目的に基づく特別の共有関係の合有をめぐる訴訟の場
　　合，一般的に権利の性質から固有必要的共同訴訟として取り扱うべきであるとの考
　　えもありますが，これだけで判断が決まるわけではありません。
＊2　放棄の意思表示がある場合は，民法255条で他の共有者にその持分が帰属します
　　（届出まで必要。特34条4項）。
＊3　当初段階から共同して審判請求する場合もあれば，同時係属中の審判手続が併合
　　されて（特154条1項），共同審判請求事件となる場合もあります。

59 発明の要旨認定

「発明の要旨」という用語は，特許法に出てこないのですが，どういう概念と理解すればよいのでしょうか。特許権侵害訴訟における技術的範囲の確定と同様に考えればよいのですか。それとも，違うところがあるのでしょうか。

また，それはどのようにして決めるものでしょうか。

　「発明の要旨」とは，特許法等の法令上の用語ではありません。特許法等においてその内容が定義されているものではなく，専ら講学上ないし実務上の用語ですが，その意味は，特許の対象となっている特許発明の内容です。特許出願がされた場合の特許庁の審査・審判（拒絶不服審判）や，特許異議，特許無効審判，そしてこれらの手続での審決や決定に対する取消訴訟における特許発明の新規性・進歩性，明細書の記載要件（明確性，サポート要件，実施可能性）についての判断は，発明の要旨に基づいて行われます。

　「発明の要旨」の認定は，専ら特許請求の範囲に記載された文言に忠実に従って行われ，明細書の記載を参酌して解釈されることはありません。特許請求の範囲に記載された文言は，「発明の特定事項」と呼ばれ，その意味を解釈する際には，文言の辞書的内容に忠実に従って解釈され，明細書の記載に基づく解釈や先行する公知技術を除外するための限定解釈が行われることはありません。

　他方，特許権侵害訴訟における「特許発明の技術的範囲」（特70条）は，特許権者の差止請求権・損害賠償請求権等の権利行使の対象を画するもので，実務上「権利範囲」と呼ばれることもあります。特許発明の技術的範囲も，原則として特許請求の範囲に記載された文言に従って確定されるものです。従来の裁判例・学説には，明細書の記載，特許出願手続における出願人の意見書の内容や補正の経緯・内容，特許無効審判における訂正の経緯・内容

第6章◇審決取消訴訟

を参酌（出願経過の参酌）しての解釈や，先行する公知技術を除外するための限定解釈を認めるものも多かったのですが，特許無効の抗弁が判例及び特許法上認められるようになってからは，このうち先行する公知技術を除外するための限定解釈については，むしろ特許無効の理由とすべきであり，特許発明の技術的範囲を制限的に解釈する理由とはならないという見解が，裁判例及び学説上唱えられるようになっています。

☑️キーワード

発明の要旨，発明の要旨認定，特許発明の技術的範囲，特許無効審判，特許無効の抗弁

解　説

1　**「発明の要旨」の趣旨**

（1）　**「発明の要旨」の用語**

「発明の要旨」とは，特許法等の法令上の用語ではありません。特許法等においてその内容が定義されているものではなく，専ら講学上ないし実務上慣用されてきた用語ですが，その意味は，特許の対象となっている特許発明の内容，言い換えれば発明の技術的内容です。

（2）　**「発明の要旨」が利用される場面**

「発明の要旨」は，特許出願がされた場合の特許庁の審査・審判（拒絶不服審判）や，特許異議，特許無効審判，そしてこれらの手続での審決や決定に対する取消訴訟において，特許発明の新規性・進歩性，明細書の記載要件（明確性，サポート要件，実施可能性）に関する判断を行う場面で，出願ないし特許の対象となっている発明を特定する際に用いられます。他方，「発明の技術的範囲」（特70条）は，特許権侵害訴訟の場面において，特許権の基づく差止請求権・損害賠償請求権等の権利行使の対象となる範囲を特定する際に用いられます。

470

Q59◆発明の要旨認定

2 発明の要旨の認定

(1) 「発明の要旨」の認定方法

「発明の要旨」は，専ら特許請求の範囲に記載された文言に忠実に従って行われ，例外的な場合を除いて明細書の記載を参酌して解釈されることはありません。特許請求の範囲に記載された文言は，「発明の特定事項」と呼ばれ，その意味を解釈する際には，文言の辞書的内容に忠実に従って解釈され，明細書の記載に基づく限定解釈や先行する公知技術の除外するための限定解釈が行われることはありません。

(2) リパーゼ事件最高裁判決

「発明の要旨」の認定方法に関しては，最高裁判決[1]があり（以下「リパーゼ事件最高裁判決」といいます），その判示する内容からも，上記のように解するのが相当です。この判決は，拒絶査定不服審判の審決（拒絶査定を維持した審決）に対する取消訴訟の上告審判決です。

この事件では，特許出願に係る発明（本願発明）は「トリグリセリドの測定法」という名称で，その特許請求の範囲には「リパーゼを用いる酵素的鹸化及び遊離するグリセリンの測定によってトリグリセリドを測定する場合に，鹸化をカルボキシルエステラーゼ及びアルキル基中の炭素原子数10〜15のアルカリ金属－又はアルカリ土類金属－アルキル硫酸塩の存在で実施することを特徴とするトリグリセリドの測定法。」との記載がありました。審決は，本願発明につき発明の要旨を特許請求の範囲のとおり認定した上で，本願発明には進歩性欠如があるとして，拒絶査定を維持しました。これに対して，審決取消訴訟において，東京高裁は，明細書の記載を斟酌して特許請求の範囲に記載された「リパーゼ」は「Raリパーゼ」を意味すると解した上で，審決は本願発明の要旨の認定を誤った結果進歩性の判断を誤ったとして，審決を取り消しました。

これに対して，最高裁は，次のように判示して，本願発明の特許請求の範囲に記載された「リパーゼ」が「Raリパーゼ」に限定されるものと解することはできないとして，高裁判決を破棄しました。

「特許法29条1項及び2項所定の特許要件，すなわち，特許出願に係る発明

471

第 6 章◇審決取消訴訟

の新規性及び進歩性について審理するに当たっては，この発明を同条１項各号
所定の発明と対比する前提として，特許出願に係る発明の要旨が認定されなけ
ればならないところ，この要旨認定は，特段の事情のない限り，願書に添付し
た明細書の特許請求の範囲の記載に基づいてされるべきである。特許請求の範
囲の記載の技術的意義が一義的に明確に理解することができないとか，あるい
は，一見してその記載が誤記であることが明細書の発明の詳細な説明の記載に
照らして明らかであるなどの特段の事情がある場合に限って，明細書の発明の
詳細な説明の記載を参酌することが許されるにすぎない。このことは，特許請
求の範囲には，特許を受けようとする発明の構成に欠くことができない事項の
みを記載しなければならない旨定めている特許法36条５項２号の規定（本件特
許出願については，昭和50年法律第46号による改正前の特許法36条５項の規定）からみて
明らかである。これを本件についてみると，原審が確定した前記事実関係によ
れば，本願発明の特許請求の範囲の記載には，トリグリセリドを酵素的に鹸化
する際に使用するリパーゼについてこれを限定する旨の記載はなく，右のよう
な特段の事情も認められないから，本願発明の特許請求の範囲に記載のリパー
ゼがRaリパーゼに限定されるものであると解することはできない。」

　上記のとおり，リパーゼ事件最高裁判決は，発明の要旨を特許請求の範囲の
記載に基づいて認定すべきものとしましたが，その理由の１つとして，同判決
（平成３年）当時の特許法36条５項２号が特許請求の範囲には，特許を受けよう
とする発明の構成に欠くことができない事項のみを記載しなければならない旨
規定していることを挙げています。上記の特許法の規定はその後改正されて，
現行特許法では，36条５項に「特許請求の範囲には，請求項に区分して，各請
求項ごとに特許出願人が特許を受けようとする発明を特定するために必要と認
める事項のすべてを記載しなければならない。」と規定されていますが，同項
によれば，特許請求の範囲中の各請求項には発明を特定するために必要十分な
事項が記載されていることになりますから，現行特許法の下においても，発明
の要旨の認定に関してリパーゼ事件最高裁判決の判示する内容は妥当し，その
根拠の１つとして同法36条５項を挙げることが可能と解されます。

　リパーゼ事件最高裁判決の判示内容に照らせば，特許請求の範囲の記載と明
細書の発明の詳細な説明欄に記載された具体的な内容が一致しない場合であっ

Q59◆発明の要旨認定

ても，特許請求の範囲の記載の一部を無視することや特許請求の範囲に含まれない事項を付け加えることは許されないと解されます。このように発明の要旨の認定に際しては，特許請求の範囲の記載に基づいてこれを行うことが厳格に要請されます。その背景としては，①特許請求の範囲の記載は特許出願人自身の意思に基づいて確定されたものであるから，それが明細書の記載と離齬することによる不利益は出願人自身が負担すべきものであること，②特許出願人には，出願手続における補正，無効審判における訂正請求や訂正審判により，自ら特許請求の範囲ないし明細書の記載を変更することが可能であること，などの事情が存在することを指摘することができます。

3 侵害訴訟における技術的範囲との関係

特許権侵害訴訟における「特許発明の技術的範囲」（特70条）は，特許権者の差止請求権・損害賠償請求権等の権利行使の対象を画するもので，実務上「権利範囲」と呼ばれることもあります。特許発明の技術的範囲も，原則として特許請求の範囲に記載された文言に従って確定されるものです。特許法70条1項には「特許発明の技術的範囲は，願書に添付した特許請求の範囲の記載に基づいて定めなければならない。」と規定されており，同条2項には「前項の場合においては，願書に添付した明細書の記載及び図面を考慮して，特許請求の範囲に記載された用語の意義を解釈するものとする。」と規定されています。同条2項の規定は，リパーゼ事件最高裁判決後の平成6年特許法改正によって新たに設けられたものです。同条1項及び2項の規定によれば，特許権侵害訴訟における「特許発明の技術的範囲」も特許請求の範囲の記載に基づいて認定されますが，特許請求の範囲に記載された用語の意義を解釈する際には，明細書の記載及び図面を考慮することになります。この場合も，特許請求の範囲に記載された用語の意義がそれ自体で明確であれば，明細書の記載や図面を参酌して解釈する必要はなく，実際そのようなことはされません。しかし，特許請求の範囲には，抽象的用語や規範的用語が用いられていることが少なくありません。そのような場合には，明細書の記載や図面を参酌して特許請求の範囲中の用語を解釈することになります。特許権侵害訴訟での技術的範囲の認定の場面

473

第6章◇審決取消訴訟

でも，特許請求の範囲の記載に基づく認定が原則ではありますが，発明の要旨の認定の場面とは異なり，明細書の記載や図面を参酌することが例外的な場合にのみ許されるというわけではなく，これらも必要に応じて参酌されることになります。

　特許権侵害訴訟の場面では，従来から，技術的範囲の認定に際して，特許請求の範囲の記載につき，出願経過を参酌して限定的に解釈したり，出願前の公知技術を除外するように限定的に解釈することが行われてきました。出願経過の参酌とは，特許出願手続における出願人の意見書の内容，補正の経緯・内容や，特許無効審判における訂正の経緯・内容等を考慮して，特許請求の範囲の認定を行うものですが，これらを考慮して特許請求の範囲に記載された事項・用語について文言上の意味よりも狭く解釈することが行われます。また，特許請求の範囲に記載された事項・用語を文言どおりに解釈すると特許出願前から存在する公知技術を含むことになってしまう場合に，当該公知技術を除外するように文言上の意味よりも狭く解釈することが行われてきました。特許権侵害訴訟での技術的範囲の認定においてこのような制限解釈が行われると，その結果として，発明の要旨と発明の技術的範囲とが一致しないこととなります。しかし，本来的には両者は一致すべきものであり，両者が相違することは好ましいことではありません。

　上記のうち，出願経過の参酌による制限解釈は，信義則ないし禁反言の法理に基づくもので，特許権者が従前の自らの言動に反して広い範囲での権利行使を行うことを許さないものです。これは，技術的範囲についての解釈手法というよりも，権利濫用の法理に近い性質を有するものと解されますから，技術的範囲の認定という形を使って特許権者の権利行使を一部制限したものと考えれば，両者が一致しないことについて理論的説明が可能です。

　これに対して，公知技術を除外する形での制限解釈は，平成12年より前は特許権侵害訴訟において被告（被疑侵害者）が特許無効を抗弁として主張することが許されなかったことから，無効審判を待つことなく具体的に妥当な結論を得るための裁判実務上の便法として行われてきたものです。最高裁判決☆2により特許無効の抗弁が認められ，それを受けて特許法104条の3の規定が設けられた後においては，特許請求の範囲の記載に出願前の公知技術が含まれる場合

474

は，端的に特許無効の抗弁を認めるべきであり，特許発明の技術的範囲を制限的に解釈する理由とはならないという見解が，裁判例及び学説上唱えられるようになっていますが，正当な見解と思われます。

〔三村　量一〕

=■判　例■=

☆1　最判平3・3・8民集45巻3号123頁〔リパーゼ事件〕。
☆2　最判平12・4・11民集54巻4号1368頁〔キルビー事件〕。

第6章◇審決取消訴訟

 審決取消訴訟と引用例

(1) 審決取消訴訟で，無効審判手続では提出していなかった新たな証拠を提出することは許されますか。商標権に関する場合も同じですか。
(2) 進歩性の有無が問題となっている無効審判では主引用例（刊行物A）と副引例（刊行物B）の組み合わせで無効理由を構成していたのですが，審決取消訴訟になって，主引例を刊行物Bにして，副引例を刊行物Aにする構成に入れ替えて進歩性欠如の理由を主張することは許されるのでしょうか。

(1) 原則として，審決取消訴訟において，無効審判手続で提出していなかった無効理由に関する新たな証拠を提出することは許されていません。しかし，出願当時の技術常識を立証する証拠は提出することができます。その他，専門的知識がある審判官が証拠を吟味する必要がないような証拠については提出できる可能性があります。
　商標権についても原則は同じですが，特許権に比べ，商標権に関する判断の専門的知識というのはそう大きくありませんので，より柔軟に判断がされる可能性があります。
(2) 裁判例では，審判において主引用例（刊行物A）と副引例（刊行物B）について審判官による専門的な審理が十分になされていたことを理由に，主引用例と副引例を差し替えた無効理由を主張することを認めたものがありますので，審判における審理の内容によっては，十分に可能性があります。

☑キーワード

審決取消訴訟の審理範囲，新たな証拠の提出，新たな無効理由の主張，主引用例と副引用例の入替え

解　説

1　審決取消訴訟の審理対象

(1)　はじめに

行政事件訴訟の訴訟物は，行政処分の実体的及び手続的違法性一般であるとされています。そして，通常の行政事件訴訟では，処分理由Aに基づいて行政処分を行った場合に，その取消訴訟において，行政庁は，実際に処分した理由Aとは別の処分理由Bがあることを主張し，裁判所は，「処分理由Aはないが処分理由Bがある」として，当該行政処分を維持する判決を行うことができます。これにより，行政処分をめぐる紛争の一回的解決を図ることができています。これを否定すると，行政庁は，結局，別個の処分理由で再度同一の行政処分を行うことができ，行政処分をめぐる紛争の終局的な解決を遅らせるだけになってしまい不都合なのです。

審決取消訴訟も行政事件訴訟なのですが，最高裁大法廷判決では，一般の行政事件訴訟と異なり，審決取消訴訟段階で新たな理由の追加・差替えを行うことは許されないとしています。

(2)　大法廷判決の内容

最高裁大法廷判決[☆1]では次のように判断されています。

① 特許無効に関する審決の取消の訴における違法性の判断は，専ら当該審判手続において現実に争われ，かつ，審理判断された特定の無効原因に関するもののみが審理の対象とされる。それ以外の無効原因を，審決取消訴訟において主張し，裁判所の判断を求めることは許されない。

② 特許法で定められる無効原因の各事由は，その性質及び内容が異なり，

第6章◇審決取消訴訟

それぞれが別個独立の無効原因となるべきである。

③　無効審判における判断の対象となるべき無効原因も，具体的に特定されたものであり，たとえ同じく発明の新規性に関するものであっても，例えば，特定の公知事実との対比における無効の主張と，他の公知事実との対比における無効の主張とは，それぞれ別個の理由をなすものと解さなければならない。

④　審決の取消訴訟においては，抗告審判の手続において審理判断されなかった公知事実との対比における無効原因は，審決を違法とし，又はこれを適法とする理由として主張することができない。

この理由として，大法廷判決では，特許出願に関する行政処分については，一般の行政処分の場合とは異なり，常に専門的知識経験を有する審判官による審判の手続の経由が要求されているのだとしています。

(3)　大法廷判決の評価

大法廷判決に対しては，行政事件訴訟の一般原則を修正する理論的根拠に乏しいとされるほか，審決取消訴訟にはいろいろな性格のものが混在しており，当事者系審判と異なって査定系審判は行政処分的な性格が強く，当事者系審判でも，新規性・進歩性の欠如を理由とする無効審判とは異なり，冒認等を理由とする無効審判では，通常の民事事件に類似して審判官よりも裁判官のほうが判断に適している場合が多いので，これを一律で扱うことは理論面で整合せず，少なくとも立法論としての問題があると批判されています[1]。さらに，大法廷判決が出たのち，特許法分野では，キルビー判決[2]と特許法104条の3の創設により侵害裁判所も特許無効の判断をすることになり，東京地裁・大阪地裁への特許事件の管轄の集中，知財高裁の開設，専門員制度の導入，調査官の権限拡充などの，裁判所の技術的専門分野への対応を強化する法改正が続いたことから，大法廷判決が前提とする専門行政庁による慎重・適切な判断を受ける必要が薄れてきたことや，無効審判と訴訟とを行ったり来たりするキャッチボール現象が紛争の解決を遅らせており問題であるとの認識が近年はとても強くなってきたことから，法改正や判例変更を求める声も強くあります。

(4)　大法廷判決の射程範囲

このような状況で，解釈論としても，大法廷判決の理由である，専門的知識

経験を有する審判官による審判の手続の経由を尊重しながら，大法廷判決の射程をできるだけ狭く解そうとする学説や裁判例が出てきており，実務においては，新たな証拠が提出されている例も相当数あります。

この大法廷判決は，特許権だけでなく商標権の審判についても適用があることが明示されています。しかし，特許権に比べ商標権は技術的専門知識が問題とならないために，審理範囲については，より柔軟な判断が許されるべきであるといわれています。

2 審決取消訴訟において新たな証拠・主張が許される場合

判例や裁判例によって，審決取消訴訟において新たな証拠や主張を出すことが許されているものがあります。

(1) 技術常識の立証

最高裁は，審判の手続に現れていなかった資料に基づき当業者の実用新案登録出願当時における技術常識を認定することを許しています[3]。「技術常識」とは，周知例，慣用技術などともいわれ，公知事実のうち，出願当時の当業者に一般的ないし平均的に知られていたものをいいます。ただ，新たな公知事実の主張立証と技術常識・周知技術の主張立証とは，必ずしも明確に区別できるものではありません。

(2) 審判において進歩性の判断で使われた公知技術に基づき，審決取消訴訟において新規性の判断をする場合

裁判例では，Xの有する特許について，Yが無効審判を請求したところ，進歩性欠如を理由とする拒絶審決が出され，これに対する取消訴訟において，審判にて判断されたのと同一の公知技術に基づき新規性欠如を理由として審決を維持したものがあります[4]。

(3) 主引例と副引例の差替え

「審判や特許異議の申立てについての審理において審理された公知事実に関する限り，審理の対象とされた発明との一致点・相違点について審決や取り消し決定と異なる主張をすること，あるいは，複数の公知事実が審理判断されている場合にあっては，その組合せにつき審決や取消決定と異なる主張をするこ

第6章◇審決取消訴訟

とは，それだけで直ちに審判や特許異議の申立てについての審理で審理判断された公知事実との対比の枠を超えるということはできないから，取消訴訟においてこれらを主張することが常に許されないとすることはできない」として，主引例と副引例を差し替えて特許取消しを維持した裁判例があります（付与後異議の事例☆5，訂正審判で訂正後の発明に独立特許要件が認められないとして請求不成立とした審決に対する取消訴訟☆6など）。

　一方で，主引用例と副引例の差替えを認めなかった裁判例も多数存在しています。

(4)　技術的専門知識が問題とならない証拠や無効理由

　審判で審理判断された刊行物の頒布の日時を，審決取消訴訟段階で新たに提出された証拠により，出願日より前に頒布されていたと認定した原審を是認した最高裁判例があります☆7。

　また，無効審判で公知文献について提出をしていたところ，審決取消訴訟において，出願前に頒布された公刊物であることを立証するための証拠を提出することは許されるとした裁判例もあります☆8。

　さらに，技術的事項が問題とならず，公然実施の試作機の販売時期について，新たな証拠の提出を認めた裁判例があります☆9。

　また，条約違反，冒認などの無効理由については，その判断に技術的特殊性や専門性が必要ないことが多いので，審判で無効理由となっていなくても，審決取消訴訟で新たに主張・立証をしても，大法廷判決がいう，専門的な判断を前に得ておくべきという趣旨からは，特に問題がありません。そこで，これらの無効理由については審決取消訴訟で新たに主張・立証ができるとする学説も有力に主張されています。ただ，これを認めた裁判例は知られていません。

〔平野　惠稔〕

━━■判　例■━━

　☆1　最〔大〕判昭51・3・10民集30巻2号79頁〔メリヤス編機事件〕。
　☆2　最〔3小〕判平12・4・11民集54巻4号1368頁〔キルビー事件〕。
　☆3　最〔1小〕判昭55・1・24民集34巻1号80頁〔食品包装容器事件〕。
　☆4　知財高判平19・7・25（平18（行ケ）10247号）裁判所ホームページ〔シリカ系

被膜形成用組成物事件〕。

☆5　知財高判平18・7・11判時2017号128頁〔おしゃれ増毛装具Ⅰ事件〕。

☆6　知財高判平18・7・11判時2017号141頁〔おしゃれ増毛装具Ⅱ事件〕。

☆7　最判平3・4・25（平3（行ツ）37号）取消集（平3）194頁〔駐車場事件〕。

☆8　東京高判平10・6・24（平8（行ケ）210号）1998WLJPCA06246008。

☆9　東京高判平13・7・10（平11（行ケ）190号）裁判所ホームページ〔掴み機事件〕。

■注　記■

＊1　中山信弘『特許法』（弘文堂，2010年）276〜280頁。

第6章◇審決取消訴訟

 訂正審判と審決取消訴訟

(1) 訂正審判及び審決取消訴訟はどのような関係になりますか。
(2) 無効審判を請求された特許権者は，どのタイミングで訂正ができるのでしょうか，教えてください。

(1) 訂正審判及び審決取消訴訟との関係は，一般の審判と同様に特許庁の行った訂正審判での審決が違法である場合，訂正が不成立として認容されなかった請求人（特許権者）が原告となってその取消しを求め行政訴訟としての訂正審判の審決取消訴訟を求めることができます（特178条）。
　この審決取消訴訟は，特許庁長官を被告とする査定系ルートの事件になります（特179条）。
(2)① （特許異議又は）無効審判が特許庁に係属した時から（その決定又は）審決が確定するまで（審決取消訴訟係属中も），訂正審判請求はできません（特126条2項）。したがって，特許権者の訂正は，特許庁で（特許異議手続の中あるいは）無効審判係属中に同審判手続の中で訂正請求（特120条の5・134条の2）で行うということなります。
② 訂正請求ができるタイミングは，法律で定められています（特134条の2第1項・134条の3）。訂正請求のタイミングは，特許権侵害訴訟の無効の抗弁（無効主張）に合わせて無効審判が並走しているときは，無効の抗弁（無効主張）に対する訂正の再抗弁の主張とも関係します。そのことを念頭に置き訂正請求の認められる時期にタイミングを失することのないように訂正請求をしなければなりません。

Q61◆訂正審判と審決取消訴訟

☑キーワード

訂正審判請求，訂正請求，訂正のタイミング，訂正の再抗弁，訂正の承諾

解　説

　明細書，特許請求の範囲又は図面（以下「明細書等」といいます）を登録査定前に審査手続の中で修正するのが「補正」で，特許登録後に特許権者が自ら修正するのを「訂正」といいます。訂正制度は，無効審判とは独立した審判手続である「訂正審判」（特126条）と，特許異議あるいは無効審判の手続内で行われる「訂正請求」（特120条の5・134条の2）からなります。以下には，「訂正審判」と無効審判における「訂正請求」を合わせて説明していきます。

1　訂正審判と審決取消訴訟の関係

（1）　訂正審判請求

（a）　**時　　期**

　特許登録後はいつでもできます。ただし，特許異議申立てや無効審判が特許庁に係属したときからその決定，審決が確定するまでの間はできません（特126条2項）。なお，特許が無効審判により無効とされた場合を除き，特許権消滅後にも訂正審判を請求することができます（特126条8項）。

（b）　**訂正できる内容**

　訂正は，①特許請求の範囲の減縮，②誤記又は誤訳の訂正，③明瞭でない記載の釈明，④引用形式請求項を独立形式請求項に変える等の目的に限られます（特126条1項ただし書）。また，「明細書，特許請求の範囲又は図面の訂正」は，「実質上特許請求の範囲を拡張し，又は変更するものであってはならない」とされています。（特126条6項）。つまり，権利内容に実質的変動をもたらすような訂正は，権利範囲を減縮する方向に限られているといえます。これは，訂正請求の場合も同じです（特134条の2第1項ただし書・134条の2第9項による特126条6項の準用）。

483

第6章◇審決取消訴訟

(2) 訂正請求

無効審判が係属している場合は無効審判手続内で訂正請求を行います。

無効審判手続とは別個に訂正審判請求を行うことを認めると無効審判の途中に訂正を認める審決が確定すると，その効果が出願時に遡って生じますので，無効審判手続の中で行われている有効無効に関する審理が無駄になります。逆に，訂正を認めるか否かの前に無効審決が確定すると訂正する基礎がなくなってしまうことになります。また，無効審判の審決取消訴訟の審理中に訂正審決が確定すると訴訟の対象が変更されてしまい，同様の不都合が生じます。そこで，平成23年改正法によって，無効審判が係属している場合は同手続の中で訂正請求を行うことにされました（特134条の2第1項）。

なお，訂正請求書の補正は，訂正請求書の要旨を変更しない範囲で許されます（特134条の2第9項による特131条の2第1項の準用）ので，訂正請求をした後に要旨の変更の範囲が問題となるような主張の追加がないように，訂正のチャンスを利用して行う訂正内容は十分吟味しなければなりません。

(3) 訂正審判請求と訂正請求

審判手続における訂正の請求については，独立特許要件は，訂正要件違反の問題ではなく無効を請求されている請求項について無効理由の存否の問題として取り扱われ，訂正審判の場合と異なり独立特許要件を課していません（特134条の2第9項）。これは無効審判において無効審判請求に係る特許要件が審理されるからです。他方，訂正審判請求では，前記①の特許請求の範囲の減縮（1号）又は②の誤記若しくは誤訳の訂正（2号）は，独立特許要件の充足が必要です（特126条7項）。これは，訂正後の発明については審査手続を経ていないため，訂正の過程で改めて拒絶理由があるか否かを改めて最初から審査するという趣旨からです。

(4) 審決取消訴訟との関係

特許に関する審決については，その適法性を判断するため，東京高等裁判所を専属管轄として訴訟を提起できます（特178条1項）。出訴期間は，審決の謄本の送達のあった日から30日を経過した後は提起できず30日は不変期間です（特178条3項・4項）。東京高裁の知的財産高等裁判所1部から4部が担当することになっています（知的財産高等裁判所設置法2条）。

Q61◆訂正審判と審決取消訴訟

(a) 訂正審判請求との関係

訂正を認める審決であればそこで事件は終了します。訂正が認容された場合は，不服を申し立てる者はおらず，審決謄本の送達（特157条3項）によって訂正審決は確定し，訂正審決の効力は出願時まで遡及します（特128条）。訂正を不成立として認めない審決が出れば，これを不服として請求者（特許権者）は原告として，被告を特許庁長官として審決取消訴訟で争うことになります（特179条）。

(b) 訂正請求との関係

無効審判の審決で訂正請求における訂正の可否の判断が請求項ごとに示されます。以下の3つのパターンが考えられます。

(ア)「訂正を認める。本件審判の請求は，成り立たない」旨の審決の場合，無効審判の請求者側は原告としては，訂正を認容した部分を争うか否か，また訂正後の請求不成立（有効審決）を審決取消訴訟で不服として争うことになります。被請求者側が被告となります。

(イ)「訂正を認める。特許○○号の請求項△に係る発明についての特許を無効とする」旨の審決の場合，無効審判の被請求者側は原告として訂正後の無効審決を審決取消訴訟で不服として争うことになります（この場合，請求者側であった被告も被請求者側であった原告も訂正認容した部分を争う実益はないでしょう）。無効審判の請求者側が被告となります。この(ア)と(イ)の場合に，訂正を認容した部分を争わず，請求不成立又は無効と審決した部分の取消しを求めて不服として争う場合，訂正の効果がいつ確定するか分明ではありません。

この点，訂正を認めた部分と，請求項ごとの審判請求の成立・不成立に係る部分は，一体不可分的に確定すると考えられます（審判便覧〔第17版〕46-00の3(1)）。

(ウ) 訂正を認めない場合は，訂正許否の判断は審決主文には記載されず単に「○○に係る発明についての特許を無効とする」旨の審決が出されるだけです。無効審決を無効審判の被請求者側が原告として審決取消訴訟で不服として争うことになります。請求者側が被告となります。

485

第6章◇審決取消訴訟

2　無効審判請求された際の訂正のタイミング

　訂正審判・訂正請求は，侵害事件との関係では被告からの特許権の無効化に対する攻撃をかわす手段です。

　迅速かつ効率的な審理が妨げられないようにするために訂正審判の請求できる時期や訂正請求の機会が一定限度で制限されています。訂正請求とともに訂正審判を含め訂正のタイミングについて説明します。

　(1)　訂正のタイミング

　以下のような場面で訂正請求の機会が与えられています。

　(a)　無効審判請求手続における答弁書の提出期間内に訂正請求を行うことができます（特134条の2第1項）。

　(b)　審判官が特許無効と心証をもった場合，審決予告を行うものとし（特164条の2第1項本文），審決の予告をするときは訂正請求するための相当の期間を指定しなければならないとされています（特164条の2第2項）。

　(c)　審判長が申し立てられない理由で職権審理した場合，当事者等に通知され相当の期間を指定して意見を申し立てる機会が与えられます（特153条2項）。特許権者は，この指定期間内に訂正請求することができます（特134条の2第1項）。

　(d)　無効審判の請求不成立とする審決の取消判決の確定後，差戻しで無効審判の審理再開につき，判決確定の日から1週間以内に被請求人の申立てにより指定された相当期間内に訂正請求の機会が与えられます（特134条の3）。

　(2)　侵害訴訟の訂正の再抗弁との関係

　ダブルトラックを意識する必要があります。

　侵害訴訟において，特許権者が，相手方の無効（権利行使制限）の抗弁（特104条の3第1項）に対する訂正の再抗弁として，訂正により無効事由が解消されたと主張し，侵害訴訟で請求認容判決を得るためには，①当該請求項について訂正審判請求ないし訂正請求をしたこと，②当該訂正が特許法126条の訂正要件を充たすこと，③当該訂正により，当該請求項について無効の抗弁で主張された無効理由が解消すること，④被疑侵害製品・方法が訂正後の請求項の技術的範囲に属することを主張立証しなければなりません☆1．＊1。

486

したがって，①から侵害訴訟において単に訂正する内容を主張するだけで訂正請求等をしない場合は，再抗弁として主張自体失当になります。その理由として，第1に物権類似の排他権の権利範囲を画定する意味を有するクレームが訂正請求等によって明瞭になることが望ましい，第2に仮定的・予備的なクレームの主張による当事者間の攻防主張の錯綜化を避けられる，第3に無効審判請求を受けたときの防御策として訂正請求が位置付けられ無効審判請求を提起する相手方の立場との均衡をはかれる等から，①を訂正の再抗弁の要件事実とすることは妥当と考えられます。

ただし，被告が無効審判請求を行わず無効の抗弁を侵害裁判所において主張するだけの場合でも，原告権利者が訂正審判請求をしなければ訂正の再抗弁が主張自体失当になるのは疑問が残ります。しかし，排他的独占権の範囲を画するのに特許庁に対し訂正審判請求の手続を要求して公示に準じる開示を重視して，訂正の再抗弁を主張するのであれば訂正審判請求が必要であるとの考えは一般原則論として首肯できるでしょう☆2。

ところで，侵害訴訟において相手方からの無効主張に対して訂正の再抗弁を主張するためには訂正を行っておく必要がありますが，「訂正」には，ライセンスしている場合に通常実施権者等の「承諾」が必要となります（特127条・134条の2第9項）。この際に「承諾」がもらえないと訂正の再抗弁を主張することができなくなってしまうおそれがあります☆3。

訴訟では，訂正の再抗弁を主張するか否か，主張するとして時機に後れないように提出しなければなりませんので，特許庁ルートでの訂正請求のタイミングをよくはからなければなりません。

(3) その他の留意点

(a) 既述したように「訂正」には，通常実施権者等の「承諾」が必要となります（特127条・134条の2第9項）。これには予めライセンス時の問題として対拠しておく必要があり，例えば次のような条項を入れてライセンスする必要があります。

甲が無効理由を解消させる目的で訂正審判請求又は無効審判手続における訂正請求を行う場合，乙は，甲がこれらの手続をとることを予め承諾する。

第6章◇審決取消訴訟

(b) 特許権侵害訴訟との関係

特許権侵害訴訟を提起しようと考えている場合には，相手方から無効審判が提起されていなければ，自主的に訂正審判請求してから訴訟提起するか（特126条1項本文），提起後に相手方から無効の抗弁と無効審判が提起されてから訂正請求するかを予め検討しておきます。訂正請求を行う機会は前記のとおりです。当事者系の無効審判で当事者対立構造の中で訂正の可否が検討される訂正請求よりも査定系の訂正審判請求のほうが，相手方からの攻撃をかわすという面では無難かも知れません。しかし，訂正が無効審判に対する防御という性質を有する点から考えれば訂正の可否は当事者対立構造の中で検討されるのが妥当と割り切り，特許が無効となりにくくなっている状況背景＊2とともに無効を恐れず積極的に攻め，審理終結通知がくればそのままよしとし，事前に審決予告（特164条の2）がくれば訂正請求と訂正の再抗弁を組み立てさらに攻めるということも考えられる方策かも知れません。

(c) 訂正の再抗弁が主張できる時機についての留意

訂正の再抗弁（対抗主張）が，特許法104条の3の規定の趣旨に照らして特許権の侵害に係る係争の解決を不当に遅延させるものとして許されないとする最高裁判所判決☆4があり，あるいは訂正の再抗弁を主張としなかったことについてやむを得ないといえるだけの特段の事情がない限り，事実審の口頭弁論終結後，判決確定前に訂正審決が確定しても特許法104条の3及び104条の4の規定の趣旨を照らして再抗弁の主張が許されないとして主張制限されるとする最高裁判所判決もあります☆5ので，それらを念頭にした事実審での主張をしておく必要があります。

〔三山　峻司〕

■判　例■

☆1　東京地判平19・2・27判タ1253号241頁〔多関節装置事件〕，知財高判平21・8・25判時2059号125頁〔切削方法事件〕等。

☆2　ただし，知財高判平26・9・17判時2247号103頁〔共焦点分光分析事件〕などは，例外的に訂正請求等が不要となる場合を認める余地があることを示しています。

☆3　東京地判平28・7・13裁判所ホームページ〔累進多焦点レンズ及び眼鏡レンズ事件〕は，承諾は訂正の再抗弁にも「必要」であると判示しています。

Q61◆訂正審判と審決取消訴訟

☆4　最判平20・4・24民集62巻5号1262号〔ナイフ加工装置事件〕。
☆5　最判平29・7・10民集71巻6号861頁〔シートカッター事件〕。

━━■注　記■━━

＊1　篠原勝美ほか「知財高裁・東京地裁知財部と日弁連知的財産制度委員会との意見
　　交換会（平成18年度）」判タ1240号14頁〔設樂隆一発言〕及び「2007年度大阪地方
　　裁判所第21・26民事部と大阪弁護士会知的財産委員会との協議会」判タ1265号16頁。
＊2　特許・実用新案の無効審判の無効審決の取消率（2003年から2007年まで14％～
　　12％）と有効審決の取消率（2003年から2007年まで46％～61％）が，2007年から
　　2008年にかけて大きく変化しました。同年以降，有効・無効の双方の審決取消率は
　　ともに20％から30％前後で推移しています。

489

第6章◇審決取消訴訟

 62 新たな審決の取消理由（審判理由の追加）

(1) 拒絶査定不服審判で，特許庁が当該発明は平成5年11月10日に東京都千代田区○○○において公然実施されていたとする拒絶査定が維持されました。これに対して，出願人は審決取消しの訴えを提起し，この審決の事実認定に対して反証を挙げたので，特許庁は実は同日頃大阪市北区○○○において公然実施していたと主張することができますか。

(2) また，無効審判で，請求人が同じく東京都千代田区○○○において，公然実施されていたと主張し，無効審判がなされました。これに対する審決取消訴訟で，同じく大阪市北区○○○において公然実施していたと主張を追加又は変更することができますか。

(3) (2)の無効審判で，請求人主張の無効理由が採用されず，無効不成立審決がなされました。これに対する審決取消訴訟において，原告（請求人）は，東京都千代田区での公然実施がなされていなかったとされたことを争うとともに，大阪市北区○○○において公然実施をしていたことも明らかだとして，審決の取消しを求めることができますか。

　　拒絶査定不服審判における拒絶査定維持審決に対する審決取消訴訟（設問(1)），無効審判に対する審決取消訴訟（設問(2)），無効不成立審決に対する審決取消訴訟（設問(3)）のいずれにおいても，審判において「製品Aが東京都で公然実施された」と主張されていたのに対し，審決取消訴訟で「製品Aが大阪市で公然実施された」と主張する場合，この主張は許されるべきであり，従前の判例の趣旨からも許される余地が大きいといえます。また，審判において「製品Aが東京都で公然実施された」と主張されていたのに対し，審決取消訴訟で「違う構成である製品Bが大阪市で公然実施された」と主張する場合には，このような主張は許されない

490

Q62◆新たな審決の取消理由（審判理由の追加）

と考えるのが従前の判例の趣旨に沿いますが，一回的解決を重視
する立場からは主張を許すべきとの考え方もあり得ます。

☑キーワード

メリヤス編機事件，公然実施による無効理由，公然実施の場所

解　説

1　審決取消訴訟に関する大法廷判決

最高裁大法廷判決[1]では，特許無効に関する審決取消しの訴えにおける違
法性の判断は，専ら当該審判手続において現実に争われ，かつ，審理判断され
た特定の無効原因に関するもののみが審理の対象となり，審理判断されなかっ
た公知事実との対比における無効原因は，審決を違法とし，又はこれを適法と
する理由として主張することができないとされています。法は，特許出願に関
する行政処分については，常に専門的知識経験を有する審判官による審判の手
続の経由を要求しているのだと解しています。

しかし，審決取消訴訟において，一回的解決をすべき要請も強く，解釈論と
して，大法廷判決の理由である，専門的知識経験を有する審判官による審判の
手続の経由を尊重しながら，大法廷判決の射程をできるだけ狭く解そうとする
学説や裁判例が出てきており，実務においては，新たな証拠や主張が提出され
ている例が多くあります。これらの点は**Q60**で詳しく説明していますので参照
してください。

491

第6章◇審決取消訴訟

2 公然実施の無効理由

公然実施を理由とする無効事由は，物の特許について譲渡を理由とする場合を考えてみると，次のとおりになります。

（公然実施の要件事実）
　①　製品Aが特許発明の技術的範囲に属していること
　②　製品Aが出願日より前である〇年〇月〇日に甲に対し譲渡されたこと

なお，製品Aを分析すればその構成や組成を知ることができ，甲が製品Aについて分析禁止などの特別な義務を負っていないことが前提となります。

公然実施の無効理由の主張立証責任が誰にあるかについてはここでは立ち入りませんが，①と②は，特許が無効であると主張する無効審判請求人が，主張し，証拠を提出することになります。

3 設問(1)について

(1)　拒絶査定不服審判で拒絶査定が維持された理由

設問(1)では，拒絶査定不服審判で，特許庁が当該発明は平成5年11月10日に東京都千代田区〇〇〇において公然実施されていたとした認定が維持されています。前記 2 の要件は，次のように判断されたとします。

（審決の認定した公然実施）
　①　製品Aが特許発明の技術的範囲に属していること
　②　製品Aが出願日より前である平成5年11月10日に甲に対し東京都千代田区〇〇〇において譲渡されたこと

このうち，①については，技術的な事項ではありますが，特許庁が専門官庁として特に効力の高い，特許発明と引用例との一致点，相違点の認定や，論理付けにおける，設計事項の認定，主引用例と副引用例の組み合わせについての動機付けの認定などに比べると，その専門性の程度は高くありません。むしろ，

492

裁判所のほうが侵害訴訟において日ごろから取り扱っている類の専門的事項であるということができます。②については，技術的要素がまったくといっていいほどなく，裁判所が専門とする一般的な事実認定が争点になったということになります。

特許庁は，①，②を認定して，拒絶査定を維持しました。

(2) **審決取消訴訟の争点**

これに対して，出願人は審決取消しの訴えを提起し，この審決の事実認定に対して反証を挙げました。

(a) 設問から，おそらく，出願人は次のとおり主張立証したものと思われます。

(公然実施主張1 (構成が同じ製品))
① 製品Aが特許発明の技術的範囲に属していること
② 製品Aが出願日より前である平成5年11月10日に甲に対し大阪市北区○○○において譲渡されたこと

すなわち，譲渡された相手方と製品は審判の認定のとおりだが，譲渡場所だけが異なっているものという反証です。

しかし，次のとおり主張したとも考えられます。

(公然実施主張2 (構成が異なる製品))
① 製品Bが特許発明の技術的範囲に属していること
② 製品Bが出願日より前である平成5年11月10日に乙に対し大阪市北区○○○において譲渡されたこと

(b) 先の大法廷判決では，次のとおり判示しています。

「無効審判における判断の対象となるべき無効原因もまた，具体的に特定されたそれであることを要し，たとえ同じく発明の新規性に関するものであつても，例えば，特定の公知事実との対比における無効の主張と，他の公知事実との対比における無効の主張とは，それぞれ別個の理由をなすものと解さなければならない。」

(c) 拒絶査定維持審決に対する審決取消訴訟での主張が公然実施主張1 (構

493

第 6 章◇審決取消訴訟

成が同じ製品）であった場合

　審判で認定された公然実施と公然実施主張１とは別個の理由なのかどうかが
問題となります。公然実施は世界中のどこでなされていても無効原因となりま
すので，公然実施品である製品Aが共通である以上，どの場所で公然実施と
なったかは重要ではなく，審判で認定された公然実施と公然実施主張１とは同
じ無効原因であるということができます。無効原因の要件事実としては，前記
2で記載した①，②で十分であり，先の大法廷判決からも，これらを別個の無
効主張と解する必要はありません。したがって，特許庁は，実は同日頃大阪市
北区○○○において公然実施していたという主張（無効原因の要件事実についての
主張ではない，事情の主張）をすることができます。公知文献でいえば，公知文献
の内容も発行年月日の変更なく，甲図書館から発見されたものではなく，B氏
の本棚から発見されたと主張するようなものです。

　しかし，裁判例として，審判では試作１号機が公然実施されていたとして無
効審決がなされた事案で，審決取消訴訟において，その事実がないと認定さ
れ，被告は試作２号機が公然実施されていたと主張して，これを認めたものが
あります☆2。ここで裁判所は，「原告らは，試作２号機の製造，販売の事実
は，審決において，独立の無効事由として判断されていないから，審決取消訴
訟での審理，判断の対象とならない旨主張する。しかしながら，審決は，試作
２号機の製造，販売の事実を，独立の無効事由として判断することまではして
いないものの，試作１号機による公然実施の間接事実としては審理，判断の対
象としていることが明らかであり，審決が試作２号機の製造，販売の事実を独
立の無効事由として挙げていないのは，試作１号機による公然実施を肯定した
ため，その必要を感じなかっただけのことであるとも解し得ること，本件にお
いては，試作２号機の構成自体は争われておらず，製造，販売の時期という事
実認定のみが問題となっており，特許庁の専門，技術的知識に基づく判断を改
めて経る必要性が認められないこと，に照らすと，審決において独立の取消事
由としての判断がされていないとしても，その事実を訴訟において独立の審決
取消事由として審理，判断することは，許されると解するのが相当である。」
と判断しています。この裁判例からは，先に述べた考え方とは異なりますが，
本設問では，審判で認定された公然実施と公然実施主張１（構成が同じ製品）と

494

は別の無効理由であると解した上で，なお，審決取消訴訟では，製品Aの販売の場所という事実認定のみが問題となっており，特許庁の専門，技術的知識に基づく判断を改めて経る必要性が認められないから，新たに主張立証することができると判断する余地があることになります。

また，設問(1)は査定系の訴訟であり，被告が特許庁であることから，審決取消訴訟段階で，特許庁の専門，技術的知識に基づく判断がなされているといえますし，わざわざ拒絶査定を取り消して，特許庁に戻り，また拒絶査定が出されるというのでは，無駄な手続を繰り返すことになってしまいます[*1]。

(d) 拒絶査定維持審決に対する審決取消訴訟での主張が公然実施主張2（構成が異なる製品）の場合

審判で認定された公然実施と公然実施主張2（構成が異なる製品）とは別個の無効理由であることに争いはないと思われます。製品Aが譲渡されたことが公然実施なのか，製品Bが譲渡されたことが公然実施なのかは，前記**2**①に関わるもので公然実施の要件事実です。大法廷判決の趣旨からも別個の無効理由とみるべきであるといえます[*2]。したがって，特許庁は，実は同日頃（製品Bを）大阪市北区○○○において公然実施していたという主張をすることはできないと解釈するのが，大法廷判決に則しているということができます。

しかし，製品Bが特許発明の技術的範囲に属していること，については特許庁より，裁判所が日ごろから専門的に認定している事実です。大法廷判決の射程を狭め，一回的解決を図ることを優先する立場からは，この点についても，特許庁の専門，技術的知識に基づく判断を改めて経る必要性が認められないとして，審決取消訴訟で新たに主張立証することを認める余地も十分にあるということができるでしょう。特に，審判で，製品Bの構成について特許庁が何らかの形で判断しているのであれば，認められる可能性は高まります。また，この立場からは，本問が査定系の手続に関するものであることからも，審決取消訴訟で審理を行うことには，より積極的になるべきということができます。

4 設問(2)について

無効審決に対する審決取消訴訟における審判時とは異なる主張の可否につい

第6章◇審決取消訴訟

ての問題です。

（1）　公然実施主張1（構成が同じ製品）の場合

（a）　公然実施した場所についてはそれが異なっていても異なる無効理由とならないと解する場合には，無効審判で，請求人が東京都千代田区○○○において，公然実施されていたと主張し，無効審決がなされたとしても，これに対する審決取消訴訟で，同じく大阪市北区○○○において公然実施していたと主張することに問題はありません。そして，無効理由の要件事実は，前記**2**の①，②と解することになりますので，無効理由の追加か変更かは問題とならず，販売場所という事情についての主張を追加することになります。

（b）　公然実施した場所が異なれば，別の無効理由であると解する場合には，販売の場所という事実認定のみが問題となっており，特許庁の専門，技術的知識に基づく判断を改めて経る必要性が認められないことから，審決取消訴訟で，同じく大阪市北区○○○において公然実施していたという主張を追加することは可能だと考える余地があります。しかし，無効審決において，特許庁がすでに東京都千代田区○○○において公然実施していたという無効理由を認定していますので，被告（請求人）がこれを取り消すことはできず，主張を変更するのではありません。原告が千代田区における公然実施の認定を反証により覆したことに対抗して，被告が別の無効理由である北区における公然実施を追加して主張するということになります。

（2）　公然実施主張2（構成が異なる製品）の場合

被告（請求人）は，実は同日頃（製品Bを）大阪市北区○○○において公然実施していたという主張することはできないと解釈するのが，大法廷判決に則しているということができます。

この点，製品Bが特許発明の技術的範囲に属していること，については，特許庁より，裁判所が日ごろから認定していることを理由に，特許庁の専門，技術的知識に基づく判断を改めて経る必要性が認められないとして，審決取消訴訟で新たに主張立証することを認める余地も十分にあることは，設問(1)と同様です。一方，無効審判が一審としての役割を果たしており，原告（特許権者）に審級の利益があることを考えると，被告（請求人）は，無効理由の追加をすることができず，東京都千代田区○○○において公然実施がなかったと認定さ

れた場合には，無効審決が取り消されて特許が有効となり，被告（請求人）は，大阪市北区○○○における公然実施を理由として，別途無効審判を起こすことを求められることになります。なお，無効審判での認定がありますので，主張を変更することができないことは設問(1)と同様で，被告は無効理由を追加して主張することとなります。

5 設問(3)について

無効不成立審決に対する審決取消訴訟における審判時と異なる主張の可否についての問題です。

（1） 公然実施主張１（構成が同じ製品）の場合

（a） 公然実施した場所についてはそれが異なっていても異なる無効理由とならないと解する場合には，販売場所という事情についての主張をすることができることになります。

（b） 公然実施した場所が異なれば，別の無効理由であると解する場合には，販売の場所という事実認定のみが問題となっており，特許庁の判断を改めて経る必要性が認められないことから，審決取消訴訟で，同じく大阪市北区○○○において公然実施していたという主張を追加することは可能だと考えます。

（2） 公然実施主張２（構成が異なる製品）の場合

原告（請求人）が，実は同日頃（製品Bを）大阪市北区○○○において公然実施していたという主張はすることはできない，とするのが大法廷判決に則した解釈です。

しかし，製品Bが特許発明の技術的範囲に属していること，については，特許庁より，裁判所が日ごろから認定していることを理由に，特許庁の専門，技術的知識に基づく判断を改めて経る必要性が認められないとして，審決取消訴訟で新たに主張立証することを認める余地も十分にあることは設問(1)，(2)と同様です。また，無効審判が一審としての役割を果たしており，被告（特許権者）に審級の利益があることを考えると，原告（請求人）は，無効理由の追加をすることができず，東京都千代田区○○○において公然実施がなかったと認定された場合には，審決が維持されて特許が有効となり，原告（請求人）は，大阪

第 6 章◇審決取消訴訟

市北区○○○における公然実施を理由として，別途無効審判を起こすことを求められることは設問(2)と同様です。

〔平野　恵稔〕

■判　例■

☆1　最〔大〕判昭51・3・10民集30巻2号79頁〔メリヤス編機事件〕。
☆2　東京高判平13・7・10（平11（行ケ）190号）裁判所ホームページ〔掴み機事件〕。

■注　記■

＊1　査定系の審決取消訴訟と当事者系のそれとでは性質が異なり，区別して論ずべきとする学説も多くあります。しかし，大法廷判決ではこれを区別せず，その調査官解説では，当事者系と査定系で区別すべきでないとしています（最判解説民事篇昭和51年度37頁，51頁）。
＊2　譲渡対象者が甲か乙かについては，守秘義務を負っていたかなど，公然性を肯定するかどうかにおいて重要な事実なので公然実施の要件事実に加えています。しかし，譲受人が守秘義務を負うかどうかについても技術的専門性が必要でない事実なので，この点について審決取消訴訟で新たな主張をすることは許されると考えています。

63 再度の審決に対する取消訴訟

(1) 引用例Aに基づいて当業者が当該発明を容易に想到することができたことを理由とする無効審決に対し，そうとはいえないとの理由で特許無効審決の取消判決がなされたので，特許庁は，引用例Aに基づいて容易に発明できたとはいえないとして，無効審判請求を不成立とする再度の審決を行いました。この場合，再度の審決に対する取消訴訟において，同一引用例Aに基づき容易に発明することができたことを主張立証することが許されますか。

(2) 進歩性欠如を理由とする無効審決に対する取消訴訟において進歩性欠如の判断に違法があるとして審決が取り消され，それを受けた再度の審決が進歩性ありとしたところ，それに対する審決取消訴訟において進歩性欠如の主引例はそのままにして，出願時の技術水準を立証するために新たな公知文献を提出することは許されるでしょうか。

(1) 特許の無効審決の取消判決が確定すると，再度の審決では，取消判決の拘束力が働きます（行訴33条1項）。この拘束力により，処分をした行政庁は，判決の趣旨に従い，改めて処分をしなければなりません（同条2項）。判決の趣旨に従うとは，同一事情の下で，同一理由により同一処分をしてはならないことを意味します。

本問では，無効審決の理由である「引用例Aに基づいて当業者が当該発明を容易に想到することができた」という点につき，「そうとはいえない」との取消判決がされているので，「引用例Aに基づいて当業者が当該発明を容易に想到することができた」ことを理由とする無効審決（同一理由による同一処分）をしてはならないとの拘束力が働きます。

本問の再度の審決は，「引用例Aに基づいて容易に発明できたと

第6章◇審決取消訴訟

> はいえない」とする無効審判請求不成立の審決なので，取消判決
> の拘束力に従った適法な審決です。審決の違法性の有無を審理す
> べき審決取消訴訟において取消判決の拘束力に従った適法な審決
> を違法とすることはできませんので，同一引用例Aに基づき容易
> に発明することができたことを主張立証することは許されません。
> (2) 本問では，主引例に基づく進歩性欠如の判断に違法があるとし
> て審決が取り消されていますので，取消判決の拘束力により，再
> 度の審判手続において，当該主引例に基づく進歩性欠如の主張立
> 証は許されません。したがって，「進歩性欠如の主引用例はその
> ままにして出願時の技術水準を立証するために新たな公知文献を
> 提出すること」は許されないと考えます。

☑キーワード

審決取消判決の拘束力

解 説

1 設問(1)について

(1) 取消判決の拘束力

特許庁のした審決は行政処分であり，この取消しを求める審決取消訴訟の性
質は，一般的には抗告訴訟と解されています（行訴3条1項）。抗告訴訟につい
て，判例・通説は，訴訟物は行政処分の違法一般であると解しています☆1。
つまり，審決取消訴訟は，特許庁が行った行政処分である審決の取消しを求め
て東京高等裁判所（知的財産高等裁判所）に提起する行政訴訟であり，審決の判
断が違法かどうかが審理判断の対象です。審決を取り消す判決が確定したとき
は，審判官はさらに審理を行って審決をしなければなりませんが（特181条2
項），その際，行政事件訴訟法33条1項により取消判決の拘束力が働きます。
行政事件訴訟法33条1項は，「処分又は裁決を取り消す判決は，その事件に

500

ついて，処分又は裁決をした行政庁その他の関係行政庁を拘束する。」と規定
しています。この規定は行政訴訟における取消判決の拘束力について定めたも
のとされています。この拘束力は，一般的に行政庁に対して，処分又は裁決を
違法とした判決の判断内容を尊重し，その事件について判決の趣旨に従って行
動すべきことを義務付けるものと解されています。

　拘束力の具体的な内容については，同法33条2項に「申請を却下し若しくは
棄却した処分又は審査請求を却下し若しくは棄却した裁決が判決により取り消
されたときは，その処分又は裁決をした行政庁は，判決の趣旨に従い，改めて
申請に対する処分又は審査請求に対する裁決をしなければならない。」と規定
されています。「判決の趣旨に従」うとは，同一事情の下で，同一理由により
同一処分をしてはならないことを意味すると解されています。この拘束力の趣
旨は，司法審査によって，判断が示された事項について，同一紛争が蒸し返さ
れ，裁判所と行政庁との間を往復するという事態を防止し，速やかに紛争解決
を図ることにあるとされています。

　拒絶査定不服審判の審決取消訴訟などにおいて，被告である特許庁は当然に
拘束力の対象となります。また，無効審判の審決取消訴訟などにおいては，特
許庁は当該訴訟の当事者ではないものの，無効審判の審決取消訴訟がその実質
において特許庁の処分である審決に関する不服の訴訟であることから，処分を
行う行政庁である特許庁は拘束力を受けると解されています。

(2)　審決取消訴訟における取消判決の拘束力の範囲

　取消判決の拘束力は主文についてのみ生ずるものではなく，主文を導くのに
必要な主要事実について裁判所がした具体的な認定判断（理由中の判断）につい
ても生じます。後掲最高裁平成4年4月28日判決は，「この拘束力は，判決主
文が導き出されるのに必要な事実認定及び法律判断にわたるものであるから，
審判官は取消判決の右認定判断に抵触する認定判断をすることは許されない。」
と判示しています。

　手続上の瑕疵を理由とする取消判決の場合には，再度の審判手続でこの瑕疵
を是正すれば，新たに審判を行うことができるようになります。これに対し，
実体的な理由で審決が取り消された場合，同一の理由に基づいて同一の結論の
審決をなすことは許されません。

第 6 章◇審決取消訴訟

　取消判決の拘束力が問題となる手続は，通常，次のとおりです。

①一次審決　→　②一次判決（取消判決）　→　③二次審決　→　④二次判決

　一次判決（取消判決）の拘束力は，一次審決が無効審判請求成立（特許無効）
の場合だけでなく，無効審判請求不成立（特許有効）の場合にも生じます。一
次審決が無効審判請求不成立（特許有効）の場合の一次判決（取消判決）は，特
許無効という判断ですので，二次審決において無効審判請求不成立（特許有効）
という結論を下すことは，特許請求の範囲の訂正がない限り，取消判決の拘束
力からして，通常あり得ないと思われます。他方，一次審決が無効審判請求成
立（特許無効）の場合の一次判決（取消判決）は，特許有効という判断ですので，
異なる無効理由に基づき二次審決において無効審判請求成立（特許無効）とい
う結論を下すことは，考えられます。このような場合，一次判決（取消判決）
と異なる結論（特許無効）を採用した二次審決や二次判決が取消判決の拘束力
に反するか否かが問題となります（後掲最判平 4・4・28☆2 は同様な事例です）。

　行政事件訴訟法33条 1 項に規定する拘束力は，特許庁に対する効力であっ
て，審決の取消訴訟手続にこの拘束力が直接及ぶものではありません。しかし
ながら，審決取消後に再開された審判手続で，取消判決の拘束力に従ってされ
た再度の審決は，判決の拘束力に従ってした限りにおいて適法といわざるを得
ません。したがって，審決の違法性の有無を審理すべき再度の審決取消訴訟に
おいても再度の審決は適法というほかなく，これを違法として争うことはでき
ません。

⑶　最高裁平成 4 年 4 月28日判決（前掲☆ 2 ）

　審決取消訴訟における取消判決の拘束力の範囲を検討するうえで参考となる
判例は，最高裁平成 4 年 4 月28日判決です。この事件の事実の概要は，以下の
とおりです。

　第一次審決では進歩性なしの理由で無効審決をしたところ，第一次判決は，
第一次審決を取り消しました。その理由は，第二引用例に記載されているもの
は，旋回式研磨作業であるが，そのバレルの内面が正四角柱状であるところ，
本件発明の内面が六角又は八角の正多角柱状のバレルを用いる旋回式バレル研

磨法とマスの挙動も異なり，研磨後の表面粗さなどの作用効果が格段に劣るから本件研磨方法と同じとはいえないというものでした。

第二次審決において，特許庁は，第一次判決の理由に従って，第二引用例に対する進歩性を肯定し，無効審判請求を不成立としました。

原判決は，第二引用例記載のもののバレル内のマスの挙動や作用効果が本件発明と対比して実質的に差がないと判断し，進歩性を否定しました。

これに対し，最高裁平成4年4月28日判決（以下，「平成4年最判」といいます）は，「<u>特定の引用例から当該発明を特許出願前に当業者が容易に発明することができたとはいえないとの理由により，審決の認定判断を誤りであるとしてこれが取り消されて確定した場合には，再度の審判手続に当該判決の拘束力が及ぶ結果，審判官は同一の引用例から当該発明を特許出願前に当業者が容易に発明することができたと認定判断することは許されないのであり，したがって，再度の審決取消訴訟において，取消判決の拘束力に従ってされた再度の審決の認定判断を誤りである（同一の引用例から当該発明を特許出願前に当業者が容易に発明することができた）として，これを裏付けるための新たな立証をし，更には裁判所がこれを採用して，取消判決の拘束力に従ってされた再度の審決を違法とすることが許されない</u>ことは明らかである。」と判示しました。

2　設問(2)について

(1)　審決取消訴訟における新証拠提出

審決取消訴訟は，特許庁が行った行政処分である審決の取消しを求めて東京高等裁判所（知的財産高等裁判所）に提起する行政訴訟であり，審決の判断が違法かどうかが審理判断の対象です。したがって，審決取消訴訟において，審決の対象となっていない新たな事実の主張や立証はできないとされていますが[3]，審理理由に示された事実に対して補助的な刊行物等の証拠（例えば，周知慣用技術の証拠）は新たに提出できるとされています[4]。

(2)　取消判決の拘束力と再度の審決取消訴訟における主張立証

(a)　平成4年最判の判断

平成4年最判は，以下のとおり，再度の審決取消訴訟における，取消判決の

503

第 6 章◇審決取消訴訟

拘束力の及ぶ認定判断に関する主張立証について判示しました。

「再度の審判手続において，審判官は，取消判決の拘束力の及ぶ判決理由中の認定判断につきこれを誤りであるとして従前と同様の主張を繰り返すこと，あるいは右主張を裏付けるための新たな立証をすることを許すべきではなく，審判官が取消判決の拘束力に従ってした審決は，その限りにおいて適法であり，再度の審決取消訴訟においてこれを違法とすることができないのは当然である。

　このように，再度の審決取消訴訟においては，審判官が当該取消判決の主文のよって来る理由を含めて拘束力を受けるものである以上，その拘束力に従ってされた再度の審決に対し関係当事者がこれを違法として非難することは，確定した取消判決の判断自体を違法として非難することにほかならず，再度の審決の違法（取消）事由たり得ないのである（取消判決の拘束力の及ぶ判決理由中の認定判断の当否それ自体は，再度の審決取消訴訟の審理の対象とならないのであるから，当事者が拘束力の及ぶ判決理由中の認定判断を誤りであるとして従前と同様の主張を繰り返し，これを裏付けるための新たな立証をすることは，およそ無意味な訴訟活動というほかはない）。」

　平成 4 年最判は，特定の引用例から当該発明が容易に推考できたとはいえないとの理由で審決が取り消された場合に，再度の審決取消訴訟において，取消判決における当該引用例にかかる認定判断と抵触する主張立証をすることは，取消判決の拘束力に反し許されないとしたものです。平成 4 年最判の趣旨からすると，本問のように，再度の審決取消訴訟において，「主引例はそのままにして」出願時の技術水準を立証するための新たな公知文献を提出して進歩性を否定する主張立証をすることは，取消判決の拘束力に反し許されないものと考えます。

　具体的事例においては，平成 4 年最判の射程が問題となりますので，この点を補足します。

(b)　第一次取消判決の認定判断と原判決の認定判断

　第一次取消判決（以下「前判決」といいます）は，本件発明と第二引用例記載のものとはバレルの構成の相違によってマスの挙動が大きく異なり，マスの挙動の相違により作用効果も大きく異なるから，両者の研磨方法は同一であるとは

Q63◆再度の審決に対する取消訴訟

いえず，第二引用例記載のもののバレルの構成を本件特許発明のバレルの構成と置換することが容易でないことはいうまでもないとして，第二引用例から本件発明を当業者が容易に発明することができたとは認められないとして審決を取り消しました。

これに対し，原判決は，以下のとおり認定判断しました。

「本件発明の要件1及び3については，第二引用例記載のものの備えたバレルが正六角柱状又は正八角柱状でない点を除いて，本件発明と第二引用例記載のものが同一であることは，当事者間に争いがない。……そこで，本件発明の要件1及び3について，本件発明と第二引用例記載のものとの相違点，すなわち，本件発明においては，正六角柱状又は正八角柱状バレルを用いるのに対し，第二引用例記載のもののバレルはこのような形状を備えていない点の容易推考性について判断する。……以上の認定事実によれば，本件特許出願当時，当業者は，従来の回転式バレル研磨法の持つ技術上の欠点を改良するため，バレルの形状を除いて……本件発明の要件1を備えた装置を用いて，要件3の旋回式バレル研磨を行う方法を開示した第二引用例記載のものにおいて，そのバレルを前記認定の第一ないし第三引用例の記載ないし示唆に基づき，従来，バレルを用いた研磨法において周知慣用であった正六角柱又は正八角柱バレルに代えることは，格別の発明力を要しないで想到し得る程度にすぎないというべきである。」

(c) 前判決の認定判断と抵触する原判決の認定判断

平成4年最判においては，前判決の認定判断と抵触する原判決の認定判断について，以下のとおり詳細に判示されています。

「(一) 前判決は，本件発明と第二引用例記載のものとはバレルの構成の相違によってマスの挙動が異なり，右マスの挙動の相違により作用効果も大きく異なるから，両者の研磨方法は同一であるとはいえず，第二引用例記載のもののバレルの構成を本件発明のバレルの構成と置換することが容易でないことはいうまでもないとして，……第二引用例……から本件発明を特許出願前に当業者が容易に発明することができたとは認められないとして前審決を取り消したものであり，(二) 前判決確定後にされた本件審決は，前判決の拘束力に従い，本件発明は特許出願前に当業者が第二引用例……から容易に発明することができ

505

第6章◇審決取消訴訟

たとはいえないとしたものである。……

　しかるに，原審は，……本件発明と第二引用例記載のものとはバレルの構成の相違によっても全体のマスの流れに格別の差異はなく，作用効果にも顕著な差異はないことが認められるとした上で，第二引用例記載のもののバレルの形状を本件発明のバレルの形状に置換することも，第一ないし第三引用例及び周知慣用手段から当業者に容易であるとした。

　前判決の拘束力に従ってされた本件審決の取消訴訟において，前判決が特定の引用例（第二引用例）記載のものは本件発明とはマスの挙動や作用効果が大きく異なり，右引用例から本件発明を特許出願前に当業者が容易に発明することができたとはいえないとした認定判断を否定する主張立証の許されないことは前述のとおりである。しかるに，原判決は，許さるべきでない主張立証を許し，これを採用した結果，本件発明と第二引用例記載のものとはマスの挙動や作用効果に格別の差異はなく，本件発明は特許出願前に当業者が第二引用例から容易に発明することができた旨前判決の拘束力の及ぶ前記認定判断とは異なる認定判断をした点において，取消判決の拘束力に関する法令の解釈適用を誤った違法があることが明らかである。原判決は，右認定判断の過程で，第三引用例並びに前判決において検討されていない第一引用例及び周知慣用手段について検討を加えてはいるものの，これらは（第二引用例記載のものと本件発明とのマスの挙動や作用効果に格別の差異はないとの認定判断の後に，第二引用例記載のもののバレルの形状を本件発明のバレルの形状に置換することの容易性についての認定判断の際に用いられており），本件発明を特許出願前に当業者が容易に発明することができたか否かを認定判断する際の独立した無効原因たり得るものとして，あるいは第二引用例を単に補強するだけではなくこれとあいまって初めて無効原因たり得るものとして，検討されているのでなく，原判決は，第二引用例を主体として，本件発明の進歩性の有無について認定判断をしているものにほかならない。」

　このように原判決は，第二引用例と本件発明の対比において，前判決の相違点の認定判断と異なる判断をしましたが，その際，前判決で検討されていなかった第一引用例及び周知慣用手段を根拠としているのではありません。その点において，原判決は，第二引用例と本件発明の対比において，前判決の相違

506

点の認定判断と抵触する認定判断をしたと評価せざるを得ないので，取消判決
の拘束力に反すると判断されたものと考えます。もし，原判決が，第二引用例
と本件発明の対比において，前判決の相違点の認定判断と異なる判断をする根
拠として，前判決で検討されていなかった第一引用例及び周知慣用手段を採用
したとすれば，前判決の相違点の認定判断と抵触する認定判断とはいえず，取
消判決の拘束力に反するとはいえないとされた可能性もあったのではないかと
考えます。このような微妙な違いが拘束力の判断の分かれ目になっていると思
われますので，具体的事案においては，平成４年最判の射程については，注意
深く検討する必要があります。

〔辻居　幸一〕

■判　例■

☆1　最判昭49・7・19民集28巻5号897頁ほか。
☆2　最判平4・4・28民集46巻4号245頁。
☆3　最〔大〕判昭51・3・10民集30巻2号79頁。
☆4　最判昭55・1・24民集34巻1号80頁。

第6章◇審決取消訴訟

 64　多項制と審決取消訴訟

　無効審判請求の対象となった複数請求項のうち無効とされた一部の請求項について審決取消訴訟を提起した場合，取消訴訟の対象としなかった他の請求項はどのように取り扱われるのでしょうか。

> 　審決取消訴訟の対象としなかった他の請求項について審決が確定します。なお，無効審判で訂正請求があり，訂正請求の対象とする請求項が一群の請求項に該当する場合には，訂正請求は一群の請求項ごとにしなければならず，当該一群の請求項について審決取消訴訟を提起しないときには，その一群の請求項が確定します。

☑ **キーワード**
　審決の確定，無効審決の確定範囲，一群の請求項

解　説

1　審決の確定

　審決に対しては，それに不服のある者が一定の期間内（審決謄本の送達があった日から30日。特178条3項，実47条2項）にその審決の取消しを求める訴えを提起することができます。しかし，その訴訟が提起されないことがあります。ま

た，提起された場合でも，いずれは通常の不服申立ての方法では取り消すことができない状態に至ります。このような場合，審決が確定したといいます。

審決が確定すると，審判の当事者及び参加人は，その審判における同一の事実及び同一の証拠による審判の請求をすることができなくなります（特167条）。

設問の無効審判請求において，請求項が単一の特許権について無効審判請求がなされたという単純な例で考えてみます。

特許権を無効とする旨の審決がなされたとします。もし権利者がこの審決を受け入れ，審決取消訴訟を提起しなかったときには，その審決は確定します。逆に，訴訟提起がされた場合でも，審決取消訴訟において審決が維持され，その後上訴等不服申立てができない状態になれば，やはり無効審決が確定します。

無効審決が確定しますと，その特許権は初めから存在しなかったものとみなされます（対世的無効。特125条）。

逆に，請求が成り立たないとの審決，つまり特許権に無効理由がないことを前提とした審決がなされたとします。特許権の無効を主張した請求人が，審決取消訴訟を提起しなかった場合，あるいはしたけれども審決が維持されて不服申立てができない状態に至った場合，審決が確定します。

この審判の請求人は，確定により同一事実，同一証拠による無効審判請求はできなくなります。しかし，当事者等以外の者は，法律上同一事実，同一証拠による無効審判請求はできますし，異なる事実，異なる証拠による無効審判請求は当事者等以外の者だけではなく，当事者等であっても可能です。

2　審決の確定範囲の原則

特許法は，1つの特許出願に対して1つの特許査定等がされて，1つの特許が付与され，1つの特許権が発生するという構造を原則として採用しています。原則に従えば，1つの特許権を対象としてなされる審判においても，審判事件ごとに一体不可分に判断し，審決も一体的に確定することになります。審判事件において，その判断の一部のみが確定し，その他の部分が未確定という状態を認めることは，1つの特許権の中に確定した部分と未確定な部分が混在する

第6章◇審決取消訴訟

ことになりますから，そのような状態は認められないということになります。

この考えはいわば当然のこととして，平成23年改正法以前の特許法では，審決の確定の範囲について明文の規定はありませんでした。

平成23年改正法はこの点を明確にすべく，審判について前記の基本的な構造に即して「審決は，審判事件ごとに確定する。」と規定しました（特167条の2柱書本文）。

これが特許法上の原則となっていますが，この原則を設問にあてはめてみます。複数請求項のうち，無効とされた一部の請求項について審決取消訴訟を提起しています。この訴訟提起により，審判は確定しないことになり，その範囲は審判事件ごとですから，訴訟が提起された請求項だけではなく，訴訟提起されていない他の請求項についても確定しないということになります。

3 無効審判における審決の確定範囲

しかし，特許法では，特許無効審判について，「2以上の請求項に係るものについては，請求項ごとに請求することができる。」と規定しています（特123条1項本文後段）。複数の請求項がある場合でも，1つの特許出願に対しては1つの特許付与，1つの特許権が発生しているのですが，無効審判に関しては，請求項ごとに可分な取扱いを認めているのです。

この取扱いを前提に，平成23年改正法以前には，複数の請求項に係る特許についての無効審判請求の審決は，請求項ごとに可分な行政処分であるとして，それぞれが取消訴訟の対象となるものとされ，別個に確定するというべきであると解釈されていました[1]。

平成23年改正法は，審決が審判請求ごとに確定するという原則を規定するに際して，この無効審判請求の審決の確定範囲についても規定をしました。それが，特許法167条の2ただし書3号であり，「請求項ごとに審判の請求がされた場合であつて，第1号に掲げる場合以外の場合　当該請求項ごと」と規定しています。この規定は，無効審判を含む他の審判請求にも適用のある規定で，これをご質問の無効審判に適用しますと，上記の解釈と同様，審決がされた複数の請求項のうち，審決取消訴訟が提起された請求項についての審決は確定せ

510

ず，提起されなかった請求項についての審決は確定することになります。

4 訂正制度との関係

(1) 訂正請求の場合

　無効審判請求があった場合，権利者側は多くの場合，防御手段として訂正請求をします（特134条の2）。例えば，請求項1と請求項2について無効審判請求がされ，権利者がその双方について訂正請求をしたとします。その上で，審決がこの2つの請求項の訂正をいずれも認容した上で，請求項1は無効，請求項2は有効との審決がされたとします。

　権利者が無効とされた請求項1について訴えを提起した場合，請求項2についての訂正認容と有効の判断は，出訴期間が経過したことで確定したことになるでしょうか。

　訂正請求は平成5年改正法により導入されましたが，それ以前からある訂正審判では，訂正が認められるかどうかは一体的に判断され，その確定も一体的で，一部の請求項の訂正だけが確定するということはありませんでした。そのため，上記の例の場合に，請求項2に関する訂正認容判断が，請求項1のそれとは別個独立に確定するのかが問題となります。

　この点に関し，最高裁は特許異議申立事件に関するものですが（無効審判でも同様に考えることに問題はありません），平成20年の判決☆2で，訂正請求が「請求項ごとに申立てをすることができる特許異議に対する防御手段としての実質を有するものである」として，「特許異議申立事件の係属中に複数の請求項に係る訂正請求がされた場合，特許異議の申立てがされている請求項についての特許請求の範囲の減縮を目的とする訂正については，訂正の対象となっている請求項ごとに個別にその許否を判断すべき」として，請求項ごとに訂正の許否を判断するとしています。その結果上記の例の場合，請求項2の訂正認容判断は出訴期間の経過によって確定することになります。

　平成23年改正法では，以上を踏まえて，特許法134条の2第2項で，「2以上の請求項に係る願書に添付した特許請求の範囲の訂正をする場合には，請求項ごとに前項の訂正の請求をすることができる。ただし，特許無効審判が請求項

第6章◇審決取消訴訟

ごとに請求された場合にあつては，請求項ごとに同項の訂正の請求をしなければならない。」と規定しました。この規定により，複数の請求項に係る無効審判で訂正請求がされている場合，訂正請求は必ず対応する請求項が個々に存在することになり，改正前の最高裁判決が述べたのと同様，それぞれの訂正に関する判断は対応する請求項ごとに確定することになります。

上記の例の場合，請求項1に関する無効と訂正認容の判断は審決取消訴訟の提起により未確定であり，他方，請求項2に関する訂正認容と有効の判断は確定することになります。

(2)　訂正審判請求の場合

訂正請求と異なり，前記平成20年最判は，傍論として，訂正審判請求に「複数の請求項について訂正を求める訂正審判請求は，複数の請求項に係る特許出願の手続と同様，その全体を一体不可分のものとして取り扱うことが予定されているといえる。」としています。そのため，訂正審判はすべての請求項について争う余地がなくなって初めて一体的に確定すると解釈される余地がありました。また，知財高裁における裁判例も分かれていました。

ただ，訂正審判請求も多くの場合，無効審判の防御手段としてなされる点で訂正請求と異なるところはなく，訂正審判と訂正請求で審判の確定の範囲が異なることは制度の一貫性を欠くと考えられました。

そこで，平成23年改正法は，「2以上の請求項に係る願書に添付した特許請求の範囲の訂正をする場合には，請求項ごとに第1項の規定による請求をすることができる。」として，訂正審判請求を請求項ごとにすることができるものとしました。その結果，先述の特許法167条の2ただし書3号により，訂正審判請求も請求項ごとに確定することになります。

(3)　一群の請求項

(a)　明細書等の一覧性

上記のように請求項ごとの判断，確定ということになりますと，訂正が認められた複数の請求項間で確定時期が異なった場合や訂正の許否判断が複数の請求項間で異なった場合には，単一の明細書等を参照するだけでは権利範囲を把握できず，複数の明細書等を参照するという負担が生じることになります。

被従属項（従属項で引用されている請求項）と従属項（被従属項を引用した「XXを有

512

する請求項1記載のYY」などの請求項）とで確定の時期が異なる別の明細書等に記載されている場合やいわゆる明細書の束が発生する場合など，明細書等の一覧性が欠如するという状態が発生するのです（例については，特許庁工業所有権制度改正審議室編『平成23年特許法等の一部改正　産業財産権法の解説』102頁以下を参照してください）。

(b)　訂正の単位

このような一覧性の欠如という事態を回避するために，平成23年改正法は「一群の請求項」という概念を導入し，これをまとめて訂正をすべき請求項のグループとしました。一群の請求項は，2以上の請求項中に「1の請求項の記載を他の請求項が引用する関係その他経済産業省令で定める関係を有する」請求項と定義されます（特120条の5第4項。経済産業省令は，「一の請求項の記載を他の請求項が引用する関係が，当該関係に含まれる請求項を介して他の一の請求項の記載を他の請求項が引用する関係と一体として特許請求の範囲の全部又は一部を形成するように連関している関係をいう。」としています。特施規45条の4）。

訂正審判及び訂正請求では，いずれの場合でも訂正をする請求項中にこの一群の請求項がある場合には，その一群の請求項ごとに訂正をしなければなりません（特126条3項後段・134条の2第3項）。

(c)　確定の範囲

訂正請求等がされた一群の請求項は，当然訂正の許否の判断は一体的にされることになります。そのため，請求項ごとに無効審判請求がされたときに，一群の請求項ごとに訂正請求がされた場合，その審決は一群の請求項ごとに確定することになります（特167条の2ただし書1号）。

なお，一群の請求項ごとに訂正審判請求がされた場合の審決も一群の請求項ごとに確定することになります（同条ただし書2号）。

〔久世　勝之〕

＝＝■判　例■＝＝

☆1　知財高判平19・6・20判時1997号119頁など。
☆2　最判平20・7・10民集62巻7号1905頁。

第6章◇審決取消訴訟

65　審決取消訴訟と対象特許の存続期間の満了

　特許無効審判の無効不成立審決の取消訴訟が知的財産高等裁判所に係属している最中に，対象となっている特許権の存続期間が満了してしまいましたが，原告（無効審判請求人）側は，そのことで審決取消訴訟の訴えの利益を失ってしまうのでしょうか。

　　特許無効審判の無効不成立審決の取消訴訟が知的財産高等裁判所（知財高裁）に係属している最中に，対象となっている特許権の存続期間が満了しても，原則として，審決取消訴訟の訴えの利益を失うことにはなりません。ただし，知財高裁は，近時（平成30年4月），特許権の存続期間が満了し，かつ，特許権の存続期間中にされた行為について，何人に対しても，損害賠償又は不当利得返還の請求が行われたり，刑事罰が科されたりする可能性がまったくなくなったと認められる特段の事情が存する場合に関しては，特許無効審判の無効不成立審決に対する取消しの訴えの利益も失われるものと解される旨判示しました。本判決は，大合議判決として言い渡されたため，注目を集めることとなりました。

キーワード
審決取消訴訟における訴えの利益

Q65◆審決取消訴訟と対象特許の存続期間の満了

解　説

1　特許訴訟と訴えの利益

（1）　訴えの利益

　訴えの利益とは，端的にいえば，訴えについて本案判決をする必要性があり，本案判決を言い渡したときにその効果が認められることを意味します。仮に本案判決を言い渡したとしても紛争の解決に実質的に役に立たないと考えられる場合，時間と労力をかけて訴訟手続を進行させた上で本案判決を言い渡すことは，いわば無駄であるともいえるでしょう。そこで，訴えの利益の有無は，訴訟要件の1つとされ，これがない場合，訴えは，本案判決が言い渡されることなく却下されることとなります。

　訴えの利益は，現在の給付の訴えに関しては，通常問題となりません。現在の給付の訴えについては，その請求を認容する判決が言い渡されても棄却する判決が言い渡されても，通常，そこで問題とされた訴訟物に関する紛争の終局的な解決に役に立つと考えられるからです。よって，通常は，訴えの利益が問題なく認められます。

　これに対し，将来の給付の訴えに関しては，対象とされている給付義務が将来も存在しているか否かは不明確であるため，本案判決を言い渡しても無駄となってしまい，紛争の解決には役に立たない可能性があります。そこで，将来の給付の訴えに関しては，訴えの利益が問題となり，民事訴訟法135条も，「将来の給付を求める訴えは，あらかじめその請求をする必要がある場合に限り，提起することができる。」と定めています。また，確認訴訟に関しては，そもそも権利義務の存否について確認することが紛争の解決に役に立つのかというより根本的な問題があります。そこで，確認訴訟に関しては，相手方との間で確認する実益のある（例外的な）場合にのみ訴えの利益が認められることになっています。

515

第6章◇審決取消訴訟

(2)　特許訴訟と訴えの利益

　訴えの利益は，特許訴訟においても様々な場面で問題となります。

　まず，確認訴訟に関してですが，例えば，特許権に基づく差止請求権の不存在確認を求める場合，訴えの利益が問題となり，具体的には，上記(1)で説明したところに従い，相手方（特許権者等）との間で差止請求権の不存在を確認する実益があるのか否かという形で問題とされます。そこで，訴えの利益が問題とされた場合，差止請求権の不存在に関する確認を求める当事者としては，特許権者から警告状を受け取った事実等について主張，立証し，訴えの利益があることを主張していくことになります。

　また，特許法上，自己の特許権又は専用実施権を侵害する者に対し，差止請求権を行使することが認められていますが（差止請求は，一般的に，給付の訴えに包含されるものと理解されています），自己の特許権又は専用実施権を侵害する「おそれがある」者に対しても，差止請求権を行使することが認められています（特100条1項）。そこで，まだ製造販売されていない製品に関し，特許権侵害の「おそれがある」として差止請求をする場合があります。しかし，本当に当該製品が将来製造販売されるか否かは明らかではありません。そこで，差止請求をされた相手方が，訴えの利益がない旨の主張をすることがあります。これに対し，特許権者としては，将来の製造販売が確実であることや将来製造販売された際に特許権者が受ける損害が無視できないものであること等を主張，立証して，訴えの利益があることを主張していくことになります。

2　対象特許の存続期間の満了と特許無効審判の無効不成立審決の取消しに関する訴えの利益との関係

(1)　原　　則——特許法123条3項

　特許法123条3項は，「特許無効審判は，特許権の消滅後においても，請求することができる。」とし，対象特許の存続期間の満了後であっても，特許無効審判を請求することができる旨定めています。そして，特許無効審判を請求することができるのに，その審決の取消訴訟に関して訴えの利益がないとしたら，このことが不合理であることは明らかです。したがって，原則として，特許無効審判の無効不成立審決の取消しに関する訴えの利益が消滅するものでは

516

ないことは明らかです。このことは，冒頭で取り上げた知財高裁大合議判決（知財高判平30・4・13〔ピリミジン誘導体大合議事件〕☆1）でも確認されています。

　特許法123条3項が，特許権の存続期間の満了後であっても，特許無効審判を提起することができる旨定めている実質的理由は以下のとおりです。すなわち，特許権者は，その権利の内容として，主に，差止請求権（特100条1項）（及び侵害の停止や予防に必要な措置に関する請求権（特100条2項））のほか，不法行為に基づく損害賠償請求権（民709条）を有しています。この点，特許権の存続期間が満了すると，差止請求権を行使することができなくなることは明らかです。なぜならば，差止請求権は，「侵害する者」又は「侵害するおそれがある者」に対し行使するものであるところ，特許権の存続期間が満了すれば，「侵害する者」も「侵害するおそれがある者」もいなくなるからです。他方，損害賠償請求権に関しては，事情が異なります。すなわち，特許権の存続期間満了後については，特許権侵害があり得ないため，現在や将来の損害に関し損害賠償請求権が成立しないことは明らかである一方，特許権が存続していた過去については，特許権侵害が成立し，したがって，そこで特許権侵害に基づき生じていた損害に関しては，損害賠償請求権が時効又は除斥期間の満了により消滅していない限り，請求することが可能です。

　こうしたことから，損害賠償請求権の行使を受ける（可能性のある）相手方としては，過去において対象特許が無効であったことを理由として，過去においても特許権侵害に基づく損害が発生していないことを主張する利益があることになります。これが，特許法123条3項において，特許権の存続期間の満了後であっても，特許無効審判を提起することができる旨定められている理由です。

(2)　例外的な場合

(a)　知財高判平成30年4月13日〔ピリミジン誘導体大合議事件〕の判示事項

　他方で，上記(1)で説明した特許法123条3項の立法趣旨からすれば，特許権者（及び専用実施権者ら）以外の第三者の立場において無効審判請求をする利益がなくなったといえる場合については，特許無効審判の無効不成立審決の取消しに関する訴えの利益がなくなるものと考えてよいように思われます。上記(1)では，過去に損害が発生していた場合の損害賠償請求権の行使を例として説明

517

第6章◇審決取消訴訟

しましたが，特許権存続期間満了後，一定の時間が経過し，時効又は除斥期間の経過により，この損害賠償請求権の行使のほか，不当利得返還請求権の行使も不可能となり，さらには，特許に関する刑事罰が科される可能性もなくなったような場合については，特許無効審判の無効不成立審決の取消しを求める実益がなくなるようにも思われます。

この点について判断されたのが，知財高判平成30年4月13日〔ピリミジン誘導体大合議事件〕です（なお，同大合議判決は，このほか，進歩性の有無及びサポート要件違反の有無についても判断しています）。すなわち，同大合議判決では，上記(1)で説明したとおり，「特許権の存続期間が満了したからといって，特許無効審判請求を行う利益，したがって，特許無効審判請求を不成立とした審決に対する取消しの訴えの利益が消滅するものではないことも明らかである。」と述べた後，「もっとも，特許権の存続期間が満了し，かつ，特許権の存続期間中にされた行為について，何人に対しても，損害賠償又は不当利得返還の請求が行われたり，刑事罰が科されたりする可能性が全くなくなったと認められる特段の事情が存する場合，例えば，特許権の存続期間が満了してから既に20年が経過した場合等には，もはや当該特許権の存在によって不利益を受けるおそれがある者が全くいなくなったことになるから，特許を無効にすることは意味がないものというべきである。したがって，このような場合には，特許無効審判請求を不成立とした審決に対する取消しの訴えの利益も失われるものと解される。」と判示しました。

なお，本大合議事件において適用された特許法は，平成26年法律第36号による改正前の特許法であり，同特許法の下では，特許無効審判は，「利害関係人」以外の者でも行うことができるものとされていたところ，改正後の特許法においては，特許無効審判は，「利害関係人」のみが行うことができるものとされています（なお，冒認や共同出願違反に関してはまた別個の定めがあります）。この点，本大合議判決は，傍論として，特許法改正後においても，上述した判示事項が適用される旨述べています。

(b) 「特段の事情」に関する検討

知財高判平成30年4月13日〔ピリミジン誘導体大合議事件〕が判示した特段の事情がある場合について，以下，検討してみたいと思います。

まず，民事法の観点からは，特許権の存続期間の満了日を起算点として20年
が経過し，不法行為に基づく損害賠償請求権が除斥期間の満了により消滅した
場合（民724条後段参照）が，「当該特許権の存在によって不利益を受けるおそれ
がある者が全くいなくなった」場合に該当しそうです。これが，本件大合議判
決が，「特段の事情」のある場合として，「特許権の存続期間が満了してから既
に20年が経過した場合」に言及している理由です（なお，時効による消滅期間につ
いては，不法行為に基づく損害賠償請求権について，被害者又はその法定代理人が損害及び
加害者を知った時から３年（民724条），不当利得返還請求権について，行使することができ
る時から10年（民167条１項）とされており，20年よりも短くなっています）。

　他方，刑事法の観点からは，同大合議判決が述べる「刑事罰が科されたりす
る可能性が全くなくなったと認められる」場合の意味が必ずしも明確ではない
ところ，これを特許法に定められたすべての犯罪に関する公訴時効が完成した
場合と考えると，特許法に定められた刑事罰の中でもっとも重い罰則は，10年
以下の懲役ですので（例えば，特許侵害罪（特196条）），刑事訴訟法250条２項４号
に基づき，特許権の存続期間の満了日から７年経過すれば，刑事罰が科される
可能性はなくなったということになりそうです。ただし，このように７年経過
しても，上述した民事上の責任を問われる可能性は通常残るでしょうから，当
該７年の経過をもって，特許無効審判の無効不成立審決の取消しに関する訴え
の利益が失われるという事態は通常は想定しにくいように思われます。

　以上により，現行民法の下では，少なくとも「特許権の存続期間が満了して
から既に20年が経過した場合」に関しては，無効審判の無効不成立審決の取消
しに関する訴えの利益が失われたといってよさそうです。

　ただし，平成32年（2020年）４月１日から施行されることになっている改正
民法においては，上記20年に関し，「除斥期間」とせず，不法行為に基づく損
害賠償請求権は，「不法行為の時から20年間行使しないとき」に「『時効』に
よって消滅する。」とされています（改正民724条）。よって，改正民法の下で
は，不法行為に基づく損害賠償請求権の時効消滅との関係で，「更新」や「完
成猶予」（現行民法上の「中断」や「停止」に該当）があり得ることとなります。し
たがって，特許権の存続期間の満了日を起算点として20年が経過しても，不法
行為に基づく損害賠償請求権が存続し得ることになり，「当該特許権の存在に

第 6 章◇審決取消訴訟

よって不利益を受けるおそれがある者が全くいなくなった」とはいえない場合
も生じる可能性があります。

〔飯村　敏明＝星埜　正和〕

■判　例■

☆1　知財高判平30・4・13（平28（行ケ）10182号・10184号）〔ピリミジン誘導体知
　　　財高裁大合議事件〕。

第 7 章

特許権の効力

特許権の効力

特許権はどのような権利なのですか。補償金請求権とか仮保護の権利という用語も聞いたことがあるのですが，それぞれどう違うのでしょうか。

　　特許権を与えられた特許権者は，業として特許発明の実施をする権利を専有します。これが，特許権の効力です。また，業として特許発明の実施をする権利を専有するので，特許権者以外の者による業としての実施は，原則として特許権侵害となり，特許権者は侵害行為者に対して，侵害行為の差止請求，損害賠償請求，不当利得返還請求，又は信用回復措置請求をすることができます。特許権は，差止請求権が認められる物権的な権利です。

　　仮保護の権利は廃止されました。現在は，出願公開の場合の仮保護の制度として補償金請求権があり，これは，出願公開後，特許権の設定登録前に業としてその発明を実施した者に対し，実施料相当額の補償金の支払を請求できる権利ですが，特許権の設定登録後でなければ，行使することができません。このように，補償金請求権は，特許権設定登録前の第三者実施行為に関し，一定の要件で特許権者に救済を与える制度です。

☑キーワード
特許権の効力，物権的な権利，方法の発明に関する特許権の効力の範囲，補償金請求権，仮保護の権利

第7章◇特許権の効力

```
解　説
```

1　特許権の効力

(1)　概　　要

　特許権の効力については，特許権を与えられた特許権者は業として特許発明の実施をする権利を専有するとされています（特68条本文）。ただし，その特許権について専用実施権を設定したときは，専用実施権者がその特許発明の実施をする権利を専有する範囲については，この限りではありません（特68条ただし書）。

　(a)　「業として」の意味については諸説ありますが，単に個人的あるいは家庭的な実施を除外するだけの意味と解されます。

　(b)　「特許発明」とは，特許を受けている発明をいいます（特2条2項）。

　(c)　特許発明の「実施」については定義があり（特2条3項），次のとおり，発明の種類に応じて発明の実施行為の内容を各号に区別して規定しています*1。

　(ア)　物の発明では，その物の生産，使用，譲渡等，輸出若しくは輸入又は譲渡等の申出をする行為が実施です（1号）。

　(イ)　方法の発明では，その方法の使用をする行為が実施です（2号）*2。

　(ウ)　物を生産する方法の発明では，その方法の使用，及びその方法により生産した物の使用，譲渡等，輸出若しくは輸入又は譲渡等の申出をする行為が実施です（3号）。

　(d)　特許発明の「実施をする権利を専有する」ので，特許権者以外の者による業としての実施は，原則として特許権侵害となります。その場合には，特許権者は侵害行為者に対して，侵害行為の差止請求（特100条），損害賠償請求（民709条），不当利得返還請求（民703条），又は信用回復措置請求（特106条）をすることができます。特許権は，差止請求権が認められる物権的な権利です。

　(e)　特許法68条ただし書によって，例えば，特許権について関東地区限定の

524

専用実施権が設定された場合は，その関東地区において，特許権者は自ら特許発明を実施できなくなります。また，特許権の存続期間のうちの一定期間について専用実施権を設定した場合は，その期間において，特許権者は自ら特許発明を実施できなくなります。ただし，判例は，特許権者はその特許権について専用実施権を設定したときであっても，当該特許権に基づく差止請求権を行使することができるとしています[☆1]。

(2) 方法の発明に関する特許権の効力の範囲

この点は，かなり厳格に考えられています。判例では，「方法の発明に係る特許権に基づき，当該方法を使用して品質規格を検定した物の製造販売の差止めを請求することはできない。」，あるいは，「方法の発明に係る特許権を侵害する行為が医薬品の品質規格の検定のための確認試験において当該方法を使用する行為であって，侵害差止請求としては当該方法の使用の差止めを請求することができるにとどまるという事情の下においては，右医薬品の廃棄及びこれについての薬価基準収載申請の取下げは，差止請求権の実現のために必要な範囲を超えるものであって，特許法100条2項にいう『侵害の予防に必要な行為』に当たらない。」とされています[☆2・*3]。

なお，上記判例では，「物の発明」，「方法の発明」，「物の生産方法の発明」のいずれの発明に該当するかは，願書に添付した特許請求の範囲の記載に基づいて判定すべきものとされています（特70条1項）。

(3) 小　　括——特許権は物権的な権利

民法の不法行為では金銭賠償が原則であり（民722条1項），特別の場合に差止請求のような特定請求が認められています（民723条）が，民法の特別法である特許法が規定する特許権は，差止請求が原則として認められる物権的な権利です（上記(1)）。もっとも，差止請求の範囲は厳格に解釈されています（上記(2)）。

2　仮保護の権利

古くは，仮保護の権利とは，出願公告の日から特許権の設定登録の日まで，特許出願人が業としてその特許出願に係る発明の実施をする権利を専有することができる権利でした。仮保護の権利により出願人は特許権とほぼ同様の保護

第 7 章◇特許権の効力

を与えられますが，特許権に比べて不確定なものであり，弱い保護でした。仮保護の権利は，平成 8 年 1 月以降は出願公告制度の廃止に伴い廃止されました。現在では，設定登録前の第三者実施に対する特許権者救済制度である補償金請求権が，出願公開の場合の仮保護となっているだけです。

3　補償金請求権

　これは，出願人が，出願公開後，特許権の設定の登録前に業としてその発明を実施した者に対し，実施料相当額の補償金の支払を請求できる権利です。この請求権は，特許権の設定の登録があった後でなければ，行使することができません。

(1)　制度趣旨と要件

　特許出願は，出願の日から 1 年 6 ヵ月経過すると，出願公開されます（特64条 1 項）。ここで，ライバル企業などが出願公開公報を見ると，開示された発明を模倣して実施できてしまうことが多いと考えられますが，差止請求や損害賠償請求が認められるのは，特許権が効力を生じる設定登録（特66条 1 項）以降で，この時までは権利行使はできません。

　そこで特許法は，出願公開された発明の特許出願人を保護するため，出願公開後にその発明を業として実施した者に補償金請求ができるとしています（特65条）。この補償金を請求するためには，①出願公開後特許出願に係る発明の内容を記載した書面を提示し警告したこと（警告），又は，②その発明を実施した者が出願公開された特許出願に係る発明であることを知っていたこと（悪意）が必要で，請求できる補償金の額は，その発明が特許発明である場合にその実施に対し受けるべき金銭の額に相当する額とされています（同条 1 項）。他方，出願公開されても登録にまで至らないものも少なくないので，この補償金請求権を行使できるのは，特許権の登録後に限られます（同条 2 項）。国際出願にも同様の制度があります（特184条の10）。

　なお，出願公開前に出願に係る発明が第三者により実施されている等，出願から 1 年 6 ヵ月後の公開まで補償金請求権が発生しないことが不合理な場合もあるので，平成11年改正法で，出願人が早期の出願公開を請求できることと

なっています（特64条の2）。他方，審査請求は3年以内に行えばよいので（特48条の3），出願公開された発明について補償金請求のための警告書を受け取った相手方の立場からすると，出願人が審査請求しないために，不確定な状態が継続する不利益もあり得ます。そこで，審査請求は費用を納めれば誰でも行うことができるとされ（同条），かつ，このような事情のある場合は優先審査も可能となっています（特48条の6）。

(2) 補償金請求に関するその他規定

ほかに，その特許出願の仮専用実施権者又は仮通常実施権者が，その設定行為で定めた範囲内において発明を実施した場合，補償金請求できないこと（特65条3項），補償金請求権は特許権の設定登録後の実施には何ら関係ないこと（同条4項），補償金請求権は，その特許出願について最終的に特許権の設定登録がある場合以外は，初めから存在しなかったものとみなされること（同条5項），補償金請求権の行使に関し，特許権侵害の場合の諸規定等を準用すること（同条6項）が規定されています。

(3) 補正と補償金請求のための警告について

特許法17条の2によれば，例えば，出願から特許査定の謄本送達前まで（ただし，拒絶理由通知を最初に受けた後を除きます），あるいは，最初の拒絶理由通知の指定期間内などにおいては，特許請求の範囲を補正することが許されています。そこで，警告後に補正があった場合，補正後の特許請求の範囲を示した再度の警告が必要か，が問題となります。警告を受けた者の立場からすると，警告を受けた時点では，自社製品は特許請求の範囲の技術的範囲には属さないので製造・販売を続けたが，補正により属することとなった場合，補正について知らされないまま補償金を支払わなければならないとすると不測の不利益を被ります。この問題は，特許法が第三者に対して不意打ちを与えることを防止するために，警告ないし悪意を要件とした立法趣旨に照らして考えるべきです。

類似（ただし，平成5年改正前実用新案権の補償請求事例）のアースベルト事件で，判例は，「補正が元の登録請求の範囲を拡張，変更するものであって，第三者の実施している物品が，補正前の登録請求の範囲の記載によれば考案の技術的範囲に属しなかったのに，補正後の登録請求の範囲の記載によれば考案の技術的範囲に属することとなった」場合には，「補正後に改めて出願人が第三

第7章◇特許権の効力

者に対して同条所定の警告をするなどして，第三者が補正後の登録請求の範囲の内容を知ることを要する。」とする一方で，補正が登録請求の範囲を減縮するもので，被告の実施している物品が補正の前後を通じて考案の技術的範囲に属するときは，補正後の再度の警告は不要である，と判示しました☆3。妥当な結論です。

なお，均等侵害を認めた上で，本件特許の補正は，いずれも特許請求の範囲を減縮し又は明瞭にするもので，補償金請求権を行使するために，再度の警告をしない限り不意打ちに当たる特段の事情は認められないとした判例があります☆4。

〔末吉　　亙〕

■判　例■

☆1　最判平17・6・17民集59巻5号1074頁〔生体高分子－リガンド分子の安定複合体構造の探索方法事件〕。
☆2　最判平11・7・16民集53巻6号957頁〔生理活性物質測定法事件〕。
☆3　最判昭63・7・19民集42巻6号489頁〔アースベルト事件〕。
☆4　知財高判平22・5・27（平21（ネ）10006号）裁判所ホームページ〔中空ゴルフクラブヘッド事件〕。

■注　記■

＊1　ここでは，①「物」にはプログラム等（プログラムその他電子計算機による処理の用に供する情報であってプログラムに準ずるもの）を含み，②「譲渡等」とは，譲渡及び貸渡しをいい，その物がプログラム等である場合には，電気通信回線を通じた提供を含み，③「譲渡等の申出」には，譲渡等のための展示を含みます。
＊2　方法の発明は，発明の構成中に経時的要素を含むものと解されています。
＊3　特許法100条は，1項で侵害の停止又は予防の請求権（いわゆる差止請求権）を規定し，2項で侵害行為を組成した物（物を生産する方法の特許発明にあっては，侵害行為により生じた物を含む）の廃棄，侵害行為に供した設備の除却その他の侵害の予防に必要な行為の請求権（附帯請求権としての廃棄・除却請求権等）を規定しています。前掲☆2の判例の前段が1項，後段が2項の各該当性判断です。なお，同判例は，2項の「侵害の予防に必要な行為」は，特許発明の内容，現に行われ又は将来行われるおそれがある侵害行為の態様，特許権者が行使する差止請求権の具体的内容等に照らし，差止請求権の行使を実効あらしめるものであって，かつ，差止請求権の実現のために必要な範囲内のものであることを要するとしています。

Q66◆特許権の効力

━━ ●参考文献● ━━

(1) 宮坂昌利・最判解説民事篇平成17年度（上）335頁（判例☆1の評釈）。

(2) 髙部眞規子・最判解説民事篇平成11年度（下）505頁（判例☆2の評釈）。

(3) 水野武・最判解説民事篇昭和63年度253頁（判例☆3の評釈）。

第7章◇特許権の効力

 特許権の存続期間

(1) 特許権の存続期間は，普通は何年ですか。それを延長することはできないのですか。
(2) 医薬特許の存続期間の延長と特許権の効力の問題がよくわからないのですが，どう考えたらよいでしょうか。

(1) 特許権の存続期間は，特許権の設定登録の日から開始し（特66条1項），原則として，特許出願の日から20年をもって終了します（特67条1項）。ただ，医薬品等の分野では，安全性の確保等のために，法律の規定により一定の処分を受けなければ，特許発明の実施ができない場合があるので，このような理由で，特許発明を実施することができなかった場合には，延長登録出願により5年を限度として存続期間を延長することができます（新特67条4項）。

　また，平成30年法律第70号によって改正された平成28年法律第108号による特許法改正によって，「不合理な遅延」の補償のために，特許出願の日から起算して5年を経過した日又は出願審査の請求があった日から起算して3年を経過した日のいずれか遅い日以後にされたときは，特許権の存続期間の延長ができる制度を設け，適切な権利期間を確保することとされました（新特67条の2〜67条の4）。
(2) 最近の知財高裁特別部（大合議）判決により，存続期間が延長された特許権に係る特許発明の効力は，政令処分で定められた「成分，分量，用法，用量，効能及び効果」によって特定された「物」（医薬品）のみならず，これと医薬品として実質同一なものにも及ぶとされていますが，いかなる場合に「実質同一」といえるかは未だ裁判例が確定した状態ではありません。

Q67◆特許権の存続期間

☑キーワード

存続期間，存続期間の延長，医薬特許，不合理な遅延

解　説

1　存続期間の始期と終期について

　現行法では，特許権の存続期間は，特許出願の日から20年をもって終了すると定められています（特67条1項）。

　なお，特許権は，設定登録により発生しますが（特66条1項），存続期間の終期は，特許権の設定登録の日からではなく，出願の日から起算され（なお，特許法3条1項1号により期間の初日は算入しないので，出願の日の翌日が起算日となります），20年後の起算日に応答する日の前日に存続期間が満了します（特3条1項2号）。また，期間の末日が土・日曜日，休日，年末年始など行政機関の休日に当たる日であっても，存続期間の満了に影響しません。

　ところで，「環太平洋パートナーシップに関する包括的及び先進的な協定」（以下「TPP11協定」ということがあります）が平成30年12月30日に日本国について効力を生じたことにより，「環太平洋パートナーシップ協定の締結に伴う関係法律の整備に関する法律の一部を改正する法律」（平成30年法律第70号。TPP整備法改正法）によって改正された「環太平洋パートナーシップ協定の締結に伴う関係法律の整備に関する法律」（平成28年法律第108号）によって特許法が改正されました。以下，平成30年法律第70号による改正後の特許法を「新特許法」といいます。

2　存続期間の延長について

　特許権の効力は，①自らが特許発明を実施する権利（実施権又は積極的効力）と，②他者による実施を排除することができる権利（禁止権又は消極的効力）か

531

第 7 章◇特許権の効力

らなります。

しかしながら，医薬品の発明のように，人体に対する安全性が確認され，法令に基づく承認があるまで，特許発明を実施（医薬品の製造販売等）することができず（なお，禁止権の行使はできます），事実上特許の期間が短縮されることもあるため，昭和62年法律第27号による特許法改正で，政令処分を受けることが必要であったために特許発明の実施をすることができなかった期間を回復することを目的とする特許権の存続期間を延長する制度が導入されました（特67条 2 項〔新特67条 4 項〕）。

新特許法67条 4 項（特67条 2 項）は，「第 1 項に規定する存続期間（第 2 項の規定により延長されたときは，その延長の期間を加えたもの。第67条の 5 第 3 項ただし書，第68条の 2 及び第107条第 1 項において同じ。）は，その特許発明の実施について安全性の確保等を目的とする法律の規定による許可その他の処分であつて当該処分の目的，手続等からみて当該処分を的確に行うには相当の期間を要するものとして政令で定めるものを受けることが必要であるために，その特許発明の実施をすることができない期間があつたときは，5 年を限度として，延長登録の出願により延長することができる。」と規定しています。現在，特許法施行令 2 条では，政令で定める処分として，(ⅰ)農薬取締法の規定に基づく農薬に係る登録，(ⅱ)医薬品，医療機器等の品質，有効性及び安全性の確保等に関する法律（以下「医薬品医療機器等法」といいます）の規定に基づく医薬品，体外診断用医薬品，再生医療等製品に係る承認・認証を規定しています。

ところで，従前，わが国の特許法には，期間補償のための特許権の存続期間の延長制度は存在せず，特許権の存続期間は，原則，出願から20年で満了するため，権利化までに時間がかかった場合には，その分の権利期間が短くなっていました。

そこで，環太平洋パートナーシップ協定（以下「TPP協定」といいます）及びTPP11協定が要請する「不合理な遅延」の補償のために，「前項に規定する存続期間は，特許権の設定の登録が特許出願の日から起算して 5 年を経過した日又は出願審査の請求があつた日から起算して 3 年を経過した日のいずれか遅い日（以下「基準日」という。）以後にされたときは，延長登録の出願により延長することができる。」（新特67条 2 項）として，特許権の存続期間の延長ができる制

532

度（期間補償のための延長登録出願制度）を設け，適切な権利期間を確保することとされました（新特67条の2～67条の4）。なお，施行日は，TPP11協定が日本国について効力を生ずる日*1ですが，平成30年法律第70号による改正後の平成28年法律第108号の附則2条3項により「施行日又は環太平洋パートナーシップに関する包括的及び先進的な協定が署名された日から2年を経過した日*2のいずれか遅い日以前にした特許出願に係る特許権の存続期間の延長については，新特許法の規定にかかわらず，なお従前の例による。」という経過規定が設けられています。

また，新特許法67条3項は，「前項の規定により延長することができる期間は，基準日から特許権の設定の登録の日までの期間に相当する期間から，次の各号に掲げる期間を合算した期間（これらの期間のうち重複する期間がある場合には，当該重複する期間を合算した期間を除いた期間）に相当する期間を控除した期間（以下「延長可能期間」という。）を超えない範囲内の期間とする。」と規定して，新特許法67条3項1号から10号まで（TPP第18.46条に規定されている3類型である「特許を与える当局による特許出願の処理又は審査の間に生じたものではない期間」，「特許を与える当局が直接に責めに帰せられない期間」及び「特許出願人の責めに帰せられる期間」を具体化したもの）に新特許法67条2項の規定により延長することができる期間の決定において控除することができる期間を規定しています。

なお，期間補償のための延長登録出願制度と医薬品等に関する延長登録制度は，制度趣旨が異なるため，特定の特許権につきこれらを併用することが可能であり，常に期間補償のための延長登録による延長期間が先行し，医薬品等に関する延長登録期間は，期間補償のための延長登録による延長期間満了後に始まります（新特67条の2第3項ただし書・67条4項括弧書）。

3 医薬特許の存続期間の延長の要件について

従前の特許庁及び裁判実務は，①医薬品については，特許法68条の2にいう「物」が「有効成分」（薬効を発揮する成分），「用途」が「効能・効果」を意味するものであること，②存続期間が延長された特許権の効力が，「有効成分」，「効能・効果」を同じくする範囲に含まれる物について及ぶことになる（特68条

第7章◇特許権の効力

の2），という見解を根拠に，すでに承認されていた医薬品と同一の有効成分並びに効能及び効果を有する医薬品について，有効成分，効能・効果以外の要素（例えば剤型，用法，用量又は製法等）の変更の必要上，新たに政令指定処分を受けたとしても，特許発明の実施に同処分が必要であったとは認められない，すなわち，有効成分並びに効能及び効果が同じ医薬品についてすでに製造販売に係る承認の処分（先行処分）がされていたということのみで，存続期間の延長登録が認められない（有効成分並びに効能および効果が同じ範囲では先行処分に基づく一回限りの延長登録しか認められない）こととしていました。

　しかしながら，上記のような従前の実務は，存続期間の延長登録制度が導入された当時は，新たな有効成分，新たな効能・効果に係る新薬の開発のイノベーションがまだ主流を占めており問題がなかったものの，1990年代以降重要性を増した剤型，用法，用量等に特徴のあるDrug Delivery System（DDS：薬物送達システム）に係るイノベーションには適合せず，これらの点に特徴のある特許発明に関して十分な保護を与えることができないということが問題になるようになりました。

　このような状況において，特許権の延長登録出願制度について，次の2件の最高裁判決がなされ，特許庁の審査基準も変更されました。

　平成23年4月28日最高裁判決[1]は，「特許権の存続期間の延長登録出願の理由となった薬事法14条1項による製造販売の承認（以下「後行処分」という。）に先行して，後行処分の対象となった医薬品（以下「後行医薬品」という。）と有効成分並びに効能及び効果を同じくする医薬品（以下「先行医薬品」という。）について同項による製造販売の承認（以下「先行処分」という。）がされている場合であっても，先行医薬品が延長登録出願に係る特許権のいずれの請求項に係る特許発明の技術的範囲にも属しないときは，先行処分がされていることを根拠として，当該特許権の特許発明の実施に後行処分を受けることが必要であったとは認められないということはできないというべきである。」と判示しました。

　平成27年11月17日最高裁判決[2]は，出願理由処分（特許権の存続期間の延長登録出願の理由となった医薬品医療機器等法（平成25年法律第84号による改正前の題名は，薬事法）の規定による医薬品の製造販売の承認）と先行処分とでは，対象となる医薬品の有効成分，効果・効能は同一であり，用法・用量が異なる事案について，

534

「出願理由処分と先行処分がされている場合において，延長登録出願に係る特許発明の種類や対象に照らして，医薬品としての実質的同一性に直接関わることとなる審査事項について両処分を比較した結果，先行処分の対象となった医薬品の製造販売が，出願理由処分の対象となった医薬品の製造販売を包含すると認められるときは，延長登録出願に係る特許発明の実施に出願理由処分を受けることが必要であったとは認められないと解するのが相当である。」と判示しました。

なお，特許法68条の２に規定する存続期間が延長された場合の特許権の効力については，上記最高裁判決において判断が示されることはなく，平成27年11月17日最高裁判決の原判決である平成26年５月30日知財高裁特別部（大合議）判決☆3が，本来，特許権侵害訴訟において判断されるべき論点であるとし，傍論で判示していたにすぎませんでした。

4 医薬特許の存続期間の延長と特許権の効力について

新特許法67条４項の規定により存続期間が延長された場合の特許権の効力について，新特許法68条の２は，「第67条第４項の規定により同条第１項に規定する存続期間が延長された場合（第67条の５第４項において準用する第67条の２第５項本文の規定により延長されたものとみなされた場合を含む。）の当該特許権の効力は，その延長登録の理由となつた第67条第４項の政令で定める処分の対象となつた物（その処分においてその物の使用される特定の用途が定められている場合にあつては，当該用途に使用されるその物）についての当該特許発明の実施以外の行為には，及ばない。」と規定しており，新特許法67条４項の規定により存続期間が延長された場合の特許権の効力は，延長登録の理由となった処分において「その物の使用される特定の用途が定められている場合」には，当該物・用途以外の実施行為には及ばないこととされています。

しかるところ，特許法68条の２に規定する存続期間が延長された場合の特許権の効力について，いくつかの地裁判決☆4がなされましたが，平成29年１月20日知財高裁特別部（大合議）判決☆5は，特許法68条の２に規定する存続期間が延長された場合の特許権の効力について，「医薬品の成分を対象とする物の

第 7 章◇特許権の効力

特許発明の場合，存続期間が延長された特許権は，具体的な政令処分で定められた『成分，分量，用法，用量，効能及び効果』によって特定された『物』についての『当該特許発明の実施』の範囲で効力が及ぶと解するのが相当である（ただし，延長登録における『用途』が，延長登録の理由となった政令処分の『用法，用量，効能及び効果』より限定的である場合には，当然ながら，上記効力範囲を画する要素としての『用法，用量，効能及び効果』も，延長登録における『用途』により限定される。）」と判示するとともに，「存続期間が延長された特許権に係る特許発明の効力は，政令処分で定められた『成分，分量，用法，用量，効能及び効果』によって特定された『物』（医薬品）のみならず，これと医薬品として実質同一なものにも及び，政令処分で定められた上記構成中に対象製品と異なる部分が存する場合であっても，当該部分が僅かな差異又は全体的にみて形式的な差異にすぎないときは，対象製品は，医薬品として政令処分の対象となった物と実質同一なものに含まれ，存続期間が延長された特許権の効力の及ぶ範囲に属する。」（なお，「成分，分量」は，「物」を特定する要素であり，「成分」は有効成分に限られず，「用法，用量，効能及び効果」は「用途」を特定する要素です）と判示しました。

　その上で，上記知財高裁判決は，「医薬品の成分を対象とする物の特許発明において，政令処分で定められた『成分』に関する差異，『分量』の数量的差異又は『用法，用量』の数量的差異のいずれか一つないし複数があり，他の差異が存在しない場合に限定してみれば，僅かな差異又は全体的にみて形式的な差異かどうかは，特許発明の内容に基づき，その内容との関連で，政令処分において定められた『成分，分量，用法，用量，効能及び効果』によって特定された『物』と対象製品との技術的特徴及び作用効果の同一性を比較検討して，当業者の技術常識を踏まえて判断すべきである。」と判示したうえで，より具体的に，上記限定した場合において，下記①～④の4類型については，「対象製品と政令処分で定められた『成分，分量，用法，用量，効能及び効果』によって特定された『物』の間の差異は僅かな差異又は全体的にみて形式的な差異に当たり，対象製品は，医薬品として政令処分の対象となった物と実質同一なものに含まれるというべきである（なお，上記①，③及び④は，両者の間で，特許発明の技術的特徴及び作用効果の同一性が事実上推認される類型である。）。これに対し，前記の限定した場合を除く医薬品に関する『用法，用量，効能及び効果』にお

ける差異がある場合は，この限りでない。」と判示するとともに，「法68条の2の実質同一の範囲を定める場合には，前記の5つの要件を適用ないし類推適用することはできない。」が，「延長登録出願の手続において，延長登録された特許権の効力範囲から意識的に除外されたものに当たるなどの特段の事情がある場合には，特許法68条の2の実質同一が認められることはない。」と判示しました。

① 医薬品の有効成分のみを特徴とする特許発明に関する延長登録された特許発明において，有効成分ではない「成分」に関して，対象製品が，政令処分申請時における周知・慣用技術に基づき，一部において異なる成分を付加，転換等しているような場合。

② 公知の有効成分に係る医薬品の安定性ないし剤型等に関する特許発明において，対象製品が政令処分申請時における周知・慣用技術に基づき，一部において異なる成分を付加，転換等しているような場合で，特許発明の内容に照らして，両者の間で，その技術的特徴及び作用効果の同一性があると認められるとき。

③ 政令処分で特定された「分量」ないし「用法，用量」に関し，数量的に意味のない程度の差異しかない場合。

④ 政令処分で特定された「分量」は異なるけれども，「用法，用量」も併せてみれば，同一であると認められる場合。

ただ，上記知財高裁特別部（大合議）判決は，そもそも対象製品が特許発明の技術的範囲に属さないと判断された事案であり，特許権の存続期間の延長登録の効力について判断する必要はなかったものであって，同判決が示した「実質同一なものに含まれる類型」がそのまま踏襲されるかは，不確定であり，いかなる場合に「実質同一」といえるかは未だ裁判例が確定した状態ではなく，今後の裁判例の集積を待つ必要があります。

〔平野　和宏〕

━━ ■判　例■ ━━

☆1　最〔1小〕判平23・4・28民集65巻3号1654頁。

☆2　最〔3小〕判平27・11・17民集69巻7号1912頁。

第 7 章◇特許権の効力

☆ 3　知財高判（大合議）平26・5・30判時2232号 3 頁。

☆ 4　東京地判平28・3・30（平27（ワ）12414号）（後掲☆ 5 の判決の原判決），東京
地判平28・12・2（平27（ワ）12415号）（控訴審判決である知財高判平29・7・12
（平29（ネ）10009号）等は技術的範囲に属さないことを理由に控訴棄却），東京地
判平28・12・22（平27（ワ）12412号）（控訴審判決である知財高判平29・7・27
（平29（ネ）10016号・10023号）は技術的範囲に属さないことを理由に控訴棄却）。

☆ 5　知財高判平29・1・20判時2361号73頁。

■注　記■

＊ 1　平成30年12月30日

＊ 2　2020年 3 月 9 日。なお，TPP11協定が署名された日は平成30年 3 月 8 日です。

●参考文献●

(1)　山田真紀「最高裁重要判例解説」L＆T53号（2011年）63頁以下。

(2)　「知財高裁詳報」L＆T76号（2017年）88頁以下。

(3)　田中孝一「最高裁重要判例解説」L＆T71号（2016年）78頁以下。

(4)　熊谷健一「用法，用量が異なる処分に基づく特許権の存続期間の延長〔ベバシズマ
ブ事件　知財高判平26・5・30〕」L＆T67号（2015年）66頁以下。

(5)　前田健「存続期間が延長された場合の特許権の効力　知財高判平29・1・20」L＆
T77号（2017年）70頁以下。

(6)　松田誠司「TPP協定締結に伴う産業財産権法の改正について（上）」NBL1094号
（2014年）18頁以下。

第 8 章

特許権侵害

第1節　特許権侵害総説

68　特許権侵害(1)

(1) どういうことが特許権侵害に当たるのでしょうか。
(2) 特許権侵害とされたら，どのような責任を負わされるのでしょうか。
(3) 特許請求の範囲が，複数主体の行為により構成されている場合でも，特許権の侵害となることがあるでしょうか。

(1) 特許侵害に当たるのは，権限なく業として特許発明を実施する行為（特2条3項1号～3号）です。
(2) 特許権者等は侵害者に対して，民事責任（**Q66**），刑事責任（**Q145**）及び行政責任（関税法に基づく水際差止め（**Q146**））を請求することができます。民事上の責任としては，侵害行為の差止め（特100条1項）及び設備廃棄除却その他の侵害予防に必要な行為（同条2項），業務上の信用回復措置（特106条），損害賠償（民709条），不当利得返還（民703条），補償金（特65条）等があります。
(3) 特許権侵害が成立するためには特許発明のすべての構成要件を充足しなければならず，一部を充足しただけでは侵害に当たりません。特許請求の範囲が，複数主体の行為により構成されている場合のうち，特許法は侵害の予備的・幇助的な一定の行為を「間接侵害」とみなす規定（特101条（**Q96**））を設けていますが，近時のネットワーク化に伴い，これ以外にも道具（手足）理論や支配管理（及び利益性）論により，直接侵害を認める判決例が出てき

第 8 章◇特許権侵害
第 1 節◇特許権侵害総説

> ています。

☑キーワード

特許発明の実施，複数主体による侵害，共同直接侵害，間接正犯

解　説

1　特許権の侵害

(1)　特許発明の「実施」とは

特許権者は，業として特許発明の実施をする権利を専有しており（特68条），権限のない第三者が特許権者に無断で業として特許発明を実施する行為は特許権侵害に該当するものとして，排除することができます。

ここで「特許発明の実施」とは，特許発明の技術的範囲（特70条（**Q71**））を実施する行為であり，発明のカテゴリーごとに，特許法 2 条 3 項 1 号～ 3 号で具体的に規定されています。

> 1 号【物（プログラム等を含む）の発明】
> 　その物の生産，使用，譲渡等（譲渡及び貸渡しをいい，その物がプログラム等である場合には，電気通信回線を通じた提供を含む。以下同じ。），輸出若しくは輸入又は譲渡等の申出（譲渡等のための展示を含む。以下同じ。）をする行為
> 2 号【方法の発明】
> 　その方法の使用をする行為
> 3 号【物を生産する方法】
> 　前号に掲げるもののほか，その方法により生産した物の使用，譲渡等，輸出若しくは輸入又は譲渡等の申出をする行為

(2)　文言侵害と均等侵害

特許発明の技術的範囲（特70条）に属するか否かは，文言上の侵害の場合だ

542

けではなく，平成10年の最高裁判決が認めた均等論による場合も含まれます（**Q 4**，**Q71**，**Q87**及び**Q88**）☆1。

(3) 業としての実施

「業として」の実施には，営利事業に限らず，個人的ないしは家庭的な実施以外のすべての場合が含まれます。近年，ソフトウエア関連発明では，ネットワークの一部に，「業として」の要件を満たさない個人的な使用目的での利用が含まれる場合が増加しており，特許権侵害の成否が議論になっています。

2 侵害に対する救済

特許権侵害者は，民事責任，刑事責任及び行政責任を負います。

(1) 民事上の責任

民事上の責任としては，侵害行為の差止め（特100条１項）（**Q90** ～ **Q93**）及び設備廃棄除却その他の侵害予防に必要な行為（同条２項），業務上の信用回復措置（特106条），損害賠償（民709条）（**Q97** ～ **Q102**）），不当利得返還（民703条），補償金（特65条）等があります（**Q66**）。

(2) 刑事上の責任

特許法は，民事法に属する法律ですが，保護の強化と一般公共の利益の擁護のため，第11章（特196条～204条）において刑事罰も規定されています（**Q145**）。

(3) 行政上の責任

特許権者は，輸入差止申立制度により，自己の権利を侵害すると認める貨物が輸入されようとする場合に，税関長に対し，当該貨物の輸入を差し止め，認定手続をとるべきことを申し立てることができます（関税69条の13，関税令62条の17）（**Q146**）。

3 複数関与者の行為による侵害

(1) 間接侵害

特許発明の技術的範囲は構成要件に基づいて定められ（特70条１項），各構成要件の全体が有機的一体性を保って１つの発明を構成しています。したがっ

第8章◇特許権侵害
第1節◇特許権侵害総説

て，特許権侵害が成立するためには，原則として特許発明のすべての構成要件を充足しなければならず（クレームの全部を実施），一部を充足しただけでは侵害に当たりません。しかし，特許法は，特許権の実効性を確保するため，特に侵害誘発の蓋然性が極めて高い，侵害の予備的又は幇助的な行為を侵害行為と「みなし」（特101条）ており，講学上は間接侵害（擬制侵害，寄与侵害）と呼ばれています（**Q96**参照）。

(2) 民法上の共同不法行為（民719条）

複数の者がそれぞれ個別に構成要件の一部を充足する行為を行った場合，それらの者が「客観的関連共同」等の要件を具備すれば，行為者全員の共同不法行為（民719条1項）として，また，教唆者及び幇助者に該当する場合も共同不法行為（民719条2項）として，いずれの場合も，行為者全員に対して民法上の共同不法行為として損害賠償請求をすることができます。

(3) 道具（手足）理論や支配管理（及び利益性）論

間接侵害の規定（特101条）には，特許権の不当な拡張となることを防止するための客観的・主観的な要件が設けられています。しかし，特に近時のネットワーク化に伴い，サーバとクライアントがインターネットを介して接続され，それぞれ所定の処理をすることを内容とする装置及び方法のような特許発明においては，間接侵害の要件に該当しない場合でも，道具（手足）理論ないし単独者による間接正犯な支配管理（及び利益性）論を用いて，「実施」についての規範的（実質的）な解釈をし，直接侵害を認める判決例が出てきています。

(a) 電着画像事件判決☆2では，方法特許の最終工程（電着画像の貼付）以外のすべての工程を実施して電着画像を製造販売した被告について，最終工程も購入者を道具（手足）として実施しているといえ，全工程を実施した場合と同視できるとして，被告の侵害を肯定（差止及び廃棄請求を認容）しました。同判決ではいわゆる「道具理論」で被告一人が全構成要件を充足する行為を行い「実施」した者であると判断しています。

(b) これに対して，眼鏡レンズ供給システム事件判決☆3では，被告システムの差止めと損害賠償を認めていますが，上記のような道具（手足）理論ではなく，構成要件の充足性と侵害主体性（実施者は誰か）を区別して検討しています。同判決は，まず，本件発明「ヤゲン加工済み眼鏡レンズの供給システム」

（物の発明）は，「発注側」（各眼鏡店）と，これと対向する加工する者である「製造側」（本件システムの供給主体である被告）という２つの主体を前提とし，主として「製造側」の観点から規定する発明であり，「この場合の構成要件充足の点は，２つ以上の主体の関与を前提に，行為者として予定されている者が特許請求の範囲に記載された各行為を行ったか，各システムの一部を保有又は所有しているかを判断すれば足りる」として，各主体がそれぞれ個々の構成要件を充足していることをもって構成要件充足性を認めました。これは，本件発明のようなプログラム発明は，物の発明の形式をとっていても，発明の実体は経時的要素を含むため，各構成要件を経時的に捉えて，各構成要件（ステップ）ごとに実行の有無を考えたものといえます。

　その上で，同判決は，「これに対し，特許権侵害を理由に，だれに対して差止め及び損害賠償を求めることができるか，すなわち発明の実施行為（特２条３項）を行っている者がだれかは，構成要件充足の問題とは異なり，当該システムを支配管理しているのは誰かを判断して決定されるべきである」として「被告が被告システムを支配管理していることは明らかであ」ると判断し，被告による特許権侵害の責任を認めました。

　(c)　道具（手足）理論や支配管理（及び利益性）論を採用して，他人の行為を利用者の行為と評価する解釈は，著作権法においてはいわゆる「カラオケ法理」[4]として知られています。特許権の共同侵害においても，上記のとおり，こうした理論を用いて「実施」についての規範的（実質的）な解釈をする判決が見られるようになってきており，これを支持する説も有力です。他方，道具理論の場合は「感覚」に頼らざるを得ず，明確性の点で，本来，間接侵害の規定によるべきではないかという反対説もあります。また，支配管理論によって被告による侵害責任を認める場合は，被告と支配管理をしていない販売店との間に共同行為性は否定されていることになるから，全部の構成要件の充足主体でない者（被告）の行為部分以外の販売店の行為部分についてまで差止めできるのか，また，被告は被告利益以外についてまで損害賠償義務を負うのか，という課題もあるといわれています。

　(d)　インターネットナンバー事件判決[5]では，被控訴人（被告）は，被控訴人方法を使用するのはパソコンのユーザーであって被告ではないから被告は本

第 8 章◇特許権侵害
第 1 節◇特許権侵害総説

件発明の実施主体ではないと主張しましたが，知財高裁は，(a)と同様に充足性
と侵害主体性の判断とを区別し，まず，被控訴人のサービスで採用されている
方法により控訴人の特許発明のすべての構成要件が充足されていると判断した
上で，被控訴人の侵害主体性については，特許請求の範囲の解釈により，発明
の実質に即しプログラムを作って提供した者が実施者であるから，被告（ディ
レクトリサーバー側の単数者）のプログラムの提供行為により，侵害行為は完結し
ていると判断しました。すなわち，同判決は，本件発明は「アクセス」の発明
ではなく「アクセスを提供する方法」の発明であって，具体的にクライアント
によるアクセスがなければ本件発明に係る特許権を侵害することができないも
のではなく，本件発明に係る「アクセスを提供する方法」が提供されている限
り，クライアントは，被控訴人方法として提供されるアクセス方法の枠内にお
いて目的の情報ページにアクセスすることができるにとどまるのであり，クラ
イアントの主体的行為によって，クライアントによる個別のアクセスが本件発
明の技術的範囲に属するものとなったり，ならなかったりするものではないか
ら，クライアントの個別の行為を待って初めて「アクセスを提供する方法」の
発明である本件発明の実施行為が完成すると解すべきものではないとして，
「被控訴人による『アクセスを提供する方法』が，本件発明の技術的範囲に属
するのである以上，被控訴人による被控訴人方法提供の行為が本件発明の実施
行為と評価されるべきものである。」と結論しています。

(4) 共同直接侵害

　米国では，判例により§271(a)が規定する直接侵害が成立するためには「ク
レームされたすべての要素が単一の主体により実施されていなければならな
い」という「Single Entity Rule」が要求されていますが，これを厳格に適用
すると容易に侵害を回避できてしまう問題があるため，侵害に関与する複数行
為者間の関係性に着目し，直接侵害の一形態としての共同侵害（joint
infringement）の成立要件が議論されてきました☆6。

　日本においても，複数行為者の共同直接侵害を肯定する説があり，肯定説の
中でも，客観的関連共同性で足りるという説（A説：主観的共同意思不要説）と，
主観的関連共同性が必要であるという説（B説：主観的共同意思必要説）がありま
す。A説に対しては，各行為主体の行為がそれ自体は発明の実施行為に該当し

546

ない以上，他者と共同して発明を実施するとの意思がない場合に，各行為者に対する個別的な差止めを認めることは，行為者の予測可能性を著しく害することになり，妥当ではないという批判があり，学説的には，共同直接侵害を認める場合に，主観的な共同意思を必要とするB説が多数説といわれています。

ところで，民法上の不法行為における帰責の根拠として「自己の行為の結果でない損害について責任を負わなければならないというのは，各人が他人の行為を利用し，他方，自己の行為が他人に利用されるのを認容する意思を持つ場合に限るべきである」(潮見佳男『債権各論Ⅱ不法行為法』155頁) と考えられています。また，刑法では共犯の処罰根拠として「共犯の因果性」という考え方があり，これによれば構成要件の一部実行により全部実施したと評価できるための実質を備える行為の要件は，①自己の構成要件の一部充足行為が，相互に相手の構成要件充足行為に影響力を行使していること (物理的因果性)，②そのような相手に対する影響力を行使している行為をもって，全部実施と同等に評価できる根拠として，自己の行為部分が全体の実施につき，重要な因果的寄与をしていること (重要な因果的寄与)，及び③上記①について，共同行為者相互が認識していること (心理的因果性) と整理することができます。以上のように考えると，B説：主観的共同意思必要説の共同意思とは，「利用関係の相互認識」と考えるのが妥当と思われます。

〔林　いづみ〕

■判　例■

- ☆1　最判平10・2・24民集52巻1号113頁。
- ☆2　東京地判平13・9・20 (平12 (ワ) 20503号)〔特許権侵害差止請求事件 (電着画像事件)〕。
- ☆3　東京地判平19・12・14 (平16 (ワ) 25576号)〔特許権侵害差止等請求事件 (眼鏡レンズ供給システム事件)〕。
- ☆4　最判昭63・3・15民集42巻3号199頁〔カラオケスナック事件〕。
- ☆5　知財高判平22・3・24判タ1358号184頁。
- ☆6　Limelight Networks, Inc. v Akamai Techs.Inc., 134 S.Ct.2111 (2014) (CAFC大法廷判決を破棄し，誘因侵害 (induced infringement§271(b)) の成立には単一の主体による直接侵害の存在が必要という1961年Alo事件最高裁判決の原則を確認。この中で，最高裁は本件の差戻審において，CAFCが，Muniauction, Inc. v.

第 8 章◇特許権侵害
第 1 節◇特許権侵害総説

Thomsom Corp., 532F.3rd.1318（Fed.Cir.2008）において§271⒜が規定する直接侵
害の範囲を過度に狭く限定した問題を再考する機会をもつと付言しています）。
Centillion data Sys., LLC v Qwest Commc's. Int'l, 631 F.3d 1279（Fed.Cir.2011）。

●参考文献●

上記**3**について大須賀滋「複数関与者による特許権侵害」パテ66巻 4 号（2013年）96頁。

特許権侵害(2)

　ライバル企業の製品パンフレットを見ると特許番号が書いてあり，何か特許をもっているようです。そのため，迂闊に似た製品を製造販売することはできないように思えます。わが社の製品を開発するに当たり，ライバル企業がもっている特許がどのようなものであるかを知る必要があると思うのですが，どういう資料を見ればそれがわかるのでしょうか。
　また，その資料は，ウェブサイトなどで簡単に入手することができるのでしょうか。

　特許発明の内容を把握するためには，主要な資料として特許公報を入手しなければなりません。特許公報は，「特許情報プラットフォーム（J-PlatPat）」という特許情報検索サイトを通じて無料で入手できます。また，同サイトでは公報以外の審査情報を入手することもできますし，さらに高度な特許調査も可能です。

☑キーワード
特許公報，特許情報プラットフォーム，J-PlatPat

第8章◇特許権侵害
第1節◇特許権侵害総説

解 説

1 特許調査の必要性

　企業が新たな製品などを開発し製造販売するときに，特許調査をしなければどのようなリスクを背負うことになるでしょうか。このことは，多くのお金と年月を費やして新製品の販売を開始した後に，その新製品が他社の特許権を侵害するものであることがわかったときのことを想像してみると容易にわかります。

　まず，権利者である会社から訴訟を起こされるリスクがあります。そして，訴訟において特許権侵害があるということになると，その製品の製造販売などの停止などの差止めの判決を受けることになります（特100条1項。**Q90**以下）。また，特許権の侵害を理由とする不法行為に基づく損害賠償請求（民709条，特102条など）や不当利得返還請求（民703条）といった金銭の支払を命じられることにもなりますし，その金額は場合によっては膨大なものとなることがあり得ます。

　せっかくコストをかけて開発した自社製品の製造販売が差し止められると，かけたコストは無駄になりますし，会社の社会的信用を損なうこともあり得ます。

　したがって，ライバル企業が自社が開発しようとしている製品等に関連して，どのような特許権を取得し，あるいは特許出願をしているのか（将来特許権を取得する可能性があるので，まだ登録になっていないからといって無視することはできません）について，開発に際して調査し認識しておくことは，このような権利侵害のリスクを回避するためには必須といっても過言ではありません。

　特許調査は，それ以外にも，開発しようとしている技術分野の技術動向などを把握し，自社の研究開発等の方向を見極めることにも役に立ちますし，また無駄な特許出願をしないことによる費用の節約といったことにもつながります。

550

Q69◆特許権侵害⑵

特許調査は，いろいろな側面からその必要性が認められるものですから，一概に特許調査といっても，調査の対象や範囲等様々であり，極めて奥の深いものです。しかし，ここでは設問に即して，自社開発製品がライバル企業の特許権を侵害しないようにするための，とりあえずウェブサイトを通じて容易に入手できる資料による調査について説明することにします。

2 クレームの把握

特許権侵害とされるのは，自社の製品がライバル企業が保有している特許権にかかる特許発明の技術的範囲に属する場合ですが，「特許発明の技術的範囲は，願書に添付した特許請求の範囲の記載に基づいて定めなければならない」とされています。そして，この場合，特許請求の範囲に記載された用語の意味は，願書に添付した明細書及び図面を考慮して解釈するものとされています（特70条）。

つまり，願書に添付した明細書及び図面を考慮して，願書に添付された特許請求の範囲の記載が，特許発明の技術的範囲を知るために必要となります（クレーム解釈。**Q71**）。

特許請求の範囲の記載，明細書及び図面は，特許権の設定の登録があったときには，特許公報に掲載されることになります（特66条3項4号）。登録に至らない段階でも，特許出願の日から1年6ヵ月が経過すると出願公開がされ，出願公開に係る特許公報（公開特許公報）に特許請求の範囲の記載等が掲載されます（特64条1項・2項4号）。

以上から，ライバル企業が有している特許がどのようなものであるかを知るためには，この特許公報を入手することが何より重要ということになります。

3 特許公報の取得

この特許公報を取得するための手段はいくつかありますが，質問にあるウェブサイトで入手でき，安価（サイト利用は無料）で，現在最も利用されていると思われる「特許情報プラットフォーム（J-PlatPat）」を通じて資料を取得する方

第8章◇特許権侵害
第1節◇特許権侵害総説

　法を紹介します。「特許情報プラットフォーム（J-PlatPat）」は，工業所有権情報・研修館がインターネットを通じて提供している無料の特許情報検索サービスです。

　まずは，サイトにアクセスしてみましょう。アドレスは，「https：//www.j-platpat.inpit.go.jp/web/all/top/BTmTopPage」（執筆時点）です。お使いの検索エンジンで「特許情報プラットフォーム」で検索すればトップに表示されると思います。トップページにも入力の枠があり検索できそうですが，設問のような検索には適していません。

　設問では特許番号を把握しているということですので，特許番号で検索を進めてみます。「特許・実用新案」と記載している部分にカーソルを合わせると表示されるプルダウンメニューから，「1．特許・実用新案番号照会」をクリックしてみましょう。

　なお，番号による検索以外にもプルダウンメニューに表示されているようないろいろな検索方法があります。紙幅の関係ですべては説明できませんので，

（資料出所）特許情報プラットフォーム

Q69◆特許権侵害(2)

いろいろ試してみてください。

「1．特許・実用新案番号照会」クリックしますと，文献の番号によって特許公報を検索できるページが表示されます。ここでは，話題になりましたサムスン対アップル事件の特許発明の特許番号「4642898」を種別の列の2番目にある「特許公報・公告特許公報（B）」と記載部分の右の入力欄に入力してみます。

（資料出所）特許情報プラットフォーム

その特許番号の特許があるならば，検索結果が照会結果一覧に表示されます。出願番号，登録番号などの表示があり，その下にはリンクが表示されています。公開番号の下にあるリンクをクリックするとこの特許の公開特許公報が，登録番号の下にあるリンクをクリックすると登録特許公報の内容を示す画面に遷移します。

登録された特許の技術的範囲を知るためには登録特許公報の内容を知る必要があります。ですので，登録番号の下のリンクをクリックします。そうすると，特許請求の範囲，発明の詳細な説明及び図面その他が表示される「選択さ

553

第 8 章◇特許権侵害
第 1 節◇特許権侵害総説

（資料出所）特許情報プラットフォーム

れた文献」というページが表示されます。特許請求の範囲，発明の詳細な説明，図面などのリンクをクリックすると，それぞれが表示されます。ただ，必ずしも見やすいとは限りませんので，右上部にある「文献単位PDF」をクリックして表示されるウィンドウで指示に従っていけば，特許公報そのもののPDFを取得できますので，これをダウンロードや，印刷をするのがお勧めです。

　なお，登録に至っていない場合には，登録特許公報は存在しませんが，公開されている場合は公開番号の下のリンクをクリックすれば公開特許公報を見ることができます。

　これで，ライバル企業の特許発明の内容を把握するための，最も重要な資料である特許公報を入手できました。まずは，入手した特許公報を熟読し，ライバル企業の特許発明の内容＝技術的範囲を理解し，自社製品がその技術的範囲に属さないように開発を進めていかなければなりません。

4　出願の経過の把握

　特許公報を入手し，特許発明の内容を把握したら，自社が開発している製品が特許を侵害しているのかどうか微妙な場合があり得ます。多くの場合，リス

Q69◆特許権侵害(2)

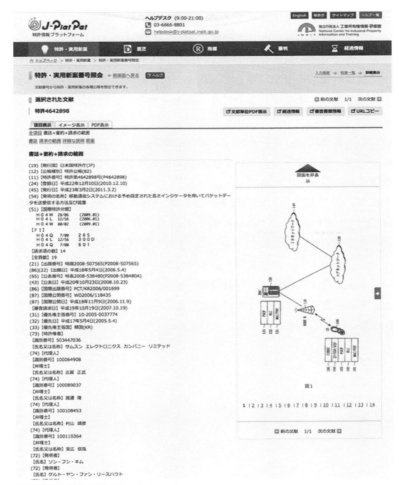

(資料出所) 特許情報プラットフォーム

クを避けるべく，設計変更等をして侵害を明確に回避しようとするのではないかと思います。しかし，何らかの事情でそれが困難であることもあるでしょう。

その場合，技術的範囲を狭く解釈する材料を探索したり，抗弁（本章第3節）を検討することになります。その対応策は多様なためここで説明することはで

第8章◇特許権侵害
第1節◇特許権侵害総説

きませんが,「特許情報プラットフォーム(J-PlatPat)」で入手ができる可能性のある対応策の入手方法について簡単に説明をします。

特許権侵害の有無の判断に際して,特許出願の経緯が影響を及ぼすことがあります。技術的範囲の解釈に際して,出願から登録に至るまでの手続における経過を参酌したり,手続中においてなされた権利者の主張等に反する主張を侵害訴訟ではできないといった主張などがあり得ます。

そのため,審査における拒絶理由の通知の内容,これに対応する出願人による補正の内容,意見書等での主張を知る必要があります。これらに関する書類は,包袋書類と称されています。

この出願における経過とその経過における特許庁と出願人の審査書類は,「特許情報プラットフォーム(J-PlatPat)」で確認することが可能です。

先ほどの,「選択された文献」のページ上部に経過情報というボタンがあります。ボタンを押すと,経過情報を表示する別ウインドウが表示されます。ここでは,基本項目,出願情報,審判情報,登録情報,分割出願情報を見ることができます。出願の審査における経過は,このうちの出願情報のタブをクリックすれば確認することができます。

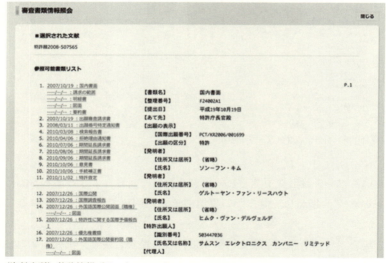

(資料出所) 特許情報プラットフォーム

また，この経過情報のボタンの右にある審査書類情報のボタンを押すと，ウェブ上で参照することができる審査書類のリンクの一覧が表示され，そのリンクからそれぞれの書類の内容を確認することができます。ただ，この審査書類情報については，「特許情報プラットフォーム（J-PlatPat）」で確認できるのは，2003年7月以降の審査分のみですので，それより前の審査書類についてはこのサイトで確認することはできません。

5 最後に

以上，「特許情報プラットフォーム（J-PlatPat）」をもとに，特許番号からウェブサイトを通じて資料を入手する方法を説明しました。ここで説明したのは極めて単純な例であり，「特許情報プラットフォーム（J-PlatPat）」はここで説明したものにとどまらない多様な機能，サービスを提供しており，使いこなすことができれば相当高度な調査も可能です。他の機能，サービスやその使い方については，このサイトのマニュアルなどを参照してください。

ここではライバル企業が特許権を有する製品をすでに販売していることがわかった状態での調査ということで説明をしてきました。会社として自ら調査して特許発明を把握することは必要なことですが，他方特許発明の技術的範囲の解釈は難しいところも多く，専門家と相談すべき場合も多々あります。

また，特許調査はいろいろな目的でなされます。目的によっては高度な検索能力や経験が必要なこともあります。特許調査の目的によっては専門家に依頼したり，相談しながら行うほうがよい場合も多いと思います。

これらを踏まえて，自らも調査し特許発明の内容などを把握しつつ，必要に応じて適宜専門家に相談する必要があることも念頭に置くようにしていただければと思います。

〔久世　勝之〕

第8章◇特許権侵害
第1節◇特許権侵害総説

 特許権の効力が及ばない場合

特許権の効力が及ばない場合もあると聞きましたが，どのような場合でしょうか。

　特許権の効力は，産業政策的理由，公共的理由，衡平の観点などから制限されています。
　特許権の効力が及ばない場合としては，①「業として」の実施に当たらない場合（特68条），②試験・研究のための実施（特69条1項），③日本国内を通過するにすぎない交通機関等における実施（特69条2項1号），④特許出願がなされたときから日本国内に存在する物の場合（特69条2項2号），⑤医薬品を調剤する行為及び調剤する医薬（特69条3項），⑥再審等によって特許権が回復した場合（特175条・176条），⑦利用関係・抵触関係が存在する場合（特72条），⑧第三者が特許権につき実施権を有する場合，⑨特許権がすでに消尽している場合，⑩特許権に無効理由がある場合，⑪権利濫用の場合があります。

☑キーワード

　特許権の効力，試験・研究のための実施，消尽

Q70◆特許権の効力が及ばない場合

解　説

1　特許権の効力

　特許権者は，業として特許発明の実施をする権利を専有する（特68条）とされています。

　特許権の効力としては，特許発明を排他的独占的に実施できる効力（積極的効力）と他人の実施を排除できる効力（消極的効力）があるとされています[1]。

　特許法は，このような効力を特許権者に付与することによって，一方で新しい技術を公開したものを保護するとともに，他方で第三者に公開された技術を利用する機会を与えることにより，産業の発展に寄与することを目的としています（特1条）。

　そこで，特許権の効力を制限しないとかえって産業の発展を妨げる場合や，衡平の観点から特許権の効力を制限すべき場合には，特許権の効力が制限されています。

2　特許権の効力の内容からくる制限──「業として」の実施ではない場合

　特許権の効力は「業として」の実施にしか及びません（特68条）。

　「業として」については，産業の発展に寄与するとの特許法の目的からすると，個人的実施，家庭的実施を除くすべての実施を意味すると解されます。したがって，特許権の実施が単に個人的，家庭的な実施にとどまっている場合には，特許権の効力は及びません。

3　公共的・産業政策的理由による制限

（1）　試験又は研究のためにする実施

（a）　趣　　旨

559

第8章◇特許権侵害
第1節◇特許権侵害総説

　特許権の効力をその特許発明の試験・研究にまで及ぼしてしまうと，特許法が発明を奨励しこれを公開させることによって技術の進歩を促そうとした目的に反する結果となります。また，試験・研究のための実施は，市場外で行われるわけですから，これを特許権の効力が及ばないものとしても，特許権者には直接的な損害がないと考えられます。そこで，試験又は研究のために行う特許発明の実施には特許権の効力は及ばないとされています（特69条1項）。

　(b)　**試験又は研究の意義**

　そこで，同条にいう「試験又は研究のための実施」はどのようなものをいうかが問題となります。

　従来の通説は，「対象」について，特許発明自体を対象とするものに限定されるとともに，「目的」について技術の進歩を目的とするものに限定されるとしていました。そして，「技術の進歩」を目的とする具体的な態様として，①特許性調査（特許発明の新規性，進歩性の調査），②機能調査（特許発明が実施可能であるか，明細書記載どおりの効果を有するか，場合によっては副作用等の副次的影響を生ずるものかどうか等の調査），③改良・発展を目的とする調査（特許発明の対象について，さらに改良を遂げ，より優れた発明を完成するための試験）をあげていました（染野啓子「試験・研究における特許発明の実施（Ⅰ）（Ⅱ）」AIPPI33巻3号2頁，4号2頁等）[☆1]。

　しかし，この立場では認められる試験・研究の範囲が狭すぎるという批判があり，近時この点を緩やかに解釈する学説が有力です（目的非限定説・間接的限定説）[＊2]。

　この点，後発医薬品の製造承認申請のための試験が特許法69条1項の試験又は研究に該当するかが問題となりました。

　医薬品は厚生労働省の製造承認を得るために膨大なデータが必要となるため，他人の特許権の特許期間満了後直ちに製造等を行うには，特許期間中に製造承認を得るための試験を実施する必要があります。このような場合の実施が，同条項の「試験又は研究のための実施」に当たるかが争われましたが，最高裁は，このような実施について存続期間経過後の製造販売を目的としたものであれば同条項の実施に当たり非侵害との結論を出しています[☆2,＊3]。

　(c)　**リサーチツール発明と特許法69条1項の適用**

Q70◆特許権の効力が及ばない場合

近時，リサーチツール発明と特許法69条1項の適用が問題となっています。

リサーチツールとは，一般に「科学者が実験室で使うあらゆる資源」を意味し，具体的には「遺伝子改変マウス等のモデル動物，PCR等実験装置・機器，スクリーニング方法等の方法，データベースやソフトウエア等」などを意味するとされています。

このリサーチツールに関する発明について，特にゲノム創薬の分野において，汎用性が高く代替性の低い上流技術としてのリサーチツールに特許が与えられた場合，当該分野の研究開発に大きな支障を与えることが懸念されています。

他方，技術としての代替性の低さや医薬品開発の公益性のみを根拠として特許法69条1項の適用を肯定すれば，スクリーニング方法の特許について，そのクレームの記載どおりの方法を用いてスクリーニングを行うことが特許法69条1項の試験・研究に該当するとすれば，この特許が無意味となってしまうため，このような解釈をとるべきではないとされています。

特許法69条1項の「試験・研究」を緩やかに解する立場から，リサーチ特許への特許法69条1項の適用の問題は，第三者による使用の態様が特許発明の課題解決手段としての特徴を利用するものであるか否かという基準で判断すべきものと思われるとされています（中山信弘＝小泉直樹編『新・注解特許法〔第2版〕（中巻）』（青林書院，平29）1179頁〔北原潤一〕）。

(2)　**日本国内を通過するにすぎない交通機関**

単に日本国内を通過するにすぎない船舶，航空機又はこれらに使用する機械等には特許権の効力は及びません（特69条2項1号）。

このような場合に特許権の効力を及ぼすと，円滑な国際交通を阻害するため制限されたものです（パリ条約5条の3の国内法化）。

(3)　**特許出願時から日本国内にある物**

特許出願時から日本国内にある物については，特許権の効力は及ばないとされています（特69条2項2号）。また，その物によって製造された物についても特許権の効力は及ばないと解すべきです。

これは，既存の状態を保護し，法的安定性を保持するために特許権の効力を制限したものであり，その物が滅失すればもはや本条の適用は受けられませ

第8章◇特許権侵害
第1節◇特許権侵害総説

ん。

(4) 医薬品を調剤する行為及び調剤する医薬（特69条3項）

昭和50年改正により，医薬の混合方法の発明にも特許性が認められることになりました。

しかし，医師や歯科医師が行う調剤行為にまで特許権が及ぶとすると，医療行為の円滑な実施を妨げることになるため，このような行為には及ばないとしたものです。

(5) 再審により特許権が回復した場合（特175条・176条）

無効審決によって無効とされた特許権が，再審によって回復すると当初から有効ということになります。この場合，無効審決を信頼した者を保護するため，無効審決確定から再審請求登録前までに善意で行った実施行為については，特許権の効力が及ばないものとされています（特175条）。また，存続期間の延長登録を無効とする確定審決が再審で覆った場合等についても同様とされています（特176条）。

4 他人との関係からくる制限

(1) 利用関係・抵触関係からくる制限

特許発明が，先願に係る他人の特許発明，登録実用新案，登録意匠又はこれに類似する意匠を利用するものであるとき，又は，先願の出願に係る他人の意匠権若しくは商標権に抵触するときは実施ができません（特72条）。

このような場合には，特許権を実施することが，他人の権利の侵害となるため，実施ができないものとされています。

そこで，どのような場合に利用発明とされるかが問題となります。

この点，多くの判例は，先願の特許発明の要旨をすべて含みそっくり利用したもの（いわゆる「そっくり説」）を指すとしています☆3。

なお，二重発明（同一の内容の発明について特許権が付与された場合）の場合にも後願の特許権について，実施が制限されるかが問題となります（後願特許の抗弁の可否）。

これについては，特許法72条との関係からしても後願の特許権の実施は先願

Q70◆特許権の効力が及ばない場合

の特許権の侵害と解すべきと考えられます。

(2) **実施権**による制限

他人に適法な実施権が存在すれば，その範囲において特許権の効力は制限されます。

(a) **契約による実施権**

専用実施権の設定（特77条）又は通常実施権の許諾（特78条）を行った場合には，その設定又は許諾の範囲において特許権の効力は制限されます。

(b) **法定実施権**

特許法の規定により法律上当然に実施権が発生する場合には，特許権の効力は制限されます。法定実施権には，①職務発明につき使用者が有する通常実施権（特35条1項），②先使用による通常実施権（特79条），③特許権の移転の登録前の実施による通常実施権（特79条の2），④中用権による通常実施権（特80条），⑤意匠権の存続期間満了後抵触する特許権に対する通常実施権（特81条・82条），⑥再審請求の登録前の実施による通常実施権（176条）があります。

(c) **裁定実施権**

特許法の要件を満たした者の請求により裁定権者（特許庁又は経済産業大臣）が下した裁定によって強制的に実施権が設定される場合を裁定実施権といい，この場合にも特許権の効力は制限されます（特83条・92条・93条）。

5 特許権の消尽による制限

(1) **特許権の消尽について**

特許に係る物が，特許権者又はその者から許諾を受けた者によって適法に拡布された場合には，その実施品について特許権は用い尽くされており，実施品が以降転々流通した場合にも，特許権の効力は及ばないものと解されています（消尽・用尽理論）。

これは，流通を保護する必要性と特許権者等は拡布する段階で利益を獲得する機会を有しているので，衡平の観点から特許権の効力を制限したものといえます。

第8章◇特許権侵害
第1節◇特許権侵害総説

（2）　特許製品の再製と特許権の消尽

　上記のとおり，特許製品が特許権者又はその者から許諾を受けた者によって適法に譲渡された場合には，以後はその製品の使用や譲渡に対して特許権を行使することはできないとされています。

　しかし，例えば，特許製品について，長年使用した後修理や改修を行って使用する場合や，元々1回限りの使用が予定されているものを再製して譲渡するような場合にもこの特許権の消尽理論が適用され，このような行為に対して特許権を行使することができないのかが問題となります。

　この点，インクジェットプリンタ用インクタンクに穴を開けインクを再充填して販売した事案で，最高裁は，「特許権の消尽により特許権の行使が制限される対象となるのは，飽くまで特許権者等が我が国において譲渡した特許製品そのものに限られるものであるから，特許権者等が我が国において譲渡した特許製品につき加工や部材の交換がされ，それにより特許製品が新たに製造されたものと認められるときは，特許権者は，その特許製品について特許権を行使することが許される。」とし，特許製品の新たな製造に当たるかどうかという基準については，「当該特許製品の属性，特許発明の内容，加工及び部材の交換の態様のほか，取引の実情等も総合考慮して判断するのが相当であり，当該特許製品の属性としては，製品の機能，構造及び材質，用途，耐用期間，使用態様が，加工及び部材の交換の態様としては，加工等がされた際の当該特許製品の状態，加工の内容及び程度，交換された部材の耐用期間，当該部材の特許製品中における技術的機能及び経済的価値が考慮の対象となるというべきである」という基準を判示しています☆4。

　特許製品について修理・改修を行って使用する場合や，使用済み製品を加工して再利用する場合には，上記の基準に照らして，特許製品が新たに製造されたと認められるか否かを判断する必要があります☆5, *4。

（3）　真正品の並行輸入と特許権の消尽

　特許権の消尽については，真正品の並行輸入が許されるかという点で問題となっていましたが，最高裁は，傍論で国内での特許権の消尽を認め，他方で国際消尽を否定しつつ，「我が国の特許権者又はこれと同視しうる者が国外において特許製品を譲渡した場合においては，特許権者は，譲受人に対しては，当

該製品について販売先ないし使用地域から我が国を除外する旨を譲受人との間で右の旨を合意した上特許製品にこれを明確に表示した場合を除いて，当該製品について我が国において特許権を行使することは許されないものと解するのが相当である」と判示し，このような合意及び表示がない限り，特許権に基づく差止めないし損害賠償は認められないものとしています☆6。

6 無効事由が存在する特許権の権利行使の制限（特104条の3）

特許侵害訴訟において当該特許が特許無効審判により無効とされるべきと認められるときは，特許権者又は専用実施権者はその権利を行使することはできません（特104条の3第1項）。これは，キルビー特許最高裁判決を平成16年特許法改正でとり入れて新設したものです☆7。

7 権利濫用の場合

特許権の行使にも民法の適用がありますから，当該特許権に基づく権利行使が権利濫用である場合には，権利行使が認められません（民1条3項）。

最近の裁判例として，FRAND宣言をした特許権に基づく権利行使について，知的財産高等裁判所は大合議で「本件FRAND宣言をしている抗告人による本件特許権に基づく差止請求権の行使については，相手方において，抗告人が本件FRAND宣言をしたことに加えて，相手方がFRAND条件によるライセンスを受ける意思を有するものであることの主張立証に成功した場合には，権利の濫用に当たり許されない。」としました☆8。また，同じ特許の損害賠償請求事件についてFRAND条件によるライセンス料相当額を超える部分では権利の濫用に当たるとされています☆9。

〔池下 利男〕

━━ ■判 例■ ━━

☆1 東京地判昭62・7・10無体集19巻2号231頁〔除草剤事件〕。

☆2 最判平11・4・16判時1675号37頁〔グアニジノ安息香酸誘導体Ⅲ事件〕。

第8章◇特許権侵害
第1節◇特許権侵害総説

☆3　裁判例として，大阪地判昭63・3・17判時1300号114頁〔芯地事件〕，名古屋地判平10・3・18裁判所ホームページ〔シャッタの自動開閉システム事件〕，名古屋地判平11・12・22裁判所ホームページ〔片面段ボールの製造装置における中芯保持装置事件〕，東京高判平13・5・24判時1789号134頁〔屋根雪止め金具事件〕，大阪地判平16・2・10裁判所ホームページ〔サーマルヘッド用印刷回路基板事件〕等。

☆4　最判平19・11・8民集61巻8号2989頁〔インクカートリッジ上告事件〕。

☆5　従前の裁判例として，東京地決平12・6・6判時1712号175頁〔コニカ使い捨てカメラ仮処分事件〕，東京地判平12・8・31裁判所ホームページ〔富士フイルム使い捨てカメラ事件〕，東京地判平13・1・18判時1779号〔置換プリン事件第1審〕，東京高判平13・11・29判タ1104号259頁〔置換プリン事件控訴審〕，大阪地判平14・11・26裁判所ホームページ〔ステップ金具事件〕等。方法の特許の消尽について知財高判平18・1・31判時1922号30頁〔インクタンク控訴審事件〕，知財高判（大合議）平26・5・16判時2224号146頁〔アップル対サムスン（iPhone）事件高裁判決〕。

☆6　最判平9・7・1民集51巻6号2299頁〔BBS事件最高裁判決〕。

☆7　最判平12・4・11民集54巻4号1368頁〔キルビー事件最高裁判決〕。

☆8　知財高決（大合議）平26・5・16判時2224号89頁〔アップル対サムスン（iPhone）事件高裁決定〕。

☆9　前掲☆5・知財高判（大合議）平26・5・16〔アップル対サムスン（iPhone）事件高裁判決〕。

ⓘ ■注　記■

＊1　特許権の効力については，消極的効力のみであるとする立場もあります。

＊2　いずれの立場に立っても経済性調査のための試験・研究，すなわち特許発明にかかわる物又は特許発明の方法によって生産された物について経済的に，市場との関連において販売可能性を試験することなど，特許発明の技術内容と結びつかない目的を有する試験・研究が含まれないことにほぼ異論はないとされています（東海林保「試験・研究のための特許発明の実施」牧野利秋ほか編『知的財産法の理論と実務(1)』（新日本法規出版，2007）240頁）。

＊3　髙部眞規子・最判解説民事篇平成11年度（上）326頁では，本最高裁判決は，「技術の進歩」について何らの言及もしていないから，最高裁は少なくとも特許法69条1項の「試験・研究」について，通説のいう「技術の次の段階への進歩」を要件としない趣旨を示したものであると述べています。

＊4　具体的な主張立証については，長谷川浩二「その余の抗弁－消尽」髙部眞規子編『特許訴訟の実務〔第2版〕』（商事法務，2017年）169頁。

● 参考文献 ●

(1)　中山信弘＝小泉直樹編『新・注解特許法〔第2版〕（中巻)』（青林書院，2017年)

1179頁〔北原潤一〕。

(2) 中山信弘＝小泉直樹編『新・注解特許法〔第2版〕（中巻）』（青林書院，2017年）1341頁〔川田篤〕。

(3) 田中孝一「特許権と国内消尽」牧野利秋ほか編『知的財産訴訟実務大系Ⅰ』（青林書院，2014年）465頁。

(4) 林いづみ「特許権と国内消尽」牧野利秋ほか編『知的財産訴訟実務大系Ⅰ』（青林書院，2014年）444頁。

(5) 牧野知彦「国内消尽(1)」小松陽一郎先生古稀記念論文集（青林書院，2018年）655頁。

(6) 日野英一郎「国内消尽(2)」小松陽一郎先生古稀記念論文集（青林書院，2018年）666頁。

第8章◇特許権侵害
第1節◇特許権侵害総説

 71 クレーム解釈

(1) 特許権侵害訴訟におけるクレーム解釈とはどのようなものでしょうか。お教えください。
(2) 均等論という用語を聞いたことがあるのですが，大雑把にいうとどういうことでしょうか。

(1) クレーム解釈とは，特許請求の範囲の解釈のことです。米国で，特許請求の範囲（請求項）が，クレーム（claim）と呼ばれていることから，特許請求の範囲の解釈について，一般的にこのように呼ばれています。特許権の効力が及ぶ範囲である特許発明の技術的範囲は，特許請求の範囲の記載（すなわちクレームの記載）の解釈によって定められます（特70条1項）。したがって，クレーム解釈は，特許権の効力が及ぶ範囲を定める重要な作業です。
(2) 被疑侵害物件の構成と特許請求の範囲に記載された特許発明の構成に相違する点があり，文言侵害が成立しない場合であっても，両者の相違が微々たるものであるなどの理由により，特許権侵害を成立させたほうが公平と考えられる場合に，当該被疑侵害物件についても特許権の効力を及ぼす考え方を，均等論といいます。米国やドイツ等にも，均等論の考え方が存在します。

☑キーワード
　クレーム解釈，特許請求の範囲，均等論

Q71◆クレーム解釈

解 説

1 クレーム解釈

(1) 特許法70条の規定

(a) **特許法70条1項——特許請求の範囲**

冒頭で述べたとおり，クレーム解釈とは，特許請求の範囲の解釈のことです。特許発明は，実在する物や方法ではなく，これを抽象化した技術的思想（アイディア）ですから，その内容を伝達するには，何らかの形で明示的に表現（記載）する必要があります。この明示的な表現（記載）に当たるのが，特許請求の範囲及び明細書です。

このうち，特許請求の範囲は，請求項という形で，出願人が特許権による保護を希望する範囲として明示的に表現（記載）されます。そして，特許法は，特許請求の範囲の記載に「基づいて」，すなわち，特許請求の範囲の記載の解釈によって，特許権の効力が及ぶ範囲である「特許発明の技術的範囲」が定められる旨規定しています（特70条1項）。したがって，クレーム解釈は，このように，特許権の効力が及ぶ範囲を定めるための極めて重要な作業であるといえます。

(b) **特許法70条2項——明細書の記載及び図面の考慮**

他方で，特許法70条2項は，「前項の場合においては，願書に添付した明細書の記載及び図面を考慮して，特許請求の範囲に記載された用語の意義を解釈するものとする。」と規定しています。すなわち，「特許発明の技術的範囲」を定めるために，特許法70条1項に従って特許請求の範囲の記載の意味内容を解釈するに際しては，特許請求の範囲の記載のほかに，明細書の記載及び図面を考慮することが認められています。法令や契約の解釈において，対象となる条文の文言のほか，他の条文の記載などを参酌することがあるのと似ている部分があるといっていいでしょう。

例えば，特許請求の範囲（請求項）に，特許発明の構成の一部として「包装

569

第8章◇特許権侵害
第1節◇特許権侵害総説

容器」と記載されている場合，これだけを見れば，「包装容器」には，金属製
の包装容器のみならずプラスチック製の包装容器等その他の素材でできている
包装容器も含まれるものと解釈することができるように思われます。しかし，
明細書の記載を見ると，金属製の包装容器についてのみ説明しており，しか
も，当業者が明細書の記載を見れば，特許発明においては，金属製の包装容器
を使用する以外におよそ考えられないとします。このような場合，特許請求の
範囲に記載された「包装容器」は，「金属製の包装容器」のみを指すものとし
て解釈されることになるかもしれません。特許法70条2項は，特許請求の範囲
に記載された用語の意義がこのようにして解釈されることについて定めていま
す。

（2）　その他の判断資料

クレーム解釈に際しては，以下に述べるその他の資料も参照されます。

（a）　**出願経過**

特許権は，出願後，特許庁の審査官による審査を経て設定の登録に至ること
で，その効力が発生します（特66条1項）。審査官が，特許出願について拒絶の
理由を発見しないときは，特許をすべき旨の査定がなされますが（特51条），拒
絶理由通知なしに特許査定に至ることは多くなく，一度以上の拒絶理由通知が
なされることが多いのが実情です。当該拒絶理由通知に対し，出願人は，補正
や分割等の手続をとりつつ拒絶理由通知に対して意見を述べます。これによ
り，拒絶理由通知が乗り越えられれば，特許査定に至ります。

出願経過における事情（特に拒絶理由通知に対しなされた出願人の応答の内容）は，
クレーム解釈に際し参照されることがあります。例えば，先ほど述べた「包装
容器」の例で，従前，クレームされたプラスチック製の包装容器を使用した物
の発明が公知であったことを理由として，クレームされた物の発明について，
（新規性欠如を理由に）拒絶理由通知を受けたとします。これに対し，出願人が，
明細書の発明の詳細な説明に関する記載を見れば，「包装容器」が「金属製の
包装容器」のみを指すことは明らかであるとの意見を述べ，これに説得された
特許庁の審査官が，新規性欠如との考えを取り下げ，（かつ，金属製の包装容器を
採用したことで，クレームされた物の発明により顕著な効果が発生し，進歩性も認められる
などの理由により）特許査定をしたとします。ここで，出願時にこのような経緯

570

があったにもかかわらず，プラスチック製の包装容器を一部の構成として使用した物を販売する者に対し，特許請求の範囲に記載のある「包装容器」には「プラスチック製の包装容器」も含むのだと主張して特許権を行使することは，フェアではないといえる場合もあるでしょう。そこで，このような場合に，クレーム解釈に際し，出願経過を参酌して，「包装容器」は「金属製の包装容器」のみを含むのだと限定解釈されることがあります。

(b) **公知技術**

　公知技術と比較して新規性が認められることは，特許の成立要件の1つです（特29条）。したがって，出願時に新規性のない物（発明）に対しても特許権の効力が及ぶとすれば，新規でない物，すなわち，社会に対し何ら新しいものを提供していない物についても，特許の保護範囲に含まれることになってしまいます。このことが不合理であることは明らかでしょう。したがって，クレーム解釈に際しては，公知技術が参酌され，当該新規でない物に対し特許権の効力が及ばないよう限定解釈されることがあります。

　上記(a)で述べた例は，公知技術の参酌によるクレームの限定解釈の例ともいえます。すなわち，(a)で述べたケースでは，プラスチック製の包装容器を使用した物（クレームされた物）は公知でした。そこで，特許請求の範囲の「包装容器」との記載は，公知技術であるプラスチック製の包装容器を使用した物が特許発明の技術的範囲に含まれないよう，「金属製の包装容器」に限定する形で解釈されることになるわけです。

2 　均　等　論

(1)　わが国の均等論（ボールスプライン事件最高裁判決）

　上記**1**で述べたとおり，クレーム解釈により，特許権の効力が及ぶ範囲，すなわち特許発明の技術的範囲が決められます。そして，特許発明の構成のすべてを有する物や方法が第三者により実施された場合，特許権の文言侵害が成立します。

　他方，対象となる物や方法が特許発明の構成のすべてを有しておらず，文言侵害が成立しない場合であっても，特許権侵害を成立させたほうが公平である

第8章◇特許権侵害
第1節◇特許権侵害総説

と考えられる場合があります。対象となる物や方法の構成と特許発明の構成とがほとんど相違せず，かつ，相違する点が発明の本質的部分とはいえないような場合です。そこで，このような場合に，文言侵害が成立しないことを前提として，当該対象となる物や方法についても特許権の効力を及ぼす考え方を，均等論といいます。

　この均等論は，特許法の明文上規定のあるものではなく，最高裁判例に基づくものです。すなわち，最判平成10年2月24日〔ボールスプライン事件最高裁判決〕☆1は，以下のとおり判示しました。

　「特許請求の範囲に記載された構成中に対象製品等と異なる部分が存する場合であっても，(1)右部分が特許発明の本質的部分ではなく，(2)右部分を対象製品等におけるものと置き換えても，特許発明の目的を達することができ，同一の作用効果を奏するものであって，(3)右のように置き換えることに，当該発明の属する技術の分野における通常の知識を有する者（以下「当業者」という。）が，対象製品等の製造等の時点において容易に想到することができたものであり，(4)対象製品等が，特許発明の特許出願時における公知技術と同一又は当業者がこれから右出願時に容易に推考できたものではなく，かつ，(5)対象製品等が特許発明の特許出願手続において特許請求の範囲から意識的に除外されたものに当たるなどの特段の事情もないときは，右対象製品等は，特許請求の範囲に記載された構成と均等なものとして，特許発明の技術的範囲に属するものと解するのが相当である。」

　すなわち，本最高裁判決は，文言侵害が成立しない場合であっても，上記(1)ないし(3)の積極的要件を満たし，かつ，(4)及び(5)に記載された特段の事情（消極的要件）がない場合，特許請求の範囲に記載された構成と均等なものとして，特許発明の技術的範囲に属する（均等侵害が成立する）としています。

　具体的に述べると，(1)は，特許請求の範囲に記載された構成と対象製品の構成とで異なる部分が特許発明の本質的な部分でないこと，(2)は，上記相違によっても，特許発明の目的を達成することができ，同一の作用効果を奏することができること，(3)は，このような相違する点に関する置換が，当業者にとって容易想到であったことを要件としています。

　他方，(4)は，均等論によって，特許発明の効力が出願時公知技術又は当業者

572

がこれから出願時に容易に推考できたものに及ばないようにするための消極的要件です。また，⑸は，特許出願手続において特許請求の範囲から意識的に除外されたなどの特段の事情がないことを要求する同じく消極的要件に当たります。上記**1**⑵⒜及び⒝では，公平の観点から，クレーム解釈に際し，出願経過及び公知技術を参酌する必要があることについて述べましたが，均等論により特許権の効力が及ぶ範囲が拡張された結果，出願時公知技術や特許出願手続において特許請求の範囲から意識的に除外されたものにまで特許権の効力が及んでしまうとすれば，本末転倒といえます。そこで，⑷，⑸については，均等論成立のための消極的要件として要求されています。

⑵　諸外国の均等論

特許に関する先進国といえる米国及びドイツには，上記⑴で述べた最判平成10年2月24日〔ボールスプライン事件最高裁判決〕が言い渡される前から，均等論の考え方が存在しています。以下，諸外国の状況について簡単に紹介します。

⒜　米　　　国

米国の均等論（Doctrine of Equivalents）は，1853年に，Winans事件判決において，米国連邦最高裁により導入され，その後，1950年に，Graver Tank事件判決において再度導入されたといわれています。また，近年も，重要な連邦最高裁判決及びCAFC（合衆国連邦巡回区控訴裁判所）判決が言い渡されており，現行特許法下においても均等論を採用することができることが確認されています。

⒝　ドイツ，イギリス

ドイツでは，1986年に，Formstein事件判決において均等論が導入されたといわれ，その後も，均等論に関する重要な判決が言い渡されています。他方，イギリスでは，長らく均等論の考え方が採用されていませんでしたが，近時（2017年7月），Eli Lilly v. Actavis UK事件において，イギリス最高裁判所は初めて均等論の考え方を採用しました。

⒞　欧州特許条約（EPC）

欧州特許条約（EPC）69条は，欧州特許（欧州特許条約に基づき欧州特許庁における出願手続を経て成立した特許で，指定国（主にEU諸国）においてそれぞれ効力を有する

第8章◇特許権侵害
第1節◇特許権侵害総説

特許。各国特許庁における出願手続を経て成立した各国特許（例えばドイツ特許）とは，主に出願手続の点で区別される）の保護範囲について定めた条文ですが，本69条の解釈に関するプロトコルの2条（条文のタイトルは，「均等」（Equivalents）です）は，「欧州特許の保護範囲が定められる際には，各クレームにより特定された構成要素と均等である構成要素に関しても考慮しなければならない。」と定めています。

　本プロトコルの2条は，欧州特許条約の締結国（すべてのEU加盟国のほか，スイス等）の裁判所が具体的な事件で問題となっている欧州特許の保護範囲を決める際に解釈されて適用されるものであり，その具体的な解釈，適用方法に関しては，各国において違いがあるようです。しかし，「均等」についての定めである本2条が，厳格な文言解釈が採用された場合と比較して，特許権の効力が及ぶ範囲を拡張させることを意図していることは，明らかであるといえるでしょう。

〔飯村　敏明＝星埜　正和〕

━━━ ■判　例■ ━━━

☆1　最判平10・2・24民集52巻1号113頁〔ボールスプライン事件〕。

キーワード索引（第Ⅰ巻）

あ

穴あき説	**Q28**
新たな技術的事項	**Q46**
新たな証拠の提出	**Q60**
新たな無効理由の主張	**Q60**
異　議	**Q48**
域外適用	**Q 8**
異議取消率	**Q 5**
一群の請求項	**Q52**, **Q64**
一事不再理	**Q50**, **Q53**
一部訂正審決	**Q52**
意に反する公知	**Q26**
委任省令要件	**Q42**
医薬特許	**Q67**
医療関連発明	**Q22**
医療行為	**Q22**
ウェイバックマシン	**Q25**
延長登録無効審判	**Q49**
欧　州	**Q 5**

か

拡大先願	**Q31**
仮想実施料算定方式	**Q36**
仮保護の権利	**Q66**
刊行物	**Q25**
刊行物等記載	**Q23**
韓　国	**Q 5**
間接正犯	**Q68**
記載要件	**Q43**

起算点	**Q40**
技術的効果	**Q30**
技術的思想	**Q11**
——の創作	**Q16**
技術的思想性	**Q10**
技術的範囲	**Q45**
期待利益	**Q38**
キャッチボール現象	**Q51**
共同出願	**Q32**
共同出願要件	**Q58**
共同審判	**Q50**
共同直接侵害	**Q68**
業務範囲	**Q34**
共有者の保存行為	**Q58**
拒絶査定不服審判	**Q49**
拒絶理由	**Q44**
均等論	**Q 4**, **Q17**, **Q71**
勤務規則	**Q12**
グレース・ピリオド	**Q26**
クレーム解釈	**Q71**
クロスライセンス	**Q36**
計画審理	**Q55**
経済産業大臣の指針	**Q33**
経済的効果	**Q30**
原出願	**Q47**
原処分主義と裁決主義	**Q56**
合意管轄条項	**Q 3**
合一確定の必要性	**Q58**
行為に起因する公知	**Q26**
公開特許公報	**Q44**
公序則	**Q38**

キーワード索引（第Ⅰ巻）

公序良俗適合性 ……………… **Q10**
公然実施 …………………… **Q24**
　――による無効理由 ………… **Q62**
　――の場所 …………………… **Q62**
公　知 ……………………… **Q23**
高度性 ……………………… **Q10**
公　用 ……………………… **Q23**
誤記の訂正 ………………… **Q45**
国際出願 …………………… **Q 9**
誤訳の訂正 ………………… **Q45**
固有必要的共同訴訟 ……… **Q58**

さ

剤クレーム ………………… **Q17**
債務の承認 ………………… **Q40**
裁量権の逸脱 ……………… **Q57**
査定系取消訴訟 …………… **Q55**
サポート要件 ……… **Q14, Q29, Q42**
参　加 ……………………… **Q48**
産業財産権法 ……………… **Q 2, Q 6**
産業上の利用可能性 ……… **Q21, Q22**
産業発達 …………………… **Q 1**
産業利用可能性 …………… **Q10**
ジェプソンタイプ・クレーム ……… **Q41**
試験・研究のための実施 ………… **Q70**
時効期間 …………………… **Q40**
指　針（ガイドライン）………… **Q37**
自然法則利用 ……………… **Q11, Q16**
自然法則利用性 …………… **Q10, Q13**
実　験 ……………………… **Q29**
実施可能性 ………………… **Q19**
実施可能要件 ……… **Q14, Q29, Q42**
主引用例と副引例の入替え ……… **Q60**
主引例 ……………………… **Q53**
就業規則 …………………… **Q35**
従業者貢献度 ……………… **Q37**
重畳的保護 ………………… **Q 7**

受託証 ……………………… **Q15**
受託番号 …………………… **Q15**
出願後の作用効果の立証 ………… **Q29**
出願日の遡及効 …………… **Q47**
出向者 ……………………… **Q35**
守秘義務 …………………… **Q23**
準拠法 ………………… **Q 8, Q38**
上位概念と下位概念 ……… **Q28**
商業的成功 ………………… **Q30**
使用者原始帰属 …………… **Q33**
使用者利益 ………………… **Q37**
消　尽 ……………………… **Q70**
消尽理論 …………………… **Q 4**
消滅時効 …………………… **Q40**
食品クレーム ……………… **Q17**
食品の用途発明 …………… **Q17**
職務発明 ………… **Q 4, Q33, Q39**
　――の完成時 ……………… **Q34**
　――の成立要件 …………… **Q34**
職務発明・法人著作 ……… **Q12**
職務発明規程 ……………… **Q35, Q37**
人為的な取決め …………… **Q11**
新規事項の追加 …………… **Q46, Q47**
新規性 ……………………… **Q10, Q24**
新規性喪失の例外 ………… **Q24**
審　決
　――の確定 ………………… **Q64**
　――の予告 ………………… **Q51**
審決取消訴訟
　――における訴えの利益 ……… **Q65**
　――の審理範囲 ………… **Q55, Q60**
審決取消判決の拘束力 …………… **Q63**
審査基準 …………………… **Q21**
審査経過禁反言 …………… **Q17**
審査請求 …………………… **Q44**
審査ハンドブック ………… **Q21**
真正商品の並行輸入 ……… **Q 7**
審判実務との連動 ………… **Q56**

576

キーワード索引（第Ⅰ巻）

進歩性 ············· **Q10**，**Q27**，**Q29**，**Q30**
　——の判断手法 ······························ **Q56**
審理の併合 ·· **Q50**
スイスタイプ・クレーム ··············· **Q41**
数値限定発明 ······················ **Q18**，**Q28**
先願主義 ·· **Q31**
専属管轄 ·· **Q 3**
選択発明 ·· **Q28**
先発明主義 ·· **Q 8**
専門委員 ·· **Q 3**
専門部 ·· **Q 3**
早期審査 ·· **Q44**
創作性 ·· **Q10**
創作法 ·································· **Q 2**，**Q 6**
相当の金銭その他の経済的利益 ······ **Q36**
相当の対価 ·· **Q36**
相当の利益 ······· **Q33**，**Q35**，**Q39**，**Q40**
阻害要因 ·· **Q27**
属地主義 ··················· **Q 1**，**Q 8**，**Q38**
訴訟件数 ·· **Q 5**
訴状モデル書式 ································· **Q56**
存続期間 ·· **Q67**
　——の延長 ······································ **Q67**

た

知的財産 ···························· **Q 2**，**Q 6**
知的財産権 ························ **Q 2**，**Q 6**
中　国 ·· **Q 5**
超過利益 ·· **Q36**
調査官 ·· **Q 3**
直前明細書 ·· **Q47**
訂　正 ·· **Q45**
　——の再抗弁 ································· **Q61**
　——の承諾 ····································· **Q61**
　——のタイミング ························· **Q61**
訂正審判 ······················ **Q49**，**Q51**，**Q52**
訂正審判請求 ····································· **Q61**

訂正請求 ······················ **Q51**，**Q52**，**Q61**
手続違背 ·· **Q57**
電子的情報技術 ································· **Q25**
同一事実及び同一証拠 ······················ **Q53**
動機付け ·· **Q27**
統　計 ·· **Q48**
当事者系取消訴訟 ····························· **Q55**
当然対抗制度 ····································· **Q 4**
特別な技術的特徴 ····························· **Q46**
特許異議申立て ································· **Q 4**
特許協力条約 ····································· **Q 9**
特許権 ·· **Q 1**
　——の効力 ······················ **Q66**，**Q70**
特許権移転 ·· **Q32**
特許権・著作権の保護対象・保護要件
　·· **Q12**
特許公報 ·· **Q69**
特許出願件数 ····································· **Q 5**
特許情報プラットフォーム ··············· **Q69**
特許審査ハイウェイ ·························· **Q 9**
特許請求の範囲（請求項，クレーム）
　······································· **Q41**，**Q71**
　——の機能 ····································· **Q43**
特許適格性 ·· **Q13**
特許独立の原則 ··········· **Q 1**，**Q 8**，**Q38**
特許発明
　——の技術的範囲 ············ **Q43**，**Q59**
　——の実施 ····································· **Q68**
特許無効審判 ····································· **Q59**
特許無効の抗弁 ································· **Q59**
特許要件 ······················ **Q10**，**Q21**
特許を受ける権利 ····························· **Q39**

な

人間の精神活動 ································· **Q11**
ノウハウ ·· **Q39**
除くクレーム ····································· **Q46**

577

キーワード索引（第Ⅰ巻）

は

派遣社員 ……………………… **Q35**
発　明 …………………… **Q10，Q13**
　　——と創作的表現 ……………… **Q12**
　　——の新規性の喪失の例外 …… **Q26**
　　——の単一性 …………………… **Q46**
　　——の要旨 …………… **Q43，Q59**
　　——の要旨認定 ………………… **Q59**
発明該当性 …………………… **Q14**
発明者主義と使用者主義 …… **Q34**
発明奨励 ……………………… **Q 1**
発明特定事項 ………………… **Q43**
ハードウェア資源 …………… **Q11**
パラメータ特許 ……………… **Q18**
パラメータ発明 ……………… **Q18**
パリ条約 ………………… **Q 1，Q 9**
判　定
　　——と均等論 …………………… **Q54**
　　——と無効審判 ………………… **Q54**
　　——の効力 ……………………… **Q54**
　　——の手続 ……………………… **Q54**
頒　布 ………………………… **Q25**
反復可能性 …………… **Q14，Q19**
ビジネス方法 ………………… **Q13**
微生物 ………………………… **Q15**
　　——の寄託制度 ………………… **Q15**
非発明 ………………………… **Q19**
標識法 …………………… **Q 2，Q 6**
副引例 ………………………… **Q53**
複数主体による侵害 ………… **Q68**
不合理な遅延 ………………… **Q67**
物権的な権利 ………………… **Q66**
米　国 ………………………… **Q 5**
平成27年改正 ………………… **Q33**
防御権行使の機会 …………… **Q57**
法人帰属 ……………………… **Q35**
冒　認 ………………………… **Q32**

方法の発明 …………………… **Q20**
　　——に関する特許権の効力の範囲
　　……………………………… **Q66**
補償金請求権 ………………… **Q66**
補　正 …………… **Q42，Q45，Q46**
補正却下 ……………………… **Q46**

ま

マーカッシュ・クレーム …… **Q41**
無効審決の確定範囲 ………… **Q64**
無効審判 ………… **Q48，Q49，Q50**
　　——の確定審決の第三者効 …… **Q53**
無効審判成立率 ……………… **Q 5**
無効の抗弁（特104条の 3）…… **Q55**
名義変更 ……………………… **Q32**
明細書 ………………………… **Q41**
メリヤス編機事件 …………… **Q62**
物の生産方法の発明 ………… **Q20**
物の発明 ……………………… **Q20**

や

優先権 ………………………… **Q 9**
優先審査 ……………………… **Q44**
有用性 ………………………… **Q16**
用途特許の差止請求 ………… **Q17**
用途発明 ……………………… **Q17**

ら

ラベル論 ……………………… **Q17**
利害関係 ……………………… **Q48**
利用発明 ……………………… **Q28**
論理付け ………………… **Q27，Q30**

キーワード索引（第Ⅰ巻）

A ～ Z

IPハブ構想 ……………………………… **Q** 9

J-PlatPat ………………………… **Q**27, **Q**69

PCT ……………………………………… **Q** 9

PPH ……………………………………… **Q** 9

TRIPS協定 ……………………………… **Q** 1

判例索引（第Ⅰ巻）（日本のみ）

■大審院・最高裁判所

大判昭 3・9・11民集 7 巻10号749頁 ……………………………………………… **Q23**

大判昭17・4・17民集21巻374頁 ………………………………………………… **Q23**

大判昭17・5・18民集21巻560頁 ………………………………………………… **Q23**

最判昭40・5・20民集19巻 4 号859頁 …………………………………………… **Q58**

最判昭41・4・20民集20巻 4 号702頁 …………………………………………… **Q40**

最判昭43・4・18民集22巻 4 号936頁 …………………………………………… **Q54**

最判昭44・1・28民集23巻 1 号54頁 ……………………………………………… **Q34**

最判昭46・10・7 民集25巻 7 号885頁 …………………………………………… **Q58**

最判昭47・12・14（昭41（行ツ）1 号）民集26巻10号1888頁
　　〔フェノチアジン誘導体の製法事件〕……………………………………… **Q45**

最判昭48・4・20民集27巻 3 号580頁 …………………………………………… **Q 4**

最判昭49・7・19民集28巻 5 号897頁ほか ……………………………………… **Q63**

最判昭50・4・18（昭46（行ツ）59号）〔赤外線電気コタツ事件〕………… **Q30**

最〔大〕判昭51・3・10民集30巻 2 号79頁〔メリヤス編機事件〕
　　　　　　　　　　………………… **Q55**，**Q56**，**Q60**，**Q62**，**Q63**

最判昭51・5・6 （昭45（行ツ）32号）裁判集民117号459頁・判時819号35頁
　　〔中空成型法事件〕……………………………………………… **Q56**，**Q57**

最判昭52・10・13（昭49（行ツ）107号）裁判所ホームページ〔獣医用組成物事件〕… **Q19**

最判昭55・1・18裁判集民事129号43頁〔シールド工法用セグメント事件〕… **Q58**

最判昭55・1・24民集34巻 1 号80頁〔食品包装容器事件〕………… **Q55**，**Q56**，**Q60**，**Q63**

最判昭55・5・1 民集34巻 3 号431頁 …………………………………………… **Q52**

最判昭55・7・4 民集34巻 4 号570頁〔一眼レフカメラ事件〕………………… **Q25**

最判昭56・3・13（昭53（行ツ）140号）裁判所ホームページ〔アンモニア冷凍装置事件〕
　　………………………………………………………………………………… **Q47**

最判昭56・10・16民集35巻 7 号1224頁〔マレーシア航空機事件〕…………… **Q 8**

最判昭57・9・7 （昭57（行ツ）12号）………………………………………… **Q28**

最判昭59・3・13裁判集民事141号339頁〔非水溶性モノアゾ染料の製法事件〕………… **Q56**

最判昭59・4・24民集38巻 6 号653頁〔トレーラ実用新案事件〕……………… **Q51**

最判昭61・7・17民集40巻 5 号961頁（潮海久雄・特許判例百選〔第 4 版〕26頁）

判例索引（第Ⅰ巻）（日本のみ）

〔第2次箱尺事件〕……………………………………………………… **Q25**

最判昭61・10・3（昭61（オ）454号）裁判所ホームページ〔ウォーキングビーム事件〕

……………………………………………………………………………… **Q19**

最判昭63・3・15民集42巻3号199頁〔カラオケスナック事件〕……………… **Q68**

最判昭63・7・19民集42巻6号489頁〔アースベルト事件〕………………… **Q66**

最判平元・11・10判時1337号117頁 ………………………………………… **Q26**

最判平3・3・8民集45巻3号123頁〔リパーゼ事件〕…………… **Q49**，**Q59**

最判平3・3・19民集45巻3号209頁 ……………………………………… **Q49**

最判平3・4・23民集45巻4号538頁〔CHEY TOI事件〕………………… **Q56**

最判平3・4・25（平3（行ツ）37号）取消集（平3）194頁〔駐車場事件〕………… **Q60**

最判平4・4・28民集46巻4号245頁〔高速旋回式バレル研磨法事件〕………… **Q56**，**Q63**

最判平7・3・7民集49巻3号944頁〔磁気治療器事件〕…………………… **Q58**

最判平9・7・1民集51巻6号2299頁〔BBS事件〕…………… **Q4**，**Q7**，**Q70**

最判平9・11・11判時1626号74頁 …………………………………………… **Q8**

最判平10・2・24民集52巻1号113頁〔ボールスプライン事件〕…… **Q4**，**Q17**，**Q68**，**Q71**

最判平11・3・9民集53巻3号303頁〔大径角形鋼管事件〕………………… **Q2**

最判平11・4・16判時1675号37頁〔グアニジノ安息香酸誘導体Ⅲ事件〕………… **Q70**

最判平11・7・16民集53巻6号957頁〔生理活性物質測定法事件〕………… **Q66**，**Q20**

最判平12・1・27民集54巻1号69頁 ………………………………… **Q50**，**Q53**

最判平12・2・18判時1703号159頁 ………………………………………… **Q50**

最判平12・2・29（平10（行ツ）19号）民集54巻2号709頁〔黄桃の育種増殖法事件〕

……………………………………………………………………… **Q14**，**Q19**

最判平12・4・11民集54巻4号1368頁〔キルビー事件〕………… **Q2**，**Q59**，**Q60**，**Q70**

最判平13・6・8民集55巻4号727頁〔ウルトラマン事件〕………………… **Q8**

最判平13・6・12民集55巻4号793頁 ……………………………………… **Q32**

最判平14・2・22民集56巻2号348頁〔ETNIES事件〕…………………… **Q58**

最判平14・3・25民集56巻3号574号〔パチンコ装置事件〕………………… **Q58**

最判平14・9・26民集56巻7号1551頁〔FM復調器事件（カードリーダー事件）〕……… **Q8**

最判平15・2・27民集57巻2号125頁〔フレッドペリー事件〕……………… **Q7**

最判平15・4・11（平13（受）216号）……………………………………… **Q12**

最判平15・4・22民集57巻4号477頁〔オリンパス光学工業・ピックアップ装置事件〕

……………………………… **Q4**，**Q33**，**Q35**，**Q36**，**Q37**，**Q40**

最判平17・6・17民集59巻5号1074頁

〔生体高分子－リガンド分子の安定複合体構造の探索方法事件〕……………… **Q66**

最判平18・10・17（平16（受）781号）民集60巻8号2853頁

〔日立製作所・光ピックアップ事件〕……………………………………… **Q38**

最判平19・11・8民集61巻8号2989頁〔インクカートリッジ上告事件〕………… **Q4**，**Q70**

最判平20・4・24民集62巻5号1262号〔ナイフ加工装置事件〕……………… **Q61**

判例索引（第Ⅰ巻）（日本のみ）

最判平20・7・10民集62巻7号1905頁 ……………………………………… **Q52**，**Q64**
最判平23・4・28民集65巻3号1654頁 …………………………………………… **Q67**
最判平27・6・5（平24（受）1204号）裁判所ホームページ ………………… **Q43**
最判平27・6・5（平24（受）2658号）裁判所ホームページ ………………… **Q43**
最判平27・11・17民集69巻7号1912頁 …………………………………………… **Q67**
最判平29・3・24（平28（受）1242号）判時2349号76頁〔マキサカルシトール事件〕
　………………………………………………………………………………………… **Q17**
最判平29・7・10民集71巻6号861頁〔シートカッター事件〕………………… **Q61**

■高等裁判所

東京高判昭23・7・12取消集昭23-33年21頁 ………………………………… **Q23**
東京高判昭32・5・21行集8巻8号1463頁 ……………………………………… **Q20**
東京高判昭34・8・18行集10巻8号1552頁 …………………………………… **Q23**
東京高判昭37・9・18（昭35（行ケ）34号）〔精紡機事件〕………………… **Q30**
東京高判昭38・10・31（増井和夫・特許判例百選〔第3版〕16事件）………… **Q25**
東京高判昭41・3・29（昭39（行ナ）159号）民集26巻10号1926頁
　〔あられ菓子の製造方法事件〕……………………………………………………… **Q45**
東京高判昭47・4・26無体集4巻1号261頁 …………………………………… **Q26**
東京高判昭49・9・18（昭48（行ケ）91号）裁判所ホームページ ………… **Q19**
東京高判昭51・1・20無体集8巻1号1頁 ……………………………………… **Q23**
東京高判昭52・1・27（昭43（行ケ）132号）裁判所ホームページ〔酢酸ビニル製法事件〕
　………………………………………………………………………………………… **Q19**
東京高判昭53・10・30無体集10巻2号499頁 ………………………………… **Q25**
東京高判昭54・4・23無体集11巻1号281頁 ………………………………… **Q23**
東京高判昭54・5・30取消集昭54年685頁 …………………………………… **Q23**
東京高判昭56・7・30（昭53（行ケ）20号）…………………………………… **Q28**
東京高判昭56・11・5（昭54（行ケ）107号）………………………………… **Q28**
東京高判昭58・7・21無体集15巻2号508頁〔第1次箱尺事件〕………………… **Q25**
東京高判昭62・9・8無体集19巻3号309頁 …………………………………… **Q25**
東京高判平2・2・13（昭63（行ケ）133号）判時1348号139頁 …………… **Q16**
東京高判平3・4・11（平2（行ケ）54号）判時1393号129頁〔電子レンジ事件〕…… **Q19**
東京高判平3・10・1判時1403号104頁〔光学活性置換ベンジルアルコール事件〕…… **Q25**
東京高判平3・12・26判時1421号106頁〔紙用コーティング顔料事件〕………… **Q25**
東京高判平4・12・9（平元（行ケ）180号）〔精油所残分ガス事件〕………… **Q30**
東京高判平5・6・3（平3（行ケ）301号）判時1493号126頁〔回転体固定具事件〕 **Q19**
東京高判平5・10・20（平4（行ケ）100号）裁判所ホームページ〔MBA-530事件〕
　………………………………………………………………………………………… **Q19**

583

判例索引（第Ⅰ巻）（日本のみ）

東京高判平6・1・27判時1502号137頁〔磁気治療器事件高裁判決〕……………… **Q58**

東京高判平6・3・22（平2（行ケ）243号）裁判所ホームページ
　　〔除草剤性イソチアゾール事件〕……………………………………………… **Q16**

東京高判平7・2・8判時1558号121頁 ………………………………………… **Q50**

東京高判平7・11・28（平6（行ケ）289号）知財集27巻4号837頁 …………… **Q15**

東京高判平9・11・11（平7（行ケ）222号）〔トラックレーンアウトリガー事件〕…… **Q19**

東京高判平10・1・20（平6（行ケ）153号）裁判所ホームページ …………… **Q47**

東京高判平10・6・24（平8（行ケ）210号）1998WLJPCA06246008 ……… **Q60**

東京高判平12・1・27判時1711号131頁〔FM復調器事件（カードリーダー事件）〕…… **Q8**

東京高判平12・9・5（平11（行ケ）207号）裁判所ホームページ
　　〔選択毒性に優れたメトキシキノロンカルボン酸の製造中間体事件〕 ………………… **Q19**

東京高判平12・12・25（平11（行ケ）368号）特許判例百選〔第4版〕22頁・裁判所ホー
　　ムページ …………………………………………………………… **Q23，Q24**

東京高判平13・3・13（平10（行ケ）393号）裁判所ホームページ
　　〔新規ナトリウム排出亢進性ペプチド事件〕…………………………………… **Q19**

東京高判平13・3・22（平10（行ケ）183号）裁判所ホームページ ………… **Q57**

東京高判平13・5・24判時1789号134頁〔屋根雪止め金具事件〕…………………… **Q70**

東京高判平13・7・10（平11（行ケ）190号）裁判所ホームページ〔掴み機事件〕
　　……………………………………………………………………… **Q60，Q62**

東京高判平13・9・5（平12（行ケ）284号）………………………………… **Q30**

東京高判平13・11・29判タ1104号259頁〔置換プリン事件控訴審〕……………… **Q70**

東京高判平14・10・31判時1821号117頁 …………………………………… **Q52**

東京高判平14・11・14（平11（行ケ）376号）裁判所ホームページ
　　〔建築物の骨組構築方法事件〕 ………………………………………………… **Q31**

東京高判平15・5・30（平13（行ケ）428号）〔表流水の背面取水装置事件〕………… **Q30**

東京高判平15・9・30（平13（行ケ）489号）〔バネ構体事件〕…………………… **Q30**

東京高判平16・1・29（平14（ネ）6451号）判時1848号25頁
　　〔日立製作所・光ピックアップ事件控訴審〕…………………………… **Q36，Q38**

東京高判平16・3・31判時1865号122頁〔流通用ハンガー事件〕…………………… **Q7**

東京高判平16・4・27判時1872号95頁〔日立金属窒素磁石（控訴）事件〕………… **Q36**

東京高判平16・9・29判時1887号99頁〔油圧作動型カッター事件〕……………… **Q36**

東京高判平16・12・21判時1891号139頁〔回路のシミュレーション方法事件〕………… **Q11**

東京高判平17・3・9（平16（行ケ）5号）裁判所ホームページ
　　〔アンモニア冷凍装置事件〕 …………………………………………………… **Q47**

知財高判平17・6・22裁判所ホームページ
　　〔ジアミン化合物およびこれを用いた高分子材料，該高分子材料を用いた液晶配光
　　膜，および該配光膜を具備した液晶表示装置事件〕………………………… **Q58**

大阪高判平17・6・28裁判所ホームページ〔大塚製薬・メプチン事件〕…………… **Q40**

584

判例索引（第Ⅰ巻）(日本のみ)

知財高判平17・6・30裁判所ホームページ ·· **Q42**

知財高判平17・9・8裁判所ホームページ ·· **Q24**

知財高判平17・10・11裁判所ホームページ〔有機EL素子事件〕 ················· **Q58**

知財高判平17・10・26（平17（ネ）10096号）裁判所ホームページ ··········· **Q23**

知財高判平17・11・8裁判所ホームページ ·· **Q29**

知財高判（大合議）平17・11・11（平17（行ケ）10042号）判時1911号48頁

　　〔偏光フィルムの製造法事件〕 ················· **Q18**，**Q28**，**Q29**，**Q42**

知財高判平18・1・31判時1922号30頁〔インクタンク控訴審事件〕 ············· **Q70**

知財高判平18・7・11判時2017号128頁〔おしゃれ増毛装具Ⅰ事件〕 ········· **Q60**

知財高判平18・7・11判時2017号141頁〔おしゃれ増毛装具Ⅱ事件〕 ········· **Q60**

知財高判平18・11・21（平17（ネ）10125号）裁判所ホームページ

　　〔大塚製薬・テトラゾリルアルコキシカルボスチリル誘導体事件〕 ············· **Q17**，**Q40**

知財高判平19・3・26裁判所ホームページ ·· **Q25**

知財高判平19・5・30（平17（行ケ）10799号）裁判所ホームページ ··········· **Q43**

知財高判平19・5・30（平18（行ケ）10260号）裁判所ホームページ ··········· **Q55**

知財高判平19・6・20判時1997号119頁 ··· **Q64**

知財高判平19・7・25（平18（行ケ）10247号）裁判所ホームページ

　　〔シリカ系被膜形成用組成物事件〕 ·· **Q47**，**Q60**

知財高判平19・10・30（平19（行ケ）10024号）裁判所ホームページ ········· **Q43**

知財高判平19・10・31（平19（行ケ）10056号）裁判所ホームページ ········· **Q16**

知財高判平19・11・28（平18（行ケ）10276号）裁判所ホームページ ········· **Q57**

知財高判平20・2・29判時2012号97頁〔ビット列短縮装置事件〕 ··············· **Q11**

知財高判平20・3・27裁判所ホームページ〔ソーワイヤ用ワイヤ事件〕 ········· **Q42**

知財高判平20・5・30（平18（行ケ）10563号）裁判所ホームページ

　　〔ソルダーレジスト事件〕 ·· **Q46**

知財高判平20・6・12裁判所ホームページ〔被覆硬質部材事件〕 ··············· **Q42**

知財高判平20・6・24（平19（行ケ）10369号）判時2026号123頁

　　〔歯科治療システム事件〕 ························· **Q11**，**Q13**，**Q16**

知財高判平20・8・26判時2041号124頁〔対訳辞書方法事件〕 ······· **Q11**，**Q13**

知財高判平21・2・26判時2053号74頁

　　〔キヤノン・ゴースト像を除去する走査光学系事件〕 ················· **Q36**

知財高判平21・3・31（平20（行ケ）10065号） ··· **Q41**

知財高判平21・4・23裁判所ホームページ ·· **Q42**

知財高判平21・5・25判時1386号309頁〔旅行業向け会計処理装置事件〕 ··········· **Q11**

知財高判平21・6・25判時2084号50頁〔ブラザー工業事件〕 ········ **Q36**，**Q37**，**Q39**，**Q40**

知財高判平21・8・18判時2094号92頁 ··· **Q42**

知財高判平21・8・25判時2059号125頁〔切削方法事件〕 ···························· **Q61**

知財高判平21・10・2（平21（行ケ）10049号）裁判所ホームページ〔細断機事件〕··· **Q47**

585

判例索引（第Ⅰ巻）（日本のみ）

知財高判平21・12・10（平21（行ケ）10272号）裁判所ホームページ
　〔開き戸の地震時ロック方法事件〕………………………………… **Q43**, **Q46**, **Q47**

知財高判平22・1・9（平20（行ケ）10276号）裁判所ホームページ
　〔フルオロエーテル組成物事件〕………………………………………………… **Q47**

知財高判平22・1・28判時2073号105頁………………………………………… **Q29**

知財高判平22・3・24判タ1358号184頁 ………………………………… **Q 4**, **Q68**

知財高判平22・4・14（平21（行ケ）10065号）裁判所ホームページ
　〔酵素によるエステル化方法事件〕……………………………………………… **Q47**

知財高判平22・5・27（平21（ネ）10006号）裁判所ホームページ
　〔中空ゴルフクラブヘッド事件〕………………………………………………… **Q66**

知財高判平22・7・15判時2088号124頁………………………………………… **Q29**

知財高判平22・8・19（平21（行ケ）10342号）〔液体微量吐出用ノズルユニット事件〕
　…………………………………………………………………………………… **Q30**

知財高判平23・5・30判時1363号191頁
　〔チオキサントン誘導体，およびカチオン光開始剤としてのそれらの使用事件〕… **Q58**

知財高判平23・9・5（平22（ネ）10068号）裁判所ホームページ ………… **Q38**

知財高判平23・9・8（平22（行ケ）10296号）〔ペトロラタムを基にした鼻用軟膏事件〕
　…………………………………………………………………………………… **Q30**

知財高判平23・9・15（平22（行ケ）10265号）裁判所ホームページ ……… **Q43**

知財高判平23・12・22（平22（ネ）10091号）判時2152号69頁 …………… **Q17**

知財高判平24・2・8判時2150号103頁〔電池式警報器事件〕……………… **Q56**

知財高判平24・5・16判タ1405号334頁〔三相乳化事件〕…………………… **Q 7**

知財高判平24・5・28判時2155号89頁…………………………………………… **Q29**

知財高判平24・9・27（平23（行ケ）10391号）裁判所ホームページ
　〔発光ダイオード事件〕…………………………………………………………… **Q47**

知財高判平24・10・17（平24（行ケ）10056号）裁判所ホームページ ……… **Q57**

知財高判平24・10・25（平23（行ケ）10433号）
　〔蛍光X線分光システム及び蛍光X線分光方法事件〕………………………… **Q30**

知財高判平24・12・5判時2181号127頁〔省エネ行動シート事件〕等 ……… **Q13**

知財高判平25・2・7（平24（行ケ）10148号）裁判所ホームページ ……… **Q57**

知財高判平25・2・14（平24（ネ）10081号）裁判所ホームページ
　〔LED照明装置事件（控訴審）〕………………………………………………… **Q36**

名古屋高判平25・5・17判例集未登載 ………………………………………… **Q 8**

知財高判平25・9・10（平25（行コ）10001号）裁判所ホームページ
　〔特許分割出願却下処分取消請求控訴事件〕…………………………………… **Q47**

知財高判平25・11・28（平25（行ケ）10121号）裁判所ホームページ ……… **Q43**

知財高判平26・2・5判時2227号109頁………………………………………… **Q53**

知財高判平26・2・26（平25（行ケ）10070号）裁判所ホームページ

判例索引（第Ⅰ巻）（日本のみ）

〔レンズ駆動装置事件〕·· **Q47**

知財高判平26・3・13判時2227号120頁 ··· **Q53**

知財高判平26・3・26（平25（行ケ）10172号）裁判所ホームページ ·········· **Q43**

知財高判平26・3・26（平25（行ケ）10176号）〔全方向性傾斜および振動センサ事件〕
·· **Q30**

知財高決（大合議）平26・5・16判時2224号89頁
〔アップル対サムスン（iPhone）事件高裁決定〕························· **Q70**

知財高判（大合議）平26・5・16判時2224号146頁
〔アップル対サムスン（iPhone）事件高裁判決〕························· **Q70**

知財高判（大合議）平26・5・30判時2232号3頁・判タ1407号199頁 ············ **Q54**，**Q67**

知財高判平26・9・17判時2247号103頁〔共焦点分光分析事件〕········· **Q61**

知財高判平26・9・25LEX／DB25446645〔誘電体磁器事件〕········· **Q25**

知財高判平27・3・11（平26（行ケ）10204号）裁判所ホームページ ············ **Q46**

知財高判平27・4・13裁判所ホームページ
〔心血管の機能を向上する為の組成物及び方法事件〕················· **Q58**

知財高判平27・6・10判時2360号36頁
〔1－［（6，7－置換－アルコキシキノキサリニル）アミノカルボニル］－4－（ヘテロ）アリールピペラジン誘導体事件〕 ································ **Q56**

知財高判平27・7・30裁判所ホームページ〔野村証券事件〕··········· **Q35**，**Q37**，**Q39**

知財高判平27・8・5裁判所ホームページ〔活性発泡体事件〕··········· **Q42**

知財高判平27・8・26（平26（行ケ）10235号）裁判所ホームページ ·········· **Q53**

知財高判平27・11・26（平26（行ケ）10254号）裁判所ホームページ ·········· **Q43**

知財高判平28・1・14判時2310号134頁 ··· **Q24**

知財高判平28・2・24裁判所ホームページ ······································ **Q32**

知財高判平28・7・28（平27（行ケ）10191号）裁判所ホームページ ·········· **Q32**

知財高判平28・7・28（平28（ネ）10023号）裁判所ホームページ ·········· **Q17**

知財高判平28・8・29（平27（行ケ）10216号）裁判所ホームページ ·········· **Q45**

知財高判平28・9・28（平27（ネ）10016号）裁判所ホームページ ·········· **Q18**

知財高判平28・9・28（平27（行ケ）10260号）判タ1434号148頁 ·········· **Q53**

知財高判平29・1・17判タ1440号137頁〔物品の表面装飾構造及びその加工方法事件〕
·· **Q56**

知財高判平29・1・20判時2361号73頁 ··· **Q67**

知財高判平29・2・2裁判所ホームページ〔葉酸代謝拮抗薬の組み合わせ療法事件〕参照
·· **Q42**

知財高判平29・4・18（平28（行ケ）10212号）裁判所ホームページ〔接触端子事件〕
·· **Q47**

知財高判平29・5・10（平28（行ケ）10114号）裁判所ホームページ
〔揺動型遊星歯車装置事件〕··· **Q47**

587

判例索引（第Ⅰ巻）（日本のみ）

知財高判平29・6・8判時2364号63頁 ··· **Q18**

知財高判平29・7・12（平29（ネ）10009号） ································· **Q67**

知財高判平29・7・27（平29（ネ）10016号・10023号） ············· **Q67**

知財高判平29・9・11（平28（行ケ）10056号） ···························· **Q28**

知財高判平29・10・23（平28（行ケ）10185号）裁判所ホームページ

〔パンツ型使い捨ておむつ事件〕 ··· **Q48**

知財高判平29・11・29（平28（行ケ）10225号）裁判所ホームページ

〔「ポリアリーレンスルフィド樹脂組成物」特許取消決定取消請求事件〕 **Q48**

知財高判平29・12・21裁判所ホームページ ·································· **Q13**

知財高判平29・12・26裁判所ホームページ

〔エチレン-酢酸ビニル共重合体ケン化ペレット事件〕 ················· **Q42**

知財高判平30・1・15（平28（行ケ）10278号）裁判所ホームページ

〔ピタバスタチンカルシウムの新規な結晶質形態事件〕 ················· **Q47**

知財高判平30・1・22裁判所ホームページ ·································· **Q42**

知財高判平30・4・13（平28（行ケ）10182号・10184号）

〔ピリミジン誘導体知財高裁大合議事件〕 ···················· **Q28**, **Q65**

知財高判平30・6・5判例秘書登載 ··· **Q34**

知財高判平30・7・19裁判所ホームページ〔遊戯装置，およびその制御方法事件〕···· **Q56**

知財高判平30・9・4裁判所ホームページ ·································· **Q29**

知財高判平30・10・17（平29（行ケ）10232号）裁判所ホームページ

〔いきなりステーキ事件〕 ··································· **Q13**, **Q48**

■**地方裁判所**

東京地判昭28・6・12下民集4巻6号847頁〔四極管事件（満州国特許権事件）〕 ·········· **Q8**

東京地判昭38・6・5下民集14巻6号1074頁 ····························· **Q32**

大阪地判昭47・3・31判時678号71頁〔日東産業事件〕 ··············· **Q35**

東京地判昭48・9・17判時736号63頁 ·· **Q23**

大阪地判昭50・1・24判タ323号270頁 ······································· **Q28**

東京地判昭58・12・23無体集15巻3号844頁 ····························· **Q39**

東京地判昭62・7・10無体集19巻2号231頁〔除草剤事件〕 ·········· **Q70**

大阪地判昭63・3・17判時1300号114頁〔芯地事件〕 ·················· **Q70**

東京地判平4・10・23（平2（ワ）12094号）判時1469号139頁 ········ **Q17**

大阪地判平5・3・4知財集26巻2号405頁

〔ポリエチレンテレフタレートモノフィラメントの製造法（ガットの製造法）事件／

ゴーセン・釣糸事件〕 ··································· **Q36**, **Q40**

大阪地判平6・4・28判時1542号115頁

〔象印マホービンステンレス鋼製真空二重容器及びその製造方法事件〕 ·············· **Q36**

判例索引（第Ⅰ巻）（日本のみ）

名古屋地判平8・9・2判タ927号244頁 ··· **Q34**
名古屋地判平10・3・18裁判所ホームページ〔シャッタの自動開閉システム事件〕····· **Q70**
東京地判平11・4・22判時1691号131頁〔FM復調器事件（カードリーダー事件）〕····· **Q 8**
京都地判平11・9・9（平8（ワ）1597号）··· **Q28**
名古屋地判平11・12・22裁判所ホームページ
　〔片面段ボールの製造装置における中芯保持装置事件〕································· **Q70**
東京地決平12・6・6判時1712号175頁〔コニカ使い捨てカメラ仮処分事件〕··········· **Q70**
東京地判平12・8・31裁判所ホームページ〔富士フイルム使い捨てカメラ事件〕········· **Q70**
東京地決平12・12・12判時1734号110頁〔インターネットの時限利用課金システム事件〕
　·· **Q13**
東京地判平13・1・18判時1779号〔置換プリン事件第1審〕································· **Q70**
東京地判平13・5・14判時1754号148頁 ··· **Q 8**
東京地判平13・9・20（平12（ワ）20503号）〔特許権侵害差止請求事件（電着画像事件）〕
　·· **Q68**
東京地判平14・1・28裁判所ホームページ〔日本システムデザイン事件〕··············· **Q35**
東京地判平14・7・17判時1799号155頁 ··· **Q32**
東京地判平14・8・27（平13（ワ）7196号）裁判所ホームページ〔細粒核事件〕······· **Q19**
東京地判平14・9・10判例秘書登載 ··· **Q34**
東京地判平14・9・19判タ1109号94頁〔日亜化学工業事件〕······························· **Q34**
東京地判平14・10・22判時1865号122頁〔流通用ハンガー事件〕·························· **Q 7**
大阪地判平14・11・26裁判所ホームページ〔ステップ金具事件〕·························· **Q70**
東京地判平14・11・29（平10（ワ）26832号・平12（ワ）5572号）判時1807号33頁
　〔日立製作所・光ピックアップ（光ディスク）事件〕·········· **Q36**，**Q38**，**Q40**
東京地判平15・8・29判時1835号114頁〔日立金属窒素磁石事件〕························ **Q36**
東京地判平15・9・26裁判所ホームページ ·· **Q 8**
東京地判平15・10・16判時1874号23頁〔サンゴ砂事件〕····································· **Q 8**
大阪地判平15・12・25（平14（ワ）5107号）
　〔写真シール自動販売方法および写真シール自動販売機事件〕························· **Q30**
東京地判平16・1・30判時1852号36頁〔LED事件（終局判決）〕·························· **Q36**
大阪地判平16・2・10裁判所ホームページ〔サーマルヘッド用印刷回路基板事件〕····· **Q70**
東京地判平16・2・24判時1853号38頁〔味の素アスパルテーム事件〕··········· **Q36**，**Q40**
東京地判平16・9・30判タ1181号333頁〔東芝・温水器用ステンレス鋼製缶体事件〕
　·· **Q40**
大阪地判平16・10・21裁判所ホームページ ·· **Q18**
東京地判平17・2・10判時1928号172頁 ··· **Q24**
東京地判平17・2・23裁判所ホームページ ·· **Q25**
大阪地判平17・4・28判時1919号151頁〔住友化学・変性重合体の製造法事件〕········ **Q40**
東京地判平17・6・17判時1920号121頁 ··· **Q23**

589

判例索引（第Ⅰ巻）（日本のみ）

大阪地判平17・7・21判タ1206号257頁〔ガスコンセント事件〕……………………… **Q36**

東京地判平18・1・26判時1943号85頁 ………………………………………………… **Q39**

東京地判平18・5・29判時1967号119頁
〔NTTアドバンステクノロジ・ホイールカセット型プリンタ事件〕……………… **Q40**

東京地判平18・6・8判時1966号102頁〔三菱電機・フラッシュメモリー事件〕
……………………………………………………………………………… **Q36，Q37**

東京地判平18・8・4裁判所ホームページ〔透析における廃液サンプル収集装置事件〕
………………………………………………………………………………………… **Q56**

東京地判平18・9・8（平17（ワ）14399号）判時1988号106頁〔大塚製薬事件〕…… **Q38**

東京地判平19・1・17裁判所ホームページ
〔三共有機合成・塩素含有樹脂の安定化法事件〕…………………………………… **Q40**

東京地判平19・1・30（平15（ワ）23981号）判時1971号3頁〔キヤノン職務発明事件〕
………………………………………………………………………………………… **Q38**

東京地判平19・2・27判タ1253号241頁〔多関節装置事件〕………………………… **Q60**

東京地判平19・4・18裁判所ホームページ
〔ブラザー工業・簡易レタリングテープ作成機事件〕……………………………… **Q40**

東京地判平19・6・27（平17（ワ）2997号）裁判所ホームページ
〔東芝・X線イメージ管事件〕…………………………………………… **Q36，Q38**

東京地判平19・8・28裁判所ホームページ〔日立製作所・f-V変換器事件〕… **Q40**

東京地判平19・11・28裁判所ホームページ ……………………………………………… **Q8**

東京地判平19・12・14（平16（ワ）25576号）裁判所ホームページ
〔特許権侵害差止等請求事件（眼鏡レンズ供給システム事件)〕………………… **Q4，Q68**

東京地判平20・1・20裁判所ホームページ〔アルプス技研事件〕………………… **Q35**

東京地判平20・2・29裁判所ホームページ
〔三菱化学・（3－アミノプロポキシ）ビベンジル類事件〕……………………… **Q40**

東京地判平20・5・29（平19（ネ）10037号）裁判所ホームページ〔ガラス多孔体事件〕
………………………………………………………………………………………… **Q19**

東京地判平20・9・29（平19（ワ）10469号）判時2027号143頁
〔ソニー・半導体レーザ装置事件〕…………………………………… **Q38，Q40**

東京地判平20・11・26判時2036号125頁〔精製アカルボース組成物事件〕
（飯島歩・特許判例百選〔第4版〕28頁）…………………………………………… **Q25**

東京地判平21・4・28（平20（行ウ）696号）裁判所ホームページ
〔特許出願却下処分取消請求事件〕…………………………………………………… **Q47**

東京地判平22・6・23（平18（ワ）23550号）裁判所ホームページ ………………… **Q38**

東京地判平23・3・25裁判所ホームページ ……………………………………………… **Q8**

東京地判平24・9・28（平23（ワ）6904号）裁判所ホームページ〔LED照明装置事件〕
………………………………………………………………………………………… **Q36**

大阪地判平24・10・4判時2202号104頁・判タ1399号237頁〔内型枠構造事件〕

判例索引（第Ⅰ巻）（日本のみ）

···**Q23**，**Q24**，**Q25**

大阪地判平24・10・16裁判所ホームページ〔ニプロ・血液保存用バッグ事件〕··········**Q40**

東京地判平25・4・12裁判所ホームページ〔MST‐30（船舶用油槽洗浄機）事件〕···**Q 7**

東京地判平25・10・30（平23（ワ）21757号）裁判所ホームページ·····························**Q38**

東京地判平26・10・30（平25（ワ）6158号）裁判所ホームページ

〔野村証券・リスクチェックの実行を伴う証券取引所コンピュータに対する電子注文の

際の伝送遅延時間を縮小する方法に関する発明事件〕·······························**Q36**，**Q38**

東京地判平26・11・26（平26（ワ）7280号）···**Q12**

東京地判平27・1・22裁判所ホームページ···**Q18**

大阪地判平27・9・17裁判所ホームページ〔常緑キリンソウフジタ事件〕··················**Q56**

東京地判平28・1・28（平26（ワ）25013号）判時2315号112頁·····························**Q17**

東京地判平28・3・30（平27（ワ）12414号）···**Q67**

東京地判平28・7・13裁判所ホームページ〔累進多焦点レンズ及び眼鏡レンズ事件〕

···**Q61**

東京地判平28・12・2（平27（ワ）12415号）···**Q67**

東京地判平28・12・22（平27（ワ）12412号）···**Q67**

東京地判平29・2・17裁判所ホームページ···**Q32**

東京地判平29・3・27（平26（ワ）15187号）裁判所ホームページ·························**Q38**

東京地判平30・10・25裁判所ホームページ···**Q32**

■編集者

小　松　陽一郎（弁護士・弁理士）

伊　原　友　己（弁護士・弁理士）

特許・実用新案の法律相談Ⅰ　　　最新青林法律相談[21]

2019年5月18日　初版第1刷印刷
2019年5月30日　初版第1刷発行

| 廃　検 | |
| 止　印 | |

Ⓒ編集者　　小　松　陽一郎
　　　　　　伊　原　友　己
　　発行者　　逸　見　慎　一

発行所　東京都文京区　株式　青　林　書　院
　　　　本郷6丁目4の7　会社
　　振替口座　00110-9-16920／電話03(3815)5897〜8／郵便番号113-0033

印刷・藤原印刷㈱／落丁・乱丁本はお取り替え致します。
Printed in Japan　　ISBN978-4-417-01764-6

|JCOPY|〈㈳出版者著作権管理機構 委託出版物〉
本書の無断複写は著作権法上での例外を除き禁じられていま
す。複写される場合は，そのつど事前に，㈳出版者著作権管理
機構（電話 03-5244-5088，FAX 03-5244-5089，e-mail；info@
jcopy.or.jp）の許諾を得てください。